史海寻珍

——清华校史研究随笔集

袁帆 著

清华大学出版社
北京

版权所有，侵权必究。举报：010-62782989，beiqinquan@tup.tsinghua.edu.cn。

图书在版编目（CIP）数据

史海寻珍：清华校史研究随笔集/袁帆著．—北京：清华大学出版社，2024.8（2024.9重印）
ISBN 978-7-302-66246-4

Ⅰ.①史… Ⅱ.①袁… Ⅲ.①清华大学－校史－文集 Ⅳ.① G649.281-53

中国国家版本馆 CIP 数据核字 (2024) 第 103424 号

责任编辑：杨爱臣
装帧设计：方加青
责任校对：王荣静
责任印制：杨　艳

出版发行：清华大学出版社
　　　　　网　　址：https://www.tup.com.cn，https://www.wqxuetang.com
　　　　　地　　址：北京清华大学学研大厦 A 座　　　邮　编：100084
　　　　　社 总 机：010-83470000　　　　　　　　　　邮　购：010-62786544
　　　　　投稿与读者服务：010-62776969，c-service@tup.tsinghua.edu.cn
　　　　　质 量 反 馈：010-62772015，zhiliang@tup.tsinghua.edu.cn
印 装 者：北京博海升彩色印刷有限公司
经　　销：全国新华书店
开　　本：170mm×240mm　　　　　印　张：25.25　　　字　数：374 千字
版　　次：2024 年 8 月第 1 版　　　　印　次：2024 年 9 月第 2 次印刷
定　　价：128.00 元

产品编号：106085-01

自序

近百年来,"上清华"是无数学子的梦寐以求,能够如愿以偿走进清华园求学的人,无论在哪一个年代都算得上是幸运儿。

如果把百年清华喻为朱自清笔下的"荷塘",那么每一位清华人和他们的经历都是一颗颗水滴,无数水滴融为一体,才汇成了清华荷塘的万千气象。荷塘有时波澜不惊,有时风浪骤起;有时静水深流,有时激流涌动。但无论怎样,这荷塘都在滋养水滴,包容水滴,让水滴在奔腾的时代潮流中安身立命,永不干涸……

我在1975年成为那幸运的"一滴水",落进了清华荷塘。但在那个特殊的年代,究竟怎样才能在这荷塘里汲取养分无从知晓,这荷塘的前世今生更无人告知。尽管如此,前后在园子里跨过了五个年头,行健不息,耳濡目染,既从荷塘里获取了能量,也在这荷塘留下了水滴的痕迹。不经意间,还为毕业40年后开始系统收集清华历史文物和钻研清华校史埋下了伏笔。

因为从小喜欢文史类知识,关注史学发展动态一直是我的业余爱好。而真正专注于清华校史,却是在清华百年校庆前后。虽年届"知天命"却深感自己对清华母校知之甚少,自称"清华人"但着实有些汗颜!于是,一脚踏进清华历史的长河,开始了我的校史研究之旅。

写作对我是轻车熟路,但真正拿起笔来写清华却感到很难,其中关键问题就是"史料"何来?清华历史固然是层峦叠嶂,却也是由一桩桩史迹累积而成,从2015年开始,清华大学档案馆和校史馆联合启动了"清华史料和名人档案征集工程",面向广大校友、校友家人及社会各界征集与清华相关的史料、档案、文献、实物等。受到这一活动的启发,我也开始走上广泛收集清华史料的道路,经过几年的持续努力,通过收购、竞拍、交换等各种方式,收藏了许多流落在社会上的清华史料,其中包括"1931年清华大学录取通知书"等珍贵档案,并多次将陆续搜集到的档案史料研究整理后捐赠给母校档案馆、校史馆,作为学校的精神财富永久保存。在此基础上,我结合史料收藏,遵循"以证据说话,有几分证据说几分话"的原则，对清华校史从不同角度进行追根寻源。挖掘史料加以解析，只为留下尽可能完整、真实的清华历史切片。

沿着这个思路，坚定不移，笔耕不辍，从 2019 年起我的研究与写作渐入佳境。时至今日，我的校史研究类文章已在校内外各类媒体上发表 80 余篇。主要涉及的题材包括：清华人物、校园文化、体育事业、轶闻珍影等。其中所有篇章都会涉及清华人物，不仅着眼于梅贻琦、马约翰、蒋南翔、梁思成、夏翔等一众名人，更聚焦于各个时代清华校友的历史表现；追溯的时间最早可到第一批庚款游美生出洋的 1909 年；破解的重要历史事件有 1919 年"五四"之前欧美同学会在清华发表的《时局宣言》。文章发表后产生较大影响的有：《1931 年清华入学通知书解读》《清华工字厅究竟建于何时》《清华园的铁路记忆》《血沃宝岛的清华英雄》《太空中翱翔的清华之星》等篇。

我的工作始终得到母校的支持与鼓励，得到众多校友提供线索、文物和多方面的帮助，这让我明白自己并不是"一个人在战斗"，信心倍增的同时心存感念。令人十分欣慰的是，我的收藏和研究成果也得到了母校档案征集和校史研究权威部门的肯定。2023 年 1 月，清华大学档案馆、校史馆聘请我为"清华史料和名人档案征集工程"特邀顾问；之后，又支持我将这些史料收藏和研究的文章结集出版。这无疑是对我的极大激励，我当继续沿着正确的研究方向前进，尽心竭力，以回报清华母校哺育之恩和广大校友的无私支援。

研究的过程是学习的过程，在不断延伸的清华校史面前，每位清华人永远都只能是虔诚的小学生。只要虚心学习，一步一个脚印，就会终身受益！于我而言：清华荷塘何其大，每次只需取一瓢；然日积月累，此生足矣！这正是：

荷塘静水藏惊澜，月色盈亏映无涯；跬步千里寻珍迹，弱水一瓢湛清华。

是为序。

袁帆

2023 年 12 月 20 日于上海

目录

人物篇·前贤垂范

梅贻琦与清华公益慈善 / 002

英雄化蝶　魂归清华 / 010

行胜于言念马公 / 027

丁懋英：庚款特别官费生中的生命天使 / 034

忠勇将军的清华情怀 / 044

杨逢挺——叶企孙弟子中的教书匠 / 052

东北抗联中的清华三杰 / 061

张祖道：有社会学自觉的摄影家 / 072

血沃宝岛的清华英雄 / 081

从十级校友任扶善的祝词说起 / 093

"这回忆是幸福的"——从陈志华先生的一篇佚文说起 / 102

文化篇·人文日新

首届庚款留美生的一篇佚文 / 112

庚款负笈　自强追梦 / 120

近代中国教育剪影：甘博的清华视角 / 129

欧美同学会在清华的一次重要活动 / 139

大师斯文　永照清华 / 149

清华园的铁路记忆 / 153

海军博物馆里的一封清华公函 / 162

《清华画报》上那封泛黄的信 / 170

寻踪南翔故里　感受人文宜兴 / 178

清华工字厅究竟建于何时？ / 185

太空中翱翔的清华之星 / 195

捐赠情怀　收获胸怀 / 204

体育篇 · 行健不息

清华引来飞毛腿　奥运洋将传真经 / 214

早期清华体育成绩记录牌考证 / 221

马约翰与排球队解散风波 / 227

你不知道的清华特色体育：夺旗 / 235

抵球之谜的完美破解 / 241

新中国乒乓球发祥史新探 / 246

清华体育：1959 / 255

从孤独求败到勇夺双冠 / 261

一次意义特殊的校领导接见 / 268

我与夏翔先生的集邮佳话 / 272

承上启下　永不停步 / 277

乒乓博物馆中的清华元素 / 283

溯源篇 · 史海钩沉

解读清华历史的珍稀化石 / 290

早期清华公益慈善轶事钩沉 / 305

春田学院官网马约翰史料述评 / 315

故园魂牵　同窗梦绕 / 329

九二受降仪式中的清华人 / 338

清华西体育馆：四大建筑中唯它曾被冠名 / 342

1948：梅贻琦校长的宁沪之行 / 351

松堂牧场的清华记忆 / 357

一代栋梁的故宫情结 / 367

清华土木人：1959 / 376

1960年代清华研究生的历史剪影 / 385

人物篇

前贤垂范

● 梅贻琦与清华公益慈善

清华的公益慈善事业从建校早期就已起步，这是不争的史实，也是值得认真研究的历史现象。伴随着20世纪近代中国跌宕起伏的历史发展，清华承担的公益慈善责任随之产生，并且涉及的范围越来越大。据不完全统计，从1927年到1937年的十年间，清华进行的公益慈善募捐活动不下40次，募得的善款数以万计。在不断的实践中，清华逐步形成了慈善文化的雏形，这就是"勇担社会责任，乐善好施援手"。

梅贻琦校长

早期清华公益慈善的主体是学校的师生员工，而倡导慈善文化，并且身体力行的则是"一校之长"。在1928年清华大学正式成立之后的公益慈善活动中，首任校长罗家伦（1897—1969）在任期间率先垂范，做出了榜样。三年后接任的梅贻琦（1889—1962）校长更是继往开来，在此后的17年中，不仅将清华办成了一所名校，而且以其人格魅力获得了"永远的校长"之美誉。其中，也与他对形成清华"慈善文化"所作的贡献有很大关联。

找寻清华前辈在早期公益慈善中的"雪泥鸿爪"，梳理梅校长在慈善实践中的点点滴滴，其意义并非只是为了简单的历史回顾，而是通过对清华慈善史的轨迹探查，研究清华慈善文化对中国近现代教育发展的独特价值，为创建世界一流大学提供文化自信。

一、梅贻琦在清华的慈善实践

根据笔者掌握的资料，从1931年12月3日梅校长上任开始，至

1937 年清华因抗战南迁之前的六年间，在公益慈善活动中有名单记载的梅校长捐款达到 15 笔之多。说梅校长是"逢募必捐"也不算夸张，而且除了一次外，他都是捐款数额最多的捐助者。

（一）支援抗日救亡的捐款

（1）梅贻琦担任清华校长之时，正值日本侵略者发动"九一八"事变后国难加重的严峻时期。他参与的第一次清华募捐活动，是为援助 1931 年 11 月马占山将军领导的抗日作战。这次全校师生共捐款 925 元，梅校长捐款 20 元[①]。

（2）日本在占领东北之后，进一步有计划、有步骤侵占中国华北地区。日军于 1933 年 1 月 1 日进攻山海关，史称"榆关事变"。我抗日将士奋起抵抗，打响"长城抗战"第一枪。事变发生后，清华师生捐款抚恤抗战伤亡将士，参与人数 95 人，捐款 531.75 元。梅校长捐款 50 元[②]。

（3）"榆关事变"发生后，清华师生义愤填膺，1932 年入学的"学生唐凤都因愤日寇入侵，投笔从戎，参加热河义勇军。师生为他募捐凑集旅费，略备棉衣"。[③] 在这次捐款中，共募得 65 元，其中梅校长捐款 5 元[④]。

（4）1933 年 2 月 21 日，日军进攻热河，我抗日将士继续奋起抵抗。清华师生再次捐款抚恤抗战伤亡将士，参与人数 186 人，捐款 493.90 元。梅校长捐款 15 元[⑤]。

（5）为支援长城抗战，学生会抗日会组织募捐。此次共募得 628.03 元，其中梅校长和夫人韩咏华女士各捐 5 元，以示支持[⑥]。

（6）长城抗战爆发后，为鼓励平津地区中国军队积极抗战，清华师生组织慰问学校附近驻军活动。此次募捐共有 186 人参加，捐款共

---

① 国立清华大学校刊（第 350 号）.1931 年 12 月 25 日.
② 国立清华大学校刊（第 526 号）.1933 年 10 月 16 日.
③ 清华大学一百年 [M].北京：清华大学出版社，2011 年 4 月，76.
④ 国立清华大学校刊（第 479 号）.1933 年 2 月 6 日.
⑤ 国立清华大学校刊（第 526 号）.1933 年 10 月 16 日.
⑥ 国立清华大学校刊（第 491 号）.1933 年 2 月 23 日.

493.90元，其中梅校长捐款25元[①]。

（7）1936年1月20日，清华教职员公会再次发布抗日救国会募捐款额表，有49人参募，共募得264.74元，其中梅校长捐款10元[②]。

（8）1932年1月28日，日本侵略军在上海进攻中国军队，炸毁多个文化机构和商务印书馆。清华大学教职员工会作出决议，每月捐款5000元支援"淞沪抗战"，由所有教职员按薪资比例捐出。此项捐款暂定募集三个月，后根据战事发展情况进行了两个月，共募得10441.23元，"委托协和医院中国籍教职员组成战场救护队作为救护淞沪伤兵之用"[③]。梅校长当时的薪资为清华最高，因此按比例捐款数也应该是最高者。

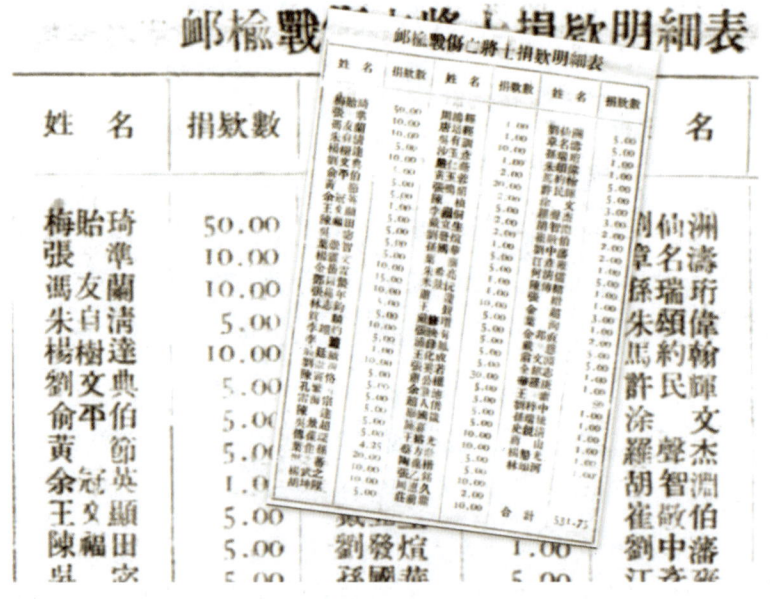

1933年1月"榆关事变"后，清华师生抗日捐款明细

（二）参加赈灾济贫的捐款

（1）1932年9月18日，清华举行"纪念'9·18'一周年"大会，梅校长在会上作了主旨讲话。在之后的一段时间里，教职员工会组

---

① 国立清华大学校刊（第526号）．1933年10月16日．
② 国立清华大学校刊（第713号）．1936年1月20日．
③ 国立清华大学校刊（第396号）．1932年4月22日．

织全校教职员募捐，救济东北难民。此次共有252人捐款，共募集捐款7554.21元。其中有37人捐款数超过100元，最多者为梅校长，捐款288元[①]。

（2）1933年7月17日的《校刊》登载"校工金玉"代募启事，"管理教职员浴室校工王德厚不幸于六月十六日病故，上有父母下有妻子，身后萧条。幸蒙诸位教职员先生怜悯为怀，慷慨资助，受惠实多，存没俱感。谨登校刊代为鸣谢"！此次募捐共有132名教职员捐款，总共募集善款169.4元。梅校长捐款5元。

（3）1936年10月19日，《校刊》登载"教职员工会代收章晓初先生赙金报告"，共有教职员84人捐助赙金544元，慰问曾为清华服务20年，因病去世的章晓初先生遗属。其中梅校长捐助10元。

（三）为社会公益提供的捐款

（1）1935年1月19日，《校刊》登载"捐北平烈性毒品戒除所经费募集"报告，共有98人捐款，募集176元。其中有梅校长25元。

（2）1935年6月27日，《校刊》登载体育部"三会联合运动会账目"，赞助款收入65元，其中有梅贻琦校长5元。

（3）1935年7月6日，《校刊》登载"民众学校捐款鸣谢"，共有188人参捐，募集款150.66元。其中有梅校长10元。

（4）1936年1月23日，《校刊》登载"募集纪念丁而汉君化学研究基金会启事"，报告基金会募得捐款1343元，其中有梅校长50元。

（5）1936年5月8日，《校刊》登载体育部"启事"，为举办校庆运动会，共有21位教职员赞助，共计84元，其中有梅贻琦校长10元。

二、梅贻琦教育思想与慈善文化的关系

作为一位杰出教育家，梅贻琦在几十年教育实践中形成了自己教育

---

① 国立清华大学校刊（第526号）.1933年10月16日．

思想，而包含"智、德、体、美、群、劳"六部分的"通才教育"体系是其核心构成。如果说，"爱与尊重是教育的出发点"，那么教育与慈善就有着天然的文化联系。由此，梅校长在早期清华的公益慈善实践中所体现的慈善文化内涵与实质，当然应该与他的教育思想有着密切关系。

（一）智育

利用大学的优质教育资源对学生进行专业培养，使学生在得到基础知识的训练之外，成为学有专长的人才，这是"智育"的基本要求。围绕这一要求，如何体现慈善的特殊作用，这应该也是梅校长进行慈善实践的一个着眼点。

积极利用成立教育基金这一来自国外的公益慈善形式，将慈善表现出的单一"输血"功能演变为复合型"造血"功能，使符合条件的学生享受公益慈善的资助，完成"专才"培养的过程，这是各类教育基金的基本使命。

在利用教育基金办学方面，清华本身就是"庚款"基金的受益者，这就使得清华人对如何利用基金这一特殊工具进行教育慈善事业，有着更直接的亲身体会，有着更迫切的实践愿望。于是，通过发挥教育慈善的功能，从而完成受益者到施惠者的角色转变，成立各类教育基金便成为首选方式。

梅校长在推动清华的教育慈善发展中，从两方面进行了工作。

1. 倡导成立专项基金

1932年，梅贻琦作为发起人之一，成立"丁而汉化学基金"。丁而汉是清华成立大学部以后的第一级毕业生，1929年毕业后赴美留学，不幸亡故。清华学子为了纪念他，首先在校友中发动募捐成立了一只教育基金，至1936年时已募得1343元[①]。

2. 为贫寒学生提供专项助学金

在清华大学成立后出现一种特别情况，学习努力，成绩优异，但因

---

① 国立清华大学校刊（第714号）.1936年1月23日.

家境困难有可能辍学的贫寒学生不在少数。梅贻琦在执掌清华后充分注意到这一问题,"盖奖助贫寒优秀学生,本为国家教育政策之一,吾人自当极力体行"[1]。于是在他的推动下,从1934学年开始,清华每年设立清寒公费生名额10名,清寒助学金名额40名;前者每人每年获得津贴最多可达240元,后者每人每年可获得津贴达80元。

(二)德育

培养学生树立正确的人生观、价值观,这在清华的学生教育中一直处于重要位置。早期清华进行的公益慈善,对学生形成正面思想意识的引导作用非常明显。尤其是在国家危难深重,面临亡国灭族之灾,民族矛盾上升为社会主要矛盾的时期,更是如此。

倡导学生利用微薄之力,通过参与"赈灾扶贫,抗日劳军",培育爱国精神和健全人格,成为梅贻琦在清华公益慈善中"身体力行,率先垂范"的主要目的之一。他参与10次之多的抗日劳军捐款,是为彰显爱国精神;参与多次的赈灾扶贫捐款,则是体现忧国忧民的高尚人格。这些实践都一定会对学生"立言立德"产生深刻影响。

(三)体育

清华重视体育的传统由来已久,但在体育对人才培养的作用认识上,早期清华的某个阶段也曾出现过一些误解与波折。梅贻琦担任校长后,坚定支持发展清华体育的方针。他在1934年11月5日的全校大会上明确指出,"体育至关重要,人所尽知。特别在我国目前的国势之下,外患紧迫之时,体育尤应人人去讲求,身体健强,才能担当艰巨工作,否则任何事业都谈不到"。[2]

---

[1] 黄延复,钟秀斌.一个时代的斯文[M].北京:九州出版社,2011年.
[2] 黄延复,钟秀斌.一个时代的斯文[M].北京:九州出版社,2011年.

1936年清华运动会赞助明细表

梅校长除了在方针、政策、态度上积极发展清华体育之外，在使用慈善方式推动体育发展方面也做出了有益的尝试与贡献。几次积极带头，与学校的知名教授们共同为学校运动会提供赞助捐赠，既体现出梅校长的良苦用心，同时也成为清华体育史上感人的佳话。

三、结语

在2020年全球抗击新冠疫情的生死搏斗中，如何发挥公益慈善的独特作用，成为全人类普遍关注的话题，也成为"人类命运共同体"建立过程中必须面对的重大课题。在此背景下，回顾早期清华公益慈善历史，特别是细数梅贻琦校长在80多年前的慈善实践案例，探讨清华慈善文化形成的历程与现实意义，让人感慨良多。

在十年的时间里，一所大学进行如此密集的慈善捐助，参与人员比例如此之高，涉及的慈善种类如此之广泛，这在中国教育史上实属罕见；而作为一校之长，捐款次数之多，捐款数量之大，产生的影响如此之深远，就是在世界近现代教育史上也少有先例。面对这一串串捐款数字，一位位如雷贯耳的大师名字，一个个感人至深的慈善故事，不由得让人对以梅贻琦为代表的早期清华前辈们心怀敬意！

确定无疑的是，几乎在每一个慈善案例的背后，都是一个猝不及防的突发事件。这些事件的集合，就构成了20世纪人类曲折发展的历史。研究清华早期慈善文化形成的历史，实际上就是研究清华人在处理"自然、社会与人"三者关系中的思维与行为，本身就具有十分重要的哲学意义。

清华早期慈善史料是清华文化的宝贵遗产，应该得到充分尊重。探讨梅贻琦在推动慈善文化对清华发展中的作用，不仅对于"梅贻琦教育思想"研究建立一个新的视角，而且对于如何运用辩证唯物主义历史观研究中国近现代教育史都会产生新的启发。这正是：

水木清华育通才，慈善文化造善人；
守望相助同甘苦，和谐发展是根本。

（2020年8月11日初撰，2023年3月18日修订）

● 英雄化蝶　魂归清华

2019年4月28日，是清华大学建校108年的"茶寿"纪念日。这一天，我参观了清华校史馆举行的"第四届清华史料和名人档案捐赠精品展"。在此次展览中，共展出了由29位清华名家、校友及其亲属捐赠的220余件珍贵物件，每一件都是从过去一年间征集、整理完成的上千件捐赠物中挑选出来的精品。

透过这些珍贵史料档案，我的目光仿佛穿行在厚重的历史烟云中，清晰地看到一段段充满传奇色彩的奋斗故事，强烈地感受到清华人"自强不息、厚德载物"的伟大精神！而在整个展览中，给我印象最深的是两张1926年清华学校时期的史料。那是一套完整的用中、英文分写的属于同一人的"毕业证书"，主人叫"李忍涛"。

在中文毕业证书中写有："学生李忍涛，现年二十一岁，系云南省鹤庆县人。已在本校依照规定学程肄习完毕，考试亦均及格，合行准予毕业。此证。清华学校校长曹云祥。中华民国十五年六月二十五日。"

英文证书文字如下：

To whom there presents may come, greeting

Jen- Tao Li

Having satisfactorily fulfilled all requirements for graduation. Is granted this diploma with all the rights and privileges appertaining.

In testimony whereof are affixed here below the seal of the college and the signature of the president thereof, this twenty-fifty day of June A.D. one thousand nine hundred and twenty-six.

译文：

（抬头）中国北京清华学校

祝贺李忍涛圆满符合毕业要求，被授予本文凭及所有相关的权益。

特此证明。学校印章及校长签字如下。公元 1926 年 6 月 25 日。

证书左下方所钤圆形清华学校钢印章清晰可见，右下方为时任校长曹云祥的英文签名。

浏览了证书旁边的简介和一张主人公身穿戎装的老照片，我的第一直觉就是"这里面有故事"！这位"李忍涛"老学长究竟是一位什么样的人物，他的经历是怎样的，他在历史上究竟产生过什么作用，他的家人现在哪里，为什么会将如此珍贵的史料捐赠出来？这一系列的问题涌入我的脑海，让我产生了破解谜团的强烈愿望。

借助互联网的强大功能，我开始检索有关"李忍涛"的信息。真是"不查不知道，一查吓一跳"，有关信息中诸如"中国防化兵之父""抗战殉国将军"的关键词都说明李忍涛有着极不平凡的人生经历和英雄业绩，这就更加重了我要了解李忍涛的迫切心情。然而，互联网上许多相关的报道和信息，虽然内容丰富，叙述详细，但有些片段却有着明显的演绎成分，经不起推敲，更不可采信。于是，我一面将网上资料进行对比甄别，一面向清华大学校史馆寻求帮助，并得到了他们的大力支持。结合母校向我提供的权威资料，以及对各类历史信息进行的严肃考证，我整理出以下文字，试图对这位杰出清华英烈的人生轨迹作一梳理，以此向李忍涛学长表示清华人应有的敬意。

一、清华求学立志

李忍涛出生于 1904 年 8 月 26 日（农历甲辰年七月十六日），云南鹤庆县人。根据《鹤庆李氏家谱》记载，李氏家族远祖可上溯至万历年代，列祖列宗的行业，多为修武、行医、经商。到李忍涛祖父这一支虽然不是富裕的大户人家，但举全家之力供其父李实（1880—1953）一人读书，李实不负众望，学习成绩斐然。1904年，李实在中国历史上最后一次"甲辰科举"考试中考中举人。而这一年恰是李忍涛降生，科举上榜又喜得贵子，可谓"双喜临门"。

但随着延续几千年的封建科举制度被废除，也断了这位清朝末代举人继续考取功名之路，而此时的中国读书人很多都投入到"戊戌变法"之后兴起的"留学潮"中，李实也赴京赶考，取得了留学日本的名额，并进入早稻田大学政治系学习[①]。李实归国后曾在民国政坛沉浮，具有官宦经历。李实这种"学而优则仕"的典型经历无疑给其后代带来了良性影响。据称，李忍涛幼年即显露出聪颖过人的天资，初进塾馆读"四书五经"即过目不忘。后进昆明国民小学，考试常得满分，作文下笔成章。一时成为佳话。这些表述与李忍涛后来各个阶段优异的学习表现相互印证，应属不虚。在一张他与母亲和两个弟弟拍摄于1915年的老照片上，11岁的少年李忍涛眉宇间显露出超出年龄的不凡气度，似乎预示着他是一位能以"精忠报国"为己任的有用之才。

李忍涛（左一）与母亲和弟弟的合影（1915年）

[①] 李忍济.李忍涛生平事略[M]//中国人民政治协商会议云南省昆明市委员会文史资料委员会编.昆明文史资料选辑.第17辑.昆明：昆明市政协印刷厂，1991：8.

李忍涛于1920年在云南省立师范学校毕业后[①]，考进清华学校（Tsing Hua College）丙寅级插班就学[②]。其时，清华校园文化正在经历五四运动之后的重大变化。随着新文化运动的兴起，各类政治、经济、文化社团竞相成立，反映各种思潮的文化书刊屡见不鲜，学生思想活跃度明显提升。李忍涛在这个时候进入清华学校学习，其成长经历不可避免地受到很大影响。李忍涛在校期间表现活跃，清华早期档案资料中就留下多处关于他的活动记载。

　　根据现有资料，李忍涛在校期间活跃且坚韧，得绰号"拿破仑"[③]，还被推举为学生会干事部主席[④]。他参加过的社团组织至少有：基督教青年会、级际国语辩论队、辞令研究会、军事学会等。最为重要的是，他还是由清华早期共产党员施滉（1900—1934）等人组织的"唯真学会"会员[⑤]。而这一组织宗旨是"本互助和奋斗的精神，研究学术，改良社会，以求人类底真幸福"[⑥]，代表了当时清华学校内主张社会改造的左派力量，强调会员的个人道德修养和操守，要求会员实行"八不主义"：不抽烟、不酗酒、不赌、不嫖、不讲伪话、不贪污、不做军阀爪牙、舍私为公。唯真学会显然是一个具有"真理所在，即趋附之"理想的组织，在特定的阶段中对清华学生有一定影响力，对其会员之后一生的政治倾向和理想抱负更有着直接导引作用。李忍涛虽然不是唯真学会的核心成员，但在他后来人生中表现出来的道德素养则可以看出他有着强烈的自我约束色彩，这恐怕与他在清华求学时参加唯真学会不无关联。

　　李忍涛在清华学校求学时间长达六年，完成了影响其一生的知识储备和社会阅历的重要积累。在此之后的赴美留学以及再后来的军旅生涯，

---

① 李定国.怀念父亲李忍涛和母亲李佩秀[M]//扫荡丑虏　播我荣光.北京：团结出版社，2020年12月，465.
② 李忍涛.送别之言[M]//清华周刊.增刊第11期.北京：清华周刊社，1925年6月18日，25.
③ 李忍涛.清华年刊1925—1926[M].北京：清华周刊社，1926年，57.
④ 学生会方面.清华周刊.第337期[M].北京：清华周刊社，1925年2月27日，50.
⑤ 徐庆来.徐永煐纪年[M].北京：中央文献出版社，2011年8月，53.
⑥ 清华周刊.增刊第6期[M].北京：清华周刊社，1920年，64.

一切皆以清华所学为基础。清华在1911年至1924年招收的1500名学生中，能够学成毕业的只有636人，占比只有42.4%[①]，这足以说明，在20世纪初，能够取得清华的毕业证书是一件非常不容易的事情，而李忍涛就是其中能学成毕业的佼佼者之一。因此，他获得的毕业证书弥足珍贵！

二、美德习武储能

李忍涛从清华学校毕业之后，就开始了一段长达六年的海外留学经历。他先后在美国和德国就读过四所院校，而其中三所是军事院校，并由此决定了之后"从军习武、报效祖国"的壮烈人生。1926年，他先是赴美国维吉尼亚军校（Virginia Military Institute）就读。维吉尼亚军校位于美国南方的莱克星顿市，创建于1839年11月11日，是美国几所历史悠久的军校之一，与北方的"西点军校"齐名。该校素来以训练严厉著称，且校风一直略有种族歧视的味道，并有着由老生管理新生的所谓"虐新"传统文化。

维吉尼亚军校本身是一所具有军地双重性的州立军事学校，接受外国非军事人员留学。在这里就读过的清华早期军事学人中，最知名的就是后来成为著名抗日将领的孙立人（1900—1990）。据孙立人回忆维吉尼亚军校的经历时说，他受到的最好教育就是一个"忍"字，养成了忍受挫折的毅力。"任何横逆之事，都能忍受。所谓忍受，并不是被环境征服，而是抱定自己的志愿去忍受横逆之来侵。所谓'逆来顺受'，即强忍到底。"[②]事有凑巧，李忍涛名字中就有一个"忍"字，这或许也成为一种心理暗示和无形动力，帮助他在这所军校中完成了艰苦、隐忍的基础学习过程，实现"由民到兵"的艰难转变，也为日后训练部队积累了直接的经验。

[①] 清华大学校史馆. 清华大学图史[M]. 北京：清华大学出版社，2019年4月：11.
[②] 孙立人. 我的学生时代[M]// 唐杰. 校友文稿资料选编. 第22辑. 北京：清华大学出版社，2017：18.

在维吉尼亚军校之后，李忍涛又去位于佐治亚州班宁堡（Fort Benning）的美国陆军步兵学校（United States Army Infantry School）接受短期步兵训练。这所军校也是美国陆军设立较早的学校之一。根据有关资料介绍，著名的美国陆军五星上将马歇尔（George Catlett Marshall，1880—1959）曾在1927年至1932年担任该校副校长[①]，并对该校的教学进行了一定的改革，取得一定成效，而李忍涛受训的时间恰好在此期间。从两所军校学习结束后，李忍涛还到芝加哥大学（University of Chicago）进修历史课程，进一步完善知识结构，拓展视野，具备了更加全面的文化素质与能力。

1928年在班宁堡美国陆军步兵学校的李忍涛（右一）

在美国的留学结束之后，因学习成绩名列前茅[②]，李忍涛再受国民政府委派，于1930年赴德国学习军事参谋业务。他去学习的军事教育机构位于柏林，前身是著名的普鲁士军事学院（PreußischeKriegsakademie）。当时德国是"一战"的战败国，受《凡尔赛条约》所限，该学院名义上被关闭，而实际上继续开设了参谋培训班（Führergehilfenausbildung）以及军官教育班（Offizierslehrgang）来代替军事学院的功能。李忍涛就读于两年制的参谋培训班，是少数外籍学员之一。在此期间，主要研习参

---

① 姜廷玉. 外军名校与名将[M]. 北京：解放军出版社，2007年7月：357.
② 刘嘉福. 抗日战争中牺牲的李忍涛将军及其创建的防化兵部队[M]// 中国人民政治协商会议云南省昆明市委员会文史资料研究委员会编. 昆明文史资料选辑（第六辑）. 昆明：昆明市政协印刷厂，1985：79.

谋业务以及陆军各兵种联合战斗与指挥。这为他全面了解德国陆军的兵种构成以及各个兵种的作战模式提供了最好的途径。据有关资料记载，他特别注重中国陆军此前不曾有过的兵种知识研习，"在理化科学和军事化学方面，颇有心得，着重研究化学兵方面的学术"①。

在德国的两年期间，有两件事情对李忍涛来说影响至深。一件是著名的六君子"滴血结盟"。那是1931年"九一八"事变后，在德国的中国军事人员和留学生义愤填膺，他们中间的李忍涛和徐培根、俞大维、桂永清、陈介生、胡靖安等六人态度特别坚决，成为"结拜抗日六兄弟"②，他们还登报宣传，立誓要回国抗击日本侵略者，表现出一腔爱国热情。虽然最终六人并未成行，但此事却给李忍涛后来坚决抗日的行为带来动力。另外一件，就是他在柏林结识了日后成为他妻子的德国女青年爱娜（Erna Becher，1909—2001）。在他毕业回国之后，爱娜也于1932年7月毅然来到中国与李忍涛成婚，取中文名为李佩秀（Erna Li-Becher），先后与他育有长子定一（1933—2002）、次子定国（1937—　　），并伴随他度过了一段艰难战争岁月③。

三、创建新军抗敌

1932年，李忍涛从海外学成归国。回国后，他受到国民政府的器重，被破格授予少校军衔，于当年6月被派到南京中央军校工作，从此真正开始了他的军旅生涯。他曾担任中央军校军官教育总队中校区队长（1932年6月）、担任留德预备班上校（1932年8月）副主任兼教官④。在此期间，李忍涛以其留学时获得的世界军事发展信息，一直向最高当

---

① 李忍济，等.李忍涛生平事略[M]//中国人民政治协商会议云南省昆明市委员会文史资料研究委员会编.昆明文史资料选辑（第17辑）.昆明：昆明市政协印刷厂，1991：86.
② 李元平.俞大维传[M].台北：台湾日报社，1992年1月：38.
③ 李定国.怀念父亲李忍涛和母亲李佩秀[M]//扫荡丑虏　播我荣光.北京：团结出版社，2020年12月：465.
④ 李忍涛官佐履历表（台湾档案资料）[Z].

局建议在中国建立一个前所未有的新兵种,这就是"化学兵"。

在20世纪上半叶进行的两次世界大战中,人类遭受了巨大的灾难。其中由化学武器造成的伤害因其具有"反人道主义"性质而遭到强烈反对。日本在1931年"九一八"事变之前,就已经展开了对化学武器的深入研究,并一直鼓吹在战争中使用化学武器,以达到大量杀伤中国抗日军民,加快侵华战争进程的目的。日寇不仅大量研制生产芥子气、光气等毒剂,而且在对华战场上频频使用,中国军民深受其害,而彼时中国军队的防化能力几乎为零。

为应对来自日军的化学战威胁,经国民政府最高领导人批准,于1933年2月8日在南京正式创建了中国历史上第一支化学兵部队。当时为对外保密,将"化"字去掉,对外称其为"军政部学兵队",由此揭开了中国化学兵发展的序幕。李忍涛被委任为学兵队上校队长,成为中国化学兵部队的创建者和领军人。在此之后,李忍涛还被聘任为"国防军备专门委员",具有了建言献策的资格与机会。而此时他仅年将三十。其时,李忍涛还是中国童军总会设计委员会委员[①]。

李忍涛担任学兵队上校队长时的照片(摄于1933年)

由于化学兵是一支技术性很强的兵种,所以在学兵队成立初期,实际上就是一个化学兵干部训练班,每期学制两年半。据统计,至全面抗战爆发前,学兵队共招收四期学员,培养了千余名军官,成为抗战期间

---

① 中国童军总会设计委员会会议[N].申报,1933年4月16日。

中国军队防化力量的骨干。李忍涛从进入清华学校开始，一直到海外学成归来，共有12年的时间连续在几所中外名校中学习。"丰富的学习经历，完备的知识结构，扎实的军事基础，良好的个人修养"构成了他得天独厚的条件，使他成为训练中国第一支化学兵部队最好的"校长"。

1930年代的中国士兵普遍文化水平不高，综合素质低下，要将他们训练成掌握现代化学兵战斗能力的特种兵，其中的难度可想而知。在这个过程中，李忍涛需要进行系统编制、挑选教员、制定教程、编撰教材等一系列具体工作，必须投入巨大精力，才能让中国的化学兵部队走过艰难的初创奠基阶段，并使第一批化学兵骨干具备基本的实战能力。虽然我们今天无法得知李忍涛面对训练这样一批学生时的心路历程，但从他实施的具体训练中却完全可以看出他的练兵思路。

针对传统旧军队中普遍存在的军人陋习，李忍涛认为最主要的是先要让学兵队队员养成现代军人的良好品格与素质，这样才能保证他们具备"精忠报国"的精神境界，在与侵略者的战斗中勇往直前，战胜一切困难和敌人。他时常勉励部属，强调做军人要有"阳刚、诚实、乐观"的哲学，对待困难要有"我到、我见、我克服"的精神，并将这两条警句定为学兵队"队训"①。"阳刚、诚实、乐观"是按中国传统文化强调素质品格的自我修炼，"我到、我见、我克服"则完全是复制罗马恺撒大帝（Julius Caesar）"我来，我见，我征服（Veni，vidi，vici）"的名句，倡导的是军人在履行使命时应有的奋不顾身。这条包含了中西不同文化理念却在追求"修身励志"目标上达到一致的队训，既让学兵们有了明确的行动指南，成为座右铭，也使他们对李忍涛的"练兵之道"理解至深，努力践行。

经过李忍涛训练出来的学兵队队员不同凡响，在精神面貌和军人素质上都比一般部队高出一筹。据亲历者回忆：当学兵队首届学员在1935年毕业前夕，李忍涛曾亲自率领其中100余人前往南昌，接受国民政府

---

① 李忍济，等.李忍涛生平事略[M]//中国人民政治协商会议云南省昆明市委员会文史资料研究委员会编.昆明文史资料选辑（第17辑）.昆明：昆明市政协印刷厂，1991：87—88.

最高长官的检阅。经过三个多小时的多种科目演练，学兵队以"操练熟练、射击准确"而备受称赞，并得到了"军政部学兵队毕业学兵取得同中央军校学籍，毕业后以准尉见习一年，由少尉起叙"的特殊待遇①。这不仅是对学兵训练效果的肯定和嘉许，也是对李忍涛"带兵有方"的认可与嘉奖。

1935年12月，当时中国军队在南京附近地区模拟抗击日军进攻举行了一次大规模军事演习。演习分为"东军"和"西军"进行，学兵队在两军中各派一个中队参战，李忍涛则作为东军司令部的高级参谋参加演习②。学兵队在此次演习中的公开亮相，帮助各界认识到化学兵在现代战争中不可替代的作用。由此也就可以想见，正是由于中国有这样一支特殊部队的存在，才让日本侵略者在后来发动全面侵华战争中对中国的化学兵有所忌惮，并在一定程度上迟滞了其军事行动。作为领军人物的李忍涛也成为他们的心头大患，必欲除之。

1937年7月7日，日本发动全面侵华战争，战火很快就烧到中国最富庶的长三角地区。8月13日开始，中日两国在上海附近投入重兵进行了长达三个月的决战，这就是著名的"淞沪会战"。在这个战役的最初阶段，根据国民政府军政部的指令，李忍涛带领学兵队的部分官兵也组成参战分队，来到上海前线参加了局部战斗。他们的任务是使用能够抛射黄磷燃烧弹的"李文斯抛射炮"（Livens Projector）轰击敌军。其中最重要的目标是位于上海虹口公园附近的日本海军陆战队司令部。

该日军司令部驻扎在一栋如城堡般的四层钢筋混凝土大楼内，是日本侵略军在上海的大本营。这座建筑占地6000多平方米，远观如一艘航行在海上的军舰，非常坚固，易守难攻。8月18日，参战分队突然开炮，发射的大威力炮弹准确击中日军司令部，压制了日军火力，为中国步兵进攻创造了条件。李忍涛率部与日军的战斗持续了三昼夜，整场战斗使日军受到严重损失。

---

① 李忍济，等.李忍涛生平事略[M]//中国人民政治协商会议云南省昆明市委员会文史资料研究委员会编.昆明文史资料选辑（第17辑）.昆明：昆明市政协印刷厂，1991：88.
② 参谋本部.民国二十四年秋季大演习纪事附录（第二卷）[Z].附表第十、第十一.

1937年8月19日的上海《申报》在头版显著位置，以《日司令部残破》为题，对战况做了目击报道，"……遥望江湾路上日海军陆战队司令部，已残破不全，屋顶太阳旗早已撤除，第四层大楼因遭我方猛烈炮击，早已一片瓦砾，不能应用。而各层楼之玻璃，完全震碎，宛如蜂房……"。《申报》8月21日报道称，虹口一带日军阵地被"巨炮"击中起火，"烈焰高飞，黑烟蔽天……形成一绝大之烟幕，上接云霄，下临浦江，火势之烈较之'一·二八'时闸北之大火尤过之，实为沪上空前所未有……"。这些当年的战场报道从一个侧面记录了李忍涛和中国化学兵在抗日战场上的战斗场面，亦是弥足珍贵。

为了保存这支特种部队，学兵队根据上级命令很快就撤出战斗。随着之后的南京陷落，学兵队开始向内地转移，先在湖南桃源短暂停留，开设短期训练班，最后于1939年转移到四川泸州纳溪县长期驻扎，开始进行战时部队扩充整编，以及开展对中国军队的防化防毒训练工作。此后，经过不断的整合调整，中国军队逐步建立了化学兵干部训练班、学兵总队和防毒处"三位一体"的防化作战体系。其中化学兵干部训练班后来改为国民党中央军校"特科干部教育班"，纳入黄埔军校序列（即化学兵科），专门进行化学兵军官的教育培养。至抗战胜利时，共培养化学兵军官3000余人，成为组织部队防毒和建设化学兵部队的骨干力量。

李忍涛少将标准照（摄于1940年前后）

由于适逢国共合作时期，防毒训练班集训期间，国民政府军政部亦要求八路军、新四军派人参加培训。据此，八路军总部从抗日军政大学学员中选调文化程度较高的罗钰如、刘运夫、欧阳挺、章廉葵、黄磷、周永光等6人前往。其中的罗钰如（1915—1999）也曾是清华大学化学系学生，他与欧阳挺（1918—2001）等人经过培训后成为组织八路军实施防化防毒作战的主要骨干，为后来人民解放军防化兵种的创立积累了实战经验[①]。这也从另外一个角度证明了李忍涛为中国军队防化兵建立与发展作出的历史功绩。

而在此过程中，1939年1月晋升为少将的李忍涛一直是作为核心人物参加了所有运作，他相继出任了学兵总队队长、防毒处处长和特科干部教育班的主任这三个重要职务，并且亲自参与在抗日军民中普及防化防毒知识的基础性工作。1939年3月，国民党中央训练团成立，国民政府最高领导人亲任团长。其中每月一期的"党政训练班"规定有三小时的"防毒课程"，由防毒处长进行"防毒讲话"。李忍涛亲自授课共24期。如今，在重庆市图书馆还藏有李忍涛的《防毒常识》（1941年）和《防毒讲话》（1942年）原稿。

纵观20世纪30年代中国军队化学兵种以及防化作战体系的整个创建过程，可以确定地说，李忍涛发挥了核心领导作用，因此他得到"中国防化兵之父"的赞誉顺理成章，实至名归。

四、血洒长空遗恨

1941年12月"太平洋战争"爆发之后，第二次世界大战的形势发生根本改变。世界反法西斯同盟出现，中国作为在东方抗击日本军队的主要力量，在最后击败法西斯阵营的战斗中发挥了重要作用。为抗击日本法西斯侵略，保障中国战略物资运输，中美两国在"二战"后期共同在中国西南至印度东北开辟了空中通道，这就是全长约500英里的"驼峰航线"。由于这条航线跨越崇山峻岭，气候常年恶劣，又要受到占据缅甸的日军飞机袭扰，因此危险重重，飞机失事率极高，是世界战争空运史上持续时间最长、条件最艰苦、付出代价最大的一条悲壮的"死亡航线"。

在这条航线上，也留下了李忍涛和中国化学兵部队的航迹。1943年2月，国民政府实施与美军合作打通中印公路的战略行动，同时命令

---

① 王良勇，等.败退台湾前国民党军化学兵的体制编制[J].军事历史，2011年第6期：67.

学兵总队将所属的炮一团和炮二团派到印度参战。参战部队就是由运输机从"驼峰航线"上运送到印度阿萨姆邦（Assam）贾布瓦（Chabua）东北约7英里的汀江机场（Dinjan Airfield），再转运到位于贾姆德邦（Jharkhand）兰姆伽（Ramgarh）的中国远征军训练基地。同年10月，李忍涛也是通过"驼峰航线"去印度参加"中缅印战区"军事会议，与司令史迪威（Joseph Stilwell，1883—1946）将军进行沟通，协调解决中国远征军的相关问题，并视察学兵队参战部队。

炮一团和炮二团在兰姆伽训练基地经过培训和重新武装后，参加了后来反攻缅甸的战役行动，炮一团改为中国驻印军重炮一团后，分别配属中国远征军的不同部队，使用美制装备，在打通胡康、孟拱两河谷、围攻密支那，拿下巴莫等战斗中做出重大贡献。炮二团与美军、英军各一个团合编为东南亚盟军总司令部直属旅，该旅在进攻曼德勒以牵制敌人的战斗中，打得非常出色。

作为指挥官的李忍涛，一定清楚飞越"驼峰航线"的艰难与危险，然而他仍然义无反顾地一次次登上飞机，全然不顾随时可能发生的危难。据其胞弟李忍济（1914—2004）回忆，在最后一次去印度之前，李忍涛曾与他话别，特别强调"学兵队即使在抗战中牺牲殆尽，亦在所不惜"[①]。不幸的是，最终的危险还是降临了！1943年10月28日，当他从印度汀江乘飞机回国复命时，在"驼峰航线"的缅甸北部区域被预先埋伏的日军战机击落而殉国罹难。

为了表彰李忍涛将军为抗击日寇侵略英勇殉国的不朽功绩，国民政府于1946年2月21日追赠李忍涛为陆军中将军衔[②]。在他牺牲40余年后的1984年3月27日，台湾当局为李忍涛颁发"旌忠状"。1995年，在纪念中国人民抗日战争暨世界反法西斯战争胜利50周年之际，位于北京的中国人民抗日战争纪念馆将李忍涛列为"抗日英烈"，收录宣传他

---

① 李忍济，等.李忍涛生平事略[M]//中国人民政治协商会议云南省昆明市委员会文史资料研究委员会编.昆明文史资料选辑（第17辑）.昆明：昆明市政协印刷厂，1991：93.
② 国府命令[N].申报，1946年2月22日，第一版.

的事迹[1]。2020年9月2日，在纪念中国人民抗日战争暨世界反法西斯战争胜利75周年之际，经党中央、国务院批准，公布第三批185名著名抗日英烈名单，李忍涛名列其中，以此表彰他为抗战胜利做出的杰出贡献[2]。

作为一名军人，如果他被敌方列为必欲除之的对象，那不是他的悲哀，而是他的光荣，说明他无可替代的作用给敌人造成了巨大压力，他的存在本身就是巨大的战斗力！而当年只有39岁的李忍涛就是这样一位让日寇心存忌惮，必欲除之的中国军人。李忍涛是早期清华毕业生中在抗战中为国捐躯的两名将军之一，也是在"驼峰航线"上牺牲的唯一中国抗战将领！今天，每当人们想起在"驼峰航线"地面上依然散落着的、依然闪烁银光的无数飞机铝片，仿佛就可以看到一只只由英雄灵魂化作的蝴蝶在飞舞，而在这些美丽的"化蝶"之中，就有一只属于李忍涛将军！

五、魂归清华永生

1943年10月28日，李忍涛将军为了抗击日本法西斯的侵略壮烈殉国，表现出他在那个艰难岁月中，为实现美好愿景与社会担当不惜献身的崇高精神。自那时起的近80年来，中国和世界都发生了翻天覆地的巨变，然而不论世界形势如何演变，对所有精忠报国的英雄表示崇敬之心不能变，对人类和平发展的渴望不能变，为探索人类共同利益和共同价值的追求不能变！

可以告慰李忍涛将军的是，作为他的母校，清华大学今天以更加自信和更加开放的态度，积极投身于建设世界一流大学的奋斗中，积极参与到建设"人类命运共同体"的实践中，取得了前所未有的发展成就。

---

[1] 抗战英烈事迹（1943：李忍涛）.中国人民抗日战争纪念馆官网 [EB/OL]. http://www.1937china.com/kzls/kzylsj/.
[2] 退役军人事务部.关于公布第三批著名抗日英烈、英雄群体名录的公告 [Z]. 2020年9月2日.

而这种承载着"自强不息、厚德载物"精神的良性发展，恰恰与李忍涛那一代清华学子孜孜追求的目标高度契合。

清华英烈纪念碑（2019年9月重修）

当清华大学在中国改革开放的大背景下步入发展正轨之后，就对所有在争取中华民族解放和人民民主革命斗争中，为实现崇高理想英勇捐躯的清华英烈表现出极大的尊敬，并在校园内建立了"清华英烈纪念碑"，上面镶嵌着"祖国儿女 清华英烈"八个金光闪闪的大字。经过不断的搜集和研究，到目前为止已经确认了四批共65位"清华英烈"[1]，其中就包括了李忍涛。这些清华英烈将与日月同辉，与清华同在！

李忍涛自1926年从清华毕业后，至今已经过去了95年，虽然他生前再也没有回过清华园，然而他与清华的情缘却从未中断过。在美国维吉尼亚军校留学时，同他一起的清华同学就有黄恭寿、梁思忠、谢明旦、戴昭然、王稜[2]等。回国后创建学兵队，训练新兵时也是依赖于诸多清华学兄学弟的共事和努力。当年曾先后与他共事的清华学子就包括姚楷、杨昌龄、李道煊、汪殿华、郭庆棻、梅敏祺、任春华[3]，以及汪逢栗、安立绥、王之珍、张光世、李法寰、武崇豫、高梓、聂瑛、王之珍、祝新

---

[1] 清华大学校史研究室.清华革命先驱（上）[M].北京：清华大学出版社,2004年4月：91—92.
[2] 刘伟华,等.扫荡丑房 播我荣光[M].北京：团结出版社,2020年12月：109.
[3] 黄延复,等.梅贻琦西南联大日记[M].北京：中华书局,2018年5月：50.

民、时钧、胡光世、黄新民、高少敏[①]等二十几人。

特别值得一提的是，李忍涛与清华校长梅贻琦（1889—1962）有着很深的交往。李忍涛在清华的六年求学之时，恰是梅贻琦在清华学校担任教务长的阶段。此外，作为唯真学会会员的李忍涛，也一定与担任过唯真学会顾问的梅贻琦[②]有过更直接的关系。他们在清华学校时期建立的这种师生之谊一直延续到西南联大时期。1941年6月梅校长从昆明去川、渝出差期间，曾视察西南联大（四川）叙永分校，李忍涛的学兵总队为其提供了"舟车之便"[③]。李忍涛等还与梅校长多次会面交流，除了在纳溪为其举行清华学子的欢迎会外，还请梅校长视察了学兵队。这些在《梅贻琦西南联大日记》中均有记载。更令人难忘的是，在李忍涛殉国后，梅校长曾于1944年9月20日在昆明亲自看望抚慰了将军遗孀[④]，代表母校向这位杰出的清华学子致敬。这段史实也成为百年清华历史不可磨灭的一个片段。

2019年3月，就在清华大学迎接108年校庆到来之际，一件印证李忍涛清华岁月的珍贵文物——1926年清华学校颁发的"毕业证书"回到了清华园。原来，这份毕业证书是由李忍涛次子李定国先生在德国杜塞尔多夫（Duesseldorf）向清华大学捐赠的。可想而知，经历了战争年月的颠沛流离，经历了离开祖国的万里远行，李忍涛遗属手中保存的将军遗物寥寥可数，而这份存世将近百年的清华学校毕业证书一定是他们最珍爱的物品！尽管心中多有不舍，但在专门召开家庭会议之后，李定国先生最后仍然决定将这件宝物捐赠给清华大学。

其实，这个捐赠行动非同寻常，不仅集中体现了李忍涛后人对清华的高度信任，更体现了越来越多海外人士对中国发展的信心。这件曾经远离故土，又回归祖国的文物虽然不是清华大学收藏年代最早的"清华

---

① 侯祥麟. 我与石油有缘[M]. 北京：石油工业出版社，2001年1月：24.
② 徐庆来. 徐永煐纪年[M]. 北京：中央文献出版社，2011年8月：45.
③ 梅贻琦. 西南联大之魂[N]// 云南日报. 2012年9月28日. 转引自清华大学新闻[EB/OL]. http://news.tsinghua.edu.cn/publish/thunews/10303/2012/201209281445450 55291573/20120928144545055291573_.html.
④ 黄延复，等. 梅贻琦西南联大日记[M]. 北京：中华书局，2018年5月：191.

学校毕业证书"，但却是众多清华英烈唯一留存的毕业证书，其珍贵程度不言而喻。80年前，李忍涛将军"血洒长空，英雄化蝶，壮怀激烈，可歌可泣"；如今，这份早已和英魂融为一体的烈士遗物，终于又"飞回"令他魂牵梦萦的清华园，并且永远再不分离。这本身就是一段不可复制的传奇！我们完全可以相信，如果将军在天之灵有知，一定会感到无比欣慰！这正是：

> 早年求真清华园，海外学武意志坚；
> 创建新军成先锋，抗击日寇挽狂澜。
> 血洒长空痛扼腕，英雄化蝶心不甘；
> 华夏强盛慰先烈，魂归故国续夙愿！

（2019年8月15日撰稿，2023年3月19日修订）

* 附：清华英烈名单，共65位（截至2019年9月）

第一批23位：杨光泩、闻一多、沈崇诲、阎裕昌、张甲洲、李冠英、齐振铎、熊大缜、陶守文、袁永懿、凌松如、孙世实、纪毓秀、黄诚、钱泽球、杨学诚、彭国珩、刘国镃、钟泉周、李鲁连、齐亮、潘琰、荣世正。

第二批20位：韦杰三、施滉、邓维熙、何懋勋、祁延霈、袁时若、张凤阁、陈定达（三才）、姚名达、戴荣钜、齐学启、缪弘、王昊、曾庆铨、吴国珩、江文焕、黄竞武、陈月开、万家义、陈虞陶。

第三批8位：顾衡、岳岱、王鉴览、解树魁、吴新之、李忍涛、钟青援、杨潮。

第四批14位：钱昌淦、郎维田、黄维、朱谌、崔明川、王文、朱悔吾、李嘉禾、沈宗进、吴坚、雷本端、曾仪、吴若冲、石文元。

● 行胜于言念马公

著名体育教育家马约翰（1882—1966）无论在百年清华的发展中，抑或在中国现代体育史册里，都是一位"旗帜"般的标志性人物，这一点早已得到社会公认。他在清华长达52年的教学实践中，始终将"爱国精神养成、健全人格塑造、科学方法锻炼"作为体育教育的核心理念，影响一代又一代的青年学子，创造出流传致远的宝贵资源。

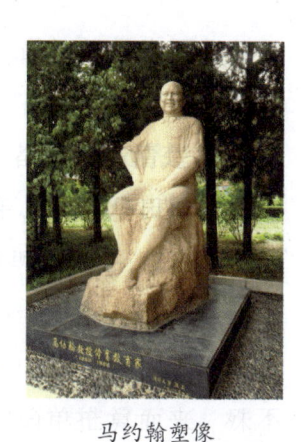

马约翰塑像
（位于清华体育馆南侧）

马约翰一生著述并不是太多，至今能看到的论文、讲稿等亲手写下的文稿不过二十余篇，其中最著名的《体育的迁移价值》（*The Transfer Value of Athletics*），是他于1926年在美国春田学院再度攻读时写下的硕士论文。现在的人们若想更多地了解马约翰丰富的人生经历，只是通过这些文稿会感到非常"不过瘾"。为什么会出现这种情况，他本人是怎么想的？这是我一直想寻求解答的问题。

一、《人物杂志》给出了一个答案

就在前不久，我得到了一册出版于1947年4月的《人物杂志》。至于这本中国出版史上第一本以"人物"为主题的刊物历史，有必要先多说几句。1946年1月创发于重庆的这本月刊，其实是在抗战胜利后由共产党重庆地下组织支持的"进步刊物"，其创刊人张知辛（1910—1968）是负有特殊使命的老一辈文化人。在"光明与黑暗""民主与独裁"激烈斗争的时代背景下，《人物杂志》既要能够通过国民党的新闻封锁，又要坚持"表扬好人、批评坏人"的办刊原则,遇到的各种困难可想而知。但即使如此,杂志在四年续存期内还是做到了稳固发展,先后建立了重庆、汉口、上海三个版本,影响遍及全国。

能够登上这本刊物的人物,显然都是经过遴选,具有一定的代表性,其中当然包括不少古今中外名人、名家,但也有许多默默无闻的中小学教师、乡村工作者、民间艺人,甚至还有狱吏、妓女等底层人物。在为刊物投稿的诸多作者中,包括了"周恩来、郭沫若、王芸生、周谷城、邓初民、吴晗、刘半农、朱自清、高士其、华罗庚、郑公盾"等各界人士,甚至还有外国作者。

《人物杂志》介绍马约翰的文章(1947年4月)

我在这册《人物杂志》里,意外发现了介绍马约翰的文章,那是一篇题为《体育界老将——马约翰博士》的人物访谈。作者"斯静",很有可能这只是一个笔名,究竟是谁有待考证,但应该是位大学生。访问背景是抗战胜利复员后,马约翰回到阔别九年的清华园。访问时间具体不详,但可推测是在1946年秋到1947年春之间,因为在《梅贻琦西南联大日记》的1946年10月3日一栏,梅校长写道"马约翰偕其二女已搬住校内,相见甚欢",这就提供了马约翰从昆明回到清华园的大致时间。

这是一次没有预约的突然造访,这位叫"斯静"的青年人在一个早上来到位于清华照澜院的马约翰家小院,径直走进客厅,"仅仅穿着一件毛衣"的马先生显得相当匆忙地接待了来访者。他起初以为来访者只是一个"为了选修和免修体育来麻烦他的"清华学生，因为经常有这样的"不速之客"登门。当弄清楚"斯静"和他们不一样后，"马先生这才坐在就近的沙发上，好像放心了"。

但是，当马约翰得知"斯静"来访的真实目的，是为了"要多知道一些关于一个毕生为民族健康之增进而努力的老人生活""希望能直接听取一些经验的回忆"，他就又慌张起来。他明确表示自己"忙得很，没有时间写东西"，同时也直言"不喜欢别人替我介绍，那多少是有些自我宣传的"。

自己没时间写自己，也不喜欢被人写，双方不免显得有些尴尬。这时马约翰的夫人出来打"圆场"，劝他说："告诉别人一点自己的历史有什么关系呢？"尽管这样，马先生却丝毫没有因为顾及太太的面子而改变立场，再三重复着"我不喜欢那样"的字眼，并且说："我从前在欧洲，各国报纸都要为我拍照介绍，我都拒绝了。"

话说到这个份上，已经没有回旋余地，访谈是没法进行下去了，"斯静"自认为"这是一次失败的拜访"。不过，为了避免让来访者过于难堪，马先生还是补充地说："对不起，这是各人的观点，各人不同的看法，有的人愿意，我是不喜欢的。"

通过这段"画面感"十足的文字，"斯静"好像将读者直接带到马先生的身边，看到一个生活中没有经过"包装"的本色人物。尽管这段往事迄今已经过去了70余年，马约翰"不喜欢自我宣传"的坚决态度仍然具有很强的冲击力，让我明白了造成"马约翰事迹"与他名望之间存在很大反差的原因，根本是因为他自己"不事张扬"的低调立场。

二、行胜于言的楷模

至于马约翰为什么对访谈者"退避三舍"，或许是因为职业本身的特质，形成了"体育人"用"成绩"说话，以"实力"服人的思维定式，抑或是马约翰认为"行胜于言"才是体育教育家应该具有的品格。

到 1946 年抗战胜利复员的时候，马约翰已经在清华服务 32 年，那时的他早已是中国体坛的公众人物。但他的名声绝不是靠别人"吹"出来的，而是靠着他对清华园的热爱，对中国体育事业发展的热情，在"一天天、一年年"的体育教学中，靠"一个个、一届届"学生的口碑积累起来的。对于这一点，马约翰十分坦然自信，毫无自作谦虚的扭捏，诚如他自己所言："至于说要知道我所做的事情，我几十年的工作都在清华，都是可以看得见的！"

其实，结合清华当时所处的"胜利复员，百废待兴"的具体环境，了解马约翰面对的复杂局面，对他不愿接受采访的原因就会有比较客观的认识。

至于那位"斯静"，虽然没有从马约翰口中听到期望的"名人轶事"，多少有些沮丧，但马约翰的一席话也让他有了新的采访思路。于是他来到了清华西大操场，在体育馆周围徘徊，希望能发现与马约翰有联系的新闻线索，那样也不至于"空手而归"。

如其所愿，他果真在那里看到了一番"大兴土木"的景象："八年沦陷，体育馆的设备完全毁坏，一切都需修理，篮球场在整个翻修，游泳池在赶修水管设备，健身房在重新布置，门前的大操场上散布着各色的工人。"

"斯静"当年的描述就像是"现场直播"，让我们从体育场馆视角再次看到清华园曾经遭受日寇占领而造成的惨状：后馆成了伤兵医院的大厨房，游泳池变成了给马洗澡的大水坑，所有的器械设备都被拆光、毁坏、抢掠；田径场上野草丛生，一片荒凉⋯⋯

面对基本上就是一座空壳的体育馆，再加上捉襟见肘的修复经费，要想在短时间内恢复原貌，用于正常教学，任谁见了都会觉得不太容易。面对困局，肯定需要有一位权威人物出面担纲才能压得住阵脚，马约翰对此当仁不让。这就让"斯静"在"好些门上、墙上看见有马先生督工赶造的'手谕'"，马约翰心急如焚的心情跃然纸上，"可惜沦陷后的北平工人效率极低，无怪马老先生曾那样焦急"。

这让我想起了曾经刊登在 1948 年《观察》杂志上的另外一篇旧文

《马约翰的体育》，其中特别说到，在"修建工程最繁重的时候，他在体育馆每天平均有十小时以上的工作，跑腿，调动指挥，监工，甚至还亲自动手"。

通过来自不同观察者的记述，我们对时年已经超过 60 岁的马约翰，还在为修复工程操心奔忙的情况深信不疑。同时，也对他拒绝采访的做法多了一层理解，面对修复工程的千头万绪，换了谁都不会有好心情。不过，也正是由于有了他"多做少说"的亲力亲为，清华体育设施才能在短时间内逐步被修复，重新成为学生的体育乐园。我想，这才是马约翰当时心中最看重的"硬道理"！

三、让马约翰刻骨铭心的"联大八年"

马约翰在体育场馆修复工程中表现出的忘我态度，完全可以看作西南联大"刚毅艰卓"精神的一种延续，他分明是要用加倍的努力挽回战争给清华体育造成的损失。

抗战爆发前，马约翰在清华园度过了年富力强的人生最好时段。"清华园里的一草一木他都清楚，清华园的人物几乎大半都是他的学生，清华园的传统他最熟悉也最留恋。"极具代表性的一幕出现在 1937 年 4 月 30 日，他在写给清华"九级"毕业同学的告别信末尾，特别希望同学们要牢记体现清华校训的信条："奋斗到底，永不放弃。"（Fight to the finish, never give in）

在 1914 年之后的 23 年时间里，除了清华学子们在马约翰的组织与指导下，创造了体育普及的成绩和运动提高两方面的种种纪录，他"还领导了全国各次著名的运动会，参加世运会，发起大规模的体育运动，拼命地介绍西洋体育教育来到中国"。这一切，都是基于马先生对祖国的热爱。"虽然，马先生自己一半的血液不是属于中华民族的"，但是他以中国作为自己的祖国，他"深深地为民族健康之衰退而忧虑"。

正是因为这种强烈的爱国情绪，在抗战爆发，清华被迫在昆明与北大、南开组成"西南联大"的危难时刻，马约翰义无反顾地选择了随校南迁，虽然"那个边城什么都很落后，体育的设备尤其很差"，但"他依然秉承着一贯的精神施教"，投入前所未有的"教育救国"事业当中。

无奈，战时的昆明，物质匮乏，条件艰苦，"那许多贫弱营养不良的青年，对那个空空的操场，实在缺乏多余的精力去对体育发生兴趣"。但是，他"越是看见自己的学生柔软（弱），越是加紧体育的训练，因为马先生相信体育是可以增强体格的"。

看到"斯静"的这段追述，我的脑海里不由自主地闪现出电影《无问西东》中的一组镜头：大雨滂沱，泥泞的操场上，跑过一队男生，领队的老师，白衣长袜，果敢坚毅，"一二三四"的口号，在风雨中越来越响……虽然这只是马约翰的艺术形象，但在清华"无问西东"的精神史上，已经铸成一座永远闪光的历史丰碑！

"联大八年"对于马约翰的刻骨铭心，除了艰苦，还有牺牲。其长子马启华因为营养不良，竟然生病不愈而英年早逝，这给他那原本幸福的"八子八女"家庭带来了无尽的悲痛！但这一切灾难都没有让马约翰沉陷于负面情绪，驻足不前。在那些年里，他不仅对联大，对昆明的社会贡献也非常大，"他领导着昆明体育界也和军政首脑合作展开了他所希望的体育教育，昆明每年就开办有运动会，游泳比赛，各种球类比赛"，除此之外，"更重要的是马先生又建立了一个体育师范，为云南培育了合格的体育师资"。

"联大八年"在马约翰的职业生涯中超过了七分之一时间，不可谓不长。但更关键的是，这八年的战时艰苦经历让他更加爱祖国、爱体育、爱清华，这也使他将"国恨家仇"化作动力，贯穿到抗战复员后的重建工作中。在他的力行垂范下，清华优秀的体育传统得以很快恢复，并继续发扬光大。

四、结语

2022年是马约翰先生诞辰140周年，也是他为之付出毕生心血的清华体育部成立110周年。在此时间节点能够邂逅《人物杂志》，走近一个特殊时期的马约翰，我将其视为一种冥冥之中的天意。笔者晚生，虽无缘在求学清华时聆受马公的亲自教诲，但能在与他共事多年的夏翔、王英杰等"大先生"的指导下汲取清华体育的无穷力量，已属十分荣幸。

在家中客厅锻炼的马约翰（约摄于1950年代）

在清华园，"马约翰"与体育早已化作不可分割的同义语，成为推动清华人不断进行人格熔炼的精神力量。在向世界一流大学不断迈进的过程中，"马约翰"永远与清华同在！这正是：

清华体育铸传统，行胜于言念马公；

五十二载育英才，力行垂范践始终！

（2022年10月12日修订于上海）

* 本文是为纪念马约翰先生140周年诞辰而作，发表于《水木清华》2022年第5期。

丁懋英：庚款特别官费生中的生命天使

在 1928 年正式成为"国立清华大学"之前，早期清华是一所利用庚款举办的留美预备学校，在校学习的都是男生，他们被统称为"留美预备生"。按照学校章程，高等科"三育俱优之毕业生"即能公费留美。1913 年至 1929 年，清华每年都会派送合格的毕业生赴美留学，他们成为这个时期清华选送留美生的主体。

丁懋英在密歇根大学期间（1919 年）

不为人们熟知的是，除了选送毕业生之外，清华还选送或资助了另外几类"非在校生"赴美留学。因为他们同样享受了清华庚款的留学权益，因此也被纳入"清华庚款生"的范围，被视作"清华校友"。由此，"清华庚款生"还包括了五类人员。

（1）甄别生：从 1909 年至 1911 年，游美学务处考选三批直接留美生共计 180 人。这些留美生因是经过"品学甄别考试"后送去留美的，故又被称为"甄别生"。

（2）留美专科女生：自 1914 年至 1928 年，招考录取直接留美女生共 7 批 53 人。

（3）留美专科男生：从 1916 年至 1929 年，清华共招考选取直接留美专科男生共 9 批 67 名。

（4）津贴生：清华前后资助各种津贴生共 499 人。

（5）特别生：包括不同时期的"特别官费生""使馆学生""教育部稽勋局学生""北洋学堂学生""税务处学堂学生""军咨处学生""贵胄学堂学生"等类列，共计 70 人。

在"特别生"中共列有"特别官费生"10 人，他们是：张承槱、祁暄、许世照（女）、黄倩鸿（女）、林黄倩英（女）、丁懋英（女）、唐立达、曹云详、邹邦元（女）、邹应蕙。

这些人中，除了曾担任过清华学校校长的曹云祥以外，其他人的情况较少为人知晓。另外，这部分官费生是经过何种程序遴选，他们的留学经历如何，目前的清华史料中未有明确说明。但可以肯定的是，这些人能享受此等待遇，必定有其特别之处。

就在一个偶然的情况下，我接触到"特别官费生"中"丁懋英"的有关信息，顺藤摸瓜，经过多方的深入挖掘，一位近代中国妇幼医学事业的杰出先驱形象越来越清晰地呈现在眼前。

一、她与第一批庚款留美专科女生同时赴美

丁懋英（Me-Iung Ting，1892—1969），祖籍江苏武进，是上海著名的"孟河医派"中医丁甘仁（1866—1926）之女。她因为一些特殊刺激（包括：经历母亲难产早逝的痛苦；目睹上海纱厂女工的恶劣卫生条件等）而从小就立志学医以救治女性。她于1913年毕业于上海著名的教会学校"中西女塾"（MeTyeire School，中西女中之前身），之后参加了清华于1914年5月举行的第一批留美专科女生的招生考试，后赴美留学。

然而，在第一批录取名单的10人中，并没有"丁懋英"之名。但其中的"唐玉瑞"，确实是因故未能按时出国，推迟至1918年才赴美（这在清华历史档案中有记载），因此在以往涉及这段历史的文章中，常有"丁懋英替补唐玉瑞"及其他捕风捉影之说。但各种说法均无确凿证据可以证明"替补"的传闻，唯独来自清华大学1937年正式公布的《清华同学录》中，明确标明"丁懋英"是在"特别官费生"之列，而并未将其包括在53名留美专科女生名单中。

2020年，学者韦季刚发表《美国国家档案馆藏1914年庚款留学生入境记录》一文，以严格考证厘清了若干细节。他发掘的史料证明，清华第一批留美专科女生是在清华校长周诒春亲自带领下，于1914年8月15日从上海登船出发，于9月7日抵达美国旧金山港。在入境的移民局

原始签名记录上，女学生有：陈衡哲、韩美英、李凤麟、汤蔼林、周淑安、张端珍、王瑞娴、林苟、杨毓英，另外还有丁懋英。但是移民局档案里，丁懋英在身份识别一栏中是被记为"上海学生"，而不是政府学生。此外，在全体外籍乘客名单中，丁懋英的"旅费由谁支付"一栏，填的是"brother"（兄弟），而其余庚款学生都是"政府支付"。

由此可知，丁懋英确实是与第一批留美专科女生同时赴美留学的，但她的留学性质是被清华认定为庚款"特别官费生"的，不在"留美专科女生"之列。

丁懋英最初四年（1914—1918）是在位于马萨诸塞州的曼荷莲女子学院（Mount Holyoke College）学习医学，取得学士学位后转到密歇根大学（University of Michigan）安娜堡分校继续深造，专修妇产科专业。1920年丁懋英取得医学博士学位之后，又到底特律女子医院和婴儿之家实习。为了获得治疗传染病方面的经验，她在费城的一家女子医院和纽约市的威拉德帕克医院完成了其他必要的实习，并经考试合格成为当时在美国持有密歇根医师执照的第一个中国人。1922年4月，在美国经过八年的学习与实习，取得丰富的临床实际经验后归国。

二、服务时间最长的天津女医院院长

在影响丁懋英职业生涯的人当中，有一个人起了重要作用，她就是"曹丽云"。曹丽云（Tsao Li-Yuin，1885—1922），生于苏州，16岁毕业于上海中西女塾，后去日本官费留学三年，1905年又自费赴美学习。1911年取得美国费城女子医学院（Woman's Medical College Philadelphia）学士学位，回国后先在南京担任医院院长，之后又受聘于天津女医局。因为同是上海中西女塾的校友，丁懋英与曹丽云一直保持了密切关系，并在回国后就去天津，于1922年6月9日加入了"女医局"，从此开始了终其一生的妇女医学事业。

天津女医院的前身是1902年（清光绪二十八年）建成的"北洋女医局"（1915年更名"天津女医局；1935年更名"天津女医院"），为中国近代历史上第一家妇产专科医院。其第一任局长金韵梅（Dr.Yamei Kin，1864—1934），是近代中国第一位学医的留美女生，1908年她还在天津东门外水阁大街创办了中国第一所公立护士学校"北洋女医学堂"，开近代中国公立护理教育之先河。第二任局长康爱德（Ida Kahn，1873—1931）也是一位美国密歇根大学医学博士。让丁懋英始料不及的是，就在她1922年到天津不久，第三任局长曹丽云于8月14日突患急症不治，撒手人寰。在此情况下，丁懋英接受著名教育家，女医局董事严范孙（严修，1860—1929）的邀请，成为女医局第四任局（院）长，执掌天津女医院的担子就落在了刚刚30岁的丁懋英肩上。

丁懋英和她的几位前任一样，都是近代中国妇女医学事业的先驱，而她"服务时间之长，付出精力之巨，取得成就之大"，在天津女医院的发展历史上都达到了一个无人再可企及的"高点"，事迹可圈可点，精神可歌可颂。

在丁懋英后来的28年中，她面对的是"社会经济困难、封建势力盘剥、外敌侵略迫害"的三重"艰窘情形"，以一个女性之身既要发展妇女医学事业，完成"救济病患，服务平民"的夙愿，又要冲破重重阻力，在社会上立足，所要承受的身心压力无比巨大，所要付出的努力可想而知。

然而，就是在这样的历史背景下，丁懋英接续前辈的传统，竟然让"水阁医院"（因为女医院在天津东门外的"水阁大街"而得此俗名）成为天津"城市记忆"中不可磨灭的一部分。何以至此？那是因为，"水阁医院"曾按照现代医学方法前后安全接生了10万婴儿，他们的人生起源于此，他们也成为这座城市一代代延续的生命；那是因为，通过女医院护校培育的护士、助产士分布在河北、河南、山西、山东等北方地区，她们成为发展中国现代妇婴保健事业的点点火种；那是因为，"丁大夫"精湛的医术和博爱的仁心，让人们知道世界上竟然有她这样不论贫富，一视同仁的"好心人"，至今天津人民仍不曾忘怀。

随着名望的不断提升，产妇和病患日益增多，"水阁医院"原有规模已不能满足社会需要。丁懋英于1934年又在伦敦路（现成都道106号）

创办了"水阁医院"的分院,在市区多处设立免费为困难产妇治病的分诊所、保产所和乡村卫生院,并长期资助天津孤儿院、育婴堂等多项社会福利事业。

丁懋英和全身心投入妇幼卫生事业的诸多女同仁一样,付出的个人代价是巨大的,她同样终身未嫁,孑然一身,直至终老。这让人不禁想起被誉为"中国医学圣母"的林巧稚(Lim Kha T'i, 1901—1983),其实在1950年以前的医学界,丁懋英行医名震津门,在妇科领域与上海的王淑贞、北京的林巧稚齐名,她们同样都是应该被中华民族牢牢记住的"万婴之母"!

丁懋英对同胞的生命有大爱,必然对侵略者有大恨。"七七"事变后,日寇先是派飞机轰炸天津,之后派兵加以占领,对中国人的生命视如草芥。对此,丁懋英看在眼里,记在心中。战火中,她一方面坚守于医院,以自己的医术保护患者,拯救生命;一方面又在以自己的方式表达抗争。这种"不合作"的态度必然引起日寇的忌恨。

在1939年1月18日的民国《立报》上,我找到了一则新闻,内写"津市名医丁懋英,十二日在东门外公立女医院附近被×架去,现押在日租界警署,原因不明",并说"丁懋英,留美医学博士,年四十余岁,独身,向无政治关系,在天津华界开设女医院,并在英租界伦敦路开设分院,营业甚佳"。在之后不久的有关报道中,有"丁被捕原因,为×伪举行游行时,丁未参加,……亦未在医院门前举旗欢迎"的说明。在1939年2月1日《立报》的报道中,得知丁懋英已于1月底获释,据此推算,她在日寇的看守所中被囚禁了18天。

另据有关资料,1945年初,日军宪兵队欲强征天津女医院以供军用。丁懋英不顾个人安危,多方奔走,凭借个人名望与各界周旋,最终使医院逃过一劫,给苦难中的天津人民保留了一块仅有的生命绿洲。

在民族危难中,丁懋英的爱国之心,天地可鉴;于国于民,功莫大焉!而她后来对此只以一句"虽遭逢巨变,而懋英与同人均以服务病人为天职"轻轻带过,此等胸怀,怎一句"巾帼不让须眉"可以概括。

三、巴伯学者的杰出代表

在经过最初几年的辛勤创业阶段后，丁懋英于 1929 年再次回到美国密歇根大学进修，这一次她享受的是由犹太裔校友巴伯（Levi Lewis Barbour，1840—1925）设立的"巴伯东方女子奖学金"（The Barbour Scholarships for Oriental Women）。据有关统计资料，1914—1949 年间，巴伯奖学金资助了 237 人次亚洲女性进入密大学习，其中 47.2% 来自中国、17.7% 来自日本、12% 来自印度、11% 来自菲律宾。

1930 年巴伯学者合影（丁懋英：二排左四）

巴伯奖学金的宗旨是：让来自东方的女性得到西方教育，把好的东西带回去，在她们的同胞中传递祝福。从而鼓励和帮助亚洲妇女提高其在本国的地位，为她们返回祖国后取得领导地位和服务社会做好准备，并增进东西方的交流理解。

该奖学金中还有一项为期一年的巴伯研究金（The Barbour Fellowships），专门资助高级访问学者前往密大从事研究工作。在巴伯学者中曾经出现过许多教育家、外交官、科学家和行业领袖。有评论称，巴伯奖学金对于中国女留学生的重要性，可与庚子赔款对于中国留学生的作用相媲美。而丁懋英正是 1929—1930 年度的"巴伯学者"之一。

在近代中国留美学生中，丁懋英无疑是幸运的，她是享受过庚款和巴伯奖学金双重资助的少数几个人之一。不过，丁懋英的杰出表现证明她丝毫没有愧对这份运气。就在这一次的进修研究过程中，她除了完成规定的学业之外，还做了一件事情，就是结合中国国情，根据现代妇幼医护理论和自己的医疗实践，编写了一本适合于中国人看的《育儿须知》。全书分上下册，合订为一本，两册正文前均有序言，落款都是"一九三零年六月十五日著者序于密歇根大学"。

丁懋英在"自序"中说："著者采取近代育儿方法，以应吾国关心育儿常识者之作"。两册内容各有侧重，"一为欲知育儿法而用，一为欲明了得病之由，及普通预防疾病之常识而用"。上册是著者译自英文的《吾国的婴儿》一书，删去"牛乳哺育婴儿"一节，代之以"吾（中）国合宜食品"；下册则是她先用英文撰稿，再征求母校儿科专业学者意见，修订后译成中文后付梓。在目录之后，特别排印了两行字"抚育婴儿乃人母之天职，健壮儿童为强国之基础"。充分体现出丁懋英已经认识到中国建立妇幼保健事业的重要性，以及在医疗实践中妇科与儿科的紧密关系。

在丁懋英撰写《育儿须知》之时，天津还没有一所专门的儿科医院。女医局董事严范孙先生一直希望医院设立儿科，但在他1929年去世之前，这个愿望没能实现。丁懋英在1930年从美国研修重回天津后，在医院经费中精打细算，点滴节省，终于筹集了3万银元建成一所儿科医院，命名为"严范公儿科医院"，并于1933年12月25日正式开业。这所医院的建立在天津医学史上是首创之举，与女医院相得益彰，为天津妇幼保健事业奠定发展基础。

按照一般常识，要将一项宏伟计划由愿望变为现实，没有"锲而不舍的韧劲，百折不挠的勇气，策划与执行的能力"是万万不可能的。而这一切，丁懋英显然做到了。"自强不息，厚德载物""行胜于言"是清华传统精神中的精髓，作为庚款特别官费生和巴伯学者女杰的丁懋英，虽然没有直接在清华园上过学，但她无疑是用一番特别的作为表达了属于她的诠释。

四、顺应变迁悄然隐去

1949 年，中国的政局发生了根本性的巨变。那年 1 月 15 日，在 29 个小时的激烈战火搏斗过后，解放军的胜利红旗开始在天津上空高高飘扬。经历过清朝、北洋政府、日本侵略、国民党专制等不同时代的丁懋英，迎来了共产党领导的新生人民政权。彼时，她已经在天津女医院这个"治病救人"的平台上勤奋工作了 28 年。她的自我评价是，"二十八年以来，吾人尽力妇婴医疗卫生事业，竭其所有力量，实事求是，以发展今日科学之进步而增高病人之福利"。客观、坦然，无可指摘。但尽管如此，她的"谢幕"时刻还是来了。

由于社会动荡，经济凋敝，作为私立医院，经营难以为继。丁懋英"深感个人力量所限，实属力不从心"。在这种困难局面下，她仍"念津市广大妇女人民应有其自己之产科医院，庶几能享受自己健康之权益与福利"，她认为要达到这个要求，"势非扩充至二百产床不可"，但"此亦非懋英今日个人力量所能完成"。

于是，她在 1949 年 10 月将自己的这些困境、忧虑、愿望都写在了一封致"天津市卫生局局长"的信函中。她表示，"懋英今虽年届六旬，而为人民服务之心曾不因力量薄弱而少减"，同时，她也明确表达了自己"为求医院救助事业之更加扩充，效用之更加宏大，衷心情愿与政府合作，将医院一切设备贡献人民作为基础"的请求，希望"由政府大力加以扩充，而蔚成规模更大，更善，更实现人民权利之人民产科医院，以完懋英初愿"。也就是说，她要将自己经营管理多年的天津女医院及其所有设备都捐献给新政权，同时表示自己"更愿尽其全力在技术上努力服务"。

天津市人民政府很快回应了丁懋英的请求，于 1950 年 1 月接收天津女医院。从此，这所当时已有近 50 年历史的医院开始了又一个历史时期。而丁懋英也向有关部门提出了赴香港探望自己亲兄长的请求，并很快得到了时任天津市市长黄敬（1912—1958）的特别批准。

时过境迁，在过去 70 余年之后，再来观察丁懋英后来的人生轨迹，就像一块块散落在历史烟云中的拼图，零散、无序，甚至扑朔迷离。经过多方查证，得到的基本线索是：她离开天津后，南下上海，在看望亲友后到了香港，在香港的九龙与自己的兄嫂相聚。再之后，她转道英国，在离开20年后去往美国定居。有充分信息表明，她在美国继续长期从事医学工作。1969年7月15日，她在纽约市参加一个医学会议时因心脏病发作而离世，终年78岁。丁懋英长眠之地在美国加利福尼亚州圣玛丽奥县科尔马（Colma, San Mateo County, California, USA）的柏树草坪纪念公园内。

五、结语

因为与清华的缘分，丁懋英成为了庚款特别官费生，并在学成后走上了医学之路。对此，她并未忘记："原懋英能受科学教育，全赖庚子赔款之资助，而庚子赔款纯系人民血汗，溯本穷源，为人民服务，自理所当然。"

毋庸置疑，丁懋英是一位伟大的女性，在其所处的时代，她敢于冲破封建礼教的重重束缚，坚定地选择属于自己的人生，在事业上达到旧时代女性少有人能及的高峰。丁懋英是一名杰出的医生，她选择了以"呵护生命"为初心的崇高职业并为之奋斗一生，她曾帮助数以万计的生命降临人世，对生命价值的理解比常人更加深刻。

归根结底，丁懋英是一位有着丰富人生阅历，爱憎分明，极具个性，值得被记住的人：她有自己的独立思维，她有自己的善恶判断，她有自己的行为准则，她有自己的命运抉择。

屈指算来，2022年是丁懋英130周年诞辰。在这个时点，我们从纷繁的历史经纬中去重新梳理她的人生轨迹，历数她的种种事迹，其实并无他求，只是希望让世界知道：东方故国并未忘记她的功绩；清华后学正在以生命的名义向这位"生命天使"表达迟到的敬意。

若是丁懋英在天之灵有知，她应该会感到些许欣慰……

（2022年3月10日初撰，2023年3月18日修订）

附记：

　　本文的撰写得到丁懋英家族后人，美国加州大学终身教授周建中先生的大力支持，在此向他表示诚挚的谢意！特别要说明的是，他已故的母亲丁西玲（1924—2016）教授是丁懋英的侄孙女，曾在1930年代接受过这位"姑婆"的资助，从江苏到天津上学，并由此改变人生。

● 忠勇将军的清华情怀

孙立人，一位百年前在求学时就已经赫赫有名的清华学子、体育健儿；一位在 70 余年前就在世界反法西斯战场叱咤风云，声名远播的抗日名将，在沉寂了半个世纪之后，重又回到人们的视野，他的事迹也一再被人们提起，并获得高度评价。

清华学校 1923 级合影，孙立人（第 4 排右 1），齐学启（第 7 排右 1）

回首往事，历史性的根本转变来之不易，这分明是中国人在经过几十年的反复摸索，付出沉痛代价之后才得以实现的人性回归，而其基础就是中国共产党的唯物主义历史观："无论是正面战场还是敌后战场，无论是直接参战还是后方支援，所有投身中国人民抗日战争中的人们，都是抗战英雄，都是民族英雄。"[①]

[①] 习近平在颁发"中国人民抗日战争胜利 70 周年"纪念章仪式上的讲话.新华网，2015 年 09 月 02 日

孙立人将军就是当之无愧的抗战英雄、民族英雄。作为孙立人将军的母校，清华大学不曾忘记这位优秀学子，在《清华大学志》的"知名校友名录"中，有这样的记载："孙立人（1900—1990），安徽舒城，清华学校1923年毕业，中国远征军第三十八师师长，新编第一军军长（后去台湾）。"[①]

近年来，更多有关孙立人的史迹在清华大学开始得到集中宣传，其中影响较大的活动有：

（1）2017年9月18日清华大学校史馆举办"自强不息，振我中华"历史图片展，孙立人等35名清华学校时期留美军事学人的事迹第一次集中展示，让人们得以系统了解清华留学史中一段鲜为人知的史实。

（2）2018年10月，在孙立人从清华毕业95周年之际，清华大学校史馆又专门举办了"清华学子抗日名将孙立人图片展"，向这位曾为中国人民抗日战争和世界反法西斯战争作出巨大贡献的杰出人物，也是清华学子中的杰出人物致以崇高的敬意。

（3）2020年12月，清华大学校史研究室出版《扫荡丑虏播我荣光》一书，这是一本重点研究清华学校时期35位留美学习军事的毕业生资料选编，其中以较大篇幅集中整理了孙立人的有关史料。

2020年，一座由清华启迪（云南）公司出资捐建的"孙立人史迹陈列馆"在云南腾冲"启迪科学家小镇"建成。我有幸于12月19日参加了在此举行的"清华学子抗日名将孙立人将军诞辰120周年纪念会"，并和来自海峡两岸的抗战老兵、远征军后代、历史专家等各界人士一起出席了陈列馆开馆仪式。

在详细观看了陈列馆以图片、实物等多种形式对孙立人史迹的介绍之后，给我留下深刻印象的除了将军一生戎马的赫赫战功之外，其实还有他作为一名学子对其母校清华的深深情怀。

---

① 陈旭，等.清华大学志（第四卷）[M].北京：清华大学出版社，2018年4月第1版：334.

一、同学聚义在沙场　　终身感念母校情

孙立人祖籍安徽庐江，1900 年出生于一个有着深厚家学渊源的官吏家庭，1914 年以安徽榜首的成绩考入清华学校，从此走上漫漫人生之路。孙立人在清华园前后共 9 年时间，在其人生最关键的十分之一时间里，他不仅获得了安身立命所需的各类基础知识，还从瘦弱少年成长为叱咤运动场的体育健将，而且以其全面发展的形象在清华同学圈里建立了良好口碑。当年在清华，说起"孙立人"那真是无人不晓！

1923 年孙立人赴美留学，用两年时间获得了普渡大学（Purdue）土木工程系的学士学位，之后"跨界"进入维吉尼亚军校（VMI），又经过两年的艰苦学习，取得了成为一名职业军人必备的军事技能，为其实现"习武从军、精忠报国"的理想奠定了基础。

1928 年孙立人回国，在当时的政治环境和官场生态中，他的从军之路并不平坦。然而孙立人在苦闷彷徨与辗转腾挪中始终没有放弃理想，在 1937 年抗战爆发时，他已经是税警总团的第四团团长。在"八一三"淞沪抗战的血肉战场上，孙立人身先士卒，坚守在第一线指挥杀敌，并因此而身受重伤，险些殉国。这是他作为一名爱国军人第一次与侵略者正面交锋，他以自己敢于牺牲的忠勇行为表现出了清华学子的拳拳报国之心！

1938 年 3 月，孙立人伤势未痊愈即归队，在长沙新成立的"缉私总队"任总队长，后带领部队转移至贵州都匀练兵。就是在这个时期，孙立人开始依靠其从清华求学就开始产生的人格魅力和组织能力，联系多位志同道合的清华同学，很快建立起一个"清华团队"作为领导核心。其中：副总队长是与孙立人同窗 9 年的齐学启（1900—1945）；第一团团长是 1925 级的贾幼慧（1902—1965）；总队教育长是 1926 级的王之（1906—2001）；军法处长是与孙立人同船赴美的潘白坚（1900—？）；总医官是 1925 级的阴毓璋（1903—1968）；体育总教官是 1926 级的张咏（1906—1983）；教官中还有与孙立人同为清华体育达人的 1925 级姚楷（1904—1965）。

1939年孙立人在贵州都匀练兵。孙立人（第2排右1），齐学启（第2排右2），贾幼慧（第1排右3），阴毓璋（第1排右2），潘白坚（第4排左2），张咏（第4排左3），王之（第4排左4）

  这8个人是一色的早期清华学校毕业生，全部在美国留过学，其中孙立人、齐学启、贾幼慧、王之、姚楷都上过军校；张咏学历最完整，本硕博都是学习体育教育，是取得体育专业博士学位的第一位东亚人。此外，阴毓璋也取得了医学博士的学位。试想，在80多年前的中国军队中，还能有比这平均学历更高的领导阵容吗？就是这样一个在孙立人的带领下的"清华团队"，运用现代军事理论和训练方法，在三年时间里就将一支完全没有战斗经验的部队，训练成了后来威震敌胆的中国远征军新编第38师。战场是检验部队训练质量的最好"试金石"，新38师于1942年初直接从都匀的训练场开进缅甸，勇敢战斗，歼灭大量日军，一举解救被日寇围困的英国军队及侨民等7000余人，创造了史称"仁安羌大捷"的二战经典战例。

  1944年，新38师随整编后的新一军从印度反攻，展开第二次入缅战役。这支由爱国博学的清华人花费了大量心血训练、教导出来的精锐之师、正义之师，把昔日在上海、南京、香港作恶多端，对中国人民犯下滔天罪行的日寇王牌军第十八师团全部歼灭，成为抗日战争中歼灭日寇最多的英雄部队（没有之一）。历史证明，孙立人带领的部队战斗力非寻常之辈可比，除了他本人廉洁奉公，与士卒同甘共苦的榜样力量，还与他的"清华团队"肝胆相照，全力辅佐有直接关系。其中更有两位与他一起在缅甸战场浴血奋战的清华人，让孙立人终身牵挂与感念。一位是他最好的搭档齐学启。另一位则是他的军法处长潘白坚。

齐学启，在清华与孙立人同级，又同时赴美学习军事，以图报国。在孙立人邀其加盟时，毅然放弃浙江大学教授身份，一起训练部队，一起率领新三十八师出征缅甸，功勋卓著。不幸的是，1942年为照顾伤员撤退，在战斗中不幸负重伤而落入敌手，被囚于日军设在缅甸的战俘监狱达三年之久，坚贞不屈，最后惨遭变节者刺杀，于1945年3月13日牺牲在异国他乡。对此，孙立人心痛无比，1947年秋将其遗骸归葬于长沙岳麓山，并亲撰《祭齐故副师长长文》，文中有"呜呼旧事历历，思之凄梗，山岳可移，沧海可塞，余之哀君者，其无时而已也"之句，足见孙、齐二人同学加战友的生死相交之情义，何等厚重！

潘白坚，亦系孙立人同级，在抗战期间与孙立人一起训练、战斗长达7年之久，为建立一支劲旅的良好战斗作风立下汗马功劳。在缅甸前线，他与部队将士一同出生入死，并曾两次主动献血，用他的O型血，挽救了两名年轻战士的生命。有这样的"军法处长"督军，士兵怎会不搏命杀敌！由于众所周知的历史原因，潘白坚在政权更迭后，蒙受巨大的历史冤屈。最终，一位优秀的清华学子没有牺牲在抗日战场，竟然殉难于狭隘政治偏见造成的冤案中，这又是何等的悲哀！孙立人去台之后，同样也曾遭受诬陷，蒙受政治迫害，失去自由长达33年。因此他一定对潘白坚的悲惨结局有更多的同情，以至于在1988年恢复自由之后，就为潘白坚的子女送去由他署名钤印的新一军军训"义勇忠诚"，用以表达对老同学、老战友永远的深深怀念。

二、振兴民族办教育　将军本色乃书生

在"孙立人史迹陈列馆"中，有一件珍贵的文件底稿引起了我的关注。这是1946年7月15日梅贻琦校长致孙立人的复函，其中写道："足下治军东北，戎马倥偬，极尽贤劳为念。""诸君所谋于鞍山设立东北清华中学，卓识极所赞佩。函嘱由大学方面拨款二千万元赞助一节，现校

款因复员种种修建，用费浩繁，实属无可赞助。""意将来拟在鞍山创建之清中所需经费亦由当地人士及公团方面设法筹募或较易一解也。"

原来，孙立人在抗战胜利后驻军东北鞍山，发现一所由日本人建立的学校设施齐备，校舍完好。联想起日寇摧残中华文化的暴行，义愤填膺之余，决心利用此校舍建立一所中学，取名就叫"东北清华中学"。然而办学需要大量经费，他首先想到向母校写信求援，这就是梅贻琦校长复函的背景。从复函内容看出，梅校长赞佩孙立人的办学想法，但是当时清华刚从昆明复员回到北平，遭到日寇严重破坏的清华园百废待兴，实在无力满足其"拨款"请求。但梅校长也提出了很好的建议，就是发动社会力量，募集资金办学。

孙立人显然是采纳了这个建议，于是在各种场合宣传其"教育兴国"的办学理念，多渠道筹集办学资金，这其中也包括向清华校友募捐。至于他个人是否拿出钱来作为启动资金，虽然没有明确资料说明，但凭着他个人的高尚品德，"只做不说"的可能完全存在。

我从收藏的一份 1947 年 12 月出版的《上海清华同学会会刊》中也发现了与此有关的一件重要史实。1947 年 12 月 15 日，孙立人出席了上海清华同学举行的年会，他向大家报告了带领远征军部队在缅甸打击日寇的经历，详细讲述了齐学启事迹的"悲壮义烈"，令"听者动容"。讲演结束时，孙立人还将一柄在抗战中缴获的日本军刀赠与清华上海同学会作为纪念。为了表达对孙立人及其战友们的敬意，全体与会者进行义卖募捐，共筹得"五亿元"支援孙立人兴办的"东北清华中学"，充分体现了清华同学"急公好义，相习成风"的优良传统！

"五亿元"！乍一听这个数字很吓人，但这却是 1947 年中国社会经济状况的反映，是战后中国恶性通货膨胀的真实记录。根据当时有关资料显示的 2.62 万倍比率计算，这 5 亿元的购买力只相当于 1937 年的 1.9 万元。但即使如此，也还是一笔不小的数目，足以显示清华同学大力支持孙立人将军办学义举的诚意。

总而言之，在孙立人的不懈努力下，私立"东北清华中学"还是克服重重困难，于 1946 年 10 月 12 日正式开学了。学校采取董事会委托的校长负责制，孙立人亲自担任董事长，董事会中共有7位清华校友，校长由孙立人选定的原西南联大参军学生王伯惠（1923—2016）担任。校董中的孙立人军中副手，清华同学贾幼慧还曾作为"驻校代表"参与了建校初期的工作，足见孙立人对建校的重视程度。

"东北清华中学"寄托着孙立人"以教育为振兴民族基石"的牢固理念，寄托着他对母校清华的深厚感情。他邀请梅贻琦校长为学校校刊题写"东北清华"的刊头，自己也题写了"校声"的寄语，并为学校制定校训"义勇忠诚"。学校的教师都是全国多所著名大学的毕业生，其中清华的比例为高。虽然建校初期条件艰苦，但大家认同孙立人的办学理念，敬佩其为人，团结一致，很快就形成了学校的特色学风，取得了良好的社会声誉。1949年以后，"东北清华中学"成为"鞍山第一中学"，至今仍是省级重点学校，并且源源不断地为清华输送优秀生源。

"东北清华中学"虽然只存在了约3年时间，但它却是孙立人实践其"教育救国"理想的重要事件。而结合孙立人在军旅生涯中多年训练部队的史迹，说明他对教育在军队形成战斗力过程中的重要性早就有极其深刻的认识，并且将这种认识延展到民族振兴的更高境界。而这些概念的建立，都不是空穴来风，而是基于他在清华园所经受的教育过程，以及他对于清华师恩的深深感激。

孙立人晚年曾赞誉原来安放在清华西体育馆南侧的喷水泉："它曾经供给我多少甘饮！"而我更相信孙立人其实是将清华比作一股"永不干涸的清泉"，由衷感激它为万千莘莘学子带来毕生的"甘饮"，永远滋润着清华儿女的心田！

孙立人1946年在清华留影及晚年的题字

三、结语

孙立人有一句名言:"生我者父母,树我者清华!"真可谓:铿锵有力,字字如金!历史证明,孙立人并不是清华学子中一个只会上阵杀敌的赳赳武夫,而是兼具东西方文明精华的忠勇将军!当民族屡弱,国难当头,他有义不容辞,舍我献身之"勇";在其功成名就,国家百废待兴之时,他有饮水思源,回馈社会之"忠"。

虽然,一个时代有一个时代的担当,一代人有一代人的使命;虽然,孙立人将军的传奇"前无古人、后无来者",但是他在那个无可选择的艰难岁月中,为实现"水清木华"美好愿景而表现出的社会担当,不惜献身的崇高精神,以及浓浓的"清华情怀"却是留给后人最宝贵的遗产。

时光飞逝,孙立人诞生已两个"甲子"有余,距其离世也有30年矣!在这期间,中国和世界都发生了翻天覆地之巨变。然而不论形势如何演变,我们对所有精忠报国的英雄表示崇敬之心不能变,对世界和平发展的渴望不能变,为探索"建立人类命运共同体"的努力追求不能变!而对这些意愿的坚守,才是我们纪念孙立人将军的初衷与真谛!这正是:

立身清华筑理想,人中豪杰有担当;
忠诚赢得万人赞,勇敢献身国威扬!

(2021年10月11日修订于上海)

* 本文是为纪念孙立人将军121周年诞辰而作,发表于《水木清华》2021年第5期。

杨逢挺——叶企孙弟子中的教书匠

如果告诉你，清华物理系历史上曾经有一年只毕业了一位学生，你或许会感到惊讶，"这怎么可能？"但这确实是真事。翻开1931年清华大学毕业生名单，物理系这栏记录中的确仅有一个毕业生的信息：杨逢挺，男，24岁，江苏宜兴人[①]。而这位清华第三级物理系唯一的毕业生，按照叶企孙的指引，以一生精力从事中等物理教育，同样为中国科学教育事业发展做出了卓越贡献。

一、大师言传身教 投身教育事业

从清华校史中可以知道，1925年清华学校开始设立大学部，为过渡到完全的大学做准备。刚从美国学成归国，时年27岁的叶企孙（1898—1977）回到清华，在梅贻琦（1889—1962）的力荐之下，担当起了筹建物理系的重任。清华的物理课程起初共开了21个课目，但师资力量只有梅贻琦和叶企孙两位教授、两位讲师和一个助教。之后，梅贻琦担任了清华的教务长，叶企孙则一边授课，一边主持物理系的筹建工作。

1926年秋物理系得以正式成立，叶企孙出任系主任，经过努力，只用几年时间，便将清华物理系从一个毫无经验的"草台"迅速提升为具有中国第一等教研实力的理科教育高地。从1929年到1938年的10年中，清华物理系仅毕业本科生69人，研究生1人，他们中有多人后来成了中国科学、文教等多个领域的开创者，其中6人被授予"两弹一星"

---

① 清华大学校史研究室.清华大学史料选编（二）[M].北京：清华大学出版社，1991年3月第1版：799.

功勋奖章，21人成为中国科学院院士。叶企孙因此被誉为"中国现代物理之父"当之无愧。在清华物理系早期毕业生中，除了这些主流科学家之外，另有一位"杨逢挺"却独辟蹊径，在中等教育领域践行叶企孙的理念，教书育人，兢兢业业。虽然他终生都没有戴上物理学家的"桂冠"，但以独特方式在恩师的英名上投射一抹别样光辉，其实毫无遗憾。

杨逢挺（1907—1973），出生于江苏宜兴，9岁时丧父，由母亲抚养成人。杨先生自幼聪颖，小学毕业时名列第一，在宜兴读完初中就考入南京的省立第一中学，并以优异成绩高中毕业，于1927年考入清华学校大学部物理系。入校时，物理系虽然还在起步阶段，但叶企孙的教学理念和以严格著称的治学作风却日臻成熟。杨逢挺起初并不是这一级的"独苗"，然而因为物理学科对学生综合能力的要求极高，与

1931年清华物理系毕业生杨逢挺

他一起入学的同学因为各种原因在不久后就都转入其他系学习，而能够坚持下来的唯有杨逢挺一人！不过这也使他幸运地享受了一众科学大师的单独传授，包括叶企孙讲授热力学和电动力学，吴有训（1897—1977）讲授近代物理和光学，周培源（1902—1993）讲授理论力学和"相对论"等。因为只有他一个学生，于是出现了清华物理教育史上罕见的"一课、一师、一生"场景，大师们雕金刻玉，耳提面命，使得杨逢挺打下扎实的专业基础，对他后来投身教育事业的影响不可谓不深。

除此之外，杨逢挺还是当年清华运动场上的风云人物，他擅长短跑和跨栏，是学校田径代表队队员，在清华体育史上留有多处记录。在1928年12月21日的《国立清华大学校刊》上，登载有体育部在这一年对所有学生进行的体力测验结果，其中二年级成绩最好的前三名中，杨逢挺以738.2分位居第二。在全校排名中位居第四名。

1931年6月，杨逢挺在获得理学学士学位后毕业，他在清华大学留下了三项纪录：入学英文满分；1927级物理系唯一的毕业生；首创400米低栏1分08秒的清华田径项目成绩。毕业后的杨逢挺在短期从事实验仪器设计工作之后，听从老师叶企孙先生深谋远虑的安排，于1934年开

始走上中等教育的物理教学岗位，教书育人几十年如一日，为几代中国青年人的成才教育输送了宝贵的基础能量！

二、扎根中等教育　上中培育英才

杨逢挺的第一份教职，是到设在今天上海松江的"江苏省立高级应用化学科职业学校"任数学、物理教员并兼任导师（班主任）。这所学校的前身是1904年创办的松江府中学堂，后来又改为"江苏省立松江中学"，一直延续至今，成为一所百年名校。刚从事教师职业的杨逢挺朝气蓬勃，给学生留下深刻印象，以至于在松江中学纪念百年华诞时，当年的中学生，1942年毕业于西南联大地质系的地质学家杨开庆（1916—2005）在撰文中仍称：杨逢挺是"教学素有引起学生兴趣的青年老师"[①]，可见其印象之深。

1937年，具有悠久历史的"江苏省立上海中学"（以下简称"上中"）在时任校长郑通和（1899—1985）的组织领导下，无论教学质量、学校风气，还是教师地位、校舍规模，均在中国教育界享有口碑。同时上中还广揽贤才，不断优化师资队伍。当时，杨逢挺在取得一定教学经验后，曾打算去租界工部局办的学校应聘教职，但在参观上中后，即被该校"规模大、名声响、校舍好、设备全"的良好氛围所吸引，最终决定留在上中任教。令他没想到的是，这次加盟上中，竟成为了他教育生涯中最为值得纪念的阶段。

然而就在他进入上中任教后不久，日本侵华战争爆发，全面抗战开始。1937年11月后，日寇占领上海，位于上海市郊的上中校舍遂成为日本兵营和集中营，学校被迫迁至市内法租界借房办学。在抗战八年中，杨逢挺始终坚持在上中（一度被迫改名为"沪新中学"）任教，在极端困难的条件下，延续着中国物理教育的薪火。1946年上中重返历经战争破

---

① 杨开庆.百年辉煌事业永昌——庆祝松江二中百年华诞[J]松江二中校友通讯，2004年12月10日

坏的"吴家巷"校园后，杨逢挺继续担任物理教员，并在 1950 年继任高中理科主任。他在这所全国中等教育名校的高中物理教学中，取得了显著的成果，这个阶段的毕业生中日后出现了多位各个领域中的佼佼者。

上中由于教育质量超常，因此源源不断地为中国各所大学输送优质生源。上中的理科毕业生对报考清华大学更是情有独钟，清华总是成为他们第一志愿的首选。在一份 1947 年的学校资料中显示，这一年理科毕业生共 182 人，将清华填报为第一志愿的 78 人，第二志愿的 37 人，第三志愿的 12 人，共计 127 人次，占比约为 70%。这样的现象一方面说明清华在毕业生心目中的地位之高；另一方面说明他们已经具备挑战名校的学习实力。而杨逢挺作为当时上中唯一的理科"清华系"教师，他给学生带来的"清华"印象，他对提升学生自信心所发挥的作用当然不可低估。

在 1947 年考上清华的 20 余名毕业生中，有两位优秀学长的名字我们耳熟能详。一位是高伯龙（1928—2017），他在清华物理系毕业后，一生从事军事尖端科学研究，是我国著名的军事光学专家，生前曾任国防科技大学教授，中国工程院院士。另一位是李道增（1930—2020），他是梁思成的弟子，曾是清华大学建筑学院首任院长，中国著名的建筑大师，中国工程院院士。高伯龙当年同时被清华和交大两所名校录取，而他最终选择了清华，其中物理老师对他有多少影响我们不去妄加揣测，但显而易见的是，他后来的事业和物理学密不可分。而李道增当年对清华的最初了解，很大程度上是因为"物理老师杨逢挺为清华大学毕业生，常给学生讲述清华故事，令李道增心驰神往"[①]，这确实是有根有据。

此外，在这个时期还有一位叫"陆载德"的毕业生的故事特别励志。陆载德，8 岁时因病左腿高位截肢，行动不便。但他以顽强的毅力刻苦学习，15 岁时考入上中理科班。高中毕业后跻身清华物理系，1952 年以后随叶企孙先生一道转入北京大学。陆载德于 1953 年以优异成绩提前毕业，投身国防科研领域。在以后 40 多年里一直坚持在塞北草原深处的武

---

① 周秀芬.李道增：徜徉在剧场时空的行者 [N]. 中国科学报，2017-02-13.

器试验基地工作，拖着一条残腿却在兵工弹道学研究方面取得突出成就，为国防科技事业做出了卓越贡献，曾被中央军委授予"国防科技工作模范"荣誉称号①。在《中国科技的基石——叶企孙和科学大师们》一书中明确记载，在杨逢挺的教育鼓励下，"陆载德不为自己的残废身体状况而气馁，终于在1950年考入清华大学物理系，如愿以偿，成为杨老师的师长叶企孙的弟子"②。

新中国成立后，上海中学成为唯一用"上海"城市名命名的中学，被寄予了上海人民的高度希望，同时这也推动上中飞速发展。这所起源可以追溯到1865年的学校，继续成为上海中等教育的著名品牌。杨逢挺为上中的理科教学发展做出了清华人的应有贡献，以至于很多上中老毕业生在多年后仍然表示，我们非常幸运，能够遇到杨逢挺这样的老师，"我们就是叶企孙先生的学生的学生"。

在上海中学1950年代"十大名师"的榜单上，"杨逢挺"自然名列其中③，并在这一时期被评为上海市"优秀教师"。不过作为叶企孙的弟子，再没有任何荣誉能比学生几十年后仍然给出的"点赞"，更能显示他所产生的社会价值！

三、着重基础研究　著书惠及后人

在1930年代，清华物理系学生本来就很稀缺，能够从叶企孙门下走出来的人就一定有其特质。这也决定了杨逢挺这位曾经"唯一"的毕业生，就是去到中等学校教授高中物理，也一定不只是普普通通的"教书匠"。

在经过长期的一线物理教学实践后，杨逢挺对中学物理教材、教法已然稔熟于心。对于如何解决学习物理过程中的难点、痛点，都有自己

---

① 上海中学编写组. 史评上中[M]. 上海：上海教育出版社，2015年9月第1版：175.
② 虞豪，黄延复. 中国科技的基石——叶企孙和科学大师们[M]. 上海：复旦大学出版社，2000年9月版：225.
③ 上海中学编写组. 史评上中[M]. 上海：上海教育出版社，2015年9月第1版：146.

独到的认识和解决之道。为了能够提高学生对物理的学习兴趣，他在正常教学的同时，从1947年开始著书立说。他的第一本著作是和杨孝述（1889—1974）合编的《力学图说》（中国科学图书仪器公司出版）。此外还在刊物上发表《不连续世界》《质量定衡》等物理科普文章。

杨逢挺第一部著作《力学图说》

1956年，杨逢挺被调离他注入心血近20年的上海中学，参加新成立的上海师范学院物理系筹建工作，开始他教师生涯的最后一段旅程。师范学院物理系的教学目标主要是培养合格的中学物理教师，这对已具有扎实基础物理教育经验的杨逢挺来说，可谓适得其所。他利用在清华获得的坚实理论知识，结合丰富的一线教学实践经验，在讲授"物理教学法"课程时，特别受到师院学生的欢迎。同时因为他能熟练应用英语，并也能运用德语、俄语，这就给他掌握国外物理教学发展动态带来帮助。

到上海师院工作后，杨逢挺的教育与科研实践上升到了一个新的层次。除了教学活动外，开始将很大一部分精力投入教学经验的总结与推广。他首先参与的一项工作是编写《高中物理教学参考资料》。这是当时上海物理学会所属"中学物理教学研究会"讨论决定进行的重要基础建设，集中了一批颇有影响的中学物理教师参加编写，体现了新中国教育的社会主义性质。在著名物理学家张开圻（1896—1980）和杨逢挺的共同主持下，历时4年时间完成了这套14册的丛书。该丛书问世以后，深受广大中等学校师生的好评，并被要求一版再版。

从现在能查到的资料来看，1956年前后几年里，是杨逢挺对基础物理学习与教研规律进行总结的一个高峰期。1956年上海教育出版社出版了他的《运动学》《功与能》；1957年出版《曲线运动》《稳恒电流》和《高中物理复习资料》；1958年除了出版《几何光学》之外，还编写了《中学物理教学法》等著作。

在杨逢挺一生的编著经历中，最值得后人知晓的有两件事。第一件事是《辞海》中"物理篇"的编写。《辞海》在中国文化、教育、出版史上的地位不言而喻。自1915年开始编纂以来，已经延续100多年，至今重版六次。新中国成立之后的1957年秋季，在中央政府主导下开始了第一次重修《辞海》的工程，并决定由上海负责完成这项工作。1959年夏成立"辞海编辑委员会"，组织上海学术界资源，分科进行具体修订工作。

物理学科编写组是由复旦大学物理系主任王福山（1907—1993）、华东师范大学物理系教授许国保（1901—1993）和上海师范学院物理系副教授杨逢挺三人负责。前两位物理学家都曾留学欧美，具有多年大学教授的资历，与他们相比，只有中等学校物理教学经历的杨逢挺能被选为编委，无疑是对他在物理学科造诣的极大专业肯定。

《辞海》修订工程巨大，几番风雨，几度春秋。1961年10月，按学科分类编排的16分册《辞海》试行本在内部出版发行。而《辞海》首次修订版的正式出版，则已经是1979年的事情。屈指算来，几千名专家花费20余年才完成了这项浩瀚工程。可惜的是，杨逢挺没有能等到这一天。好在《辞海》并没有忘记104名"已逝世的编委、主要编写人"，杨逢挺自然名列其中。这项记载也完全可以看作为逝者卓越贡献所树立的丰碑[①]。

第二件事就是《数理化自学丛书》的出版。由上海科学技术出版社于1963年编纂出版的这套丛书，涵盖了初高中阶段数学、物理、化学的绝大多数知识点，不但适于社会青年自学，也是中学教师教学和中学生课外阅读自修的重要参考书。即使过去了半个多世纪，今天仍然还具有

---

① 辞海[M].上海：上海辞书出版社，1980年第1版：2216.

重要的参考价值。丛书共计 17 册，其中四册《物理》的主持人和第二册《分子物理学和热学》的编写人就是杨逢挺。令人意想不到的是，这套起初并不太起眼的参考书，竟在出版十几年后创造了中国教育史上的一段佳话，被誉为"改变一代人命运的自学丛书"。

原来，中国的高考制度由于政治运动的缘故，自 1965 年以后曾经中断了 12 年。当 1977 年恢复"通过考试合格上大学"的传统之时，大批知识青年踊跃报考，但由于学业被荒废的时间过长，要在短期内迅速掌握高考基本知识点，他们迫切需要一套有针对性的参考书。而《数理化自学丛书》恰恰具有"内容全面、简明扼要、适合应考"的特点，于是迅速被广大考生奉为高考必备的"秘籍"，一时"洛阳纸贵"，供不应求。有资料称，这套书在那几年里多次重印，先后在全国发行了 435 万套共 7395 万本，创造了中国出版史上的一个奇迹。2012 年上海电视台曾摄制过一部纪录片《上海故事》，其中有一辑片名是《一代人，一套书》，"一代人"指的是 1977—1979 级这"新三届"大学生，而"一套书"指的就是这套《数理化自学丛书》。

杨逢挺起初在参加编写《数理化自学丛书》的时候，当然不会预计到后来这套书的曲折命运。在那是非颠倒的 10 年荒唐岁月里，因为这套书被认定为"修正主义路线的毒草"，杨逢挺也因此受到不公正的待遇，身心受到极大伤害，最终在 1973 年 4 月不幸过早离世，时年仅为 66 岁。虽然他没能亲逢几年之后《数理化自学丛书》的重获新生，但这套丛书备受成千上万考生的欢迎，就是对他们这些功德无量的编纂者最好之褒奖；那些因为高考而改变了命运的人们，更是永远感激这套书带给他们的帮助。

四、结语

杨逢挺一生耕耘教坛，桃李满天下。其实他最大的成果是培养了一个自己的接班人，这就是他的儿子杨超。1937 年出生的杨超自幼跟随父母在上海中学浓厚的学习氛围中成长，耳濡目染，自然是学习能力超强。

他在上中一路读书下来，于1954年按照父亲的意志考入清华大学动力机械系，成为杨家第二代"清华人"。虽然在后来的岁月里，杨超走过了一条并不平坦的成才之路，但最可贵之处，是他将宣传、弘扬叶企孙教育思想作为义不容辞的责任。1992年，清华大学设立"叶企孙奖"基金，杨超即与母亲黄静涵决定，捐款6688元，以后又陆续捐赠，用于激励物理学领域学生学习、继承与发扬叶企孙先生的崇高品德。

如今的杨超虽然在年龄上已经朝着"米寿"进军，但还保持着一股为科学发展竭尽全力的劲头。最近这些年来，他一直作为特约顾问，专注于推进工信部主持的国家重大装备技术项目"润滑优化工程"。即使在疫情期间，也继续奔波在解决实际问题的出差路上，完全不像是一位耄耋老者。他能保持这样的状态，是因为他始终将自己当作一名"叶企孙精神"的忠实传承人，既坚持科学养生，孜孜以求；又继续努力贡献，毫不松懈。

"量子纠缠"是量子力学的一个概念，意指有共同来源的两个微观粒子之间存在着某种纠缠关系：不管它们被分开多远，当一个粒子扰动，另一个粒子立即就能感知。2012年诺贝尔物理学奖的获奖项目，正是针对这一个宇宙现象的实验求证。如果将这一概念引入对人生际遇的解释，或许就是中国人老早就说过的"前世有缘"。因为这种"纠缠"，杨逢挺在90年前成为叶企孙的嫡传弟子，其子杨超又隔代传承了叶先生的精神衣钵。同理推之，无论跨越多少时间，有缘的人们一定还会遇到"叶企孙"们，继续受惠于大师精神的恩泽！这正是：

清华园里始纠缠，大师恩泽润心田；
教书育人传薪火，桃李芬芳留人间！

（2021年11月8日修订）

*后记

杨逢挺之子杨超，1937年9月29日出生，1954年考入清华大学，2023年11月29日因病逝世于上海，享年86岁。

● 东北抗联中的清华三杰

在 20 世纪的中国人民抗日战争中，坚持 14 年浴血奋战的"东北抗日联军"中涌现出杨靖宇、赵一曼、赵尚志等一大批民族英雄，而另有三位清华人也留下了光荣的名字，他们是：冯仲云、张甲洲、于天放。

冯仲云、张甲洲、于天放（自左至右）

一、他们因何没能拿到清华的毕业证书？

早期的清华学校虽然是一所留美预备学校，但中共清华党支部早在 1926 年 11 月就开始建立。冯仲云、张甲洲、于天放分别于 1926 年、1930 年、1928 年考入清华，并先后成为清华早期共产党员群体之一员。

回望当时的历史大背景，成立还不到 10 年的共产党，在经历了被国民党右派几近斩尽杀绝的"至暗时刻"，力量极其微弱，幸存的党员全部隐匿身份，转入"地下"工作。在当时的形势下，既要完成大学生的学业，又要按照党组织的指示秘密地进行革命工作，清华的共产党员所要承受的风险可想而知。这也成为他们都没有拿到清华毕业证书的主要原因。

1. 1930 年算学系唯一的肄业生"老冯"

冯仲云（1908—1968，江苏省武进县人）1927 年 5 月 1 日入党，在 1928 年 1 月担任了第六任清华党支部书记，还曾担任过中共北平市西郊区委委员。

非常难得的是，在 1930 年 10 月出版的《国立清华大学第二级毕业纪念册》中，印有一张冯仲云的"毕业照"，还有同学对他的评价，一位署名"丞"的同学这样写道：

"革命和恋爱"这是时下一班青年的口号，我们的老冯从前也曾躲在房里偷偷地狂吻着"他的她"的来信和照相（片）过。可是他现在却时常在喊着"恋爱这玩意儿，咱是不干了。"他虽不谈恋爱，可爱讲女人，凡和他熟悉的人，总知道他是三句不离女人的吧。他不长口才，可很会描写，经过他口里煊（渲）染出来的事物，灰色会变黑色，红色会变为绯色。他是直爽而诚恳，他的脑筋确乎很敏锐，可是他还吹"老冯若使不……，也许脑筋还会好呢！"真是不晓得，老冯若使不……，他会是怎样一个人呢？

乍一看，在别人眼里，被称作"老冯"的冯仲云怎么也不会让人感觉他是"道貌岸然"的君子，更不会将他与共产党员的"高大形象"联系起来，同学们吃不准他是"怎样一个人"。

其实，这样的评价恰恰可以看作是历史的真实写照，我们一方面可以认为这是"老冯"在日常生活中用"大智若愚"的形象掩护自己的秘密身份，而另一方面也用不着把革命者想象成不屑"饮食男女"的天生圣人。

但是，"老冯"终究是"党的人"，他要宣传共产党的主张，要发展党的组织，要做民众工作，在接到党的行动指令时，他都会无条件地去执行。就在"老冯"已经拍完毕业照，还没有完成毕业所需的论文或考试时，他参加了 1930 年 4 月 20 日（周日）北平工人和学生共同参加的示威游行。这次活动遭到了反动军警的镇压，被捕群众有 180 余人，"老冯"也在其中。

就这样，因为没有完成毕业程序，"老冯"的名字最终没能出现在

1930 届毕业生名单上。所幸的是，他在被关了五个月监牢后，竟然于 1930 年 9 月"逃离"魔爪。

出狱后的冯仲云得到一个很好的就职机会，"哈尔滨商船学校"需要一位数学老师，算学系的郑之蕃（1887—1963）教授就推荐了他。冯仲云于 1930 年 10 月来到哈尔滨，就这样开始了他在东北 20 余年的革命斗争生涯。

2. 只读了一年半政治系的张甲洲

张甲洲（1907—1937，黑龙江省巴彦县人）1929 年 9 月考入北京大学物理系，1930 年上半年在北大入党。在此期间，他也曾经被捕，并在狱中与清华党员冯仲云相识。或许是与冯仲云的交往引发了对清华的仰慕，张甲洲宁愿放弃在北大物理系已有的学籍，也要考到清华来。

1930 年秋，当他被清华政治系录取时已经 23 岁，凭借其社会组织与活动能力，他一入学就脱颖而出，"自带"很高人气。与他同年入学的陶瀛孙（1909—2003）就是由张甲洲介绍入党，并成为清华第一位女共产党员，她曾回忆道，"我们常能见到他——一个身材高大，体格健壮，性格豪爽而又待人诚恳的东北籍同学，活跃在清华园中。大家对他的印象是很深的"；"我在学校里对张甲洲是非常钦佩的"。

张甲洲在清华学生组织的平台上表现活跃。他曾担任过"第六级主席"和清华学生会中的"级代表"，学生会卫生科主任、民众教育科主任，同时还担任过《清华周刊》的编辑，负责"言论"专栏的组稿和撰稿工作。

在清华 1931 年出版的建校 20 周年《纪念刊》中，留有一张当时"清华大学学生会执行委员会"的合影，当时的大一学生张甲洲在 9 名委员中赫然而立，充满自信。此外，在 1931 年 5 月清华师生与校长吴南轩之间爆发的激烈冲突中，学生会紧急组织了护校委员会，张甲洲的名字也在 15 位委员之中。

也是 1930 年入学的胡乔木（胡鼎新，1912—1992），虽然只在清华读了一年多时间，但当时还没入党的他却是"共产主义青年团"组织的骨干。张甲洲与胡乔木在党、团工作的交集中多有联系。以至于晚年胡乔木在 1983 年 1 月 18 日给巴彦县委办公室的信中还特别强调，他"为人非常正直，对党十分忠实。很有能力和魄力，对我教育很深，至今仍极为怀念"。

然而就在张甲洲上二年级的时候，发生了日本公开侵占中国东北三省的"九一八"事变，当时的清华师生立即表明坚决抗日的立场。"学生会成立抗日救国会，并通电政府主战。21 日，教职员公会成立对日委员会。27 日全体学生大会议决停课三星期，施行军事训练，进行抗日救亡活动"。

1932 年春天，张甲洲联合几位在北平不同学校读书的东北籍大学生，毅然"投笔从戎"，秘密回到黑龙江省巴彦县老家，开始了与侵略者真刀真枪的殊死搏斗。这就是张甲洲曾经在北大、清华两所著名高校肄业，没有拿到毕业文凭的真实背景。

3. 还差三个月就能毕业的于九公

1928 年 8 月 17 日，清华学校改成为"国立清华大学"。在这一年的招生中，有一位来自黑龙江的学生于九公被录取到经济系。

于九公 20 岁进清华，那时正好处在近代中国发生重大历史变革的时期，内部军阀混战，政局动荡；外部日寇觊觎，侵略不断。对于之前在齐齐哈尔读书时就领导过当地中学生的反日爱国运动，并遭受过军警逮捕的于九公而言，在新的环境中同样不甘于平庸。

在 1928 年至 1931 年的短短几年间，清华曾经围绕"校长"人选问题出现过激烈的斗争，于九公这一届学生就完整地经历了"罗家伦、乔万选、吴南轩"三位校长频繁更迭，还有"叶企孙、冯友兰、翁文灏"三位教授间歇代理校务这样的奇观，直到 1931 年 12 月最终迎来清华"永远的校长"梅贻琦。

于九公当时是"反帝大同盟"成员，在驱逐吴南轩的风潮中表现积极，给大家留下深刻印象。他在 1931 年 5 月被吸收入党，而他的介绍人正是比他低两级的黑龙江同乡张甲洲。

就在于九公加入共产党不久，发生了震惊中外的"九一八"事变。他积极参加清华学生自治会组织的赴南京请愿活动，并担任请愿团第三中队队长。请愿团冲破各种阻挠，于 11 月 26 日到达南京，发表《请愿宣言》，并向蒋介石当面请愿，要求政府"出兵抗日、收复东北"。

通过此次请愿，于九公亲身感受到了国民党政府的敷衍态度，也彻底抛弃对政府出兵的幻想。经过短期准备，于九公与张甲洲一起，于 1932 年 4 月逆风而行，秘密潜回被日寇霸占的东北家乡，从此开始长达十数年艰苦卓绝的抗日战斗。而此时距离他可以拿到清华毕业文凭仅有不到三个月时间，其坚定的抗日信念完全可用"斩钉截铁、义无反顾"来形容。

二、最早走上东北抗日前线的清华三杰

冯仲云、张甲洲、于九公在相隔一年半的时间里相继离开"象牙塔"，成为最早走上东北抗日前线的清华三杰，而当时他们的年龄都没有超过 25 岁。

面对无比凶残的日本侵略者和极其艰苦的自然环境，其实他们既没有坚实的群众基础，又没有稳妥的组织保障，更没有可靠的物质后援，一切都要赤手空拳，"从零开始"。然而就是这样三位同样在清华园接受过高等教育，又胸怀坚定信念的共产党人，就像三颗特殊的火种，坚定不移地投向苦难深重的东北大地，誓要燃烧起照亮历史的火焰。

1. 冯仲云的白山黑水岁月

冯仲云 1930 年 10 月到达东北哈尔滨，应聘哈尔滨商船学校的教职。哈尔滨商船学校创办于 1926 年，是隶属于奉系军阀的半军事化学校。有关冯仲云的这段经历，在 1931 年 12 月版《清华周刊（副刊）》的"毕业同学消息"中有一段记载：

冯仲云——他是清华被称为"绝"者之一，你不要说他"绝"，他在哈尔滨的商船学校教高级几何，是被称为第一流人物的。他住在一所临江小房子，夏天他那位"腊味儿"也从北平赶去了，老冯每每得意地说，我这才是彻底的革命家，免除一切结婚费用，也得着小家庭的温存了。

这段文字引申出一个信息，那就是冯仲云凭借在清华学到的数学分析与解题能力，成为让学生信服的"第一流人物"。在哈尔滨党组织与冯仲云接续组织关系之后，他就开始了以商船学校教授为掩护身份的地下革命活动。

1931年春夏交替之际，他那位在北平读书的"腊味儿"（未婚妻）薛雯来到哈尔滨与他成婚，婚后不久她也秘密入党，从此夫妇两人并肩为党工作。"九一八"事变后，他们遇到了重大考验：中共满洲省委遭到敌人破坏。在这种形势下，临危受命的冯仲云在新组成的省委中相继担任了全满反日总会党团书记、省委少数民族委员会委员、省委秘书处处长，坚决地投入组织东北人民抗日的斗争中去。

在一段时间内，满洲省委与远在上海的党中央失去联系，失去所有经费来源。当时的冯仲云在商船学校教书每月有260块银元的收入，于是他每月拿出180元作为党费。由于剩下的工资也常常被用于党组织工作的各种支出，以至于在严冬中无钱买柴火取暖，让第一次在东北过冬并已经怀孕的妻子"冻得蜷缩成一团"。

从1932年开始，冯仲云担任处于领导中枢位置的省委秘书长一职，全面参与、协调党的各项工作。1934年10月，冯仲云被派去参加赵尚志、李兆麟领导的哈东抗日游击支队，并在游击队被改编后的"东北人民革命军"第三军中担任政治部主任。1940年5月他正式成为"抗联第三路军"政委时只不过32岁，但已从一个稚嫩青年学子成长为中共北满省委和东北抗联的重要领导者。1942年后他又奉命去苏联境内参加了"东北抗联教导旅"的整训领导工作，直至抗战胜利。

1945年8月日本宣布投降后，冯仲云作为接收沈阳的抗联代表随苏军最先回到东北，在配合中共东北局领导的开辟东北根据地的斗争中发挥了重要作用。1946年4月起，冯仲云担任松江省人民政府主席职务，直至新中国成立后的1952年底。在曾经领导东北人民14年抗日斗争的诸多抗联领袖中间，冯仲云成为少数几位全程亲历者之一。

2. 张甲洲与于天放的并肩战斗

张甲洲和于九公于1932年4月告别清华园，秘密回到黑龙江老家，迅速投入抗日斗争。"九一八"事变爆发后,不甘心做"亡国奴"的各种抗日力量纷纷抗击日本侵略军,其中,最早由共产党领导的武装抗日力量就包括有张甲洲领导创建的"巴彦抗日游击队"。

1932年5月16日,张甲洲首先利用家族在当地的社会关系,联系到各方爱国人士和武装力量200余人。他们正式组建了游击队,勇敢地向侵略者宣战。而在此过程中,于九公就是张甲洲的得力助手,担任游击队特派员及交通情报站负责人。

1932年8月30日,游击队攻下了巴彦县城,随后又连下几城,给哈尔滨以北地区的日寇和伪政权造成巨大威胁。1932年11月,巴彦游击队被编为"中国工农红军第三十六军江北独立师",张甲洲任师长,赵尚志任政委。这一光荣史实已被永远载入《中国人民解放军军史》。

巴彦抗日武装的迅猛发展势头引来日本侵略军的强力镇压,没有根据地的张甲洲部虽然一度发展到2000多人,但在日伪军的围剿下,最后队伍只余下70多人,被迫于1933年初解体。

彼时的张甲洲化名为"张进思",转入地下秘密工作。他利用自己的学识进入"富锦县立初级中学"(富锦中学),从教员开始逐步升为教务长、校长。他巧妙利用这一身份建立了抗日活动的秘密联络点,并成为中共满洲省委在三江地区的地下工作领导人。

而在1933年3月,于九公先是被派遣到齐齐哈尔,组建满洲省委"龙江特别支部"并任书记。后来因为恶化的形势使得于九公必须转移,于是在改名"于天放"后,由张甲洲介绍其在富锦中学担任英文教员,以后又担任教务长。在张甲洲被日本人调任富锦县公署教育股长后,于天放又接任富锦中学校长。

也就是说,张、于二人在长达近四年时间里,共同潜伏富锦,并肩进行地下抗日斗争。他们凭借超人的胆识和智慧,建立了中共秘密组织,为松花江下游各抗联部队提供军事情报及物资援助,著名的"抗联"七星砬子兵工厂的部分设备与材料,就是他们设法输送的。

1937年"七七"事变后,张、于二人奉命转入东北抗联独立师。然而在8月18日,张甲洲不幸遭遇敌人的阻击,中弹牺牲。当时他刚满

30周岁。

3. 冯仲云与于天放的战斗友谊

1928年秋天，冯仲云已升入"国立清华大学"三年级，而于天放（九公）刚入学。冯仲云曾回忆说，"虽然学的科目不同，可是我们很快就成了好朋友。他平时沉默寡语，但是他的内心是非常热烈的，是一个有理智的青年"；"他确信共产主义，认识共产主义是中国将来应达到的最终目标"。

于天放在张甲洲牺牲后，进入抗联十一军负责部队政治工作。经过他的卓越努力，这支部队逐步成为抗联的一支英勇善战的劲旅。

1940年"抗联第三路军"编成后，于天放担任第六支队政委，而冯仲云此时成为于天放的直接上级，他们的关系也更加紧密。他们率领的游击部队"在富锦、绥滨沼泽地带和完达山系的七星砬子山地带，进行过多次英勇的战斗"。

1941年以后，东北抗日游击战争进入最艰难的阶段，抗联各部队残存的力量奉命进入苏联境内整训。而于天放带领的东北抗联三路军留守分队却孤悬敌后，继续同日伪军进行殊死战斗。在极端困难的情况下，于天放始终没有放弃抗日的信念，用尽各种方式同敌人缠斗，直至1944年12月19日被叛徒出卖被捕。

无论日寇采用威逼或是利诱等各种手段，于天放都抱着宁死不屈的信念，坚决不投降，敌人只能决定对他执行"死刑"。就在最后的危急时刻，于天放在难友的配合下，利用一次转瞬即过的机会，击毙日本看守，幸运地逃出了囚笼。惊心动魄的那一刻，发生在1945年7月12日凌晨。

在此后的一个多月里，于天放饥餐露宿，昼潜夜行，躲过日伪军的重重搜捕，以惊人的毅力从北安跋涉300余公里，到达讷河县境内。在这里他听到了日本投降的喜讯，立即组织了"东北抗联第三路军宣传部自卫队"，迎接抗日斗争的最后胜利。

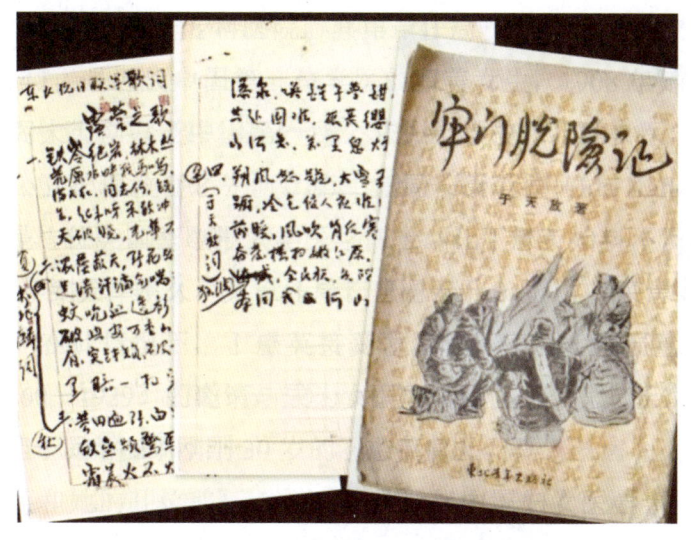

于天放著作《牢门脱险记》和《露营之歌》

作为东北抗日联军第三路军政委的冯仲云,为老同学、老战友的英勇事迹感到由衷骄傲,他在1946年专门撰写的《东北抗日联军领导者之一——于天放》一文中这样写道:

是的,于天放在(松)江省的确是极有名望的,无人不知的民族英雄。他之所以如此出名,不仅是由于"八一五"事变不久前,他从北安狱中脱逃,日寇在(松)江省各地通缉他,悬赏几十万元要他的头颅,还因为他是(松)江省出色的知识分子,艰苦卓绝的民族英雄。

三、他们为清华精神增添了一抹血色

在为民族独立和人民解放进行的伟大斗争中,曾经有成百上千的清华人义无反顾地投笔从戎,走上战场。而冯仲云、张甲洲、于天放这三名共产党员作为东北抗日战争中的清华学子,更以他们独特的表现显示出无比可贵的气质,为"自强不息、厚德载物"的清华精神增添了一抹血色!

必须强调的是,革命者不是苦行僧,也有七情六欲。但具有坚定信念的勇士与常人不一样的是,在需要舍生取义的时候,他们会毫不犹豫地与儿女情长"断舍离"。

张甲洲在即将前往抗日前线的前夜，对他的夫人刘向书说，"有可能此去凶多吉少，确实听到我牺牲了，是你的光荣，也是你的灾难"。令人悲痛的是，就在说过这些话后的第二天，他就真的"求仁得仁"，血洒黑土地……

无独有偶，1934 年冯仲云在走上战场前，也将妻女送回江苏老家。临别时他对妻子说，"如果为革命牺牲性命，那这次就是我们的永别；……等革命胜利后再见面，这段时间可能要十年十五年了"。而当他们再得以相见时，真的是在经过九死一生的 12 年后……

于天放的家就在呼兰县的某处乡村，他虽然在故乡游击了 7 年多，却没有回过一次家，没有见过一次年迈的父母和年幼的儿女。

清华三杰在不同时点的言行，表现出的却同样是"舍生取义"的高尚情操，何时读来，都会让人对真正共产党人"对祖国、对家乡、对亲人"的拳拳初心而心生感动。

难能可贵的是，即使在最艰难的岁月中，清华三杰却都表现出他们的革命乐观主义和超凡脱俗的飞扬文采。其中极具代表性的一幕出现于 1938 年，在艰苦的征战途中，于天放仍然抑制不住内心的豪情，挥笔写下了一首荡气回肠的《冬征》：

朔风怒号，大雪飞扬，征马踟蹰，冷气侵人夜难眠。

火烤胸前暖，风吹背后寒。壮士们，精诚奋发横扫嫩江原！

伟志兮，何能消减，全民族，各阶级，团结起，夺回我河山！

后来，著名的东北抗联《露营之歌》将这首诗歌录为"春夏秋冬"之第四段，成为东北抗联文化遗产中的不朽篇章。

党和人民没有忘记这些抗日英雄的历史功勋。2014 年 9 月 1 日，在国家民政部正式公布的第一批 300 名著名抗日英烈和英雄群体名录中，"中国工农红军第 36 军江北独立师师长张甲洲"名列其中。同时，张甲洲的名字也分别被镌刻在北京大学和清华大学的"英烈碑"上。此外，冯仲云和于天放的名字也同时被记载在"百年清华"名人录上。

其实，还有一项值得彰显于世的殊荣，那就是冯仲云在 1955 年 9 月曾经获得毛泽东主席亲自颁授的一级"八一勋章"和一级"独立自由勋章"。而冯仲云是当时仅有的四位没有被授予军衔，但被授予至高荣誉的"无衔"开国元勋之一。

这两枚勋章，意义非比寻常。正如冯仲云自己所评价的那样："这两枚勋章不只是给我个人的荣誉。这是凝结了满洲地下党、东北抗联十四年苦斗中千万英烈的鲜血，也是他们的荣誉。"

与此同时，冯仲云也成为清华历史上曾被同时授予"八一勋章"和"独立自由勋章"的唯一英雄，前无古人，后无来者！从某种意义上讲，这也完全可以看作所有"为民族独立和人民解放英勇牺牲"的清华英烈们共同的荣誉，是对清华精神的一种特殊褒扬。

四、结语

1932 年的那个春天，张甲洲、于天放同时奔赴抗日战场，他们和先行一步的冯仲云一起，用青春的热血书写了属于那个时代的光辉历史，成为东北抗联中永垂不朽的"清华三杰"。

可以说，不论以哪个时代的标准衡量，"冯、张、于"三人都是兼有远大理想和真才实学的优秀人才。今天，当我们追寻着他们从清华园延伸到抗日战场的足迹时，清华三杰忠勇报国的形象愈发清晰。

在民族大义和个人前途的权衡中，他们都选择了需要付出鲜血甚至生命的艰难道路。这种勇气和担当给予后人的警醒作用和榜样力量，无论何时都将振聋发聩，催人奋进。

清华百余年的历史已经不断证明：博大精深的清华精神滋养、培育了一代代清华有志、有为的才俊，他们无论在何时何地都自觉地将个人命运和祖国、人民紧紧相系，最终成为一批批时代楷模、民族英雄。

此时我只想说：踏着前辈足迹而来的清华人，请记住自己所负的时代使命，赓续传统、砥砺前行！"冯仲云、张甲洲、于天放"们将永远伴随我们！

（2022 年 5 月 11 日撰于上海抗击疫情中）

张祖道：有社会学自觉的摄影家

若要解答"张祖道是谁"的疑惑，不妨先来品鉴下面的这段人物评价：

1940年代考入西南联大社会学系，社会学的训练和背景奠定了张祖道一生摄影的基调。他在革命时期随军转战南北，和平时期进入媒体继续从事报道工作。他带着学者的思考，以文化自觉的态度记录下丰富的人文世界。1940年代清华园的校园生活和北平天桥的街头艺人，随潘光旦、费孝通学术调查拍摄的社会学、人类学、民族学文献，以及众多的文化名人影像，都是中国摄影史上的珍品。他是中国纪实摄影的先行者。

张祖道（1922—2014）

"清华""社会学""纪实摄影""先行者"这几个关键词，可以勾勒出张祖道的大致轮廓。这段发表于2012年的颁奖词，对应着张祖道获得的"第九届中国摄影金像奖——终身成就奖"，那一年，他90岁，距离他的人生终点还有两年。

一、摄影之路始于清华园

张祖道，1922年2月7日出生在湖南浏阳东乡的一个小山村。那个时代的湖南农村普遍贫穷，但外部世界的新鲜"玩艺儿"却没有被阻隔不入，小集镇里居然也有了简陋的照相馆。一次难得的照相经历激起张祖道幼小心灵里的好奇。他看到：照相师傅把头钻进一面红、一面黑的大方布罩，在里面鼓捣几下又钻出来，一边嘴里叫着"坐好、别动"，一边把相机前的圆盖取下,手臂优美地一忽悠,马上又盖上圆盖,就算照完了。于是张祖道也"一直很想学他照出人影来"。那时谁也没有想到,后来他不但照出了"人影",还成为一位中国纪实摄影的先行者。

张祖道是1950年代之前的"老大学生"。不过,他是靠了近两年时间打工才攒足了学费,在23岁那年考入西南联大。在昆明的一年联大生活,让他经历了抗战胜利前后发生在这座"民主堡垒"内外的一系列历史事件。随着抗战胜利复员,西南联大重新分为"北大、清华、南开"三校,他因此在1946年11月进入清华园,成为清华大学社会学系的学生。

清华大学社会学系最初建于1926年,1947年时任课的教授都是中国社会学界的领军人物,每个人都有着极深的学术造诣和丰富的社会调查经验。学生在四年中学习的课程包括27门必修课,18门选修课,学习负担着实不轻。张祖道幸运地从潘光旦(1899—1967)、陈达(1892—1975)、费孝通(1910—2005)等大师那里学到了现代社会学理论以及"知行合一"的精神。"摄影"并不在社会学系的课程中,但照片对研究社会的意义不言自明,张祖道从年幼时就有的"摄影梦"就这样被唤醒,他想拥有一架自己的照相机!

张祖道不是富家子弟,根本买不起新的照相机。好在他从昆明"复员"到北平的途中,曾跟随陈达教授进行过三个月的"上海工厂和劳工状况调查",他用积攒的劳动报酬到北平东安市场淘到一架韦尔塔(Welta)牌德国老相机。这架构造简单的二手货对于当时"反对内战、追求民主"的热血青年而言,那就等同于战斗的武器。他拍得最多的就是清华大学的学生运动,几乎所有的游行他都留下了记录。与此同时,张祖道和另外两位同学孙同丰、朱世鈜组成了"清华周末摄影社",他们拍摄学生的生活,也靠出售校园风景照片所得作为拍摄成本的补贴。摄影还是张祖道赚取学费和生活费的唯一渠道,在学校那几年里,他"从没有向家里要过一文钱"。

在社会调查实习课中,张祖道凭借自己的相机,拍摄了诸如"天桥杂耍""厂甸庙会""聋哑学校"等一系列反映社会现状、民俗民风的纪实照片，为后人留下了"老北京"的珍贵绝影。鲜为人知的是，他还曾经按照个别几位"特殊"同学的要求，秘密为他们拍摄了制作假"通行证"所需要的照片，解其燃眉之急，帮助他们顺利奔赴解放区。

梅贻琦（右二）、胡适（左二）、黄钰生（右一）、查良钊（左一）四位教育家于清华校庆时合影（张祖道摄于1947年4月27日）

我知道"张祖道"的名字，也是从一张拍摄于1947年4月27日的纪实照片开始。照片上，梅贻琦、胡适、黄钰生、查良钊等四位分别代表清华、北大、南开、昆明师范的著名教育家会聚一起，在清华园大礼堂后面留下了意味深长的合影。而这正是张祖道瞅准转瞬即逝的时机，沉着拍摄而留下的经典之作。

现在已经无法确认张祖道在那几年究竟拍摄了多少张照片。仅从清华大学档案馆保存的百余帧校园照片看，那都是"清华园"不可多得的视觉档案，都已经成为清华校史中无法分割的部分。理所当然，清华园是张祖道摄影之路的出发之地，但同样可以说：清华幸有张祖道！

二、跨越半个世纪的师生情谊

1949年3月，张祖道和212名清华同学一起穿上军装，参加了第四野战军"南下工作团"。正是有了摄影的一技之长，他被选入中南军区《战士画报》社，成为一名军事摄影记者，从清华带来的小相机继续成为他手中的武器。张祖道晚年回忆起这段经历，仍然对那架旧相机"给我长脸，圆满地完成了任务"心存感念。

1952年7月，张祖道调入北京《新观察》杂志社，成为当时社里唯一的摄影记者。那是一段让张祖道难忘的激情岁月，"跑新闻、赶任务"，忙得连星期天都很少休息，以他署名的摄影作品不断出现在新闻媒体上。他还多次受命跟随清华恩师潘光旦远赴湘西北、鄂西南、川东南采访识别土家族；跟随费孝通去呼伦贝尔大草原，对蒙古族牧民生活进行民族考察，按他自己的话说，是"扎扎实实地补上了一堂社会学田野调查课"。

除此之外，还有一项跟随费孝通进行的"江村调查"摄影经历，不仅成为张祖道职业生涯中浓墨重彩的一笔，也铸就了一段跨越近半个世纪的师生情谊。

费孝通，江苏吴江人，著名社会科学家，中国社会学和人类学的奠基人之一。他于1935年获得清华大学硕士学位，并考取公费留学资格。在出国之前，他对江苏吴江县庙港乡开弦弓村进行了一次"农村经济和生活状况"调查。这次调查的资料也成为他1938年在英国伦敦大学取得哲学博士学位的毕业论文基础。这篇名为 Peasant Life in China（中文名《江村经济》）的论文，记录并分析了中国人在江南农村原始状态下对生存发展方式的选择，为费孝通奠定了在世界人类学、社会学领域的地位，当时就被其导师马林诺斯基（K. Malinowski）称为"将被认为是人类学实地调查和理论工作发展中的一个里程碑"。古老的"开弦弓村"也因此有了"江村"的现代学名，并作为观察中国农村的一个标本，从此长期为学界所关注。

费孝通的"江村调查"，从1936年开始至2000年结束，总计进行了约30次，是一项跨越近65年的超长人类社会学调查工程，举世罕见，意义非凡。张祖道有幸从1957年起伴随老师"五访江村"，用镜头持续记录了世界社会学调查史中的"费氏"经典案例，见证了"江村"作为中国江南农村的缩影所发生的时代演变。

1957年5月，47岁的费孝通在相隔21年后带领一个调查组重回江村，在那里住了21天，重点考察社会体制和生产关系在历史产生重大变化后的农村状况。35岁的张祖道也第一次作为摄影记者去江村。那次考察，费孝通除了要求他把所有类型的农具都拍摄下来以外，没有给他布置其他"作业"，全凭张祖道对社会调查的基本概念去捕捉感兴趣的场景。

费孝通重访江村（张祖道摄于1957年）

于是在张祖道的镜头里，留下了依然保持着古老耕作模式的农民和工具，完全靠手工养蚕、缫丝的乡村"生丝经济链"，割草养兔补贴家用的农村儿童，还有保留着充满古风的"包裤"和"战裙"，靠烧柴草的"老虎灶"……当然，他也为费孝通抢拍了几张纪实照片。其中一张成为连接两次"江村调查"的历史写照，照片上的费孝通和一位名叫"沈宝法"的农民在观看英文版《江村经济》的扉页，上面有两人在1936年的合影，而那时的沈宝法只有9岁。

张祖道在这次社会调查中拍摄的照片，是江村图像志里最接近1936年开弦弓村原始景象的留影，与费孝通撰写的调查报告内容天然合璧，十分恰当地传达了他对江村经济研究的思考和观察视角。调查结束后，费孝通为《新观察》撰写了《重访江村》其一、其二两篇文章，分别发表在1957年6月11、12两期刊物上，引起很大的社会反响。

然而遗憾的是，一场"反右"斗争突如其来，费孝通被错划为"大右派"，《重访江村》的系列文章就此夭折，他的社会人类学研究也被迫停止。直到1981年10月，费孝通又重启被中断24年的"江村考察"。他迅速写下了著名的《三访江村》，将其作为在1981年度英国皇家学会"赫胥黎纪念奖"颁奖仪式上的获奖演讲词。文中一语道出"三访江村"的意义："用开弦弓村作为一个观察中国农村变化的小窗口，有一个好处，就是我们有近五十年的比较资料。"而他倚重的"比较资料"中，张祖道1957年拍摄的那些照片无疑是最直观的影像物证。

此后费孝通明确要将江村当做长期进行农村调查的基地，不断研究它的变化与发展。1982年1月，费孝通四访江村，张祖道在25年后第二次跟随老师重回故地。费孝通语重心长地对同肖"戌狗"的张祖道说："我已是70出头的人了，口袋里只有10块钱，也就是我只能再工作10年"，"你比我小一轮，你数数你的口袋，不是只剩下22块钱了么？好好地花，别浪费了。"此时刚满60岁的张祖道听到老师的教导，"头皮一紧，心里涌出一股紧迫感"。

费孝通在1957年就发现，在土地资源有限的江南农村，仅仅依靠土地制度改革，"平均地权""以粮为纲"显然不能解决农村发展的根本问题，那时他就提出了"因地制宜"发展乡村副业和工业的"富民"主张。这一次重访，张祖道看到了江村在改革开放政策下发生的实质性变化，正是费孝通当年所希望达到的愿景。于是在他的镜头中，出现了集体发展蚕桑、家庭养羊、养兔，多种经营的欣欣向荣景象；出现了小型缫丝厂、丝织厂等乡镇企业的雏形。最可喜的是，农民在"农田、副业、工资"三方面都有了收入，生活改善，有了会心的笑脸。

再后来的1994年10月，张祖道第三次随老师访问江村时，村里的缫丝厂已经扩建为现代化的企业。再后来的1996年9月和1999年10月，他又随老师第四、第五次访问江村。那时，费孝通已经20余次访问江村，他当年口袋里的"10块钱"早已花光。但正是在这种无私的"透支"中间，费孝通完成了"乡村调查、小城镇研究、贫困地区踏访、社会学重建"等一系列事关国计民生的人类社会学工程，为新时期党和国家的一系列战略决策提供了依据，其中自然也包括了张祖道拍摄的纪实照片。

2021年2月25日，中国向全世界宣布："经过八年持续奋斗，我国如期完成了新时代脱贫攻坚目标任务，现行标准下农村贫困人口全部脱贫，贫困县全部摘帽。"在这一人类"反贫史"上绝无仅有的伟大实践中，谁能说没有费孝通和张祖道进行"江村调查"作出的贡献？毫无疑问，江村是让张祖道在视觉人类学领域扬名的"福地"，但从另一角度来看，我们必须要说：江村幸有张祖道！

三、老老实实的"蹚道"者

在新中国第一代摄影家中，拥有清华社会学专业背景的，张祖道是唯一者。俗话说，"文如其人"。在张祖道用镜头书写的每篇精彩文章后面，似乎都隐藏着一双睿智的眼睛，连接这双慧眼的是朴实的心灵和深邃的头脑。

在纪实类摄影作品中，表现宏大历史叙事的题材最能震撼人心。张祖道在1949年2月3日拍摄的《人民解放军进入北平的队伍通过东交民巷》无疑是一幅上乘之作：东交民巷红旗招展，解放军的坦克迎面隆隆驶来、两旁市民敲锣打鼓，让人由衷地感受到站起来的中国人发自内心的欢欣鼓舞。在定格这一历史时刻的同时，张祖道也许想到了抗战中经历过的民族苦难，也许想到在西南联大学生运动中担任"纠察队长"所经历的民主抗争，也许更坚定了投身革命洪流的决心……因为在此一个月后，他就参军成为了一名军事摄影记者。

在张祖道的摄影生涯中，他的社会接触面非常广阔，镜头中出现最多的还是充满酸甜苦辣、喜怒哀乐的百态人生。1958年秋天拍摄的《采摘果树新品种》，丰收农民脸上的"喜悦"让人过目不忘；1984年11月2日拍摄的一幅照片，画家叶浅予事出有因的"怒气"极具个性；1979年10月12日，镜头中的叶圣陶、夏衍、周扬一起出席追悼会，对故人逝去的"哀伤"之情令人同情；1955年在北京北海东门拍摄的《儿童乐园》，孩子们无忧无虑的"欢乐"使人感同身受。

张祖道一生中拍摄了数不清的人物，其中著名的文化名人影像构成了一个独特系列。上海文艺出版集团于2009年出版了"中国当代文化名人剪影"珍藏集《刹那》，囊括了张祖道从1947年到2003年的半个多世纪里，为250余位文化艺术界名人留下的特写影像。其中包括：教育家胡适、梅贻琦；文学家田汉、巴金、曹禺、老舍；画家齐白石、徐悲鸿、张仃、黄永玉；表演艺术家梅兰芳、常香玉；还有雕塑家刘开渠与人民英雄纪念碑雕塑家群体，以及建筑学家梁思成、林徽因夫妇，等等。

按照浅显的理解，好像纪实摄影就是"看见什么拍什么"。但在张祖道这里，我们却同样可以看到艺术性极强的纪实性作品。在一幅拍摄于1958年的《背铁矿石的农民》里，他镜头中那位农民除了任劳任怨的神情外，不但没有任何卑微的感觉，更有顶天立地的架势。以摄影常识想象，那是只有蹲下来才能拍到的画面。而正是这种"放低身段"的与人为善，让他拍出了许多充满艺术"人情味"的纪实作品。

在很长的时间里，张祖道的作品一直并不起眼，好像也没有什么大名气。其实这恰恰反映出他"谦和低调"的性格特征，"老老实实做人，老老实实拍照"正是他一贯秉承的人生态度。他从来没有刻意地去追求"摄影家"的桂冠，只是老老实实，数十年如一日地在拍摄之路上"蹚道"，再加上追随社会学硕儒所得与自我精进提升的能力，这才是他留下如此之多经典之作的原因。

他也从来没有摆出一副"艺术家"的姿态对待自己的作品，而是将它们视作应该被共享的资料，无私地提供给他的同事们和所有需要的人。在青年同事们的眼里，他就是一个"校对、翻拍、暗房、管理资料"样样活儿都积极去干的"老劳模"，是一位被大家亲切地直呼为"老道"的朋友与长者。

张祖道的与众不同，特别表现在他经过清华大学社会学严格训练后养成的文献意识和严谨习惯。他为自己的拍摄工作和日常生活写下日记，为每张照片都留下详尽的文字资料。即便在岁月更迭中他丢失了大量照片和笔记，仅就现存的影像和文字资料对中国文化史而言，也已经是一笔巨大的文化历史财富。

2003年以后，张祖道编著了《江村纪事》《1956，潘光旦调查行脚》《刹那》三本纪实体著作和摄影集，集中展现了他的摄影经历、经验和成果。毋庸讳言，是华夏大地孕育了张祖道，是中华文明造就了中国纪实摄影的一代先行者。但从某种意义上，我们也应该说：中国幸有张祖道！

四、结语

张祖道说过，"生活就在你身边，一瞬间，它就是历史"；还说过，"摄影既可以远求，也可以近觅，东瞧西看，都是材料，不必发愁"。这些朴素话语体现了"大道至简"的人生智慧，也包含了"随遇而安"的从容心态。摄影如此，生活亦然。他是这样说，更是这样做。他用镜头捕捉了一个个历史的独特刹那，自己也伴随一幅幅传世之作被融化在永恒的刹那中，让后来的人们不断理解、持续效仿、永远纪念……

（2021年12月16日修订于上海）

* 本文是为纪念张祖道先生100周年诞辰而作，2022年1月6日发表于《北京晚报》。

● 血沃宝岛的清华英雄

无名英雄广场（北京西山）

在郁郁葱葱的北京西山国家森林公园中，有一座庄严肃穆的"无名英雄广场"。这里是经中共中央批准修建的国家级永久纪念平台，专门用来纪念1950年代在台湾殉难的中共特工人员和其他特殊爱国志士。

在署名"中国人民解放军总政治部联络部"的《修建无名英雄广场铭文》中这样写道："二十世纪五十年代，大批无名英雄为国家统一、人民解放秘密赴台湾执行任务，牺牲于台湾。不论在战火纷飞的年代，还是在普天欢庆新中国诞生的时刻，他们始终坚守隐蔽战线，直到用热血映红黎明前的天空，用大爱与信仰铸就不灭的灵魂。"

这里，目前已经将846名能够确认的烈士英名镌刻在纪念墙上，其中包括著名的吴石、朱枫、陈宝仓、聂曦等四位中共地下党员，他们被解密的英勇事迹感动了无数国人。然而，还有更多的烈士只知姓名，不知来历，继续沉默在历史烟云中。他们的事迹在等待知情者揭秘和传颂，他们的英魂在呼唤亲人前来祭奠、认领。

一、无名英雄中也有清华人

在这些殉难者中，沈镇南和林良桐就是两个此前并没有引起人们过多注意的名字，他们是谁？他们曾经有怎样的经历？他们为什么被杀害？他们的后人又在哪里？

1. 林良桐的清华身份确认

从苏云峰编撰、台湾地区2004年出版的《清华大学师生名录资料汇编（1927—1949）》中，可以发现"1934级"毕业生中列有林良桐的名字，其信息含有"为台糖公司人事室主任，51.1.11 以叛乱罪名被枪决"等字样。这些敏感的信息显然将一位清华校友与政治蒙难者的身份挂起钩来。

沿着这个线索查询，林良桐更多的清华履历逐渐显现。查阅清华大学校史研究室编辑出版的《清华大学史料选编》，在1930年国立清华大学录取名单和1934年毕业生名单中，确有"林良桐，福建闽侯，政治学系"的记载；另外在1936年"第四届留美公费生名单"的18人中也可以查到"林良桐"（林良桐和1933级王铁崖是其中两位政治学系毕业生）。综合这些历史记载，基本确定了林良桐的清华学籍属实。

在清华大学法学院编纂的《法意清华》这本专著中，西南联大时期"法律学系"教员名单里，又出现了林良桐的信息："在1939年至1942年期间，他曾先后担任专任讲师和副教授。"从1930年考入清华，林良桐在后来的12年间与清华有着各种联系，是一位不折不扣的"清华人"。

在《法意清华》一书相关记载中，林良桐的生卒信息标注的是："1914—1951？"一个"？"表明该书作者对林良桐卒年的不确定，而"1951"又恰好与前述台湾资料的信息相吻合。

一位大学法学副教授，后来怎么又去了台湾，变身为"糖厂"人事主任？这就引出了"无名英雄"名单上的另一位"沈镇南"。

2. 沈镇南的清华身份确认

在 1997 年新华出版社出版的《蒋介石与台湾》一书中，有一条明确记载："就在蒋介石复职视事的 1950 年 3 月，发生了震惊全岛的最大两企业台糖、台电事件。台糖公司总经理沈镇南、人事室主任林良桐被枪毙，部下多人被判刑。"原来，林良桐在台糖公司的"老板"是沈镇南，并且沈、林二人系同时遇难。

沈镇南是否与清华有关呢？从 1948 年上海清华同学会编录的《清华同学录》中，在"1922 级"下可以查到，"沈镇南，福州路卅七号台湾糖业公司"。这一明确信息证明，台湾糖业公司总经理沈镇南无疑也是"清华人"。

再经查阅各类清华历史资料，得到的综合信息是：沈镇南，上海人，1902 年生人，清华学校 1922 级（壬戌级）毕业生。1922 年 8 月 13 日赴美留学（《1926 年清华一览》P149），先入俄亥俄州立大学学习化学工程，于 1925 年获得学士学位，后入路易斯安那州立大学，于 1926 年获得硕士学位（《1937 年清华同学录》P146）。

此外，在清华大学化学系网站关于杨光弼（1889—1949）的记载中，有这样的信息："1926 年，清华第一次评议会通过设立化学系，杨光弼任系主任，兼学校建筑委员会主席，另 4 名教师为梁传铃、赵学海、高崇熙、沈镇南，皆为原留美预备部的化学教员。"由此可以知道，沈镇南从美国留学归来，曾回到母校担任过化学系教员。这也说明：清华于他，或他于清华，同样重要。

林良桐（左）沈镇南（右）画像（田芊教授作品）

综合以上各种信息，完全可以确认西山"无名英雄名单"中的沈镇南和林良桐确实是两位"清华人"。

二、两位清华人的历史足迹

沈镇南和林良桐在清华历史上分属于两代人，年龄相差10岁左右，但他们都留过洋，属于学业有成，后来又在各自专业领域中产生影响的佼佼者。在1930年代之后，沈镇南的主要身份是一位留美归来的化学家，他在近代中国制糖工业领域的业绩历历可数。而林良桐则是在政治学领域中发展，他从国外留学归来已是抗战时期，第一份教职是在西南联大担任专任讲师，后又担任法律系和社会学系副教授。

关于他们各自的详细履历，目前尚未发现权威的系统资料。但作为各自领域内的知名人士，后人总能从历史的"雪泥"中，为他们抟出一些人生"鸿爪"。

1. 沈镇南对中国制糖产业发展的贡献

沈镇南在清华化学系任教三年余，大约1929年前后离开清华（原因似与首任系主任杨光弼在罗家伦任校长后辞职离开有关），之后回到家乡上海发展。这一时期，他的信息在两个地方出现，一个地方是担任晶华制糖公司经理（1930年《清华同学录》）；另一个地方是在光华大学任教（1930年第5期《光华大学年刊》）。

再之后，沈镇南开始进入广西实业界发展。1934年8月，国民党广西省政府为提高榨蔗制糖水平，决定筹建机制糖厂。同年11月在柳州设立广西糖厂筹备处，由沈镇南任筹备处主任。后因柳州霜期长且土壤问题不适宜建设糖厂，于是1935年1月又选定贵县（今贵港市）县城以东6公里的罗泊湾为厂址，并从美国进口制糖机器。经过一年多建设和机器安装调试，终于建成广西历史上第一座机制糖厂，开启现代制糖工业化时代。

1937年7月全面抗战爆发后，广东、广西等沿海省份相继沦陷，大后方的四川成为中国制糖业的重镇。在此期间，民国政府资源委员会与中国银行、新华银行和商股集资,在内江创办中国联合炼糖公司,并于1940年初正式投产,而这家"国"字号的制糖公司董事长又是由沈镇南担任。

抗战开始后,中国的石油进口困难,汽油来源受阻,战争和交通运输都急需酒精作为补充燃料,而制糖时产生的副产品"糖蜜"就是比较理想的酒精原料。于是各制糖厂就承担起生产酒精的战略任务。据有关资料记载,"该(联合炼糖)厂购糖清为原料,加工制成各号晶糖,每年购用糖清约二百余万公斤,制造能力每日可出糖七千公斤及酒精五百加仑"。沈镇南在领导"联合炼糖"的过程中积累了丰富的经验,成为当时中国制糖工业领域中的重要人物,并为其后来的人生走向埋下了伏笔。

2. 林良桐在中国政治学领域的表现

抗战时期,北大、清华、南开在昆明组成"国立西南联合大学",在中国教育史上写下"刚毅坚卓"的不朽篇章。西南联大还是抗战时期大后方爱国民主运动的一个重要策源地,赢得了"民主堡垒"的称号。

当时,由于恶劣的战争环境和不利的经济政策产生双重作用,国统区内恶性通货膨胀造成了人民的深重灾难。有鉴于此,西南联大的部分教授先后三次公开对政府提出了批评意见。1942年4月30日,他们发表《我们对于当前物价问题的意见》,签名者有:伍启元、李树青、沈来秋、林良桐、张德昌、费孝通、杨西孟、鲍觉民、戴世光等九人,林良桐名列其中。

1944年5月1日,他们又发表《我们对于物价问题的再度呼吁》。之后,于1945年5月1日,再发表《现阶段的物价及经济问题》。但这两篇文章的签名者都是各自只有五人,除杨西孟、戴世光、鲍觉民、伍启元等两次均属名,费孝通、李树青各署名一次外,沈来秋、林良桐、张德昌等三人都没有再署名。这一情况也间接证明林良桐在1942年后离开西南联大,但去向不明。亦即,他从西南联大到台糖公司之间的履历是个"空白",有待进一步发掘。

1945年由伍启元汇编三篇文章,并以重庆《大公报》上刊登的一篇响应文章为附录,交与求真出版社,冠以《昆明九教授对于物价及经济问题的呼吁》为名出版。九教授发出的声音在当时产生了广泛的社会影响，在西南联大历史上也留下一笔。正如《呼吁》的编者所言，"这次集体写作是愉快的，写出了读书人'义不容辞'的责任"。林良桐作为参与者之一，也表现出其对社会问题的高度关注和参与爱国民主运动的积极态度。

3. 沈镇南和林良桐的人生交集

毫无疑问，沈镇南与林良桐同为清华校友，但他们在校期间相隔十几年，又不是同一专业，一般来说他们成为同事的概率并不大。让他们在人生旅途中产生交集的背景与机缘，则应是抗战胜利后的"台湾接收"。

1945年8月15日，日本天皇宣布无条件投降，台湾终于摆脱50年的日本殖民统治，回到祖国的怀抱。如何重建被战争摧毁的台湾经济，成为摆在当时政府和台湾民众面前的大问题。

制糖产业在日据时代就是台湾重要的经济来源，在经济发展总量中所占比重很高。但"二战"期间，在盟军的持续轰炸之下，四个日本制糖株式会社所属的42家糖厂，有34家被炸毁，只有8家糖厂完好。全台湾1945—1946年的蔗作面积仅4.3万公顷，收获面积为3.3万公顷，砂糖产量减至8.6万吨，不足战前最高峰时的一个零头。

1945年12月，国民政府派出专家考察组，赴台湾考察经济情况，并与台湾省政府协商重建台湾事宜。1946年2月，考察组提交了《台湾工矿事业考察报告》，提出以制糖业和电力为建设核心，促进其他相关产业发展的重建计划。沈镇南不仅参加了考察，而且之后被经济部资源委员会委派为糖业接收组组长。

1946年5月1日，台湾糖业公司（台糖公司）在上海成立，沈镇南担任总经理，其职能为恢复、重建被接收的4家日本株式会社，经营200万亩蔗田，40多家炼糖厂和自建的2000公里轻便铁路。

台糖公司是战后由国民政府资源委员会与台湾省政府合作经营的"官办"企业，名列台湾十大企业之首。在沈镇南的带领下，仅用了3年时间，台糖公司的生产能力就从年产8.6万吨增加到63万吨，其产值占台湾工业总产值的65%。这些业绩足以说明台糖公司的重要性以及沈镇南的领导能力。

当然,在这个过程中沈镇南绝对不是单打独斗。面对战后重建的艰难,他十分清楚"百废待兴,人才为首"的道理,因此他从接受台湾糖业重建任务之始,就千方百计挖掘人才,特别是从清华校友中动员相关人士共同参与这项工作。

在一份 1949 年 1 月编发的《(台糖)公司各部分主管人员名册》上,可以发现其中 5 人具有清华背景,他们是:沈镇南(总经理),吴卓(协理),周大瑶(总工程师),林良桐(人事主任),郭铎(人事副主任)。

这几位人士中,沈镇南是 1922 年留美生,吴卓、周大瑶同为 1923 年留美生;林良桐是 1936 年留美生,郭铎是 1944 年政治学系毕业生。研究他们之间的关系,可以得知,沈镇南与吴、周二人是清华学校时期的前后级同学,在校时就应该彼此认识,赴美留学后三人又都是学习的化学工程和制糖专业,并且分别是俄亥俄大学和路易斯安那大学的校友。回国后,三人都是长期在中国制糖界工作,更应该相知相熟。因此共同去台湾参加接收,成为台糖高层领导,是很容易理解的事情。

与他们三人背景不同,林良桐和郭铎都来自"政治学系",能被沈镇南看中并加入台糖公司,则需要一些特殊的考量。从沈镇南执掌全局的角度,要经营好台湾最大的制糖企业,人事管理至关重要,他当然需要一位能替他管好"人事"大门的"守门人"。林良桐的背景和资历显然适合于这个岗位,而郭铎在西南联大读书的时间与林良桐的此时履历有交集,或许他是林良桐比较认可的学生。

至于沈镇南究竟通过怎样的途径聘请林良桐加入台糖公司,目前尚未发现具体信息。但可以想见,沈镇南要吸引清华人加盟,一定会从清华校友圈内寻找合适人选,找到林良桐并不是十分困难的事情。当然,如果能掌握确切的史料揭秘出沈镇南、林良桐都是由地下党派往台湾执行任务,那么他们相识和同往台湾,或许更是顺理成章的事情。

三、两岸统一大业中的悲壮先驱

1949 年以后，中国政局发生根本性变化。中国共产党领导的人民民主革命取得决定性胜利，国民党的统治分崩离析，败退台湾岛。在此后的相当长时间里，国民党为了保住最后一块"反共基地"，在岛内施行了"党禁、报禁、军事管制"的戒严状态，全面限制人民的生活自由和民主权利，以达到镇压反抗、维持统治的意图，一时间"白色恐怖"遍及全岛。

1. 沈镇南、林良桐因"台糖事件"殉难

就是在这样的大背景下，1950 年 5 月发生了震惊全岛的"台糖、台电事件"。当年台湾最大的两家官办企业，其"第一把手"同时被捕，罪名都是"通共资匪"。台糖公司有 10 余人因"沈镇南等叛乱案"被逮捕，最终除沈镇南、林良桐被枪杀外，另有 3 人被判 10 年以上徒刑，有 8 人被送到火烧岛"感训"（其中包括国民党前主席洪秀柱之父洪子瑜）。

在笔者掌握的有关资料中，有一份台湾澎湖地区的《建国日报》（1951 年 1 月 12 日），刊载有一则相关报道，全文如下：

（标题）勾结匪帮 阴谋叛国 沈镇南林良桐二匪枪决 史国英判刑十五年

（台北十一日电）前台湾糖业公司总经理沈镇南，人事主任林良桐，顾问史国英等勾结匪帮，阴谋颠覆政府，经台省保安警察第二总队察觉缉获，解省保安司令部依法审明判决，经国防部核定，沈镇南、林良桐各处死刑，并褫夺公权公身；史国英处有期徒刑十五年，褫夺公权十年。除史国英送监执行外，沈镇南、林良桐等已由省保安司令部军法处于十一日六时提庭宣判后押赴刑场执行枪决。

这篇报道明确记载沈镇南、林良桐的罪名是"勾结匪帮，阴谋颠覆政府"，并于 1951 年 1 月 11 日早上被杀害于台北。当年，台北的刑场是在"马场町"，想到这两位清华人竟然是在那里悲壮地走完人生之路，不禁令人唏嘘！

2. 沈镇南、林良桐究竟为何被害

沈镇南接收并领导的台糖公司，在抗战后为恢复台湾经济作出突出贡献，这一点在当时众所皆知，为什么这位"功臣"却会首当其冲被杀害呢？根据有关史料分析，其中的一个很大原因是沈镇南属于当时经济部资源委员会的"红人"，而时任"资委会"主任的孙越崎（1893—1995）于1949年9月通电起义，回到新中国，服务于人民政府。再者，作为沈镇南助手的台糖公司"协理"宋以信也在这一时期返回大陆。这些"投共"人士都与沈镇南有关系，势必会令台湾当局感到十分紧张。

在当时中共加紧进行"解放台湾"部署，国民党残余政权如惊弓之鸟的大背景下，台湾当局为了防止时局进一步恶化时国营企业员工可能的"变节"，因而先施以"杀鸡儆猴"之策，在半年时间内，以"资匪通共"的罪名，先杀台湾电力公司总经理刘晋钰，再杀台湾糖业公司总经理沈镇南，借此遏止"投共"潮的意图十分明显。

沈镇南、林良桐两人到底是不是"共产党"？到底是不是像指控书中所说，"加紧产糖，留存少卖，以减少政府外汇收入，藉以增加保护该公司财产，俾供匪来台使用"；"研究如何使台糖所属铁道转运灵活，以配合共匪进军运输之用"；"从事破旧车辆与机车之整修、水泥枕木之制造、港口潮汐之调查，以备共匪军事登陆之用"呢？

其实，后人仅仅根据表面上的现象或者现有的一些公开资料，是完全无法彻底说清楚这些问题的。但可以肯定的是，沈镇南、林良桐这些"高学历""高能力"的爱国知识分子，在滚滚向前的历史潮流中，是有判断力，有决断力的。在日寇侵略、国难当头之时，他们选择以自己的一技之长"实业救国""教育救国"；在抗战胜利，百废待兴之际，他们又选择以民族利益为重，临危受命，宁愿挑起重振台湾经济的重担，而不为自身利益而远走他乡，轻言放弃。这中间，或许他们还肩负着特殊使命，只不过由于"暗战"的隐秘性，我们永远都不能知道其中的细节。

更为令人赞叹的是，当身陷独裁者的囹圄，面对罪恶的枪口之时，两位"留洋书生"没有做出任何伤害无辜的举动，没有表现出奴颜婢膝

的怯懦，最终含恨慨然就义。他们的流血，是坚强勇士为"光明与黑暗"两种命运决战付出的生命代价；他们的牺牲，是在台湾回归祖国漫长过程中发生的悲壮奉献！因此，将他们视为两岸统一大业中的殉难先驱，恰如其分！

四、两岸对待沈镇南事件的态度

"沈镇南资匪案"是台湾1950年代"白色恐怖"时期的著名案件，影响深远。据悉，怀疑此案是否存在"冤案"可能之说在台湾官民两界也从未间断，沈镇南夫人一直以各种方式为其鸣冤。更有台湾著名历史学者程玉凤博士，多年来持续调查研究"沈镇南案"，写出《台糖沈镇南案研究》等专著。

随着历史的变迁，1987年7月15日，在蒋经国（1910—1988）主持下的台湾当局宣布解除"戒严"，并废除30种相关的"法规""条例"，在台湾地区施行达38年之久的"戒严令"被解除，岛内政治走向发生重大变化，同时也为两岸关系的逐步解冻提供了可能。

据了解，在沈镇南殉难的50年后，台湾地区的"戒严时期不当叛乱暨匪谍审判案件补偿基金会"于2002年7月根据程玉凤等历史学者的调查报告，通过《平反申请案》，正式为沈镇南"恢复名誉"并发放补偿金。但对于"林良桐案"未见相关处理信息。

大陆方面在1990年代之前，从未就包括"台糖沈镇南案"在内的任何台湾政治案件透露过相关信息。随着台海两岸局势发生根本性变化，关于此案的零星信息才出现在一些媒体上，但并未引起广泛关注。

2013年，随着北京西山"无名英雄广场"的修建，关于海峡两岸在1950年代初期进行的"暗战"才开始逐渐被解密，包括沈镇南、林良桐在内的846名在台殉难人士终于得到来自国家层面的褒扬。

由于这些无名英雄的事迹带有特殊性，加之年代久远，其中绝大部分人的情况知之不详，还原事迹还需要各有关方面付出极大努力。据了解，清华大学此前对于沈镇南、林良桐这两位校友成为"无名英雄"也并不知情，同样亟须对他们的事迹加以收集整理，用以弘扬他们的宝贵精神，在新时代两岸统一大业中做出清华应有的贡献。

五、结语

在《1934年清华大学毕业纪念专刊》中，有一幅林良桐的毕业照，同时配有一首题诗："鹏翼抟风气自遒，几春鼓箧旧黉游；晋安独秀方年壮，博览多阅为国谋。"其时，20岁出头的政治系毕业生林良桐，青春独秀，意气风发。但他不会想到，17年之后他却在实现"为国谋"的抱负中殉难于台湾岛。

关于林良桐的家世，目前尚无更多资料，他是否有家室或后人也不得而知。而沈镇南的资料显示，他的夫人已逝，二人曾育有两子一女，如健在也已是耄耋老人，身在何处目前亦不清楚。

沈镇南全家合影照（摄于1940年代后期，AI修复）

可以让沈镇南、林良桐在天之灵感到欣慰的是：他们为民族、为国家所作出的贡献得到了认可，他们的英名永远镌刻在历史的丰碑之上。在他们身后，祖国大地已经发生翻天覆地的巨变，正在朝着两岸统一，民族复兴的伟大目标继续前进！

清华是沈镇南、林良桐的母校，"自强不息，厚德载物"的校训对他们不平凡人生的潜移默化影响自不待言。清华以包括"沈镇南、林良桐"在内的所有为民族解放与复兴事业牺牲的"清华英烈"为荣，相信在不久的将来，"清华英烈碑"上一定会添加沈镇南、林良桐的英名。他们未竟的初心理想也必定在新时代清华人的持续奋斗中得以实现！这正是：

血沃宝岛，垂泪惋惜；两岸统一，历史必趋。

英名迟晓，终将牢记；清华甚幸，英魂归兮！

（2022年11月8日修订于上海）

● 从十级校友任扶善的祝词说起

2022年4月19日，清华大学校友总会视频号播发了一段短视频，内容是1938年毕业的任扶善老学长发表《清华111周年校庆祝词》，他说，"清华111周年校庆就要来到了，作为38级尚存的学子，我感到特别的荣幸。衷心祝愿清华精神永放光芒，清华事业不断发展，清华地位和声誉不断提高！……我是38级社会学系，学号2390，任扶善"。

如果没有视频提示，单从画面上看，我完全不敢相信这位头脑清晰、口齿清楚、表达流畅、精神饱满的老学长竟然已经107周岁，更不敢相信他是一位曾经在几年前身患癌症的高龄病人！带着巨大的好奇，我迅速启动信息搜索模式，从掌握的各类资料中找寻与"任扶善"有关的，与清华1938级有关的信息。

一、任扶善原来叫"任福善"

清华学校从1925年开始设立大学部，逐步向"独立""完全"的大学过渡，从那年起招收的大学生习惯上被称为清华"一级"。直至1937年"国立清华大学"因抗战全面爆发而中断招生，前后一共招收了"十二级"学生。1934年入学的那一级按顺序排列是为"十级"，这一级共录取新生317人，还有备取生60人。在录取名单上，只有"任福善"的名字，其实这与后来的"任扶善"是同一人。在我收藏的《清华上海同学名录》（1948年版）上的"1938年毕业同学"一栏中，"任扶善"名列其中，当时他在国际劳工局中国分局（驻上海）从事劳动问题研究工作。也就是说，任福善改名为"任扶善"的时间，不会晚于1947年。

1937年8月任扶善（前右一）与同学最后撤离清华前与工友合影

在1988年编纂的《清华十级（1934—1938—1988）纪念刊》（以下简称《纪念刊》）中，我从"十级同学名录"中的"社会学系"13人中找到了"任福善"以及学号"2390"的明确记载，与任扶善学长在短视频中所报学号完全一致，说明"2390"这组数字从"任福善"踏进清华园起就已深深印刻在他的脑海里：名字可以改，清华学号永不变！

从《纪念刊》对每个十级同学的简介中可以得知，任扶善生于1915年5月4日，辽宁营口人。在"自述"中，他介绍自己"解放前后，我一直从事劳动经济的科研和教学工作。1958年在北京劳动学院筹建了我国第一个劳动经济系，为全国各地区，各部门培养了一批劳动工资人才"；"1983年在吉林出版社出版了我国第一本《劳动经济学》"；"1979年起招收我国第一批攻读劳动经济专业的研究生"。

从首都经贸大学校友会公布的信息得知，任扶善教授从1956年开始就一直在劳动经济教育领域耕耘，经历了该校的全部沿革历程，退休前是该校原劳动经济系系主任，被尊为"我国劳动经济学专业的创始人和奠基人之一"。1981年6月，任扶善以66岁高龄加入中国共产党，并将此视为"一生中最感庆幸的事"。他在2021年9月向"首经贸"捐赠10万元，设立"任扶善教育基金"，是一位广受师生尊敬的"大先生"。

任扶善对清华母校怀有深厚感情，他明确表示，"我的思想作风和工作态度，是在自强不息的清华精神的影响下培养起来的""我能战胜癌魔，延缓衰老，活到百岁高龄，也与发扬清华精神，保持积极乐观态度，有着紧密的关系"。他从1992年起开始参加第二届"十级联络组"，为当时尚存的近百名十级级友之间的交流，与母校的沟通积极进行组织、筹划工作。

在经过近20年的辛勤服务后，任扶善送走了所有"老同学"，成为今天唯一健在的清华十级校友。这个过程回想起来不免令人唏嘘，但又显露出一种悲壮。诚如任扶善所述："回忆当年入校之时，十级317个男女青年生气蓬勃，风华正茂。随着时光的流逝，有些人英年早逝，有些人中道而卒，有些人老年告终。……这种形势使我感觉无限忧伤，对已逝的级友表示沉痛的缅怀之情。请你们安息吧，你们生前在各自事业上做出的丰功伟绩，国家和人民不会忘记，母校清华也不会忘记。你们的英名将永垂不朽！"

二、十级同学的岁月往事

清华大学"十级"开学典礼日期是1934年9月17日，当日下午即开始上课。清华学生素有"自治"传统，十级亦有"级委会"组织，并制定了十级的级歌、级呼、级旗等。级歌系由朱自清（1898—1948）作词，歌词为：

举步荆榛，极目烟尘，请君看好此河山。
薄冰深渊，持危扶颠，吾侪相勉为其难。
同学少年，同学少年，一往气无前。
极深研几，赏奇析疑，毋忘弭时仔肩。
殊途同归，矢志莫违，吾侪所贵者同心。
切莫逡巡，切莫沉浮，岁月不待人！

这首级歌不仅寄托朱自清对十级的殷殷希望，也从一个侧面反映出那个时代清华学子所处的复杂环境。十级在校期间，正是局势动荡，国难日益深重之时,"九一八"事变后日本军国主义霸占东北,对华北虎视眈眈,人民抗日救亡呼声日趋高涨。在清华园的三年学习生活中,十级同学亲身见证了以梅贻琦校长为代表的一代大师们的治学育人实践,经受了"自强不息"清华精神的熏陶,经历了"一二·九"学生运动的风起云涌。生动事迹层出不穷,杰出级友不断涌现。

1936年十级运动会工作人员合影

十级的"级呼"由哲学系级友刘毓珩撰写,那也是英气十足,雄心爆棚:

风云万里,牛斗星高,十级年少,快逞英豪!谁有肝胆?谁有热血?惟我十级,众志成城!

这样豪迈的"级呼"既是时代的产物,也必定对十级同学的一生都产生深刻影响。1937年"七七"事变后,同学们的命运发生了根本变化,有部分同学跟随学校南迁,一路辗转到达长沙、昆明,最后完成学业,从西南联大毕业。另有一部分同学或直接加入战时从军运动,或参加各种形式的抗日救亡运动,或毅然走上革命道路。

在为民族解放事业牺牲的数十名"清华英烈"中,就有三位十级同学,一位是社会学系的凌松如(学号2438,1913—1940),另一位是历史学系的黄诚(学号2379,1914—1942),还有一位是物理系杨学诚(学号2684,1915—1944)。他们三人都是投笔从戎,义无反顾地走上抗日战场，或是在与侵略者的拼杀中血染沙场；或是在"皖南事变"中被反动派残杀；或是在艰苦斗争中奋不顾身，重病不治。他们的生命虽然都没有超过30岁，但他们的英名却永远镌刻在"清华英烈碑"上。

十级同学中涌现出一批后来在各个领域中表现优异的翘楚之才。在科学研究领域的杰出代表性人物有：地学系的武衡（1914—1999），他是地质学家，1955年被选聘为中国科学院学部委员（院士）；物理学系的陈芳允（1916—2000），中国卫星测量技术的奠基人之一，"两弹一星功勋奖章"获得者，中国科学院院士。如今，在太空中翱翔着数以百计被冠以中国人姓名的小行星中，就有"武衡星"（国际编号56088）和"陈芳允星"（国际编号10929），这不仅是他们的个人荣誉、国家的荣誉，同样是清华十级同学的光荣。

十级同学中担任过新中国党政军高层领导的有：历史学系的姚克广（姚依林，1917—1994），心理学系的何维登（何礼，1912—1986），土木系的李鼎声（李伟，1914—2005），化学系的罗钰如（1915—1999），哲学系的刘毓珩（陈其五，1914—1984），土木系的贾隆武（贾林放，1912—1993），经济系的李整武（李崇淮，1916—2008），土木系的刘震（刘星，1915—2004），物理系的孙德香（孙汉卿，1913—2012），历史系的杨德基（杨述，1913—1980），经济系的赵继昌（1912—1990），中文系的郑继侨（郑季翘，1912—1984），等等。

十级共有40余位女同学，在她们中间同样涌现出社会活动家、物理学家、生物学家、文学家等一批巾帼英杰，包括有：历史系的郭见恩（郭建，1913—2000），外语系的姜桂侬（1914—？），中文系的孔祥瑛（1915—2001），哲学系的魏蓁一（韦君宜，1916—2002），物理系的孙湘（1916—1999），生物系的潘琼婧（1915—？），等等。

十级中也出现不少在海外取得卓越成就，并对祖国、清华、故人一往情深的级友，其中有：曾经登上《世界名人录》，积极促进中美关系正常化的历史学家何炳棣（1917—2012）；曾协助梅贻琦校长组建台湾新竹清华，为促进两岸和平统一做出努力的洪绶曾（洪同，1915—2007）；积极促进中国昆虫学发展的美籍华裔昆虫学家姜淮章（1915—？），等等。

十级社会学系部分同学合影（摄于1936年）任扶善（前左二）居浩然（后左二）

十级同学中曾有10对男女同窗"被爱神之箭射中，而后喜结良缘"，他们是：徐燕秋、裴远龄；徐萱、居浩然；林霞、林从敏；王原真、陆家驹；魏蓁一、杨德基；魏娱之、曹本熹；邵景洛、何炳棣；姜桂侬、方钜成；徐骠宝、王天眷；孙湘、李整武。另外，十级同学与其他清华同学喜结连理者竟有15对之多。其中，以中文系的孔祥瑛（1915—2001）与七级的钱伟长（1912—2010）这一对"神仙眷侣"最为著名。

三、一篇嵌进92个同学名字的"妙文"

清华历史上的十级招生人数之多，在当时是创纪录的，人多势众，自然不同。此前在清华流传多年，但也饱受诟病的"拖尸"（Toss）老传统，就是在十级同学入学的第一年被最后"埋葬"了。十级的体育运动开展得有声有色，异军突起，无论是男女篮球、排球、足球，还是各项田径项目，都令其他级队未敢小觑。特别是十级女队，在校内的各种球类比赛中都是令人刮目相看，曾获得除乒乓球外的全部比赛冠军。这些女将有：寇淑勤、杨禄一、刘友锵、郭见恩、王懋蔚。

十级的才子才女比比皆是，在学校的各种文化、娱乐活动中始终不落他人之后。除了有人参加《清华周刊》编辑工作外，还自编出版《东方既白》等级刊，并主编《北平新报》《天津益世报》的副刊。许多同学还参加了清华海燕歌咏团和清华话剧社。

在这里，我要特别介绍由十级经济系女同学徐萱写过的一篇"妙文"《说故事》。这本是她在1935年2月17日晚上"十级同学级会"上的"余兴"节目，但却十分巧妙地将92位同学的名字"嵌进"去，成为一篇令人拍案叫绝的"妙文"。

经济系女同学徐萱，祖籍江苏无锡，出身世家名门。其曾祖父是清末科学家徐寿（1818—1884）；祖父徐建寅（1845—1901）和父亲徐尚武（1872—1958）两代都是近代中国兵工专家，著有《徐氏火药学》22卷。有这样的深厚家学，徐萱的文学功底自有渊源。徐萱当年不仅在十级同学中知名，在清华园也是一位活跃人物，引人注目的起因是在大一时就参演了田汉的话剧《南归》，剧中其扮演的"春姐"使她"一夜成名"。

徐萱的这段《说故事》，是一篇典型的"嵌名文"。她发挥经济系的专业想象力，将"十级"比作一家"百货公司"，从它所处的地理位置，开张营业的年月日开始，到公司内部的陈设，经营的各种货物品类，再到营业方式，营销手段，都用十级同学的名字（谐音）表示，"说"了一个内容丰富、饶有趣味的"第十级"故事。细数下来，通篇故事竟足足将92个十级同学的名字（约占总数的三分之一）恰如其分地"代入"，而且丝毫没有牵强附会之感。这些名字是：

黄渤海、石通岭、黄诚、方钜成、居浩然、胡锡年、沈长钺、王一天、胡灵泉、孙宏道、谭彦和、郑继侨、林传鼎、梁伯龙、李鸣鹤、林霞、徐萱、王还、陈贲、王勉、武衡、安佑、胡宁、张德树、李崇淮、肖汝槐、张树梅、包蕴柏、李卫扬、何炳棣、周嘉棋、梁瑞琪、曹家齐、伍十根、刘友锵、姚克广、达三江、赵桂龄、熊绍龄、李鹤龄、裴元龄、徐永龄、欧阳琛、许如琛、崔芳棠、沈如瑜、谭顺瑜、温瑜、丁务淳、钟烈淳、杨名聪、桑士聪、顾伯岩、黄汉岩、陆希岩、刘朋岩、任孝遂、王玉京、袁随善、任福善、寇淑勤、苏先勤、诚敬容、王爱荣、杨向荣、华道一、斯允一、魏蓁一、杨禄一、鲁心贞、王原真、吴继周、程明洲、张传忠、王守中、陈宝仁、张其仁、夏同仁、王兴仁、黎禄生、姚荷生、胡佳生、孙德香、孙湘、嵇同懋、张懋、全广辉、谢文辉、朱亚杰、高秉洁、黄明信、艾光曾。

  在这些人名中，有她的室友寇淑勤，有姚克广、黄诚，有魏蓁一、何炳棣，还有被誉为十级"老黄牛"的陈宝仁，等等。当然，她自己也是不能少的，另外当初她不会想到的是，后来成为她夫君的"居浩然"也名在其中。还有一位关键人物，那就是我这篇文章的主角任扶善，1935年时的"任福善"，他的名字是以"善"（扇）的谐音被嵌在故事中。据徐萱自己回忆，居浩然和任福善是社会学系的同学，更特别的是他们两人是同宿舍的室友。让人感到饶有趣味的是，任福善还为居浩然如何"追"徐萱出了许多让她"上当"的"馊主意"。

  当年，徐萱的这篇《说故事》的原稿被另一位社会学系同学张景明拿去，再加了一段介绍后，写成题为《顽皮的清华徐小姐在十级级会上说了个应景的故事》的随笔，以"于江"的笔名发表在《十日杂志》上，还在《清华副刊》上发了消息。在经过了53年后，远在海外的徐萱想起这篇文章，于是联系到张景明，几经周折终于找到当年的刊物，并复制下来作为永久留念。在1988年的《清华十级纪念刊》上，徐萱以《旧文新刊》为题，写了一篇简短的回忆文章，同时附上了当年"于江"的原文，这才使得被雪藏超过半个世纪的"妙文"重见天日！

  徐萱当时在文章中深情地说道，"其中有不少同学已经离开人间，我们在这里深深地怀念他（她）们，为悼念他（她）们而同声一哭。其他的同学都分散在世界各地，希望以后能欢聚在一起，拾回当年的青春生活"。如今，又是34年过去，除任扶善之外，包括徐萱在内，当年"嵌名文"中的所有十级校友，尽数驾鹤西去。伤感之余，让人略感欣慰的是，我们今天竟然能通过徐萱的精彩文笔，与这些曾经饱含远大理想的年轻"名字"不期而遇，并感受当年十级学长们在清华园中的青春岁月和同窗情谊。

四、结语

  风云际会，斗转星移。又是一年清华校庆的欢聚，又是一次清华情怀的抒发。这次校庆虽然因为疫情肆虐原因，注定无法返校参加线下纪念活动，但107岁的任扶善老学长通过视频的倾情述说，却让我得到穿越时空的非凡感受，成为我在清华111周年校庆期间的众多收获之一。

  追寻过去，清华十级同学的一个个名字，在我的面前显现出一张张鲜活的面容。当我在脑海里将他们的事迹投影在宏大历史的天幕上，我看到了清华大师们教书育人的良工心苦，看到了清华学子走上科学救国之路的艰难曲折，看到了炎黄子孙报效国家的拳拳之心！

  毫无疑问，每一代清华人都有自己的使命，并终将都要在历史舞台上谢幕。但我还是要叩谢令后辈深受感动的十级任扶善学长，并衷心祝愿这位清华大家庭中最年长的寿星：福善延年，茶寿大吉！

（2022年4月23日撰于上海）

* 本文是为任扶善学长107岁寿辰而作。然而就在7个月后，任扶善学长在2022年12月13日驾鹤西去。至此，清华大学第十级全部同学均已去世，为他们的历史画上句号。谨以本文再次向十级学长致敬！

●"这回忆是幸福的"

——从陈志华先生的一篇佚文说起

陈志华先生离世整整一周年了。

作为著名建筑学家、建筑教育家，陈志华（1929—2022）以教书育人为本职，一生桃李天下，著作等身。他在 1962 年出版的教科书《外国建筑史》，是中国国内第一部系统的外国建筑史通史著作；他通过文献考证完成的《中国造园艺术在欧洲的影响》等论文，对国内西方园林史研究有着奠基之功。特别是在 1980 年代末他 60 岁之后，又长期致力于将建筑学和社会学方法融合，开展中国乡土建筑研究，提出整体保护乡土聚落的理念，意义深远。

陈志华先生在梁思成塑像前留影（2002 年）

除了这些系统性的研究成果，陈先生留给后人的另外一大遗产是他的杂文随笔，这类文章里既有从 1980 年起，32 年间写下的《北窗杂记》专栏文章 131 篇，更有记载他丰富实践、活跃思维的大量回忆、感言、游记、序文等等。正是这些"内容广泛，文风质朴，观点犀利，脍炙人口"的美文，让我们每每读来，都有不同的心灵感受，同时也勾起对作者的深深敬意与怀念。

而今天我要着重介绍的，是陈先生从未正式发表过的一篇短文《还赠你们一份记忆》。26 年前，这篇短文只以赠言的形式在很小的范围内分享，看到过的人极其有限，称其为"佚文"并不为过。然而，寥寥数语却记述了一段清华师生在特殊历史时期的往事，充满了浓厚的关爱与尊重，具有极高的史料价值。

一、一份给建七班的别致贺礼

2022年，我收藏到一本《毕业纪念册》，是由清华大学土木建筑系建七班（1961级）于1997年编辑制作。在这本纪念册中，前面部分照例是题词、赠言等，执笔人都是当年的校系两级领导与任课教师。

当我看到那些署名：张维、吴良镛、汪坦、刘小石、周卜颐、宋泊、李道增、关肇邺、郭黛姮……每一位都是闻名遐迩，心中自然会生出"名师荟萃，群贤毕至"的由衷感叹。而紧接其后的是一篇短文，"陈志华"的落款更让我眼睛一亮，原来那是陈先生给建七班毕业30年的"礼物"，题目是《还赠你们一份记忆》。以这样的形式与当年的学生们交流，有些出人意料，与众不同，但当我通读过后，顿时被这份礼物包含的故事所感动。陈先生26年前究竟写了些什么呢？请您随我先来阅读这篇文章。

建七同学毕业整整三十年了，这三十年里，发生过许多世界史上必需记载的大事，但我心里，却始终鲜明地牢记着一件小事。

建七同学测绘颐和园古建筑，最严酷的"困难时期"刚刚度过，我的双脚和小腿，因为缺乏营养，还浮肿着，没有平复。可见青春盛年的小伙子和大姑娘们，"定量"虽已提高，日子仍然难熬。但是建七的这次测绘，却是我们颐和园测绘史中规模最大、任务最重的一次，也是成果最辉煌的一次。我陪着同学们测绘从水边直到山顶的整个中轴线建筑群，还有画中游和转轮藏两大组。在大家饥肠辘辘的时候，我们敢于出这样的大题目，是由于我们彻底信任同学的勤奋、严肃和热情。那时候，我们还没有被松松垮垮、敷衍潦草的学生困扰的经历。

有一天中午，我和陈保荣老师在排云门旁长廊里吃完带去的两个干馒头，不饱。我们从来不喝酒，听人说啤酒是液体粮食，便买了一瓶来喝，不料，越喝越觉得肚子宽得发慌。没有办法，只好忍着，爬上山去。到了转轮藏，一看，一位女同学，全校有名的短跑健将，躺在栏杆凳上歇着。我心里发急，怎么可以这样松松垮垮，过去就吆喝。抓紧了干呐！她一翻身起来，脸盘惭愧得发红，我分明听见她轻轻地说："老师，我饿！"我愣住了，但她立刻认真地干了起来。

由于题目出得太重，几乎每个同学都要加班，晚上画，礼拜天也画。有好几个人到了暑假还在画，两位女同学一直画到半个暑假过去了才回家。但是我没有听到一声抱怨，只听见同学们对我的问候和安慰，倒是你们生怕我累坏了身体。而我也常常要劝你们休息，肚子还很不饱呀！终于，你们终于把任务完成得非常出色，我一直为你们的成绩骄傲。

三十年来，不知有多少次，我对一批又一批的同学说起这次测绘，每次都很激动。现在，我写着，泪珠还滴落在稿纸上。

这记忆是幸福的，它使我在任何困境中都不觉得孤独和寂寞，不失去信心。我谢谢你们。现在我把这些记忆还赠给你们，也许你们早已经忘记了罢："哦，这算什么事，也值得！"

但你们头上都有几茎白发，我相信，你们乐于接受我的礼物，对吗？

1997 年 3 月 1 日

《还赠你们一份记忆》及其作者陈志华先生像（摄于 1965 年）

二、一次让陈先生铭记的古建筑测绘教学

这篇短文围绕一件小事展开，而这件小事就发生在陈先生带领建七班在颐和园进行古建筑测绘的过程中。事情虽小，但是背景很大。对颐

和园古建筑进行实地测绘，是清华大学建筑系从1950年代开始进行的一项长期性教学科研工作，通常是安排在具备一定建筑基础理论后的二年级时进行。通过对古建筑测绘后再进行成果整理，达到教学实习和资料积累的双重目标。

建七班是1961年秋季入学，那时国家正处在三年自然灾害时期，物质匮乏，食物实行定量供应。大学师生的伙食根本不可能像如今这样，"想有什么有什么，想吃什么吃什么"。待到建七班进行颐和园古建筑测绘教学，时间已然来到1963年上半年，彼时国家经济状况开始慢慢好转，按照文中所说，"最严酷的'困难时期'刚刚度过"，不过"'定量'虽已提高，日子仍然难熬"。

就是在这样的历史大背景下，建七班的测绘教学按计划开始了，其规模是"从水边直到山顶的整个中轴线建筑群，还有画中游和转轮藏两大组"。这种规模的建筑测绘可不是惬意的颐和园"一日游"，首先那是一项长达几个星期的体力活，没有足够的能量储备，身体肯定会吃不消。而此次任务分量有多重，要花费的力气有多大，没有经历过的人，显然不会知道。

颐和园中轴线上的主要建筑群包括"排云殿、佛香阁、智慧海"等三组，都是颐和园的经典建筑。其中，排云殿建筑群以"排云殿"为中心，由排云门、玉华殿、云锦殿、二宫门、芳辉殿、紫霄殿、排云殿、德辉殿及连通各座殿堂的游廊、配房组成。

"佛香阁"是一座宏伟的塔式宗教建筑，建在20米高的石造台基上，八面三层四重檐，高约40米，是颐和园建筑布局的中心。而"智慧海"，则是颐和园最高处的一座无梁佛殿，由纵横相间的拱券结构组成。

"画中游"建筑群位于颐和园的万寿山南坡西部，包括"画中游、澄辉阁、借秋楼、爱山楼、湖山真意"等建筑。此处地势坡度较大，各个建筑因地制宜，随山就势，是一组极具特色的建筑群。

"转轮藏"位于佛香阁东侧山坡上，是由两层的北殿（转轮藏）、东西转经亭、万寿山昆明湖石碑和牌楼组成的一组佛教建筑群，具有为清宫帝后们贮藏经书、佛像以及念经祈祷的功能。

在基本了解这次测绘的具体内容和背景后，我们今天已经可以想象出当年完成任务的困难程度，也就不难理解为什么陈先生要说，这是清华建筑系"颐和园测绘史中规模最大、任务最重的一次，也是成果最辉煌的一次"了。

至于为什么要在物质没有充分保证，"在大家饥肠辘辘的时候""敢于出这样的大题目"，安排这样规模的测绘教学，陈先生的解释是，"由于我们彻底信任同学的勤奋、严肃和热情。那时候，我们还没有被松松垮垮、敷衍潦草的学生困扰的经历"。

三、一句让陈先生难以释怀的"老师，我饿"

就在这次古建筑测绘的过程中的某一天，陈先生遇到了一件让他此后多少年里都难以释怀的事情，因为他听到了足以让他"愣住"的一句话。

那天中午，陈先生的中饭只有"两个干馒头"，没有用餐的"饭厅"，就是在昆明湖畔排云门旁的长廊里坐下干咽。没吃饱，怎么办？现在的人们自然会说，"去买吃的呀？"但那个时候，可没有今天这样方便，当时颐和园里能自由买到的饮食大概只有啤酒。因为"听人说啤酒是液体粮食"，于是从来不喝酒的他，"便买了一瓶来喝，不料，越喝越觉得肚子宽得发慌"。尽管肚子饿，因为要指导学生测绘，"没有办法，只好忍着，爬上山去"。

接下来发生的一幕，让陈先生完全没有一点思想准备。等他爬到山上的"转轮藏"，先是看到一位女同学，"躺在栏杆凳上歇着"。他不由自主地发急起来，心想，"怎么可以这样松松垮垮"，于是过去就吆喝，"抓紧了干呐"！这一喊不打紧，这位"全校有名的短跑健将"一翻身爬起来，显然是因为感到了老师的不满意，"脸盘惭愧得发红"，立刻认真地干了起来。此时，反倒是学生的一句话让陈教授愣住了，因为他分明听见这位女同学轻轻地说："老师，我饿！"

为什么"愣住"，陈先生没有说。但完全可以推测，或许是因为他被女同学不经意的辩解所震动，意识到自己肚子尚且觉得空，而这些"青春盛年的小伙子和大姑娘们"一样只吃两个干馒头，还要攀上爬下的进行测绘，肚子饿是当然的，即使休息一下也很正常，又怎么能责备他们是"松松垮垮"呢？

陈先生行文至此，没有继续对测绘过程展开，而是给出了后期绘图作业过程的真实场景，"由于题目出得太重，几乎每个同学都要加班，晚上画，礼拜天也画。有好几个人到了暑假还在画，两位女同学一直画到半个暑假过去了才回家"。

就是在这样的情况下，让陈先生感动的是："我没有听到一声抱怨，只听见同学们对我的问候和安慰，倒是你们生怕我累坏了身体。而我也常常要劝你们休息，肚子还很不饱呀！"

师生团结，目标一致；齐心协力，结局圆满。陈先生感叹道，"终于，你们终于把任务完成得非常出色，我一直为你们的成绩骄傲"。这说明，建七班同学的"勤奋、严肃和热情"的确与老师们的希冀相符。

写到这里，再来看陈先生短文中最触动人的一段话，我们完全可以理解他那时的心情："三十年来，不知有多少次，我对一批又一批的同学说起这次测绘，每次都很激动。现在，我写着，泪珠还滴落在稿纸上。"

四、更多不能忘记的历史记忆

在我看到陈先生的这篇短文后，就一直想知道这次建七班颐和园测绘的更多细节。特别是他文中提到的短跑女健将是谁？她对这段往事还有记忆吗？

按照"体育健将"的线索，我翻阅了大量清华体育资料，终于在《清华大学体育代表队1950—60年代纪实》中找到了答案。

这本文集是2014年为纪念清华体育代表队成立60周年而编纂，在其中一篇《两个集体的关爱》中，作者王敦衍特别写到陈志华教授1997年给建七班的那份"礼物"。关于那次颐和园古建筑测绘的细节，虽然王敦衍并没有像陈先生表述得那么清晰，但从她引用陈先生文中的要点，特别是那句"老师，我饿"，说明她就是陈先生说到的那位被他误解的女生，此事真实，绝非杜撰。

王敦衍在清华的训练照和获得的比赛优胜纪念

这里还要再多介绍一下王敦衍，当年确实是一位清华体育代表队中的田径名将，多次在北京高校运动会上为清华摘金夺银。她的三项全能项目成绩达到国家一级运动员标准，100米12秒8，200米27秒的短跑成绩都达到了国家二级运动员标准。说到她的运动天赋，则要归功于其父王世威。而王世威当年曾是国立清华大学土木工程系学生，1933年到1937年在校四年间不仅是清华九级田径"五虎将"之一，同时也是校足球队成员。用今天的话来说，王敦衍是标准的"清二代"，而且"女承父业"，将清华体育传统继续发扬光大，成就清华体育史上的一段佳话。

诚如陈先生在文中说的那样，也许建七班同学们早已把几十年前的许多往事忘记，但王敦衍明确写道，"我清楚地记得，那次转轮藏的测绘图是我画的最好的图。陈志华老师的课是我最喜欢听的课"。站在学生的角度，上学期间都要接触许多老师，上几十门课，王敦衍能对其中的陈志华老师的课程给出"最喜欢听"的评价，这个分量已经足够重！

师生之间的尊重从来是对等的，建七班同学没有忘记老师，老师自然也会对学生记忆深刻。由此我们也就不难理解陈先生在文章最后的感想:"这记忆是幸福的,它使我在任何困境中都不觉得孤独和寂寞,不失去信心。我谢谢你们。"

无独有偶,说到建七班的这次颐和园古建筑测绘作业,还有一位清华建筑系名师也有深刻记忆。在这本建七班《毕业三十年纪念册》中,我发现郭黛姮(1936—2022)教授在她的赠言中也明确提到了这次教学活动。她的赠言是这样的:

忆当年去颐和园,教测绘在建七班;莘莘学子苦钻研,墨水汗水写新篇。

一丝不苟条条线,精美测图成档案;严谨学风令人赞,走出校门见世面。

转瞬已过三十年,学子已成栋梁材;清华风范永不忘,愿与建七班共勉。

郭黛姮于1954年考入清华建筑系,1960年毕业后留校,被分配到建筑历史教研室,从此走上古建筑研究与保护之途。经过几十年的努力,在文物建筑保护和建筑复原设计领域成为顶级专家,特别令中国人感到自豪的是,她在圆明园建筑、园林研究与保护性修复这个重大课题上,取得举世瞩目的突破性进展。

屈指算来,1963年的郭黛姮还是一位青年教师,参与建七班颐和园测绘的经历进一步丰富了她对中国古建筑的直观认识,同时她的回忆也为我们提供了一个证明,建七班的这次测绘教学活动确实影响深远,以至于让陈志华和郭黛姮两位教授在30年后都依旧念念不忘。

郭黛姮求学时,陈志华先生已经是清华建筑系的教师,但他们同为建筑大师梁思成的优秀学生。令人感佩的是,尽管他们已经分别在中外建筑史研究上取得重大成果,晚年却又走上了文物建筑或乡土建筑保护的艰难道路,充分体现出中国优秀知识分子不计个人得失,视学术为生命的铮铮风骨和可贵品质。非常可惜,郭黛姮教授于2022年12月2日因病不治辞世。一年之内,两位留下颐和园测绘珍贵记忆的大先生先后离去,不禁令人无限唏嘘。

五、结语

随着光阴消逝，岁月远去，任凭谁的影响都将被逐渐消弭，已故去的陈志华先生亦然。然而，就算他的《外国建筑史》会因为内容的局限性而逐渐被他人的新著所代替，就算他的《北窗杂记》会因为内容不再被后人所津津乐道而被淡忘，但我却相信，这篇只有800字的《还赠你们一份记忆》却具有强健的生命力，何时读来，都会为他的"激动"而同样激动，因他的"幸福"而体会幸福！

至于我为什么能这样认为，答案很简单：因为陈志华教授的"激动"饱含着校园中最朴实的师生共情，能够让授业求学的人们受益终生；因为陈志华教授的"幸福"是人世间最可贵的相互尊重，足以让具有爱心的芸芸众生向善而行。

所以，我要在陈志华先生逝世一周年之际，再次向留下这份记忆的大师鞠躬致敬！

（2023年1月24日修订于上海）

* 本文是为纪念陈志华先生逝世一周年而作，2023年2月2日发表于《北京晚报》。

文化篇

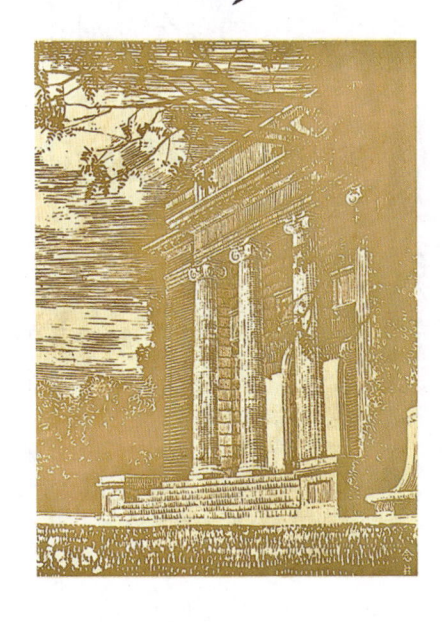

人文日新

● 首届庚款留美生的一篇佚文

根据清华校史记载，1911年4月，清华学堂是在清政府外务部"游美学务处"掌管的"游美肄业馆"基础上成立的。从1909年开始至1911年，游美学务处共选派三批180名学生赴美留学。由于经过严格的考选程序，这些被清华认定为"史前期"的留学生基础较好，聪颖好学，赴美后大都学有所成，回国后服务于教育界、实业界、法政界，亦多为专业硕彦，行业翘楚，社会栋梁。他们也被清华视为理所当然的校友。

首届庚款留美生的追忆

近百年来，有关探讨庚款留美生情况的文章、论文可谓汗牛充栋，但真正由首届留美生亲自撰写的文章却并不多见。在新近发现的一份《清华上海同学会会刊》1947年第七/八期合刊上，刊登了署名"本报记者老九"的一篇佚文，名为《一九零九年级之追忆》（以下简称《追忆》），这是以亲历者的角度追忆第一届庚款留美生从考试录取开始，到赴美就学途中若干经历的杂文。虽然写下此文的时间距离首届庚款留学发生之时已经过去近 40 年，但其中所叙述的一些历史细节仍然对研究清华校史具有参考价值。

一、关于首届庚款生的考试细节

在以往的资料中，关于首届庚款留美生的招生考试时间，基本都说是"1909 年 9 月 4 日至 11 日"[①]，地点是"学部考棚"。而在《追忆》一文中，明确说考试地点是"北京东城麻线胡同学部衙门内"，考试是 1909 年 9 月 9 日（农历七月廿五日）开始，共分两场（轮）进行，第一场（轮）是初试两天。"第一日上午考中文，题为《学然后知不足义》。是日下午考经史等题"。第二天考英文，"英文试题均依美国入学标准，首为限三百字之英文论说"，题目是"试述郎费罗之《人生歌》"（Henry Wadsworth Longfellow, *A Psalm of Life*），其余为问答题。

"首场获选者六十余人"，过后的第二场（轮）是复试，"乃考算数理化拉丁文及德文法文等科。复试之后，正取四十二人及备取五人"。

《追忆》文中所说的考试时间是否确切，似乎值得探讨。因为根据有关资料称，首届庚款留学生考试共分两轮五场，发榜的日期是"农历七月廿九日"（9 月 13 日）。而照文中的考试内容与时间推算，显然存在很大矛盾，因此只能当作参考。

关于考试的主试者，《追忆》中所述，中文部分是由学部之范静生[②]先生，英文部分是由外务部之唐介臣[③]先生，总考官为周子廙[④]先生。这些都与现有史料记载一致。

---

① 清华大学校史研究室. 清华大学一百年[M]. 北京：清华大学出版社，2011：5.
② 范静生，即范源廉。
③ 唐介臣，即唐国安。
④ 周子廙，即周自齐。

1909年第一批庚款留美学生录取后与游美学务处总办会办合影

二、关于首届庚款生赴美国的行程

根据清华校史记载，首届庚款生是在 1909 年 10 月 12 日自上海启程赴美，于 11 月 13 日"安抵美京"[①]，也就是说花费了一个月时间才到达美国首都华盛顿。

而首届庚款留学生自己回忆的赴美留学大致行程，在《追忆》一文中也有记载。大体是全体留学生由唐国安先生率领，于 1909 年 10 月初从上海启程，乘"中国"号邮轮赴美，航行 21 天之后抵达美国旧金山。入境后在旧金山休息三天，之后乘特快火车去芝加哥，路上花费时间是三昼夜。抵达后，参观了芝加哥大学，并于当日即换乘火车去美国首都华盛顿。虽然记载不够详细，但这个过程花费的时间与校史记载却是基本吻合的。

此后，他们又在华盛顿观光三天，再乘慢车约 14 小时到达波士顿。从波士顿开始，留学生分为几路，分赴各自的学校，正式开启留学生活。

[①] 清华大学校史研究室. 清华大学一百年 [M]. 北京：清华大学出版社，2011：5—6.

三、关于首届庚款生在美国就读的学校

按照《追忆》一文的记述,首届庚款生到达美国时,"当时美国各大学早已开学,各项课程均已在六星期以上,不易追赶"。于是,为了能够继续打好英文学习基础,并了解美国当地民俗民风,绝大多数同学依照唐国安先生的指导,先进入中学(高中)学习一年,之后再进入美国大学学习。

他们分别进入了五所学校,"此五校之名即劳伦斯、飞力普、可兴、和斯得及威力斯登等中学"。经查,文中所说的"劳伦斯"即 Lawrence Academy at Groton;"飞力普"即 Phillips Academy at Andover;"可兴"即 Cushing Academy at Ashburnham;"斯得"即 Wesleyan Academy at Wilbraham;"威力斯登"即 Williston Seminary at Easthampton。

分到 Lawrence Academy 的 10 名庚款留美学生合影
前排左起:陆宝淦、程义法、吴清度、程义藻
后排左起:范永增、朱维杰、梅贻琦、杨永言、胡刚复、张福良

至于他们后来进入的美国大学,从文章所附的统计资料上可以看出,大体上包括:耶鲁大学(Yale University)、普林斯顿大学(Princeton University)、哥伦比亚大学(Columbia University)、科罗拉多大学(University of Colorado)、麻省理工学院(MIT)、密歇根大学(The

University of Michigan）、伊利诺伊大学（University of Illinois）、威斯康星大学（University of Wisconsin）、理海大学（Lehigh University）、康奈尔大学（Cornell University）、密歇根大学（The University of Michigan）、宾夕法尼亚大学（University of Pennsylvania）、伍斯特理工学院（Worcester Polytechnic Institute）等十几所历史悠久的名校。

四、关于首届庚款生在美国所学专业及取得的学位

按照文章所附的统计资料看，首届庚款留美生在美国各大学所学的专业，以理、工、农三科为主，这部分学生至少有35人，约占75%；而攻读教育、文学、经济等文科者只有8人，仅占比四分之一左右。至于他们最后毕业时所取得学位，因资料不甚清晰，粗略统计后可知，取得博士学位的有4人，硕士学位的有22人次，学士学位的约有28人次。

五、关于首届庚款生归国后的去向

至于首届庚款留美生学成归国后的去向，《追忆》一文并未完全给出，但也简略介绍了至1947年时部分著名同学的事迹，包括：秉志、胡刚复、戴济、张福良、陆宝淦、吴玉麟、金涛、程义藻、程义法、邢契莘、徐佩璜、李鸣龢等。虽然只点了这12位同学的名字，约为总数的三分之一，但他们却代表了首届庚款留美生毕业几十年中在各个领域中所取得的成就，"略举数则，以窥其余"。

尤其让他们感到骄傲的是，当年共同留美求学的47名同窗中，竟然出了一位清华大学校长，他就是"在最近卅余年间，服务母校，由教授而校长，为国树人，数十年如一日，尤为本级争光"的梅贻琦。这对于和清华有着千丝万缕联系的首届庚款留美生而言，实在是一个传奇，同时也为清华与庚款留美生之间存在的高度认同增添了分量极重的背书。

六、关于文章作者的猜想

根据清华史料记载,首届庚款留美生共47人[①],排名分别是:程义法、邝煦堃、金涛、朱复、唐悦良、梅贻琦、罗惠桥、吴玉麟、范永增、魏文彬、贺懋庆、张福良、胡刚复、邢契莘、王士杰、程义藻、谢兆基、裘昌运、李鸣龢、陆宝淦、朱维杰、杨永言、何杰、吴清度、徐佩璜、王仁辅、金邦正、戴济、严家驺、秉志、陈熀、张廷金、陈庆尧、卢景泰、陈兆贞、袁钟铨、徐承宗、方仁裕、邱培涵、王健、高仑瑾、张准、王长平、曾昭权、王琎、李进隆、戴修驹。

这篇《追忆》文章署名的"老九"注明是"本报记者"。这位"老九"似乎要和后人开个"玩笑",没有留下真名,却留下了一个"谜"。"老九"究竟是首届庚款生中的哪一位呢?按照中国传统思维,"老九"应该是按照某种规则的排行,破解这个"谜"的思路似乎就可以从首届庚款生的排名入手。问题是,除了史料记载的这个"官方"排名外,还有另外一个排名,这就是按照首届庚款留美生出国前的"全家福"合影照片上的顺序进行的排名。这个排名据说是江苏籍学子程义藻根据回忆后给每个人在照片上标注的编号得出[②]。

在"官方"排名中,排位第九名的是"范永增",他在"麻省理工"获得"卫生工程"硕士(M.S.)学位。而在"全家福"排名中,排位第九名的是"王士杰",他在"哈佛"学的是"文学哲学",1912年在没有拿到学位前回国[③]。从两者所学专业来看,似乎攻读过文学的"老九"王士杰,充当"本报记者"更靠谱些。这当然仅仅是一种推测,至于"老九"到底是谁也许永远都不会有真正的答案,但他是47人中的一员则是可以确定的。退一步讲,就是将"老九"当作在中国留学史上开创庚款留学先河的那个群体的化身也未尝不可。

[①] 清华大学校史研究室.清华大学一百年[M].北京:清华大学出版社,2011:5.
[②] 王天骏.文明梦[M].北京:清华大学出版社,2012年7月第1版:14.
[③] 王天骏.文明梦[M].北京:清华大学出版社,2012年7月第1版:230.

七、结语

从时间上看，这篇轶文的写作时间是在1947年，彼时距离首届庚款留美生负笈渡海已经过去了38年，然而对于当年被录取的首届学生而言，这件大事至少有两个层面的意义使其终生难忘。从个人层面上看，因为庚款留美彻底改变了他们的人生道路，因此必定"成为不能忘怀之事"；从国家层面上看，此举对于打开国门，认识世界，促进中外交流的历史意义不可低估，这就有了"况我全级同学来自四千余年之老大帝国，忽然游学至新兴百余年之民主政体之美国，则当时之感想，即能留在脑中，至老不变"的感慨。

从佚文问世时写作者的年龄来看，当时首届庚款留美生普遍都已在60岁开外，并先后有6人已谢世。作者的文风却并未因"人生过半，饱经世事"而显得老态龙钟，反而是思路敏捷连贯，文笔流畅清新。不仅能够回忆起几十年前赴美留学的基本过程，历数同学在各个领域的成就，也对于当年因为不谙异国风俗，导致全体同学"挨饿"乘坐14小时慢车的尴尬记忆犹新，对于唐国安先生一扫暮气，割须还童，"老大离家少小回"的调侃诙谐有趣。这些文字即使在今天读来，仍然令人忍俊不禁，倍感生动！

要说这些庚款留美生当年有何遗憾，从《追忆》文末的一句"反观学习同科之美国同学，均能扶摇直上，未免相形见绌"似可见些端倪。可以想见，这些庚款留美生经历过封建王朝被推翻的历史转换，又见识过已进入工业化时代的西方文明，学习过彼时世界先进的科学理论与技术，本想"能用其所学，各就本位，当仁不让，稍尽建设之责"，却不想归国之后，战乱不断，外敌入侵，国力孱弱，民不聊生，几十年下来"各项建设事业大半为本国环境所限，未能如美国之大量生产发展"。面对严酷的现实，作为当年怀揣"实业报国""科学救国"赤子之心的有志青年而言，没有遗憾反而说不过去，一句"能不感慨系之耶"足以说明他们的遗憾与心有不甘！

2021年，清华将纪念建校110周年。在此时节，能够重新读到清华史前期庚款留美生的轶文，实在是一件极具特殊意义的事情。读过写于73年前的这篇轶文之后，今天的人们或许会有许多不同的感想，仁者见仁、智者见智；抑或根本就不以为然……然而不管怎样，首届庚款留美生已经在中国近代史上留下了永不磨灭的印记，已经对后来的中国产生了一系列深刻的影响，这种影响肯定还将继续。这正是：

清华起步凭庚款，民脂民膏乃肇泉；
赤子之心图报恩，乱世不济难梦圆。
百年风云多变幻，中华振兴呈巨变；
固本兼学勿停步，创新革弊图发展。

（2021年1月8日终稿）

* 此文曾刊登于《清华校友通讯》2021年春季号（复85期）。

● 庚款负笈　自强追梦

——由一张留美清华同学老照片说起

最近我在上海图书馆的收藏系统中发现了一本《清华同学会中文期年刊》（以下简称《年刊》），这是由留美清华同学会于1917年在美国编辑印刷的珍贵史料。书中有一张合影照片十分引人注目，其英文注解为"Tsing Hua Reunion at Andover Summer Conference 1916"（1916年安多佛夏令会的清华团聚）。从这张拍摄于一个世纪前的老照片上可以辨认出共有80人（女士20人，男士60人），另有一名幼儿。照片中似有7名外籍人士（女4人，男3人）。

留美清华同学聚会合影（1916年8月于美国）

在《年刊》的"同学会新闻"中有一则"恳亲大会"的报道，可以视作是这张合影的背景说明。报道全文如下：

本会去夏在美国麻省安独佛，于中国学生夏令会时（八月下旬），集与会诸会友，开恳亲大会，并聚餐于安独佛高等学堂之膳厅，到会者约八十余人。除清华旧学生外，来宾甚多。此外留美监督黄佐庭先生，及前清华教员卞格题二女士，史丽女士，沙伯女士，胡乐德博士，华而富博士等，济济一堂，颇极他乡遇故知之趣。

由杨君永清主席，黄监督，胡博士，余君日宣，桂君质庭，陈君立庭相继演说，妙语生春，合座欢然。继复唱母校校歌，及各种欢呼。殿以史丽女士之空城计。"此曲只应中国有，异乡哪得几回闻"，出之史女士口中，尤觉高山流水，有绕梁不绝之妙，众大乐之。男女诸同学，因且歌且笑，且笑且餐。及散，已夕阳在山矣。旧雨联欢，离愁消歇，更不知在他邦作寓公也。

一、老照片的拍摄背景和重要历史人物

细读这则报道后，关于这张老照片的拍摄时间、地点以及人物的大致情况已经比较清楚。原来这是 1916 年 8 月下旬，"留美中国学生总会"在美国麻省 Andover（安多佛，旧译安独佛）举行夏令会（Summer Conference）期间，"留美清华同学会"专门召集参会的清华同学举行"恳亲会"时拍摄。拍摄地点是在安多佛中学（Phillips Academy Andover）。这是一所创办于 1778 年的著名美国私立高中。

自 1909 年清政府派出首批庚款留美生之后，至 1915 年共有 377 人享用庚款赴美留学[①]，这些人在历史上都被算作清华同学。据《年刊》披露，1916 年 8 月在美国各学校留学的各级清华同学还有 190 人。也就是说，约有 70 人出席了这次聚会。综合能够找到的各种资料，可以大致梳理出报道中有名有姓的几位清华留美生的简要情况。

（1）担任集会召集人（主席）的杨永清（1891—1956），浙江人，先后在威斯康星大学和乔治·华盛顿大学学习法律、政治，获得硕士学位。他回国后于 1927 年起担任东吴大学的首位华人校长，为中国高等教育事

---

① 陈旭等主编. 清华大学志（第一卷）[M]. 北京：清华大学出版社，2018 年 4 月第 1 版：868.

业做出过卓越贡献，如今的苏州大学在校园里为他竖立一尊铜像以示永久纪念。

（2）余日宣（1890—1958），湖北人，先后在哥伦比亚大学、普林斯顿大学学习政治及教育，获硕士学位。回国后一直从事教育事业，曾担任清华大学首任政治系主任，后在上海沪江大学、复旦大学任教。在《清华大学志》中被列入清华大学"人物"榜中[①]。

（3）桂质庭（1895—1961），湖北人，在美学习物理学长达8年，1917年在耶鲁取得学士学位，1920年在康奈尔取得硕士，1925年在普林斯顿获得博士，回国后一直在湖北武汉的华中大学中担任物理教授。他热心社会工作，曾是清华同学会刊物编辑部的英文编辑。

（4）陈立庭，山东人（1892？—1947），1917年在耶鲁获得文学士学位，后还在麻省理工学习，回国后曾在上海金城银行供职，担任过甘肃财政厅厅长。

非常巧合的是，这四人都是清华学校高等科1913级同学，毕业后于1914年赴美留学。由此我联想到，清华留美同学会正是1913年6月29日在清华园成立的，这一天也成为今天清华大学校友总会的成立日，而首任会长正是杨永清。根据清华校史记载，在1914年8月赴美途中，同学们和护送他们的校长周诒春（1883—1958）一起，于"中国"号邮轮上重新修订了《清华同学会章程》[②]。所以说，照片上的同学都是清华同学会"鼻祖"级会员，他们参与并见证了清华校友会历史的肇始，杨永清的名字也被列入清华大学"知名校友名录"中[③]。

此外，在出席聚会的女士中，极有可能包括1914年6月考取的第一批几位清华专科女生，她们是：汤霭林、王瑞娴、周淑安、张瑞珍、陈

[①] 陈旭，等主编.清华大学志（第四卷）[M].北京：清华大学出版社，2018年4月第1版：287.

[②] 清华大学校史研究室.清华大学一百年[M].北京：清华大学出版社，2011年4月第1版：15.

[③] 陈旭，等主编.清华大学志（第四卷）[M].北京：清华大学出版社，2018年4月第1版：340.

衡哲、杨毓英、韩美英、薛林苟、李凤麟[①]。她们和后来考取的6批专科女生一起，成为"庚款留美女生"群体（共53人）。虽然她们都是未在清华园中学习过的"清华同学"，但她们是民国早年女青年中的佼佼者，回国后也大都成为我国中高层次女知识分子中的先驱人物，这一点已被记载于清华的历史中。

根据清华校史记载，早期的清华学堂（校）作为一所留美预备学校，十分重视英语及有关西方人文和现代学科教育，专门从美国聘请一批具有一定教学资质的教师前来任教。1911年2月，就有16名美籍教师到校执教[②]，他们也是清华的第一批外籍教师。他们传授包括英、法、德、罗马、拉丁等国外语，物理、化学、数学、科学、生物、经济、历史、地理、演说学、音乐、绘画、手工、体育等多门课程，另外还兼任校医等职务。从授课及兼任的工作不难看出，当时这些外籍教师在清华教学工作中起着主导作用。

这次Andover聚会的另外一个亮点，是有多位曾经在早期清华任教的外籍教员出席，包括"卞格题二女士，史丽女士，沙伯女士，胡乐德博士，华而富博士等"。虽然这些外籍教师的英文名字以及他们在清华教授课业的具体情况需要进一步考证，但他们在清华的经历则是确定无疑的。从清华园分别几年后，昔日的中外师生在美国相聚，久别重逢的场面与气氛想必十分感人。特别有趣的是，其中的一位外籍教师史丽女士在聚会的最后，竟然还以一曲《空城计》"压轴"，引起"众大乐之"。由此猜想，这位女教师应该表演的是京剧清唱，以她在清华的短暂时间里竟能学会中国的"国粹"，并能在回国后仍能熟记于心，说明她对中国文化的迷恋程度可见一斑。难怪与会清华同学不免心生"此曲只应中国有，异乡哪得几回闻""尤觉高山流水，有绕梁不绝之妙"的感慨。这或许也可以说明，外籍教师在清华园传授知识和西方价值观的同时，也必然感受到东方文明不同寻常的魅力。

---

① 国立清华大学校长办公处，清华同学录.1937年4月印行：51—52.
② 清华大学校史研究室.清华大学一百年[M].北京：清华大学出版社，2011年4月第1版：8.

二、关于黄佐庭学监的逸事

随着 1909 年第一批庚款留美生到达美国，清华历史上就出现了名为"留（游）美学生监督处"的机构以及"驻美学生监督"[①]这样一个特殊职务。到 1933 年清华最终裁撤"留美学生监督处"，24 年间先后担任或代理过"留学监督"的有容揆（1861—1943）、黄鼎（1874—1919）、施赞元（1888—？）、赵国材（1879—？）、梅贻琦（1889—1962）、于浚吉（1899－1968）、赵元任（1892—1982）等 7 人。这其中有一人任职时间最长，担任监督近 8 年，他就是黄鼎。

第二任驻美游学监督黄鼎

黄鼎是谁？这是所有第一次听到这个名字的人都要提出的问题。虽然时过境迁，关注他的人寥寥无几，但他绝对是中国近代教育史、文学史、清华史都不应该忘记的人物。在清华学校 1917 年出版的《游美同学录》上，我找到了有关黄鼎的记载：

黄鼎，字佐廷。1874 年生于上海。1892 年毕业于上海圣约翰大学后，自费留学美国。1896 年毕业于弗吉尼亚大学，1897 年回国后任教于圣约翰大学及某校；1901 年任山西大学堂翻译；1904 年任美国驻上海领事馆翻译，兼任沪宁铁路总翻译及秘书；1911 年起，任驻美国游学监督。曾为学生报编辑，译有《迈尔通史》(*Myer' General History*)，《雷

[①] 清华大学校史研究室.清华大学史料选编（一）[M].北京：清华大学出版社，1991 年 3 月第 1 版：121.

森氏化学》(*Remsen's Chemistry*)及《克洛特氏进化论》(*Edward Cloud's Evolution*)。

由此可知，照片中的"黄佐庭"与黄鼎（黄佐廷）就是同一个人，他的英文名为 Theodore Ting Wong（T. T. Wong）。从他的履历上可以看出，这是一位在 19 世纪下半叶中国开始融入世界大潮流中走在前列的社会精英人士。更多的研究表明，黄鼎是弗吉尼亚大学最早的中国留学生，他在那里打下了扎实的英文功底，使得他在回国后就能在中外文化交流中迅速发挥作用。

从 1901 年任山西大学堂译书院翻译开始，他参与的多部译作都产生重要影响，而该机构正是由中国近代史上著名的英国传教士李提摩太（Timothy Richard，1845—1919）在上海设立的。在这期间，黄鼎和南洋公学出身的张在新合译了 6 篇福尔摩斯小说，Holmes 的名字经由他们被首次译作"福而摩司"，进而转化为"福尔摩斯"这个流传至今的约定俗成的译法。此外，黄鼎还参与翻译和出版了有关高等、中等以及师范学堂的教学用书和外国名著共 23 种，包括《克洛特天演学》《最新天文图志》《最新地文图志》《世界名人传略》等。而由他主导翻译的美国人迈尔（P. V. N. Myers）所著的《迈尔通史》，在中国文化史上有其重要地位。甚至于商务印书馆 1905 年出版的《华英字典》，校订者也是黄鼎和曾经兼任清华学堂总办的颜惠庆（1877—1950），这也进一步说明了他的中西学识与翻译造诣达到相当高水平。

黄鼎的学历和学术影响势必会引起社会各界关注，1911 年 9 月 16 日（宣统三年七月二十四日），游美学务处向清政府外务部申请由黄鼎出任留美学生监督，呈文中写道："查有美国大学毕业生黄鼎，福建人，年三十八岁，毕业回国十有四年，历充山西大学堂、上海梅溪书院及沪宁铁路等差，教育素有经验，办事亦甚勤敏，以之派充驻美留学监督，洵堪胜任。"[①]

也就是这样，黄鼎开始了近 8 年之久的驻美学监的职业生涯，从而

---

① 金富军. 清华驻美学生监督处考察 [J]. 兰台世界，2016 年第 3 期：88.

与留美清华同学产生了历史交集。虽然有关黄鼎担任驻美学监情况的一手史料还有待挖掘，但可以想象的是，他任职的那些年，正是清华派遣庚款留美学生的高峰期，帮助几百名留学生"安置学校、照料起居、稽查功课、收支学费"的日常管理工作自是十分繁忙，加之学监并非正式外交官，社会地位有限，在异国他乡处理纷繁事务，没有敬业精神和办事能力显然无法胜任。

从《年刊》中得知，在1916年8月的清华留美同学聚会上，黄佐庭（黄鼎）监督发表了演说，在合影的老照片上，可以清楚地看到"黄监督"是坐在第二排15人的"C位"，这也表明了他在留美同学心中的地位以及融洽关系。类似的清华同学聚会一定还会有不少，黄监督肯定也将此当作联系留学生的机会，列为他的日常工作而时常奔赴美国各地。

然而恐怕谁都不曾料想，在两年后的1919年1月29日晚，黄鼎竟然在位于华盛顿卡罗拉马路2023号（2023 Kalorama Road, Washington）的驻美学生监督处内惨遭枪杀身亡，同时遇难的还有监督处的雇员谢昌熙。这件曾轰动一时的命案当时在清华留美同学中引起的震惊可想而知。美国警方虽然努力破案，但最后却因种种原因而将案件办成了一桩历史"悬案"，真凶至今也没有得到法律上的确认。

驻美学生监督处（华盛顿卡罗拉马路2023号）

不过，这起案件复杂的侦办过程却意外地促进了美国司法制度的改革，确立了"供词自愿"这一原则，直至影响到47年后发生的"米兰达"（Ernesto Miranda）一案。1966年，美国联邦法院就是利用"黄鼎遇害案"的侦办案例，确立了嫌疑人"有权保持沉默"的权利，最终促成了"米兰达警告"（Miranda Warning）的诞生，亦即如今耳熟能详的名句："你有权保持沉默，但是你所说的一切都会成为呈堂证供……"（You have the right to remain silent and refuse to answer questions.）黄鼎在促进社会进步的历程中最后一次"被留名"，代价却是宝贵的生命，令人深深遗憾！

三、历史的沉思与启迪

在对老照片中的人和事进行梳理之后，我被其中包含的信息量所撼动。尤其是通过黄监督的个人经历以及他的悲剧，让我对早期留学生学习之路的崎岖坎坷有了进一步了解。带着一种复杂的情绪，再来细细端详这张老照片，我不由地陷入沉思……

老照片上人们，无论长幼、男女、中外，共同排列在写有"清华"二字的旗帜之后，表明他们都是"庚款留美"这一重要历史事件的直接关系人，并且十分看重与清华的关系。事实上，早期的清华学子远渡重洋来到美国，对享受"赔款"留学包含的民族耻辱是有概念的，对肩负向西方文明"取经"的使命也有一定认识，因此大都能秉持"修身养性，严于律己"的信条，在刻苦学习世界文明成果的同时，保持着中国文化的传统美德。在他们中鲜见以不正当理由滞留者，毕业生都能在学成之后，毅然返回祖国效力。正是这样，才使得他们中间涌现出一大批各个领域的优秀人才，成为中国现代科学教育事业的启蒙者和推动者。

在中国近现代历史上，清末民初兴起的出国留学运动有着非凡的意义。在当年的"留学潮"中，依照不同的留学国别、不同的留学生籍贯、不同的留学性质形成的社团不在少数，"庚款留美生"团体只是其中之一，且不是最早出现，然而却是为数很少的有着明确的使命意识（自强不息，厚德载物），又有系统组织（留美学生监督处、清华留美同学会）的群体。这样鲜明的特质，决定了清华庚款留美生的整体表现以及后来发挥的历史作用，在中国教育（留学）史上留下可圈可点的一页。

  透过一张老照片，无意间触及了一段鲜为人知的清华留学史逸闻。当我再次凝视老照片上一张张意气风发的年轻面孔时，我对清华庚款留美生这个优秀群体有了更多一层的认识。尽管现在无法确切知道照片上的学子具体都是谁，但并不妨碍后人对他们保持一份应有的敬意。"庚款留美生"在清华历史上形成了独特的榜样效应，留美同学会的建立为清华校友工作传统奠定了坚实的基础，影响着今天，乃至未来清华的持续发展。这无疑可以视作是这个特殊群体为清华留下的宝贵历史遗产，值得一代代清华人永远从中汲取营养，领受启迪。这正是：

  中华振兴路艰难，取经渡洋不畏远；
  庚款负笈责任重，自强追梦信念坚。
  风云际会过百年，报国宏愿终未变；
  前贤启迪后辈志，清华抖擞再发展！

（2021年2月22日修订）

* 此文曾刊登于《清华校友通讯》2021年秋季号（复87期）。

● 近代中国教育剪影：甘博的清华视角

1840年的鸦片战争撬开了古老中国的封闭大门，近代中国的历史由此展开。在曾经用摄影术撩开近代中国社会原始面纱的一批西方人中，美国人西德尼·D.甘博（Sidney David Gamble，1890—1968）无疑是兼具社会经济学家、人道主义者和摄影家标签的唯一人士。

甘博富裕的家庭背景使他有机会在1908年时与父母一起到中国旅行，从1917年到1932年间，甘博又三次旅居中国，到访中国十几个省份，用他的Graflex相机为后人留下了近6000张清晰的照片。他那具有社会学思考的镜头里，对准的不仅有自然与风景，更多的是近代中国社会状态与千姿百态的中国人。他还以这些影像作为实证，先后撰写了《北京的社会调查》（1921）、《北平市民的家庭生活》（1933）等五部学术专著。他的这部分照片和著述对中国近代社会变化研究的价值，可谓功莫大焉！

清华学堂（甘博摄于1919年）

甘博遗存的所有照片资料已由其家属全部捐赠给学术机构，并存放在美国杜克大学（Duke University）图书馆，其数字化副本向公众无偿公开，这一善举给全世界关注甘博研究的人士提供了最大的便利，近年来各种专题研究成果不断出现。耐人寻味的是，在甘博影集中出现一些早期清华历史影像，其中既有清华的重要建筑，也有与清华有关的人物，特别是还反映了早期清华的学生活动。这是一个观察近代中国教育历史的独特视角，值得我们加以认真解读。

一、留住建造清华大礼堂的工匠身影

众所周知，在清王朝即将崩溃之时问世的清华学堂，起初是一所利用"庚款"建立的留美预备学校，围绕这所学校的建立以及后来的发展，注定要发生许许多多耐人寻味的故事。

清华校园是以清朝皇家遗存的清华园为基础逐渐演变发展而来。1911年4月正式建校时，就已经建起了写有"清华园"的大门（二校门）与围墙，标有"清华学堂"的高等科大楼等多处建筑，面积约1.6万平方米[①]。1914年，在周诒春（1883—1958）担任校长期间，由他按照建立大学的设想，主持进行了清华校园的第一次长远规划，并依照美国设计师亨利·莫菲（Henry K. Murphy，1877—1954）的设计，开始筹建早期清华的四大建筑——大礼堂、科学馆、图书馆和体育馆。

可以肯定，甘博在1917年至1919年旅居中国期间到过清华园，而此时正是四大建筑全面开工的阶段，他不失时机地将镜头对准这些当时北京罕见的西式教育类建筑，为后人留下了早期清华建筑影像。关于这些照片拍摄的具体时间，根据甘博在这段时间的行程记载，以及照片反映出的季节特征等各方面资料推测，应该是在1919年4月前后的早春时节。

甘博影集中共有四张清华学校的建筑照片，其中一张是"清华学

[①] 清华大学史料选编（第一卷）[M]. 北京：清华大学出版社，1991年3月第1版：446.

堂"，显现出建成初期的全貌。根据史料，这座凹字形的建筑起初只建了西半部（照片的左半部），全部建筑到1916年才完成，甘博这张照片上的"清华学堂"大楼恰恰就是刚建成不久的影像。在照片中，虽然树木依旧萧萧，但春风中飞舞的柳枝已经开始爆出嫩芽，在常青柏墙的衬托下，这座灰白相间，顶部红瓦起脊的二层德式风格建筑呈现出庄重的意味，特别是正门二层的两根白色石质罗马柱，撑起了一块白色的门楣，上面镌刻着"清华学堂"四个楷书黑字，使得这座大楼成为清华校园中的永久标志性建筑。

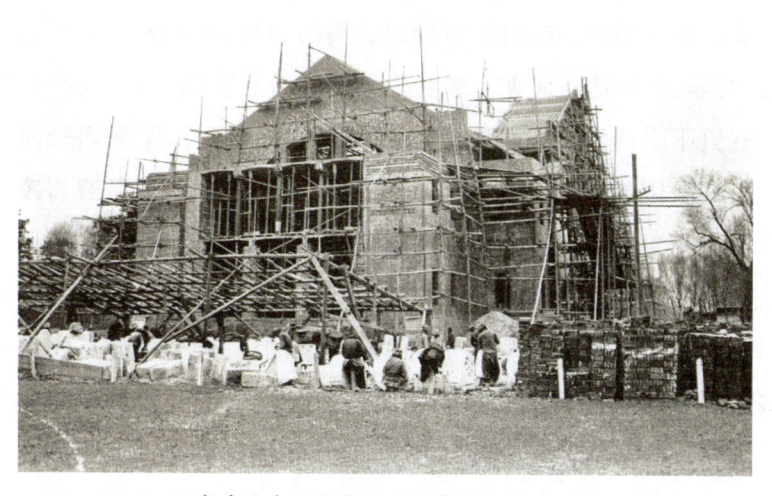

正在建造中的大礼堂（甘博摄于1919年）

按照甘博为照片标明的序号，"清华学堂"是他这天首先拍摄的清华建筑，随后他将镜头转向了北面正在兴建的"大礼堂"。依照有关资料，这座大礼堂是在1917年8月奠基兴建的，按照工程进度推算，到1919年春天应该还在施工。而从照片中看到的实际情况也确实如此，在脚手架的包围里，建筑物开始露出基本轮廓，外部砖墙结构虽已基本成型，但标志性的巨型绿色穹顶还没有到位，工地上散落的石材显然是后来大礼堂门廊上那四根汉白玉柱子的构件。

这张照片除了表现建造实况外，最吸引人之处其实是照片中那些工匠的身影。在春寒料峭中，十几位工匠挥舞着手中的锤子和凿子，将一块块坚硬的石头打凿成一截截精美的石柱构件。这些中国北方的工匠们都以一块毛巾系在头上，既可御寒又可擦汗，有几位显然是出力后热得脱下了身上的棉衣，只穿一件单褂子，下身却还穿着肥大的棉裤。他们十分专注、卖力地在干活，全然不知道有一位外国人此刻已经将他们埋头苦干的形象永远定格在历史的画卷中。

在四大建筑中大礼堂工程难度很高，直到两年后的1921年5月1日，在清华建校十周年校庆日才举行落成典礼[①]。当我对着这张照片细细端详，好像听到从画面中传出了铁锤撞击的"叮当"声响，仿佛看到工匠们最后将一块块石材拼装成四根"爱奥尼克"式立柱，为这座融合古希腊和古罗马风格为一体的经典建筑添加了点睛之笔……不知怎的，当我在脑海里将清华大礼堂形象和那些工匠的身影叠加起来，一股莫名的感动像激流一般从心头喷涌而出！

甘博拍摄完大礼堂，又将相机向左转向，拍摄了清华科学馆的全貌。看得出，彼时的科学馆工程主体结构已经完成，但门窗还没有安装，距离落成显然还有一段时间。再跟着甘博的脚步向西北方向转去，就看到当时在全北京，甚至全中国都没出现过的一座建筑物，这就是清华体育馆。体育馆和图书馆是清华四大建筑中最早于1916年4月开工的，到1918年年底，体育馆内部的各种设施已经安装到位。从照片看得很清楚，体育馆外部形象已经达到完工标准，四根斜指蓝天的旗杆也已安装到位，只余下看台柱廊前还有一排施工跳板未撤除，似乎在进行最后的收尾作业。

根据史料记载，在不久后的1919年5月3日下午，清华学校举行了一个仪式，将此体育建筑命名为"纪念罗斯福体育馆"[②]。不知何故，甘博那天留下的照片中，四大建筑中唯独缺少了"图书馆"，这成为一个无法破解的谜团和遗憾。

[①] 清华大学校史研究室. 清华大学一百年[M]. 北京：清华大学出版社，2011：32.
[②] 清华大学校史研究室. 清华大学一百年[M]. 北京：清华大学出版社，2011：27.

即将落成的体育馆（甘博摄于1919年）

　　清华建校至今已有 110 余年，在过往的万千清华学子记忆中，清华园的古老园林和早期四大建筑的倩影总让他们魂牵梦绕。但除了那些决策者、出资人、设计师的名字被反复提起外，"是谁一砖一瓦、一锤一凿地将一座座华美的房屋建造起来"，这个问题显然没有受到太多关注，从浩繁的回忆中极少见到有人提及，更没见过与工程建设相关的照片。

　　迄今为止，在近代中国学校里为建筑工匠们留下影像，甘博拍摄的这张"大礼堂"是仅见的孤照。我不敢妄说这是甘博的特意为之，但从他拍摄的一张张近代中国农民、手艺人、劳动者，甚至乞丐、孤儿那样的"下等人"形象中，不难发现这位社会学家的独特视角和人文关怀。无论如何，能为打造清华的工匠们"立此存照"，让后人能够从中领悟"人民，只有人民才是创造世界历史的动力"的真理，仅此一点，我们就应向甘博脱帽行礼。

二、记录童子军参加五四运动的勇气

　　童子军（Boy Scouts）运动是一项世界性青少年活动，自 1907 年在英国出现后至今已有超过百年的发展历史。在中国近代史上，童子军也曾出现并存在过 30 余年，到 1949 年以后遂成为历史名词。中国童子军最早创始于武昌文华书院，而有充分的史料证明，中国北方地区童子军运动的发源地则是在清华学校。

关于清华童子军成立的背景,自然与其留美预备学校的性质和受美国童子军运动直接影响有关。但作为一个全校性的学生组织,肯定需要校方的支持才能得以"合法化"。据史料记载,清华童子军应是在1915年成立。是年10月8日,周诒春校长参加童子军集会并进行检阅[①]。回溯周诒春的教育思想,如果童子军教育的目的不能与他所倡导并坚持的"全人格教育""三育并进"核心理念合拍,是断然不会允许其在清华学校生根发展的。

各界观摩清华童子军活动(甘博摄于1919年)

童子军并不是"准军事组织",而是通过"寓教于乐"的文化、体育游戏、户外活动、社会服务等方式,培养健全、合格公民的教育组织。清华童子军主要由清华中等科一、二年级学生组成,起初分为14个队,队长由高等科选派学生担任。1916年,外语教师王文显(1886—1968)担任了清华童子军总司令,刚到清华任教不久的梅贻琦(1889—1962)也参与过组织工作。

在甘博影集中,有4张是清华童子军进行户外活动的照片,大约拍摄于1919年春夏之际,地点应是在清华校园的某处空地上。据史料记

---

① 清华大学校史研究室.清华大学一百年[M].北京:清华大学出版社,2011:18.

载，由于清华童子军实践起到的示范作用，当时北京政府的教育机构曾组织过各种观摩、交流活动。甘博拍摄的这些照片显然也是一次较大规模的观摩活动。我们看到，照片中出现的清华童子军成员服装统一，头戴宽檐帽，身着长袖套头上衣、制服短裤、长筒袜、胶鞋，短头发，体格健康，精神抖擞，表现出良好的精神面貌和组织纪律性。

在"野炊"的照片中，可以看到一口铁锅放在临时挖出的"土灶"上，铁壶、碗碟摆在四周，两名童子军在蹲着进行烹饪准备，手里的擀面杖清晰可见，一切显得井井有条、训练有素。而在"搭建木屋"的照片中则有7名童子军出现，这项活动显然更需要团队的配合，技术含量也更高。这种木屋的搭建十分巧妙，不用立柱和横梁，也不需要榫卯或钉子。靠一群十三四岁的少年在短时间内完成，在任何时候都非常不简单。甘博能用镜头记录下这些真实场景，为研究近代中国童子军运动提供了生动的资料。

在中国近代史上，1919年发生的五四运动是中国人民反帝反封建的伟大爱国运动，不仅对促进民众思想解放，促进马克思主义在中国的传播具有重大意义，而且对中国共产党的创建准备起到了"思想启蒙、文化传播、理论武器、阶级基础"的重要作用。

早期清华学生积极投身五四运动之中，要求"废除二十一条""收复失地""抵制日货"，在清华校史和早期学生的回忆中都有明确记载。5月4日的反帝爱国大示威之后，清华学生于5月9日举行"国耻纪念会"。后又按照北京各校学生代表的统一组织，"6月3、4日，清华学生'救国十人团'和宣传队共300余人进城作反帝爱国演说（北京各校共数千学生上街宣传），清华学生130余人被捕（北洋政府共逮捕学生1000余人）"[1]。经过全国各地广大爱国人士"罢课""罢工"的共同斗争，最终北京的被捕学生被释放，投降派代表人物集体"辞职"，出席巴黎和会的中国代表拒绝在《凡尔赛和约》上签字。

甘博在五四运动期间实地观察了北京学生的爱国行动，并用相机跟

---

[1] 清华大学校史研究室. 清华大学一百年 [M]. 北京：清华大学出版社，2011：28.

踪捕捉到许多学生演讲、游行以及被捕的镜头。其中就有两张明确标注为"6月4日清华学生被捕"。照片上，一群肩背步枪、手握军刀的北洋政府军士兵，将几名学生押解去拘禁地，其中有一名身穿童子军制服的显然就是清华学校的学生，他矮小的身躯在周围强壮的士兵中非常明显，但是却显示出毫无畏惧的勇气，给人留下鲜明印象。这些照片不仅是百余年前清华学生参加五四运动的真实记录，同时也是甘博为中国童子军运动留下的珍影，意义非凡。

三、他的照片还留下一些悬念

从甘博影集中，还可以发现一些出现在清华学校的近代中国教育界人物与活动，这或许说明甘博在1917年到1919年期间不止一次到过清华园。在一张明显是在"清华学堂"西侧大草坪上拍摄的合影中，可以看到正在建造的大礼堂。这张照片中共有76个人物，他们或着西服，或穿长袍马褂，综合人物的年龄和神态，以及从胸前统一佩戴的标志牌来看，像是出席一次某项活动的代表合影，而且这些人物并非都是来自清华学校。

在第二排坐着的20个人中，可以辨认出居于C位的竟然是蔡元培（1868—1940）和张伯苓（1876—1951），还有年轻的胡适（1891—1962）。另外在这些人中还可以看到几张西方人面孔，因此这次活动应该是一次跨校际的国际交流。至于拍摄时间，很有可能是在1919年5月之前蔡元培还在担任北大校长期间。这个时间推测还有另一个根据，那就是胡适在5月初是在上海迎接他的美国老师杜威（John Dewey，1859—1952）。

在照片中有没有清华学校的领导人呢？照片中的其他人物都是谁？甘博的照片没有详细说明。据有关史料记载，1919年时清华第二任校长周诒春已经辞职，而后接任校长的张煜全（1879—1953）长期请病假，并因为在对待学生运动上采取的抵触态度，因而引发近代中国教育史上的一次"驱逐"校长风波。他任校长前后一年零七个月，最终辞职。尽管在照片中没有发现清华校长的身影，但在清华学校举行的大型会议，一定与教育界有关，甘博有意无意地给后人留下了悬念，留给我们进一步考证史实的空间。

另外，甘博还在清华园留下了两张双人合影。其中一张注解是"Sherwood Eddy & K.L. Kwang"。Sherwood Eddy 即 20 世纪上半叶的美国基督教活动家乔治·舍伍德·艾迪（G. Sherwood Eddy，1871—1963）。此人曾先后 11 次来到中国布道。1918 年 2 月至 5 月底，甘博随同艾迪布道团访问了包括香港、澳门、北京在内的 12 个中国城市。在此期间，甘博与中国社会各界广泛接触，甚至在广州还与舍伍德·艾迪一起会见了孙中山（1866—1925）先生。

至于舍伍德·艾迪具体是何时来到清华学校，主要目的和活动是什么，这在照片上都看不出来，与他合影的 K.L. Kwang 的中文名字是什么，Kwang 先生具体是什么人，暂时也无法找到答案。但结合舍伍德·艾迪在中国多年活动的情况，不能排除这位自诩要用"耶稣基督赢得亚洲"的传教士有在清华学校布道的想法。这个信息也为基督教与近代中国教育的历史研究提供了一条线索。

另外一张合影则涉及两位近代中国历史上的知名人物。一位是教育家张伯苓，他与清华的渊源很深，向前可以追溯到 1911 年清华初建时期，他一度曾被聘为清华的教务长；往后可以延宕到抗日战争期间的"西南联大"，他和蒋梦麟、梅贻琦分别代表南开、北大、清华共同领导这所战时大学。除此之外，他与周诒春教育思想相近，又和梅贻琦有师生之谊，因此清华和南开两所大学之间的联系一直非常密切，张伯苓是清华的常客也自在情理之中。

还有一位是芮恩施（Paul Samuel Reinsch，1869—1923），美国律师、政治学者、外交官，他在 1913 年 11 月至 1919 年 9 月担任过美国驻华公使。在此期间，他曾多次到访过清华学校，仅在清华校史上就有三次明确记载。特别是在 1919 年 5 月 3 日的清华八周年校庆日，芮恩施到校参加相关活动并发表演讲，按照情理，他也应该参加了当天"纪念罗斯福体育馆"命名仪式[①]。

---

① 清华大学校史研究室.清华大学一百年[M].北京：清华大学出版社，2011：27.

至于芮恩施与张伯苓一起合影是否也在1919年5月3日，甘博没有说明，这就需要后人在研究早期清华历史中留个心眼，继续考证。关于两张双人合影的地点，从背景中可以明确判定为是在"清华学堂"大楼外面。有传教士舍伍德·艾迪的这张是在大楼西侧的外墙边，而有芮恩施公使这张则是在"清华学堂"的大门口台阶处。从阳光的阴影判断，拍摄时间都是在午后。

四、结语

如今，当你走进清华园，就会在"清华学堂"大楼旁的草坪边看到一块石碑，上书"全国重点文物保护单位——清华大学早期建筑"，那是由国务院在2001年6月25日公布后，由北京市文物局竖立的标志碑。这些百年文物建筑承载的历史信息，在"百年未有之大变局"中是不可或缺的一部分。甘博为这些建筑留下的照片虽然并不是早期清华的仅存影像记录，但是从他镜头中看到的百年前清华园中每一个"刹那"，却都是具有唯一性的珍贵史料，不可多得。随着时间的推移，其价值将会更加凸显。为此，我们应该记住西德尼·D.甘博……

（2022年3月13日修订于上海）

* 本文曾以《近代中国教育剪影：甘博的清华视角》为题，发表于2022年3月10日《北京晚报》（五色土／人文栏目）。

● 欧美同学会在清华的一次重要活动

近代中国最早与世界进行文化交流的使者,是那些曾经负笈远行、求学欧美的留学生,成立于 1913 年 10 月的欧美同学会(Western Returned Students' Club,WRSC),则是创建最早、规模最大,并延续至今的中国留学人员组织。欧美同学会成立近 110 年来,遵循"修学、游艺、敦谊、励行"的宗旨,为中华民族振兴,促进中外沟通进行了卓有成效的广泛实践,在社会各个领域、各个层面产生独特影响,在中国近现代史中有重要地位。

由于沧桑巨变,世事更迭,早期欧美同学会的许多重要史实都被湮没在时代烟尘中,不为后人所详知,造成令人遗憾的历史缺失。因此,能够发掘出欧美同学会的轶闻珍影,感知历史与现实的连接,实在不失为一件极有价值的事情。

一、甘博照片中的一个悬念被破解

美国人西德尼·D. 甘博(Sidney David Gamble,1890—1968)在 20 世纪上半叶旅居中国期间拍摄了大量珍贵照片,为研究中国近代史留下了不可多得的影像资料。我在《近代中国教育剪影:甘博的清华视角》一文中,集中考证了甘博所拍摄的清华题材照片,得出了若干结论,同时也对他未留下明确说明的一些照片提出了探讨思路,其中,"一张明显是在清华学堂西侧大草坪上拍摄的合影"被我特别关注。

对于这张合影照片中的人物辨识,拍摄时间确定以及对活动背景的判断,我当时是这样写的:"在第二排坐着的 20 个人中,可以辨认出居于 C 位的竟然是蔡元培(1868—1940)和张伯苓(1876—1951),还有年轻的胡适（1891—1962）。另外在这些人中还可以看到几张西方人面孔，因此这次活动应该是一次跨校际的国际交流。至于拍摄时间，很有可能是在1919年5月之前蔡元培还在担任北大校长期间。"与此同时，我也希望这张合影能够引起历史爱好者的共同关注，"留个心眼，继续考证"。

甘博在清华园拍摄的一张合影照片
（二排左8向右：胡适、张煜全、蔡元培、张伯苓；后排左7：梅贻琦）

如我所愿，在文章刊出之后，引起不少读者的兴趣，并对甘博清华照片中的种种未解之谜进行了多方面求解。这当中属赵锦铎先生撰写的《对西德尼·D.甘博拍摄合影的补充考察》最有见地，对这张照片的背景给出了明确的考察结论。

这篇文章中提供了1919年4月北京《晨报》、上海《申报》的新闻报道，并与蔡元培、胡适等名人的有关回忆相互印证，厘清了这次在清华园进行的"跨校际的国际交流"，其实是"华北欧美同学会1919年年会"（以下简称为"清华年会"）。这一新发现不仅拓宽了"甘博影集"的研究空间，而且对早期欧美同学会的研究提供了重要史实依据。

二、欧美同学会历史上的一次重要活动

欧美同学会召开的这次清华年会，到底都有哪些主要内容呢？

从 1919 年 4 月 1 日北京《晨报》刊登的《欧美留学生开会预誌》中可以了解到，"除请芮公使及范君静生蔡君子民演说外，并有年会会讌、足球网球比赛及讨论种种社会服务实行问题"。显然，这次年会不只有"宴会、足球、网球"这样通常的联谊活动，还涉及了归国留学生参与"种种社会服务实行"等政治与社会问题。

这里提到的三位人物，"芮公使"是指时任美国驻华公使芮恩施（Paul Samuel Reinsch，1869—1923）；"范君静生"是指范源廉（1875—1927），曾任北洋政府教育总长；"蔡君子民"是指蔡元培（1868—1940），时任北京大学校长。在此三人当中，芮公使本人曾是美国威斯康星大学教授，范源廉、蔡元培分别具有欧美国家留学背景，由他们担当"演讲嘉宾"，自然给这次留学生年会增色不少。

这次活动由于是安排在郊外的清华园举行，距离京城较远，交通不甚方便，加之活动内容多样，因此会期安排了一天半，"五日上午十二钟开会，六日晚九钟闭会"。由于 4 月 5 日、6 日恰逢周末，清华学校正常教学和会议活动之间的相互干扰可以大大减少，此外"赴会者须自带行李，在清华寄宿一宵，次晚则可乘京绥路特备之专车回京"，食宿行也很方便解决。这样的安排显然经过精心策划，并得到清华学校的大力协助与支持。

关于此次"清华年会"的进行情况，北京《益世报》在 1919 年 4 月 8 日报道称，"本月五六日，华北欧美归国学生在清华园开第二次年会，到会者百余人"，这则报道印证了活动按计划如期举行，而且出席人数也与合影照片上出镜的 76 人基本吻合，表明了年会组织颇有效率，致使在京的欧美同学们踊跃参与。

清华年会显然不是一次仅限于内部的联谊活动，仅从当时的媒体反应就可以看出其社会政治动向。《益世报》在会后第三天的报道中说，"此次年会所为之事有两件极为重要。第一是组织北京、天津各地社会服务团；第二是对于时局宣言书"。

而 1919 年 4 月 9 日的上海《申报》则对这次"清华年会"连发两条消息，一条是披露了《欧美归国留学生议决》的要点；另一条消息则称

"旅京留学欧美公团电陆使力争发言权，勿为日人气馁，此间同人愿为后盾"。这里的"陆使"指的是出席巴黎和会的北洋政府外交总长陆征祥（1871—1949），他同时也是欧美同学会会长。

这些要闻报道不仅使我们今天得以了解清华年会的梗概，也从媒体声音中感知了舆论对此次活动的关切程度，以及活动产生的社会影响。

至于欧美同学会为什么要在1919年4月初召开这样一次年会，又为何要针对时局发出《宣言书》呢？赵锦铎先生在《补充考察》一文中有着简明扼要的分析："在清华学校召开的这次年会在时间节点上相当微妙。内政方面，国家仍然处于事实上的不统一状态，此时北京政府和广州军政府在上海举行的南北和谈时断时续，国人看不到国家统一的曙光；外交方面，巴黎和会日本欲夺取德国在山东的权益，中国代表团在巴黎和会上的表现也牵动着国人的神经。这些情况对年会的议程和活动都有影响。"

并非巧合的是，就在清华年会召开后的一个月，在中国近代史上作为"觉醒年代"标志事件的五四运动爆发。欧美同学会的一次"偶然"发声无疑也成为人民"必然"觉醒的一个前奏曲，在历史的交响乐中永远回荡。

三、《宣言书》的历史价值

针对时局发出的《宣言书》无疑成为一大亮点，1919年的清华年会也因其明确的政治态度成为欧美同学会发展史上的里程碑。1919年4月8日北京《益世报》如是评价《宣言书》："宣言书尤为近今极可注意的事。因为西洋归国学生对于国中政局向持被动的态度，没有积极的主张。现今他们受了世界政局与国内政潮之影响，居然有一种正式宣言书出现，自然为各方面所注目了。"

这条信息说明，在当时民众印象中，欧美留学生向来并不热衷于国内时局，也没有明确的积极主张。所以当他们主动发声于《宣言书》时，自然引发媒体的高度关注。

为了帮助读者充分了解,《益世报》做了进一步报道,"宣言书分两种,一是主张大纲,一是施行细目。其细目已由会中委托十余人专门学者为之制定,不久可以发表。大纲则由前晚(六日)大会修正通过"。

今天的人们若要了解一百年前归国留学生的政治主张,不妨也来一起读读《宣言书》的大纲原文:

我等欧美归国学生,今觉有急须解决之问题,其中尤有格外紧急,格外重要之问题应结晶成一种正式之宣言。所以此次宣出之下列各条,为我等认为中国今日最要紧的根本建设,试分述之。

(一)中国应该统一。因为中国不统一,不但不能在巴黎和会得为强硬有力之主张,并且不能在国内有振作进步的希望。因为中国不统一,使全国的人都不能专心去做改良社会,振兴实业的事。惟我等要做到真正的统一,须要除去许多阻碍统一之事物。因此主张:(甲)废除军阀政治(督军制);(乙)军人不得干涉政治。

(二)我等深信民主的政治最适宜于中国,若要使民国基础稳固,则主张:(甲)实行普及的国民教育,使国人免去愚昧的危险,且不致受卑劣政客及权奸之愚弄;(乙)言论自由与出版自由,凡不正当干涉自由言论者,认为违背民主政治的原则。

(三)我等主张政治上应从实效。一方面着意改良,财政管理须负责任,文官任用法须极力推行,预算案须慎重,预备既成之后须实力遵守。政府关于财政的收入、支出及与外人之交涉,均须公开,不当秘密。

(四)为谋中国经济的发展须促进币制统一。

(五)主张要求各国废除领事裁判制度。

(六)主张废除列强在中国的势力范围及利益范围。

以上各条我们认为今日中国必须建设。至于各条件细目,已公推专门学者分别讨论,筹划实行的程序,俟脱稿即行发表也。

20世纪初叶的中国,虽然辛亥革命推翻了满清王朝,但几千年封建制度形成的巨大历史惯性,仍不可避免地继续制约着社会发展;虽然已经开始接受来自外部世界的剧烈冲击,但长期故步自封的社会和被禁锢已久的思想,却无法使中国人迅速找到能够自立于世界民族之林的路径。

对于广大民众而言，直接面对的依然是国家分裂、孱弱、贫穷；对于知识阶层来说，最感苦闷的当然是文明落差和理想落空。

终于，这些被视为"沟通中西文明先行者"的归国留学生在一个特殊的历史节点，跳出自我，走到一起，关注起国事民生，探讨起治世良策。"追求国家统一，废除军阀专权，推行民主制度，进行政治改良，废除外国领事裁判制，废除列强在华利益范围"，《宣言书》中的这些关键概念，既表达出知识阶层所主张的核心政治诉求，也契合了广大民众希望改变国情的普遍愿望。

虽然我们在《宣言书》的字里行间感受不到"问苍茫大地，谁主沉浮"的博大情怀，也未发现涉及目标实施的系统设想与行动安排，但能够在军阀独裁当政、列强强权霸道的形势下，勇敢地发出社会团体的呼声，已经足以显露"一介书生"的社会责任、担当和勇气。联想到五四运动中"外争主权，内除国贼""收回山东权利，拒绝在巴黎和约上签字"等著名口号，谁能说没有受到《宣言书》的影响，而一代"觉醒先锋"当年大力倡导的"民主""科学"理念，又何尝不是后人追求社会进步的永久目标呢？

四、清华年会的更多历史看点

锁定了这张合影照片的真实背景，就像拿到了一把破解历史的钥匙，探寻的思路被打开，目标却更准确。于是，清华年会的更多看点随之浮出水面。

1. 芮恩施的身影

政治学者出身的芮恩施在中美关系史上是一个绕不过去的历史人物。作为20世纪初美国"进步主义"（Progressivism）运动的著名代表，他在1913年至1919年担任美国驻华公使六年期间，在维护美国国家利益的同时，也在参与披露日本谋求在华强权丑恶行径，鼓励中国加入国际事务方面积极活动，他身兼学者与外交官的双重身份，必定对早期中美文化交流产生影响。根据顾维钧（1888—1985）的回忆，在欧美同学会的创建过程中，芮恩施也发挥了一定促进作用。

深入了解当年美国的进步主义思想，会发现其中有一个重要信条，就是知识精英应该有社会担当，为国效劳，最优秀的人应该去改革政治或者投身政治。欧美同学会的行动准则，特别是清华年会上发表的《宣言书》，显然带有这一思想的烙印。

有中国学者研究表明，"在芮恩施公使的倡议下，1919年4月上旬召开的华北欧美同学会第二届年会做出决定，即'充分发挥他们的留学才能，推动中国社会的进步'；芮恩施在会议上作了一场题目是《欧美留学生与一战后的中国》的演说，他大声呼吁欧美留学生用其所学，引领时代潮流。"（马建标：《进步主义在中国：芮恩施与欧美同学会的共享经历》）

芮恩施参加清华年会的史实至此得到确认，但他的身影为何没有出现在合影中，其原因可能是他只参加了年会第一天的开场部分，而合影是在第二天才拍摄完成。不过，甘博的清华照片中还有一张芮恩施与张伯苓的合影，现在可以确定为也是在这次年会中拍摄。因为这两位名人在清华园产生时空交集的概率极低，而只有共同出席活动才有这样的机会，更庆幸的是还有摄影家甘博在场，于是就为欧美同学会历史又留下了一张珍影。

2. 蔡元培的回忆

蔡元培，字子民，既是近代中国历史上的卓越教育家，还是中外文化交流的优秀实践者，一生曾在日本、德国、法国等几个国家学习过。他成为早期欧美同学会的领导者之一是众望所归，1918年起连续三年都担任同学会的主任干事。1919年4月时蔡元培51岁，已经在北大校长任上有两年。从目前查证到的资料中得知，他公开提及这次清华年会是在将近四年后的1923年1月。当时他对北洋政府教育总长彭允彝（1878—1943）常常干涉司法，以"整饬学风"为名摧残教育的行为极为不满，毅然决定辞去北大校长一职，并公开发表《关于不合作宣言》（《蔡元培文集》第三卷），说明辞职的原委，其中提到：

（民国）八年的春季，华北欧美同学会在清华学校开会，有一部分会员提出对于政治问题的意见,在会场上通过,我那时就问他们:"我们提出来了,万一政府竟置之不理,我们怎么样?我个人的意见,要是我们但为发表意见,同新闻记者的社论一样,那就不必说了;若是求有点效果,至少要有不再替政府帮忙的决心。"

这段话不仅以亲历者的角度证实了清华年会的时间、地点,而且透露出会议的一些细节,内中提及一份"政治问题的意见",应该指的是当时发表的《宣言书》。结合蔡元培引出这段回忆时的具体背景,可以看出他早就主张留学生对时局要有独立的见解,以及知行合一的立场;倡导政治意见表达要注重实效,若是得不到当局的认同,就"要有不再替政府帮忙的决心"。历史证明,他自己不但是这样主张的,也是这样做的。

3. 胡适的佐证

1919年春天的胡适还只是回国应聘北大不到两年的青年教授,他在清华年会合影中的形象非常清晰。他对这次活动的回忆也是在1923年1月,而且就是蔡元培辞职的第二天。作为时任北大教务长的胡适发表《蔡元培以辞职为抗议》一文,对蔡元培的决绝行动加以声援。他这样写道:

当民国八年三四月间,欧美留学生在清华园开了三天的大会。那时正当安福部横行无忌的时候,一般西洋留学生稍有天良的,都还想有所努力,所以大会中推举了几个人,组织一个"政治主张起草委员会",拟了一个很详细的政纲,一条一条地报告出来,都通过了。最后有一位先生——似乎是张伯苓先生——起来问道:"假如政府不采我们的主张,仍旧这样腐败下去,我们又怎么办呢?"那时大家面面相觑,都没有话了。蔡先生起来说:"将来总有一日实在黑暗的太不像样了,一般稍有人心,稍为自爱的人,实在忍无可忍了,只好抛弃各自的官位差使,相率离开北京政府,北京政府也就要倒了。"却可以表示蔡先生在安福时代的态度。

文中的"安福部"特指北洋军阀时期依附于皖系军阀的官僚政客集团。胡适这段回忆中的个别细节虽然与清华年会的实际情况有些许差异,但丝毫不影响对蔡元培表述的佐证价值,而且还生动详实地透露了更多信息，在后来读者眼中仍然具有强烈画面感。

4. 甘博与欧美同学会

在早期欧美同学会的人员构成中，除了会员外，还有"会友"，曾在大学肄业的欧美旅华人士，经批准后可以成为外籍会友。甘博具有美国普林斯顿大学和加州大学伯克利分校的双重学历，他在1917年至1932年三次旅居中国期间，与欧美同学会必然产生联系。事实上，在WRSC的外籍会友中，S.D.Gamble（甘博）也确实在册。

不过，甘博应该只是清华年会的"志愿者"。从摄影家的兴趣揣摩，除了为大会拍摄合影以外，能够拍摄清华园景物和圆明园遗址才是最大的吸引力。

综合目前掌握的所有信息，对甘博在这两天的行动轨迹可以这样推测：4月5日中午前后到达清华园，在下午会议的某个间隙，为张伯苓和芮恩施拍摄了合影。他又在镜头中访问了清华园，这才有了今天我们所见的那幅清华学堂清晰照片，以及清华大礼堂、科学馆和体育馆等建筑的最初影像。至于甘博影集中为什么没有出现更多的清华景物，则仍然是个谜团。

另外，甘博影集里遗存的圆明园遗址照片也极有可能是他此行一并拍摄的作品。作为社会学家和摄影家，为这座"万园之园"留下残缺之美想必是他早有的心愿。而利用造访清华园之机会，同时拍摄"咫尺之距"的圆明园，这样的效率对甘博来说一定是最理想的。

完全可以认为，甘博这一次清华年会之行收获颇丰，留下的所有佳作都是轶闻珍影。特别是我们能够考证出清华年会的许多史实，更是直接得益于甘博留下的这些照片。因为影像信息是关于这次活动最直观、最有价值的证据，它必将能在欧美同学会历史研究中继续发挥独特的作用。仅此一点，称甘博为欧美同学会历史上的"杰出外籍会友"就毫不过分。

五、结语

进入2022年，"元宇宙"三个字频繁出现在媒体上。带着好奇心去

"恶补"概念，好歹明白了"元宇宙"就是建立在互联网通信、数字技术基础上的"魔幻世界"。于是我突发奇想，有一天利用VR/AR设备，也能在"元宇宙"中穿越时空，回到1919年春天，沉浸到"虚拟空间"中的清华园，与当年欧美同学会的精英们一起来到草坪上，向蔡元培鞠躬，求张伯苓签名，和胡适聊天，甚至挤进76个人的队伍里"蹭合影"。当然，我一定要走到甘博面前，向他表示来自21世纪的敬意，与他探讨"甘博影集"中一个个未解之谜……啊！属于历史学的神奇"元宇宙"，快快来到吧！

（2022年6月26日初稿，2023年3月23日修订）

* 本文曾以《遗闻珍影：甘博镜头中的欧美同学会》为题，发表于2022年8月25日《北京晚报》（五色土/人文栏目）。

● 大师斯文　永照清华

——《一个时代的斯文》述评

梅贻琦画像及题词

　　隆重非凡的清华百年校庆，随着盛典的结束，渐行渐远地回归在人们的心海中。热闹平静之后，人们开始反思了：百年清华给清华、给教育、给社会、给民族留下什么？清华的精神是什么？清华的未来是什么？

　　要回答这些问题，人们不能不追忆一个在校庆期间被淡忘的人物。因为他与百年清华所有的荣光都有直接或者间接关系，他虽然沉默寡言，但却刚毅坚卓，以强大的人格力量带领清华度过惊涛骇浪的岁月，创下中华民族高等教育奇迹。虽然他在62年前离开了"生斯长斯"的北平清华园，却在台湾新竹再建一所仍然享誉海内外的"清华"。他就是被人们誉为"永远的清华校长"的梅贻琦。

　　在热闹的校庆期间，清华资深校史学者黄延复教授和图书出版人钟秀斌先生合著的《一个时代的斯文：清华校长梅贻琦》一如梅贻琦先生沉稳的品性，平静地走进读者。这本书通过大量文献史实，旁征博引，由"格物致知""初登教坛""崭露头角""清华盛世""中流砥柱""乱世磨难""台湾功业""修己安人"等章节，精确解析，清晰地勾勒出梅贻琦先生的人生轨迹，公允地阐述了梅先生的教育思想、教育实践和人格精神，在向读者全面再现了一位可信、可亲、可敬、可畏的梅校长后，让我们记住了他一生专注做的一件事：教育；说过一句著名的话：所谓大学者，非谓有大楼之谓也，有大师之谓也；一生只爱一个地方：清华园。

解读梅先生，人们不能脱离时代背景。他出生于1889年，73年的人生是在皇权专制、辛亥革命、军阀混战、民族危亡、两岸分离的剧烈动荡中度过，而能在这样跌宕起伏的大变局中成功地将一所"留美预备学堂"建成极具影响力的中国近现代历史上的一流大学，这是一件无论怎样评价都不会过分的大功绩！做成这件事的为什么是梅贻琦先生，著名教育家傅任敢先生给出了答案，那就是因为梅先生的"专、大、公、爱"，而这些恰恰是构成一个大师"斯文"的核心所在。梅先生的"专"是真"专"，一生只做教育，一生只为清华，一生只想干好校长。梅先生的"专"既是他成功的坚实基础，也是他道德境界和人生能力的集中体现。因为他的真"专"，他的大理想、大公心、大仁爱才得以发挥与实现！

梅校长于清华的最显赫功绩，莫过于在清华1911年建校的20年后，临危受命，在日本全面发动侵华战争前短短五年半的时间，开创了清华历史上的"黄金时代"，将清华一举从一个"校长频繁更迭、师生人心不稳"的"乱摊子"，治理成了一个当时国内甚至是世界一流大学！他的"六年胜治"，主要做了八件实事：

1. 力行"大师论"，为清华建立了一支具有当时世界一流大学水准的强大师资队伍；

2. 增扩校园、新建6座专业教学馆、增添大量教学科研设备；

3. 大力发展研究事业，特别是农业、航空、无线电、金属学和国情普查等特种研究事业，为全民族的长远发展奠定基础；

4. 合理使用经费，特别是"庚款"基金的管理；

5. 创建清华工学院，为现代中国工程教育奠定了理论基础、积累了办学经验；

6. 发展农业科学教育，最终使清华成为包括文、法、理、工、农五学院26系的综合性大学；

7. 注重国际学术交流，与国外名校交流师资、互派留学生，提高清华的国际化水平；

8. 以学生为本，发展校友联络及学生职业发展指导。

1937年抗战全面爆发后的12年间，梅贻琦先生带领清华师生经历南撤、主办西南联大、复员清华园等一系列动荡，备受局势煎熬，但他竭尽心力，矢志不渝，传承清华优秀的人文和科学薪火，做出了中国高等教育史上不可磨灭的功绩。在政权更迭的重大变故面前，梅先生在"走与不走"的纠结中，最终做出"离开大陆"的自我选择，在海外六年后，回到台湾再次创业，创办新竹清华，直到燃尽生命。尽管梅先生自出走后再也未回到他魂牵梦萦的清华园，但却从未改变他对清华"吾爱吾庐"的深厚感情和人生信念。这本书第一次以独立章节详细记述了梅先生在台湾创立新竹"清华"的艰难经历以及逝世后享尽哀荣，使读者有机会走近那段被人为割裂的历史，有利于读者全面了解梅先生在台湾十几年的工作和生活状况，有助于深入了解他的人品和道德风范。

当年，梅校长仿照孟子所说的"所谓故国者，非谓有乔木之谓也，有世臣之谓也"，说出了"所谓大学者，非谓有大楼之谓也，有大师之谓也"的旷古名言。梅校长以自己的一生奋斗成为清华历史上第一个"沉稳校长、敬业校长、纯粹校长"，造就了一个品德高尚、能力卓著的大师典范。

清华百年诞辰收到了许多祝福。其中最令人心动的，无疑是人们寄望于清华在新的百年里跻身世界一流大学之列，寄望于清华能够像梅贻琦时代那样培养出一批学贯中西，对民族、对世界卓有建树的学术大师。如今，清华处在百年来最好的发展阶段，不缺大楼和设备、不缺资源和品牌，唯独缺乏具有梅校长那样斯文水准的大师，缺乏培养大师的体制和综合氛围，缺乏斯文修养的自我意识。人们深知，有了斯文未必一定成为大师，但是成为大师一定不能没有梅校长式的斯文！这正是：

百年沧桑筑名校，硕果累累誉天下；
大师斯文传世代，道德精神照清华！

（2011年7月初稿，2020年8月修订）

* 此文为纪念清华大学建校100周年所作文章之一。

● 清华园的铁路记忆

清华在第一个百年历史上，曾与一条铁路线和一座火车站结下不解之缘，那就是著名的京张铁路和清华园车站。

1909年10月2日，京张铁路通车典礼在南口举行，宣告了由中国人自行设计、建造的第一条干线铁路完工。之后，工程继续进行几年，延长为京绥线。虽然清华园车站只是一个三等小站，却像一颗珍珠般镶嵌在京张线上，传奇故事绵延不绝。

让清华园车站在现代中国历史上留下永不磨灭印记的历史瞬间，是1949年3月25日迎来伟人毛泽东（1893—1976）率领的中共中央领导集体。他们从这里踏上古都的土地，开始了"进京赶考"的漫漫征程。也正是因为这一伟大的历史变革，清华大学从此开启新的发展篇章。

一、清华园车站究竟为何而设

京张线在建成后的最初40年间，经历了满清末世，北洋政府，日本侵略，国民党统治；1949年以后，它又与新中国一起，经历了社会主义革命和建设的风风雨雨，完成了一次次蜕变。

那么最早的清华园车站在哪里呢？原来，当年它的站址所在地叫作"三才堂"村，就在现在清华南门外成府路对面的铁路宿舍小区周边。百年前的"三才堂"村早已消失，但一条"三才堂路"却保留至今。沿着这条小路寻觅，就能找到"清华园车站"遗址。

当年的车站是什么样子呢？结合历史老照片和残存的部分建筑分析，还是能够还原它的基本轮廓。

清华园车站建成初期的老照片

清华园车站为中西合璧式的外廊式单层建筑，砖木结构。车站不大，占地面积约300平方米，呈坐西朝东布置，平行于东侧的京张铁路。

整座建筑设计简洁，面阔为五跨，以主入口中心为轴线，两侧对称，中间三跨为圆拱券廊，两侧开间设置拱窗；双坡屋面，铺铁皮瓦，屋顶有天窗，外墙为传统灰砖清水外墙，其女儿墙做成了城墙雉堞的效果，显得别具一格。

1910年詹天佑题写的清华园车站匾额

最抢眼的部分是主入口，将这部分女儿墙加高，镶嵌匾额式样的站名，上面工整地镌刻着"清华园车站宣统二年冬季 詹天佑书"的楷书字样，并配有旧时流行的威妥玛式英文CHING HUA YUAN。此外，在残存的南墙靠东砖柱上还有一块竖匾，白底黑字书"清华园车站"，字体与匾额上的站名几乎一样。这些珍贵的笔迹都是见证詹天佑建造京张铁路的重要文物。

清华园车站规模不大，但功能齐全，候车室、售票室、货运仓库、运转室、办公室一应俱全，还辟有一个中式风格的小庭院，院中可植花草、树木，更为整座建筑增添了中西合璧的意味，成为考察清末民初北京地区建筑样式演变的经典样本。

根据有关史料，京张铁路于1909年全线开通运营时实设车站14座，其后因运输能力的加大，于1910年（宣统二年）又增设了五座车站，清华园车站就是其中之一。

关于增设清华园车站的目的，可以明确地说，最初就是为了服务于"清华学校"。这样说的根据来自铁路的官方解释。在民国初年印行的各种《铁路旅行指南》中，在"清华园站"条目下，都写得清清楚楚："本站地处宛平县附近，昔时均园囿胜地。因宣统二年，就清华园旧址改建清华学校，本路特于此设立车站，以便往来。校内规模完备，斋舍整齐，有马路直抵站台。"

至于坊间有"先有清华园站，后有清华大学"之说，皆因"清华正式开学在1911年，而清华园车站建于1910年"的简单推算而来。殊不知，清华的历史从清政府1909年9月批准在清华园开设"游美肄业馆"时就已经开始，正因为这样，才引出1910年设立京张线清华园车站的举措。从逻辑上看，这完全可以被视作清政府为保证清华学校的顺利开设，提供的一项重要交通配套条件。

二、京张线为清华与外界的沟通提供了便利

早年的清华园是清朝皇家园林的部分遗址，地处京城西北郊外，虽然环境优美，但交通不便。自清华学校开办以后，在通勤汽车还没有开通前的十几年间，与外界的交通联系，主要靠骑驴、坐洋车、走路，经海甸（淀）镇，过白石桥，再进西直门；再就是从清华园车站坐火车到西直门车站。不过，火车有班次，不是想走就能走，但沿着铁路走到西直门却是最便捷的路径，于是也成为清华人进城方式的一种选择。

在1930年出版的《国立清华大学第二级毕业纪念册》里，有一篇"问卷调查"结果，林林总总的十几个项目，关乎同学们学习、生活的主

要方面，其中有一项就涉及"进城交通方式"。在"汽车、人力车、骑驴、走路和火车"等五个选项中，46份有效问卷中有34份选择了"火车"，虽然"每端都要步行二里路，方能达到目的地"，但"车资是一角"，显然"坐清华园西直门间的火车是顶便宜的代步法"，74%的选择率反映出大家对"火车"的青睐程度。

为了方便清华师生的集体出行，或者满足到清华活动的社会团体需求，铁路方面也会根据需要开行"专车"，这就使得清华与铁路的联系更加密切。

1919年4月初，欧美同学会100余位归国留学生在清华学校召开年会，4月1日的北京《晨报》曾对这次会议做了预告，其中特别提道："会期凡一日有半，五日上午十二钟开会，六日晚九钟闭会。赴会者须自带行李，在清华寄宿一宵，次晚则可乘京绥路特备之专车回京。"（《欧美留学生开会预言志》）由此可知，此次活动的组织者事先已经与铁路方面进行了沟通，预订了专车，这才能保证包括蔡元培、张伯苓、胡适等在内的中外与会代表顺利出行。

以此类推，正因为铁路方面有这种"包车"类的专项服务，清华师生才可能在每年春天集体乘车去居庸关长城出游，各种与清华有关的重要社会活动也源源不断地被安排在清华园举行。从这个角度说，清华的活力和影响力与清华园车站的存在确实有着密切关系。

还有一件史实需要强调，1935年"一二·九"运动爆发当天，清华大学、燕京大学的同学就是在清华园车站集合后，沿着铁路走到西直门，被阻后转到西便门后进城的。

1949年新中国成立以后的十几年间，每年的"五一""十一"，清华都要组织数千名师生进城参加天安门的游行集会，凌晨从清华园车站乘火车进城也就成为一代代大学生的集体记忆。最值得回忆的当属参加开国大典。1951年毕业生何其盛清楚地记得："10月1日大清早，参加开国大典的师生们来到大操场集合，出南校门到清华园火车站乘专列进城。下车后，马约翰等领队走在最前头，接着是军乐队，然后是各院系的队伍。"盛典结束已是晚上9点多钟，"我们继续走过西四、护国寺、新街口，直奔西直门火车站，等候专列回清华园。"

那些年的那些天，清华园车站铁路员工虽然不能亲自去天安门，但在一次次"送往"与"迎来"中，也让他们在热闹、繁忙的一个个节日中感受到了不寻常的欢乐和存在感。清华园车站与清华相依相携的渊源关系由此可见一斑。

三、京张线曾与清华人共苦同甘

从清华"二校门"开始向南走，步行到清华园车站，距离约一公里，在清华建校后的几十年里，无法统计究竟有多少人次来往于这条路去乘火车，或进城，或远行。但无论在清华历史的哪一个阶段，都可以找到清华人与清华园车站和京张线之间的感人故事。

清华师生支援抗战的经典故事，发生在"九一八"事变后的几年间。1933年长城抗战爆发后，前线急需防毒面具，清华工学院承担了试制任务，并在1933年成功制造了6500副国产防毒面具。此后，1936年11月日寇开始进攻绥远，绥远省主席傅作义（1895—1974）率部奋起抵抗，同时请求清华制造大批防毒面具供应部队。

以往制造面具所需要的活性炭使用椰子壳做原料，但这次却一时无法获得。作为替代材料，清华遂派人赶赴郊区收购核桃壳。1936年11月25日，清华致函京津铁路局驻平办事处，称为了应付非常需要，清华试制防毒面具，托人在易县、房山等地购买数万斤核桃壳为原料。需要在梁格庄、方顺桥、琉璃河等处车站分批上车，运抵北平。请给予照顾，"对于运输该项核桃壳，准予免费或特别减低运费"。

在铁路方面的配合下，这几万斤核桃壳顺利运抵清华园车站，并送到清华被加工成活性炭，成功制造出防毒面具。12月5日，校长梅贻琦（1889—1962）致函傅作义将军，表示清华先赠送200副防毒面具试用。傅作义收到清华赠送的防毒面具后，经试用效果不错，便向清华定制10000副。1937年2月，全部面具制成，并由工学院院长顾毓琇（1902—2002）亲自送达傅作义部。

如果说，这个史实见证了清华园车站与清华共同为抗日所做的贡献，那么，下一个故事则记述了新中国成立后，它们之间又一段相伴相携、同甘共苦的佳话。

从20世纪50年代开始，清华在多项国家重大发展项目中承担了攻坚任务，这其中必须要说的是中国首次自主进行的"核反应堆"试验。1960年3月，清华在位于北京远郊的昌平县虎峪村的荒原上，开始建造"屏蔽试验反应堆"，工程代号"200号"。当时，由于交通条件极为不便，大量的人员往来，材料运输都要通过京张线，从清华园站上车，在南口站下车转运。于是，在当时属于"绝密"的任务就在"悄无声息"中"紧锣密鼓"地展开。

1960年工物系毕业生钟大辛是这段历史的亲历者，他清楚地记得："当时我们没有交通车和班车，从工地往返学校办事，拿东西，来人，都是靠西直门至南口的火车，人们每天来来往往"；"一有急事，半夜坐火车是常事，有时一个人"；"从学校拿着图纸、工具、仪器走到清华园车站，要半个小时，然后坐上闷罐车"；"开始时，火车是空空的闷罐车，没有窗户，没有座椅，只在中间有一个拉门，在拉门边上还放一只尿桶。大家就坐在车厢底板上，有时还可以找到块砖头坐坐"。

虽然，这只是"200号"工程艰难发展的一个细微片段，但绝对是中国核工业发展历程中一个生动的立体画面。这些创业者的亲身经历也让我们进一步理解，为什么清华园车站在老一代清华人心中远非一个地名那么简单。原来，它是清华发展筚路蓝缕的无言"见证者"，它也是共和国大厦不可缺少的一块"方砖"！

四、京张线为清华的发展移线迁站

百余年来，清华大学的校园演变经历了多次重大变化。1911年，清华建校之初，校园面积只有约450亩；到1949年时，增加到约1700亩，校园的边界是北至明斋后面，南至校河，西到西校门，东临京张铁路。那时候铁路基本上就是贴着学校东面围墙，距离大礼堂的平行距离不过几百米开外。1949年入学的夏武祥有这样的深刻印象：我在校时住过"明斋"和"新斋"，晚上睡觉时能听到火车经过的声音，再就是（夏天）园子里不断的青蛙叫……

新中国成立后，随着教育事业的发展，若要满足清华大学进一步发展的需求，校园只有向东面扩大才是最为理想的方向。但是这样一来，与清华相邻超过40年的京张铁路就会被包进校园，反而成了增加规划难度，阻隔交通，不利于使用的一大"障碍"。在1956年以后的几年里，随着主楼建筑群在铁路东面新辟区域的开工，"清华园里跑火车"成了一道"风景"，但东、西两区域之间来往的不便也让许多当年的老校友至今记忆犹新。1958年入学的梁肃就回忆说："我刚入学时铁路把学校分为东区和西区。开始我住7号楼，是东区。上课常常在西区的一教、二教、阶梯教室，三院、北院、体育馆等也都在那边。每天数次穿过铁道，有时要等火车通过才能走，很是不便。"

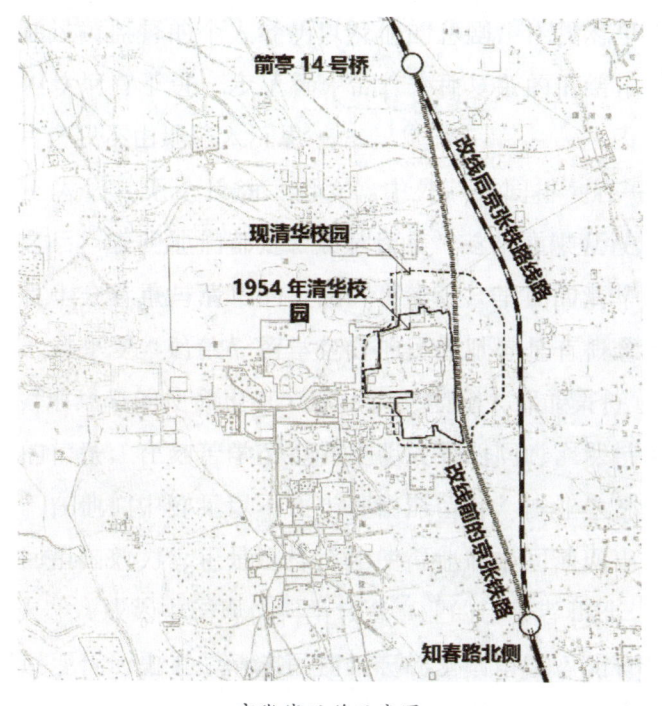

京张线迁移示意图

为了解决这一矛盾，清华大学在时任校长蒋南翔（1913—1988）的领导下，从1950年代中期开始与国家有关部门进行了大量协调工作，提出了多种解决方案，最终取得了圆满的结果。铁路部门反复权衡后决定将经过清华附近的铁路线向东平均移动约800米，移动线路总长度约5公里。

这一难度极大的线路迁移工程于1960年3月底得以完成，在原线路与新线路之间形成了如今完整的清华大学东区。这一举措不仅使得清华长远发展拥有了足量的土地储备，而且给校园的科学规划创造了空间。随着时间的推移，后人愈发佩服蒋南翔那一代领导者当年决策眼光的前瞻和实施行动的果断。

因为铁路线的东移，铁路部门又在今天的五道口轻轨站以南，靠近北航西门附近新建了一座"清华园站"，继续承担铁路客运业务。而原来的"清华园车站"只单独完成货场的职能，运送旅客的功能从此结束。这种局面又持续了约20年，到了1980年代，随着城市功能与规划的演变，铁路货场也彻底退出了历史舞台。再后来，"清华园车站"变成了被拆毁得面目全非的"出租屋"。

当然不能简单地说，后来"清华园车站"的窘境，是1960年的移线迁站造成，但京张线和清华园车站为清华发展做出的历史性贡献，却是有目共睹的事实。仅此一点，清华人就应该心怀感恩之念！

今天，当清华人走在贯穿清华校园的南北主干道"学堂路"时，你是否意识到，此时你的步履就踏着曾经列车轰鸣而过的京张线；詹天佑率领筑路英雄克千难、破万险的历史，就仿佛发生在我们的身边？我们完全有理由在学堂路边设置一处纪念碑，让后人知道京张线与清华大学的渊源，铭记蒋南翔校长对清华校园建设的历史贡献。

五、结语

屈指算来，清华与京张线的同生相伴关系竟然前后保持了将近百年！百年间，清华逐渐发展为一所中国高等教育的著名学府，而京张线也为清华的发展做出了无可替代的默默贡献。

笔者晚生，没有机会在求学清华时与清华园车站相见。第一次看到它，竟然是在中国铁路博物馆，但那不过是詹天佑题写的"清华园车站"匾额复制件。

在北京市党政机关与各界人士的共同努力下，2023年2月，清华园车站旧址升级为北京市文物保护单位。3月25日，在纪念中共中央进京"赶考"74周年之际，经过整修建设的"清华园车站旧址"纪念园正式对外开放，"清华园车站专题展览"揭幕。对这处北京近代历史发展重要遗迹的保护、利用工作终于取得实质性进展。

如今，有百余年历史的京张线已从地上钻入地下，飞驰的高铁巨龙和清华园车站旧址纪念园彰显后人对创业先辈的敬意与怀念。对此，詹天佑在天之灵一定会感到无比欣慰……

（2021年7月初稿，2023年3月27日修订）

海军博物馆里的一封清华公函

在纪念中国共产党成立100周年系列重大活动中，有一项是"中国人民解放军海军博物馆"对外正式展出。新落成的海军博物馆全方位、全过程、全景式展现了人民海军在中国共产党的坚强领导下，从无到有、从小到大、从弱到强，取得举世瞩目伟大成就的创业史、奋斗史、发展史，突出展现了党的十八大以来人民海军发生的历史性变革。

在"人民海军历史基本陈列"区的一件件珍贵文物、图片、视频等展品中，一枚"清华大学印"的鲜红印记赫然出现在一封公函上，格外醒目，引起观众的极大关注。那么，这件带有"清华元素"的文物怎么会出现在海军博物馆，在它背后又有着怎样的来龙去脉呢？

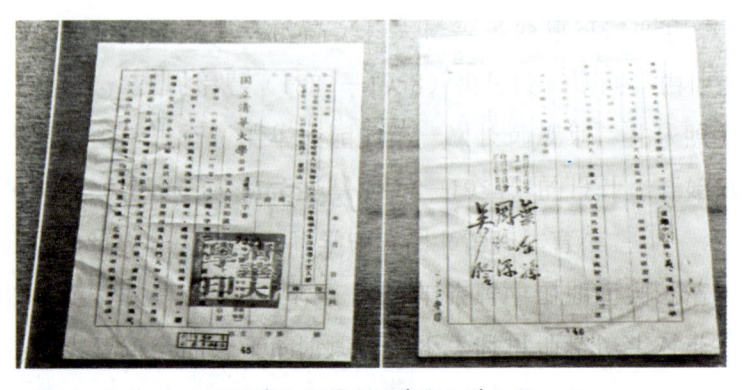

海军博物馆展出的清华大学公函

一、一封71年前发给海军司令部的公函

原来，这是一封《清华大学选送学生到海军学校任教的复函》，是由清华大学于1950年11月25日发出的公函原件，时隔70余年，个别字迹已模糊褪色。经过仔细辨认，并参考清华校史资料核对，得到的函件

原文如下：

事由

奉教育部函转贵司令部函

为大连海军学校需人任教 特介绍各系四年级学生朱谨准等十五人前往贵司令部报到 希查照由

国立清华大学公函清复（50）第 7375 号

中华人民共和国一九五零年十一月二十五日发

案奉中央教育部十一月二十一日发厅人字第二四八一号函，以准贵司令部十一月八日函为大连海军学校扩大，亟需大批教员前往任教，经商得同意由华北各校调给，并列人选及条件四项及科门人数，等因。自应照为选送，兹经遴选机械系四年级学生朱谨准、王学周、黄言华、余传纪，化工系四年级学生刘广镇、杨肇玮、马玉璋，化学系四年级学生黄清谈、黄楫，物理系四年级学生胡克强、陈印椿、董维中、杨士莪、陈遂，数学系四年级学生张运模等十五人首批前往任教，相应备函介绍前来贵司令部报到，即希查照。此外尚有电机系六人，气象系一人因出外宣传尚未返校，当于三五日内前往报到。此致

中国人民解放军海军司令部

校务委员会主任委员叶企孙
校务委员会副主任委员周培源
吴晗

解放战争期间，在国共两党进行的历史性大决战中，清华园所处的海甸（淀）地区是在"北平和平解放"之前的 1948 年 12 月 15 日被人民解放军第十三兵团提前解放的。在经过短暂的"军管"之后，于 1949 年 5 月 4 日成立清华大学校务委员会。一直到 1952 年 6 月 "京津高等学校院系调整清华大学筹备委员会"成立之前，"校委会"就是清华大学的最高权力机构，负责管理学校的各项事务。在长达三年的时间里，校委会主任一直由著名教育家叶企孙（1898—1977）担任，而副主任则有两位，一位是著名物理学家周培源（1902—1993），另一位是之前任军管会代表的著名历史学家吴晗（1909—1969）。

这封发往海军司令部的公函由清华大学校委会主任、副主任三人共同签署，足见清华大学对选调学生往大连海军学校任教一事，极为重视。

二、清华师生踊跃投身国防建设的历史

透过这件文物，我们可以感受新中国成立初期，清华大学师生踊跃投身新中国国防建设的巨大热情和做出的历史贡献。那么，当时的具体情况究竟是怎样的呢？

在逐条检索清华大学"1950年大事记"后，虽然没有找到对这封公函内容的直接记载，但还是能找到一些相关内容：

1. 12月4日，萧华（1916—1985）将军来校做题为"欢迎爱国青年参加伟大国防建设"的报告。

2. 12月4日，校委会动员学生响应中央关于青年学生踊跃参加军事干部学校的号召。

3. 12月14日，本校成立军事干部学校学生保送委员会。学生报名者1500余人，50人被批准。

4. 12月16日，本校军事干部学校学生保送委员会主任委员叶企孙在《人民清华》上发表《祖国号召你们》，张奚若（1889—1973）教授发表《国防与青年知识分子》的文章，鼓励同学们踊跃参加国防建设工作。

5. 12月26日晚，学校在大礼堂举行盛大欢送会。

回顾新中国成立初期的历史，我们知道1950年10月25日，中国人民志愿军跨过鸭绿江，出国作战。全国人民积极投入"抗美援朝、保家卫国"的伟大斗争。在此背景下，中央人民政府发出号召，全国先后在1950年和1951年开展了轰轰烈烈的"参加军事干部学校运动"，一大批爱国青年学生响应号召投笔从戎。清华大学也不例外，成立了"军事干部学校学生保送委员会"，由时任清华大学校务委员会主任叶企孙教授领衔，积极动员青年学生参加国防建设。当时在校学生约2500人，报名者有1500余人，占比约60%，学生报名踊跃程度，由此可见一斑。

选送20余名四年级学生去大连海军学校的任务，显然和保送学生参

加军事干部学校还是有区别的，前者是"任教"，而后者是"学习"。尽管任务有别，但性质是一致的，都是"参加伟大国防建设"。今天，对于清华校史为什么没有记载这封公函，探究原因已经不再重要。而这段事实的解密，意义在于完整还原新中国成立初期清华师生参加国防建设的历史，这才是我们关注的焦点。

70多年前的人民海军建设还处在艰难起步阶段。1949年4月23日成立的华东军区海军是第一支人民海军部队，在张爱萍（1910—2003）将军的领导下，努力完成"陆军向海军"的转变，各项基础建设正在紧锣密鼓地进行中。1949年11月22日，中央军委正式下达命令，在大连组建"中国人民解放军海军学校"，这也是新中国成立后创办的第一所海军学校，成为迄今为止人民海军历史最悠久的重要人才培养基地，被誉为"人民海军军官的摇篮"。

1950年4月14日，由萧劲光（1903—1989）任首任司令员的中国人民解放军海军领导机关在北京正式成立，这标志着人民海军建设被全面纳入新中国国防建设的战略系统。对于初创阶段的人民海军，舰艇装备固然重要，但海军人才培养更处于"重中之重"的地位。而刚刚基本完成创建新中国战斗任务的人民解放军还是一支典型的"陆军"，不可能从中生长出大批懂得"海军"的教员。但是对于第一所海军学校而言，迅速提升师资队伍的数量、素质与水平却显得至关重要，时不待人。

于是在1950年11月8日，成立不久的人民海军领导机关与中央教育部商定，从包括清华大学在内的华北各个大学调集一批符合条件的青年师生入伍，争取在最短时间内充实教师队伍，以适应海军建设的急需。清华大学在接到教育部11月21日发出的任务函之后，迅速启动，4天之内即选拔出第一批15名符合条件的四年级学生，送往海军司令部报到。这15位学生是：

朱谨准、王学周、黄言华、余传纪（机械系），刘广镇、杨肇玮、马玉璋（化工系），黄清谈、黄楫（化学系），胡克强、陈印椿、董维中、杨士羲、陈遂（物理系），张运模（女，数学系）。

特别要说的是，其中数学系的张运模是唯一的女生，她也由此成为清华历史上第一位参加人民海军的女生。此外，这项任务还需要选调6名电机系和1名气象系学生。不过当时因为他们"出外宣传尚未返校"，所以还不能确定具体人选，在这封公函发出时就缺少了这7位学生的姓名，这也给我们时隔70余年后的查证带来了一定困难。

三、他们曾为人民海军发展做出历史贡献

根据有关资料显示，其实在这批参加海军的学生之前，清华大学在1950年初就已经选调过陈绍炘、郭日修、黎完模、施引、赵以翔、罗云、李念一等十余名师生去大连海军学校任教或学习。这些最早参加人民海军建设的优秀清华学子，当年都是满怀理想和热情，投身到这项宏伟事业中。无论后来发生怎样的变化，他们从参加海军那一刻开始，都已经像那一朵朵跳跃的浪花，永远汇入了蓝色的海洋。

就他们中间的大多数人而言，虽然今天已经很难全部了解参军之后的详细情况，但他们在海军学校的教学、科研岗位上曾经发挥过积极作用，这一点则完全可以确定。被首批选送海军，后来成为享誉各自专业领域的著名科学家杨士莪和陆建勋，就是这个群体的杰出代表。

杨士莪（左：毕业前；右：参军后）

杨士莪，1931年生于天津，是一位"清二代"。其父是清华学校1921年毕业生，著名建筑学家杨廷宝（1901—1982）。杨士莪自幼受到书香门第的家庭影响，学业优秀，志向远大，1947年考入清华大学物理系。1950年11月，他已是四年级学生，正在物理学家余瑞璜（1906—

1997）教授指导下做 X 光管方面的毕业论文。在学校动员参军时，杨士莪立即报名，获批后提前毕业到大连海军学校任教。两年后又被调到刚组建的中国人民解放军军事工程学院（哈军工）任教，其间曾被派往苏联学习"声学"理论，从此成为新中国创建"水声工程"学科的开拓者之一。1978 年以后，担任哈尔滨船舶工程学院（现哈尔滨工程大学）水声工程系主任、水声研究所所长；1982 年起曾任哈尔滨船舶工程学院副院长。1995 年 7 月，当选为中国工程院院士。

"水声事关国家海洋安全、资源开发等重大战略利益，这些核心技术靠别人施舍是得不来的。"当年杨士莪就是带着这样的深刻认识，在哈军工创立了我国首个理工结合、覆盖全面的水声专业。60 余年来他带领团队攻坚克难，取得一系列水声领域颠覆性的科研成果，为我国水下兵器装上"耳朵"和"眼睛"，为筑牢"水下国门"做出了历史性贡献。

杨士莪最先在国内开展水声定位系统研制，带领团队完成"东风五号"洲际导弹落点水声测量系统等一系列具有国际水平的水声定位系统研制工作，为我国自行设计、自主集成研制的"蛟龙号"载人潜水器的定位系统奠定坚实基础。他曾担任首席科学家，积极推动并领导完成我国首次独立大型深海水声综合考察；编著《水下噪声学》《声学原理》等一批理论著作……如今，他虽然已经退休，但继续秉持"向海图强"的执着精神，把一生奉献给祖国的海洋事业。

陆建勋，1929 年生于浙江杭州，1947 年考入清华大学电机系。得益于清华良好的学风，他在学生阶段养成了刻苦钻研、严肃认真的求学习惯，他所在的这一届电机系学生中，后来竟然出现"一位总理（朱镕基）、四位院士（金怡濂、张履谦、王众托、陆建勋）"。1950 年 11 月，他被选调参军，原本也是要到大连海军学校任教，但在海军司令部报到时，他却因为在清华学习时担任"无线电课代表"的经历而被留下，直接分配到海司通信处工作。从此，他的人生就和海军通信事业紧密联结。

凭借扎实的理论基础和从少年时开始积累的业余无线电实践经验，陆建勋边工作、边学习，根据海军通信发展提出的新要求，进行不断的摸索与攻关。1957 年，苏联提出了中苏两国合建大功率超长波电台的建议，中国则坚持我国自建的主张。陆建勋曾随时任海军副司令员的罗舜初（1914—1981）将军前往中南海西花厅向周恩来总理汇报超长波电台的有关情况，解答了总理提出的相关疑问。被陆建勋称为"西花厅考试"的这次经历，更加坚定了他继续在海军通信领域进行探索的信心。

可以说，在人民海军发展的每一个重要阶段，陆建勋在解决通信专业领域不断出现的一系列难题方面都做出了重大贡献，这其中包括：潜艇长波通信、核潜艇瞬间超快速通信系统（900工程）、远洋测量船"短波远程通信"（781工程）。他也因此成为不折不扣的海军通信专家。

1983年至1993年，陆建勋曾担任中国舰船研究院院长。他从一名专注科研的科学家被推到了一个新的工作岗位。虽然繁重的行政工作极大地牵扯他的精力，但陆建勋坚持不改科学家的本色，从未离开他所热爱的舰船科研事业，也从未放弃在信息科学领域的探索耕耘。

1995年，陆建勋当选中国工程院院士。此后，他凭借对科学的热情继续一次次开拓新的科研领域。80岁时，仍以饱满的热情带领科研团队开展一项具有开创性的国家安全重大基础研究项目，成功后又以85岁的高龄担任了该项目的首席科学家。

极其可贵的是，如今杨士莪、陆建勋都已经成为年届古稀的"90后"，但还在继续为国家发光发热。他们没有辜负母校70多年前的选拔，为清华赢得了荣誉，更为人民海军以及中国海洋事业发展奉献出毕生才智，他们的感人事迹也同样成为宝贵的精神财富，值得一代代清华学子和有志青年效仿与继承。

四、结语

70多年前的这封短短的清华公函，其实还包含着更深刻的含义。那就是它从一个特殊角度再次印证了新中国成立后产生的历史转变：在中国共产党的领导下，清华大学走上了一条前所未有的发展道路，也开启了高等教育为建设新中国以及发展国防事业提供科学能量的崭新篇章。

历史还告诉我们，从1950年选送第一批优秀师生参加到海军学校任教开始，清华大学就与人民海军发展结下"不解之缘"。在新中国成立以来的各个历史阶段，不仅有数量可观的清华学子持续加入建设强大海军的行列中，而且在海军发展的诸多重大科研课题攻关中，都有清华大学的全力支持与参与。在中国共产党开启第二个一百年奋斗征程的光荣时刻，我们完全可以期待：海军与清华携手共进，一定能够实现创建"世界一流海军""世界一流大学"的宏伟愿景。这正是：

百年建党铸辉煌，江山人民胸中装；

历史记载来时路，创建一流再启航！

（2023年2月17日修订于上海）

*1. 此文曾发表于《水木清华》2021年第4期（总第111期）。2. 文中所写的清华校友杨士莪教授，已于2024年3月19日在哈尔滨逝世，享年93岁。谨以本文再次向杨士莪教授致敬！

●《清华画报》上那封泛黄的信

自打头一次听说《清华画报》后，就对这本仅出版过两期的清华内部刊物充满了好奇。在网上寻觅、追踪了大半年，终于在一家位于重庆的网上旧书店发现了一本1959年第2期《清华画报》。浏览店主展示的部分画面的过程中，一张粘在内页的油印信函吸引了我的眼球。尽管内容看不太清楚，但凭我的敏感，就觉得这封信一定有着特殊的背景和意义。于是，虽然卖价不菲，我仍然果断地下单收藏了这本难得一见的"珍品"。

1959年清华大学给张德骝的信

迫不及待地打开快递，在迅速浏览了基本内容之后，我的目光还是集中在这封信件上，原来，这是清华的一封公开信，写给刚刚离开学校的毕业生。信的正文是刻在蜡纸上再油印的，这种传统的印刷方法如今基本绝迹。逐字逐句地阅读这封已经泛黄的信件后，我怀着一种恭敬的情绪将这封信的内容整理了出来。

张德骝同志：

送别你们已经有两个多月时间了，母校的老师和同学们都很想念你们，希望能听到你们的消息。也相信你们一定能保持荣誉，在学校的是优秀毕业生，在新的工作岗位上成为建设社会主义的红旗手。

最近，全校进行了八届八中全会的学习，采取了大鸣大放，大争大辩的形式对人民公社、全民炼钢等问题进行了讨论，通过前阶段讨论在立场问题上又有了深入的认识，现在正准备更深入一步进行讨论。

另字班的同学目前已有半数以上的同学上了毕业设计之马，结合上马各系均开展了对教育方针的辩论，在十二月一日全校还将举行教学和科研报告会，会上将总结和肯定二年来贯彻教育方针的成就，尤其是59年的巨大发展。今后还将配合此进一步进行教育方针的辩论，这里特别希望你们能把出去工作后对教育方针贯彻的体会写信来，共同参加这一保卫教育方针的斗争！

附上清华画报一份，并希望经常能保持通讯联系。来信可寄清华团委会。

  此致

敬礼

清华大学大五工作组 59.11

从这封短信中，我们今天可以得到多方面的信息。通过辨析这些信息，60年前清华的许多历史情况呈现在我们面前。

第一，收信人是当时从清华刚刚毕业两个多月的"张德骝"，但他曾是哪个系哪个专业的学生则不得而知。不过在这期《清华画报》中有一张欢送毕业生的照片似曾相识。经过比对，这张照片与《清华大学图史》第125页上的一张照片完全相同，而那张照片的注解是"图为水利系毕业生奔赴西南各省"。[①] 结合这本《清华画报》出现在重庆，那么我们暂且推测张德骝当年是从"水利系"毕业后，来到西南的四川某个单位工作，并在那里收到母校寄来的信件和赠与的刊物。

第二，当时清华大学的政治运动十分频繁。信中所说的"八届八中全会"，是指1959年8月中共中央召开的八届八中全会，也就是著名的"庐山会议"。在这次会议之后，党的工作重心开始明确转向"以阶级斗争为纲"的方向，并且对学校工作产生了非常重要的影响。清华也"采

---

① 清华大学校史馆.清华大学图史[M].北京：清华大学出版社，2019：125.

取了大鸣大放，大争大辩的形式对人民公社、全民炼钢等问题进行了讨论"，这封信提供了佐证。

第三，即将在 1960 年毕业的"另（零）字班"开始进入毕业设计阶段。根据《清华大学图史》记载：1958 年，清华大学贯彻党的"教育为无产阶级政治服务，教育与生产劳动相结合"的教育方针，创造性地提出并成功地进行教学、科研、生产三结合，促进学校工作全面发展。[①] 毕业班在教师指导下，结合国家建设重点项目与社会实际生产任务，"真刀真枪"的毕业设计就是清华当时采取的一项贯彻党的教育方针的实际举措。从信中似乎可以看出，这一举措的推出并非一帆风顺，为了统一认识"各系均开展了对教育方针的辩论"。因此学校希望刚刚毕业出去工作的校友能够通过实际工作进行总结，并将贯彻党的教育方针的体会写出来，寄回学校。

第四，从 1953 年开始清华采取了五年学制，为加强毕业年级的学生工作，清华设立了"大五工作组"。这个工作机构以前从未听说过，尚不明确它在当时清华组织系统中的隶属关系，但属于专门针对五年级毕业生进行专项工作的性质确定无疑，也是当时清华高度重视毕业生工作的证明。或许还可以把它看作是清华大学后来设立的党委学生工作部（处）的雏形。

显然，这是直接反映清华 60 年前实际面貌的一件珍贵史料。众所周知，清华从开始创办之初，就由于其敏感的办学性质（留美预备学堂），特殊的办学资金（庚子赔款）而备受社会各界瞩目，也由于这个缘由，清华的发展从来都与各个时代的政治形势联系紧密，学生具有积极参与社会政治活动的传统。学校采取的教育方针历来是制约学生学习目的和学习动力的主要因素。清华在新中国成立之后的 17 年间采取的"又红又专、全面发展"方针，以及一系列经过探索而形成的理念与做法，不仅逐步演变为校风，对几代清华学子的人生道路产生了重要影响，甚至影响了国家政治命运的走向。

---

① 清华大学校史馆. 清华大学图史 [M]. 北京：清华大学出版社，2019：113.

为了进一步探究60年前毕业的1959届清华学生在校时的经历，我又有针对性地搜索了相关资料。在1959年8月27日出版的《新清华》报上，刊登了时任清华大学校长蒋南翔和第一副校长刘仙洲给1959届毕业生的贺信。蒋校长贺信的题目是《送1959年度的毕业同学》，全文如下：

祝贺1959年度毕业的全体同学！经过五年、六年的紧张劳动，现在你们胜利地完成了大学时代的学习任务了。你们在大学生活中，取得了思想上、知识上和实际工作能力上的成长！

你们是新时代的共产主义的种子！你们在解放后的清华园的土地上生根发芽，你们将要散布到伟大祖国的各个地方，开放出革命的鲜花！

祝贺39位奖章获得者和304位奖状获得者！你们在学习和劳动中表现了出色的成绩。你们是优秀的代表——本届毕业同学的花中之花！

希望你们谦虚谨慎、不屈不挠，永远保持蓬勃的朝气和政治上的坚定性，永远做革命的促进派，忠诚不渝地高举工人阶级的战斗旗帜。

祝贺获得先进集体称号的班级水利系水9、土木系房9、建筑系建9、无线电系管9、机械系铸9、电机系企9、动力系热9、自动控制系自904班，和获得先进集体称号的小组汽9微型汽车设计小组、压9水压机设计小组、无9第10设计组、发9华北电力系统设计组、焊9鞍山轧机堆焊组！你们实践了"学水8、赶水8"的诺言，在大学生活的最后一年，在具有全国总结意义的毕业设计工作中，创造了新的光辉的经验。

你们的成就将成为清华教育改革历史中的新的里程碑，成为建设共产主义的清华大学的宝贵财富。

希望全体毕业同学，珍贵你们自己的这些创造和经验，并且不断改造和提高，戒骄戒躁，互助互勉，到新的园地上辛勤播种，作共产主义的播种者！

蒋南翔
1959.8.27

清华大学1959届的绝大部分毕业生入学时间是1954年秋季（建筑系六年制学生是1953年入学），那时清华刚刚经过1952年的"院系调整"，由原来含有"文、理、法、工、农"的综合性大学变成了"多科性工业大学"，开始进入其历史上第二个办学阶段，而蒋南翔（1913—1988）也才开始担任清华大学校长不久。蒋南翔校长作为一位"唯真求是"的马克思主义教育家，[①] 在清华前后近14年的教育改革实践中，始终坚持共产党的领导，提炼总结了一套对清华发展影响极深的理论、观点和方法。在平衡政治方向和专业能力的关系方面，他创造性地提出了"又红又专"的理论，努力帮助广大师生从极端政治口号的困惑中解脱出来，"给干粮，更要给猎枪"，实现培养真正全面发展的"红色工程师"目标。[②] 在如何处理"继承与发展"问题方面，他明确提出了著名的"三阶段、两点论"，旗帜鲜明地领导学校"以辩证唯物主义和历史唯物主义的态度，一分为二地看待历史发展，发扬成绩，纠正错误"。[③] 他还提出了"争取至少为祖国健康工作五十年"的著名口号，倡导建立"双肩挑"的政治辅导员制度，建立了表彰先进的奖励制度，等等。可以说，1959届毕业生在校的五六年，正好完整地与蒋南翔校长形成自己教育思想的最初阶段重合，亲身见证了蒋南翔教育理念的实践与演变。也正因为蒋校长在这一届学生培养上投入了极大的心血，进行了极具创造性、探索性的教育改革实践，所以在这封贺信中他对1959届毕业生的热烈感情也跃然纸上。

1959年只有5岁的我，当然不可能想到日后自己会与清华产生什么样的联系，更不会对1959

蒋南翔校长为1959届优秀毕业生佩戴奖章
（《清华画报》照片）

[①] 清华大学校史馆.清华大学图史[M].北京：清华大学出版社，2019：106.
[②] 清华大学校史馆.清华大学图史[M].北京：清华大学出版社，2019：119.
[③] 清华大学校史馆.清华大学图史[M].北京：清华大学出版社，2019：126.

届清华毕业生的学习生活有直接体验。神奇之处在于，当我在那60年后看到1959届毕业生评选出"39位（优秀毕业生）奖章获得者和304位（优良毕业生）奖状获得者"的纪录时，却找到一种相同的光荣感。这是因为在1979年我从清华大学毕业时，也成为在中断13年后，清华恢复奖励制度时首次批准的5名"优秀毕业生奖章"获得者之一。时代虽然不同，付出努力的程度也无法统一衡量，但追求"又红又专、全面发展"的精神完全一致！斗转星移，又是40年过去，当今天我们重新审视60年前的这两封信，却仍然感到一股不可抗拒的"革命"之风扑面而来，蒋校长号召清华毕业生永远做"革命促进派"的铿锵话语犹在耳畔！尽管清华后来发生了许多意想不到的变故，中国和世界发生了翻天覆地的巨大变化，人们的价值观也少了许多理想主义的成分，但我们仍然欣喜地看到，今天的清华正在朝着建设"世界一流大学"的目标坚定前行，一代代清华人精神风貌中"自强不息，厚德载物"的优秀基因依然一脉相承，绵延流传。而这也正是我们追寻清华人历史足迹时最看重之处！

根据清华校史记载，"1959年8月28日在西大饭厅举行毕业典礼，本年共有1451名学生毕业"。另有资料显示，这批学生在1954年9月入学时共计1830人[①]，这样算来5年中的淘汰率约为20%左右。乍一看到这个数字，总觉得淘汰率有点高。究竟是什么原因造成的呢？是因为继续延续了清华一贯"严进严出"的传统？还是因为"反右"等政治运动造成的非正常淘汰？或是统计口径不同造成的数字偏差？这个只能留待今后继续考证了。

但撇开这些不谈，当时能顺利毕业的同学终归都很不容易，能够获得优秀毕业生奖章或优良毕业生奖状更是"花中之花"，足以令获奖者引以为豪。1959届校友都应该出生在1930年代，他们经历过1949年新旧政权的更迭，经历过新中国初期的欣欣向荣，在清华的五六年中又经历

[①] 清华大学校史研究室.清华大学1954年大事记[M]// 清华大学一百年.北京：清华大学出版社，2011：212.

过1957年的"反右"、1958年的"大跃进"等一次次政治运动，毕业后又经历"十年内乱"以及至今所有的社会变革，一生可谓跌宕起伏，惊心动魄！如今60年过去，这届毕业生中有些已经驾鹤西去，依然健在的平均年龄也都在85岁以上！在2019年4月27日清华纪念108年校庆活动中，毕业60年的老校友回清华园参加活动的人数虽然不多，但受到了学校的特别接待，工物系、水利系、计算机系、建筑学院等院系都为他们举行了纪念会，广大年轻校友向这些饱经风霜的老学长们表示出衷心的问候。所有这些举动，不仅是在向全体1959届学长致敬，也是对清华历史上一个特殊时代表达出的应有尊重！

六十年一甲子。对于每一个人而言，从18岁开始的这一个"甲子"占据了人生最宝贵的年华，其中的变数谁也无法预知，能够平安度过就是万幸！回到本文开始所说的珍贵史料，那封信的收信人"张德骝"学长现在不知在哪里？从我看到这份史料开始，我的脑子里就跳出一连串的问题：他从哪里考入清华？他学的是哪个专业？他毕业后分配到哪里工作？后来的几十年都有什么经历？他是一个什么样的人……我完全相信，当年他收到母校寄来的《清华画报》一定非常高兴，并且一直精心保存，对来自清华的任何物件都视作珍宝，连一片纸也舍不得丢掉。得出这个结论，是因为我发现这本画报保存得非常仔细，历经60年还几近完好，并且在画报的封面、封底和清华来信的上面都加盖了有"德骝"字样的印章，充分表现出主人对它的珍视程度。我甚至可以想象，在他遇到高兴事儿的时候翻看画报，一定会让他回忆起清华园给他带来的喜悦；在他处于逆境的时候翻看，一定会重拾克服困难的信心。同时，我也非常疑惑，这本《清华画报》是在什么情况下流到了市场上？难道他……

按照最初的推测，我想只要张德骝当年毕业是来到四川工作，那么或许通过重庆或四川的清华校友会能找到他的线索。于是我分别联系了两地校友会负责人。经过一番周折，最终在四川校友会的帮助下，我得到了确切的消息，张德骝学长1959年毕业后确实来到成都工作，并在成都生活了近60年。但不幸的是，他于2018年刚刚去世！听到这个消息的一刹那，我的心里一下子感到非常的悲切与惋惜，悲切的是又一位1959届的学长离开了清华大家庭，惋惜的是我没有能在张德骝学长生前找到他！

这些天，我反复翻看着1959年《清华画报》上的一幅幅图片，一行行文字，既陌生，又熟悉，好像有一种穿越历史的感觉！手捧这本曾经跨越千山万水的《清华画报》，我就像在与60年前的清华园握手！我想通过这篇文章告诉从未谋面、却似神交已久的张德骝学长：既然我有缘得到了您曾精心保存的《清华画报》，就会替您继续将它好好珍藏，让它告诉后人清华是如何走到今天。在这里，我衷心祈望您的在天之灵能够安息。同时，我也真诚地希望所有毕业60年的1959届学长们能够安度晚年，健康长寿！这正是：

清华毕业六十载，历经磨难志不改；
风雨兼程一甲子，夕阳无限青春在！

（2019年8月初稿，2023年3月21日修订）

* 本文发表于《博览群书》2019年第6期。

● 寻踪南翔故里　感受人文宜兴

宜兴，古称"荆邑""阳羡"，位于江苏南部，太湖西岸，是一座具有"近万年的开发史、七千多年的制陶史、两千两百多年建县史"的江南名城，素有"陶的古都，洞的世界，茶的绿洲，竹的海洋"之称。就在2016年末来临之时，由于一个特殊的契机，我和几位清华校友来到宜兴，进行了一次难忘的人文之旅。

一、宜兴博物馆展示的清华名人

此次宜兴之行的第一站是参观2016年重新建造的宜兴博物馆。宜兴博物馆是一座旨在全面反映宜兴地方历史文化的综合性博物馆，展厅面积约7200平方米，主要包括通史馆、现代名人馆等7个常设馆和3个临展馆。其中的"现代名人馆"向观众介绍了"政治军事、教育科技、工商经济、文学艺术、社会活动"五大领域内63位在中国现代史上留下深深印记的宜兴籍人士。这些宜兴籍现代名人，他们或赤胆忠心，或学冠宇内，或艺苑风流，用自己的才智和热血展现了宜兴儿女对国家社稷的赤子情怀，为社会发展和民族进步做出了重要贡献，在中国现代史上书写了不朽业绩！

在这些宜兴现代名人中间，有两位曾经是"清华人"，一位是周培源，另一位是蒋南翔。周培源是宜兴芳桥镇人，17岁时考入清华学校，22岁毕业后赴美国留学，25岁获得加州理工学院博士学位。1929年回国，被聘为国立清华大学物理系教授，时年仅有27岁。他还相继担任过国立清华大学教务长、校务委员会副主任。他在76岁时还担任了北京大学校长。蒋南翔是宜兴高塍镇人，19岁时考入国立清华大学，20岁加入中共地下党组织并担任清华党支部书记。他是1935年"一二·九"学生爱国救亡运动的主要领导者之一，起草了《清华大学救国会告全国同胞书》，发出了警世呐喊"华北之大，已经安放不得一张平静的书桌了"，这句历史名言已被载入史册。以后他成为职业革命家。新中国成立后，他先后担任过高教部部长和教育部部长，并从1952年12月开始担任清华大学校长达13年之久，被誉为"马克思主义教育家"。

蒋南翔在清华园（塑像）

在"现代名人馆"里，蒋南翔被归在"教育科技名人"部分，通过十几幅历史照片的展示，简要介绍了他作为一位"青年运动领导者"所走过的历程。蒋南翔逝世后，时任中顾委主任的陈云在1989年所书的题词"蒋南翔同志一生唯实求是，献身党的事业"，给予他极高的政治评价。另外最显眼的是为他树立的一个场景塑像，名为"漫步在清华园里的蒋南翔"。在荷花池和"水木清华"的背景映衬下，清华校长蒋南翔穿着人民装，一手夹着一个笔记本，一手放在背后，仿佛在漫步中沉思着清华的未来。蒋南翔与清华园的渊源关系一目了然。

二、蒋南翔故里寻踪

高塍位于宜兴北面，是一个历史悠久，人文荟萃的小镇。高塍在各个历史时代都是人才辈出，蒋南翔也是其中之一。1913年9月7日，他出生在高塍镇北街头的一个农民家庭。蒋南翔的父亲虽然只读过两年私塾，但他节衣缩食供儿子读书，蒋南翔的启蒙教育由此得以完成。1929年，16岁的蒋南翔考取了江苏省镇江中学高中部，三年后又从这里考取了清华大学，这在当时的高塍小镇上也引起了小小的轰动。

当年的高塍是一个四面有水的所在，没有公路，就是到18里外的宜兴县城，也只能花费很长时间沿水路搭船而行，这种状况直到全面改革开放之后才得以改变。今天，开车从宜兴市内出发，沿着平坦的公路开行约20分钟就到了高塍镇，这种便捷反倒是一种遗憾，令我们今天无法体会蒋南翔当年乘船离家、北上求学时的辗转颠簸感觉。

因为事先隐约听说在镇上小学校里有一座"蒋南翔纪念馆"，于是我们经一路询问来到位于镇北的一处写着"高塍实验小学"的院子。因为学校已经迁入新校址，此处面临着重新规划使用，因此纪念馆现在只是一座空房子。在这座瓦房的前方和一侧有着两座不同人物的塑像，一座朝西，一座朝南，在总体平面上呈直角关系摆放。这样不同寻常的景象让我们感到很诧异：这两位人物是谁？怎么会同时出现在这里呢？

待我们走上前去细细观看两座塑像基座上的文字之后，所有的疑惑和不解顿释。原来位于瓦房一侧的塑像就是"蒋南翔"（1913—1988），而位于瓦房前方的塑像则是"虞兆中"（1915—2014）。虞兆中是何许人？原来，他是曾经担任过台湾大学校长的另一位宜兴现代名人，在宜兴博物馆中自然也有他的位置。最令人寻味的是，他也是高塍人，只比蒋南翔小两岁。他们既是童年的玩伴，也同为高塍小学的校友，后来又都曾担任过著名大学的校长。不过由于那个时代的政治原因，这两位高塍的游子却走了不同的道路，分属两个阵营，最后又被隔绝于海峡两岸，长成后彼此再无交流。而当他们再次"聚首"，却是在几十年后魂归故里之时。

一座江南小镇，在一个时代里出了两个影响中国教育事业发展走向的"大人物"，这足以让高塍人引以为豪！于是在1999年，家乡人民为蒋南翔和虞兆中同时树立了塑像。今天，当我们这些清华人来到蒋南翔校长的故乡面对他的塑像时，自然会想起蒋南翔校长对几代清华人的影响，心中也会油然腾起一种莫名的感动。

本来我们还想进一步去探访蒋南翔的故居，但打听后得知他的家族在当地已经基本无后人，老屋经过几十年的风雨变迁，如今也已经破败无存。这让我们此次的蒋南翔故里寻踪留下了些许缺憾，也让我们更加希望了解高塍实验小学的历史和现状，探究这所当年的农村小学能够培养出两位大学校长的原因。

高塍实验小学现状（前身为蒋南翔启蒙母校）

三、高塍实验小学见闻

经过一番联络，我们驱车前往高塍实验小学的新校址。整座校园占地约 5.3 万平方米，全部建筑面积共 2.1 万平方米，分立前后的五层行政主楼"行雅楼"和四层综合教学楼"行芳楼"通过一座辅楼连通，实现了无障碍、全天候对接，"南翔少年宫"和"兆中图书馆"也分别与"行雅楼"连接，除了体育馆"行健楼"独立以外，全部主要建筑连成一体，建筑形式非常独特。

在宽大的校门广场上矗立着一块巨大的屏风石，上面镌刻着三排大字，分别是"校风：小学大雅；教风：博学育雅；学风：乐学共雅"。从学校大门到"行雅楼"的门前广场上，依次间隔排列着六块花岗岩石板，上面镌刻的文字让我们对这所学校的历史沿革一目了然，豁然开朗。"1884年（清光绪十年），'漏南书院'落成"；"1906年（清光绪三十二年）。'漏南书院'更名为'漏南高等小学堂'"；"1938年（民国二十七年二月），因抗战，学校迁至花园浜村，次年春迁回旧址"；"1949年4月，宜兴解放。次年，学校更名为'宜兴县高塍区中心小学'"；"1999年9月，学校搬迁到塍北路，次年更名为'宜兴市高塍实验小学'"；"2014年9月，政府投入巨资，占地80亩的新学校竣工，高塍实验小学实现办学新跨越。"

原来，这所江南农村的小学校竟然是一所百年名校，其历史甚至比清华大学还要长！原来，90年前的蒋南翔和虞兆中就是在这所渊源深厚的新式学堂中浸渍了一脉书香，最后成为中国两所名校的大学校长！这六块石板上的文字虽然简单，但让我们对这所过去从未知晓的学校刮目相看，而接下去的了解，更让我们对百年来在这里默默耕耘的一代代教育园丁们肃然起敬！

对于高塍实验小学近30年来的发展历程，周荣校长最有发言权。这位年近50岁的中年教师，从19岁起就开始在高塍实验小学任教，从未离开过小学教育岗位。他对高塍实验小学最近的发展目标非常明确，就是要在十分优越的硬件基础上，按照"向高处行"的校训，继续保持学校的教育特色，将高塍名人的激励效应潜移默化，将"博雅教育"的传统发扬光大，争取办成江苏省一流的乡镇优质学校！

我们看到，学校将博雅教育理念贯穿在教室内外。他们将博雅教育的内涵概括为："雅学""雅趣""雅言""雅行""文雅""高雅""儒雅"。为了体现"雅学"，就在教室外的休息区设立多处"图书角"，各类图书任学生自由阅读，不设任何人管理。他们认为，这样的开放氛围对于培养学生的主动读书兴趣总会起到积极作用。至于那些害怕"学生把书拿走不还"的惯常疑虑，他们却反向思维，认为学生即使真将书拿走也是好事情，说明他们喜欢读书！

而对于雅趣，他们则是通过"球趣""墨趣""志趣"三个途径来达成，希望通过多种形式培养学生在课堂以外的高雅情趣。这里要特别说说"球趣"，就是通过让学生打乒乓球，培养他们的意志品质和专业才能，从而达到全面发展的目的。高塍实验小学在乒乓球特色教育方面，已经有着近50年的传统。早在1975年起就被评为"江苏省体育（乒乓球）传统项目学校"；1988年被国家评为"中国学校体育运动发展研究试验学校"；此外还多次获得国家、江苏省、地区颁发的"体育运动先进集体"的称号。

高塍实验小学特别重视学生的心理健康，他们认为教育的根本是让学生健康成长，博雅教育就是让学生的心灵充满阳光，具备充足的生长能量。学校为此不断尝试将各种手段引入教育实践。他们设立的学生"心理咨询室"，引起我们特别的注意。在咨询室里，设有一间"开心屋"。"给心灵打开一扇窗，给自己多一点阳光""打开心结、为心灵寻找休息的乐土"等格言营造了一处温馨的环境，因为各种原因不开心的学生都可以在这里和老师聊聊天，说说话，化解心理障碍，恢复天真的本性。

在这里看到的一切不禁让人心生感慨：高塍的孩子是幸运的！他们虽然地处江南小镇，但身受的教育环境一点不比大城市逊色。依照一般的经验，现在的高塍实验小学的软硬件条件更是在全国绝大多数小学之上。难怪不断有省内外的学校慕名前来取经交流，这也激励学校要不断努力，因为他们现在的一切实践都会在很大范围内产生影响。

我们在高塍实验小学虽然只是走马看花，但是所有见闻却让我突发奇想：蒋南翔校长生前虽然再也没有回到故乡，但他如今在天堂有知，一定会欣慰地看到启蒙母校如今生机勃勃的模样！高塍实验小学没有让他这位教育部部长失望，正在用加倍的努力实践着他没有实现的教育理想。他们还计划将高塍实验小学更名为"宜兴市南翔实验小学"，将学校的旧址重新建成"高塍文化中心"，让知识的力量惠及全镇，远播天下。而在文化中心的蓝图上，"蒋南翔纪念馆"将作为主要项目居于重要位置，他的塑像将继续矗立在那里，永远注视着他魂牵梦绕的故乡！这正是：

人杰地灵是宜兴，文脉绵延育精英；
先贤宏愿得实现，跨越发展著美名！

（2017年1月初稿，2023年2月18日修订）

*1. 2022年10月，宜兴市人民政府批准高塍小学更名为"宜兴市南翔实验小学"，以纪念蒋南翔110周年诞辰。2. 此文曾发表于《水木清华》2017年第3期（总72期）。

● 清华工字厅究竟建于何时？
——熙春园历史新考之评析

清朝是中国历史上最后一个封建王朝，对中国现代社会产生的影响尤为直接。清朝定都北京后曾经建造过一批皇家园林，其中号称"万园之园"的圆明园最为著名，堪称"人类文明瑰宝"，其鼎盛时期曾被称为"圆明五园"（圆明园、长春园、绮春园、熙春园、春熙院）。只可惜，这些园林在19世纪中叶西方帝国主义的侵略中大都被掠夺焚毁，这也成为中国人民心中"永远的痛"！

如今，当年的"圆明五园"只剩与之存在"血缘"关系的清华园和部分遗存，成为颇具研究意义的历史"化石"。显然，对清华园前世今生的研究，其意义远远超出了对一个大学校史研究的范畴，成为中国近代史研究的重要组成部分。尽管对于这些清代皇家园林的研究，学界早已进行得非常广泛、深入，但挖掘史实、还原真相的空间仍然很大，待解之谜依旧很多。最近，在清华大学网站上出现了两篇研究文章，题为《清华园工字厅史探》和《熙春园演变历史新考》，作者是一位非历史专业的业余研究者刘沫女士。她的两篇文章提出了许多不同以往的论点，颇具新意，值得研读。

一、工字殿并非熙春园初期建筑

现存的清华园工字殿（今称"工字厅"）究竟建于何时？提出这个问题，人们一定觉得奇怪，难道清代皇家建筑没有"工程档案"，一查不就清楚了吗？实际上，清代200余年间皇家建筑工程的建造，部分是由造办处"样式房"掌管，并长期由一个"雷氏家族"负责打理，其各代传人主持或亲自参与的有关规划设计文件，如画样、烫样、样式房《随工日记》及《旨意档》《堂司谕档》等，统被称为"样式雷图档"，是后人研究清代皇家建筑历史不可或缺的依据。因其具有巨大历史价值，在2017年被联合国教科文组织列入《世界记忆名录》。

可是，依照中国传统建筑模式进行工作的"样式雷"家族，不可能具有类似于现代建筑工程管理要求的科学档案意识。从留存至今的"样式雷图档"中发现，大部分竟然真的没有记载相关工程的具体设计或建造年代信息。不管"样式雷"们当时的举动出于什么目的，都给后人带来了数不清的麻烦。一个看似简单的建筑建造年代，因为会直接影响一个论断是否成立，就可能成为今天人们争论不休的大问题！

时至今日，围绕于清华园工字殿建造年代的所有考证，其基本依据都是一张收藏于国家图书馆，名为《熙春园近春园改修添房底样》（样式雷图档111—0003）的图样，而这份图样也没有注明制图年代。因为此图是至今发现最完整的熙春园全貌图，于是，任何一位研究者想拿它当作自己考证熙春园历史的依据，都要首先判断图样的成图时间。

在一本名为《熙春园·近春园考》的专著中，作者认为这张图成于乾隆三十二年（1767年）[1]。由于在这张图样上，已经明确标有"工字殿"的位置、样式与规模，作者也因此认为工字殿是从1707年熙春园建园初期就同步建成。作者还引用其他论据，推断现存的清华工字厅就存在于早期的熙春园内，并且是康熙五十二年（1713年）三月十八日，13位皇子为康熙皇帝庆祝60大寿的地方[2]。

---

[1] 苗日新. 熙春园·近春园考[M]. 北京：清华大学出版社，2010：25.
[2] 苗日新. 熙春园·近春园考[M]. 北京：清华大学出版社，2010：55.

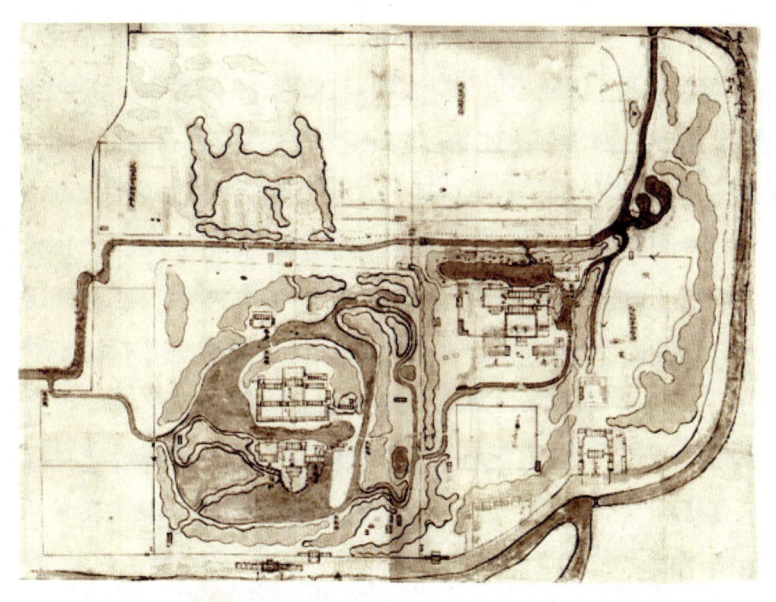

《熙春园近春园改修添房底样》（样式雷图档 111—0003）

对这个结论，刘沫首先从熙春园"身份"演变的角度提出了自己的不同看法。在清代历史上，康熙皇帝曾分别御批几位皇子建造"赐园"，如现已基本查明，圆明园属于四皇子胤禛（即1723年继位的雍正皇帝），熙春园则属于三皇子胤祉（雍正朝避讳改名允祉）。雍正八年（1730年），熙春园被雍正收回另作他用。乾隆三十二年（1767年）一直到道光二年（1822年）的近60年时间里，分别是乾隆、嘉庆、道光三朝皇帝的"御园"。

熙春园的身份虽然只是"赐"和"御"的一字之差，但在封建王朝严格的等级观念中，就意味着"级别"不同的巨大差异，会给园内建筑物的形制、数量、质量等带来本质上的变化。刘沫的研究正是以此为突破口，并且有了意外的发现。

她注意到，建筑物的工字形组合布局含有封建社会特有的等级意义，它在中国古代建筑——特别是宫殿建筑的平面布局演变中具有重要的地位及影响，故而两宋以来，帝宫正殿常有"工字形"布局出现。例如，在紫禁城中，作为皇帝正宫的养心殿就是一座工字殿。究其原因，是因为在中国传统文化中，"工"字带有通天的会意。因此，明代以后新出现的大型建筑中，几乎仅有皇帝御用建筑中能见到这种布局形式。

根据有关资料显示，圆明园内同乐园的工字殿为乾隆所建，绮春园内的敷春堂工字殿为嘉庆所建，绮春园内的清夏斋工字殿为道光所建。照此同理，熙春园内出现的工字殿也应该是在其作为某位皇帝的"御园"时所建，而不会是某位亲王私自违规建造。因为在清朝入关后，为了加强中央集权，强化等级观念，于顺治九年（1652年）就在《钦定大清会典》中对亲王府的建制作了明确规定。房子的式样、间数都规定得"死死"的，一旦发现"触碰红线"，定当重罚，毫不姑息。

而此前研究者关于"熙春园工字殿是与1707年建园同步出现"的结论，恰恰忽视了工字殿、朝房等建筑形制所具有的等级意义；忘记了熙春园在雍正八年（1730年）以前只有"赐园"身份；也没有清代"赐园"建造是不能"越规逾制"的基本概念。丢掉了这个核心概念，《熙春园·近春园考》有关清华园工字殿建造年代的研究显然失去了重要前提，结论的正确性自然要被研究者重新评价。按照"赐园不可能建造工字殿"的逻辑，得到的结论应该是：工字殿并非熙春园初期建筑。

二、工字殿是嘉庆年间建造的省耕别墅主殿

对前人提出质疑，自然要有自己的观点。刘沫又是怎样去论证熙春园工字殿的建造年代呢？抓住工字殿是皇家御用建筑这一核心概念，也就把时间限定在了熙春园作为皇帝"御园"的时间段里，以熙春园第一次被收为"御园"的时间作为起点，工字殿就不可能是在雍正八年（1730年）之前。但要进一步确定建造年代，她同样也必须对《熙春园近春园改修添房底样》的成图时间作出自己的判断。

刘沫判断的方法简单来说就是"以文定图"。她从国家图书馆找到了道光元年（1821年）十二月《为支领修理熙春园宫门等工备办物料给发各商所需银两事致造办处》和《为支领修理近春园宫门等工备办物料给发各商所需银两事致造办处》两份电子档案。而这些档案中有证实《熙春园近春园改修添房底样》（样式雷图档111—0003）系成图于道光元年（1821年）的文字。这个时间明显晚于《熙春园·近春园考》作者认定

的乾隆三十二年（1767年），超过逾50年。

接下来，她就要结合另外一份清宫档案"说文解图"，通过解析《熙春园近春园改修添房底样》来推测工字殿的建造年代，以及"省耕别墅"与工字殿的关系。这份档案就是清内务府于嘉庆八年（1803年）八月初五呈写的《熙春园内添盖省耕别墅工字殿等项活计销算工料银两数目等清单》（以下简写为《清单》），《清单》详细地列举了这年四月销

清华工字厅（约1950年代）

算的一次新建（添盖）工程，其中明确有："熙春园内添盖省耕别墅工字殿十七间"。《清单》的记载证明工字殿并不是熙春园初期就有，而是始建于嘉庆七年（1802年），同时也是嘉庆皇帝的"省耕别墅"主殿。显而易见，这是一份十分重要的证据。

再来看《熙春园近春园改修添房底样》，上面明确显示，在道光元年，熙春园中仅有一处工字殿（共17间），这也就是后来更名为"清华园"的工字殿。就这样，《清单》和图样一起为今天清华工字厅的"生日"找到了出处，那就在嘉庆七年（1802年）前后，距今约220年。这就比之前《熙春园·近春园考》一书"始建于1707年"的定论向后推了将近100年！

其实，关于熙春园工字殿的建造年代，著名历史学家刘桂生教授早在1980年代所著的《清华园溯源》一文中就已经有过类似推测："工字厅这组房子究竟建于何年？这组房子，早年的记载中不见提到，而道光二年所绘的平面图中则已经完整地存在。这样看来，它似乎应建于嘉庆年间。"[1] 刘教授在这里提到的"道光二年所绘的平面图"，就是指的《熙

---

① 刘桂生.刘桂生学术文化随笔[M].北京：中国青年出版社，2000：310.

春园近春园改修添房底样》，他早在1959年就曾见到过这份"样式雷图样"①。虽然他推断的图纸为"道光二年"绘制与刘沫确定的"道光元年"存有差异，但这并不影响"工字厅建于嘉庆年间"的主要结论。这也说明，刘沫的论点并非孤立的，她的工作也证实了刘桂生教授30余年前的推测。

那么，"省耕别墅"又是怎么回事呢？原来，在长期处于农耕经济的中国封建社会里，统治者为了显示对"农事"的重视，都要做出"重农""劝农"的姿态。明清两代皇帝更是将这种活动推到了顶峰，除了仲春时节要到先农坛行"亲耕礼"，各种祭祀亲耕制度也是周密完备。为皇帝"亲耕"准备的田地被称为"弄田"，清代在圆明园等处就置有大片"弄田"。

除了"亲耕"，还有"观麦""省耕"等"劝农"活动，此处的"省"就是视察、审视之意。于是"观畴楼""省耕别墅"这类与农事有关的皇家建筑也随之出现。

档案显示，从乾隆帝将熙春园收为皇家御园起，就在园子北部和东部置有"弄田"专用于皇帝观麦省耕。在"弄田"之侧，乾隆先建造了"观畴楼"，而后嘉庆又建造了"省耕别墅"。为了将"工字殿"就是"省耕别墅"核心建筑的观点进一步"坐实"，刘沫还是以嘉庆八年（1803年）八月初五的内务府《清单》对《熙春园近春园改修添房底样》显示的"工字殿"及其附属建筑进行了详细解读。

在《清单》中列举有"省耕别墅"的7项特征，分别是：（1）主建筑"工字殿"，共有一十七间；（2）工字殿后殿有东钻山房一间，后殿的东西方向应该共有转角房七间；（3）工字殿西侧应该有两座面阔五间的房屋，并且其中一座前接抱厦三间；（4）省耕别墅南侧有宫门三间，宫门东边有转角房五间；（5）宫门前应有东西朝房各三间；（6）西侧应有宫门一座，宽三间；（7）西宫门南边应有转角房七间。而这7项特征与"图样"描绘的情况都能对应，二者完全符合。于是，刘沫得出了她的研

---

① 刘桂生.刘桂生学术文化随笔[M].北京：中国青年出版社，2000：309.

究结论:"熙春园工字殿就是嘉庆帝的省耕别墅工字殿,始建于嘉庆七年(1802年)。"

实际上,关于省耕别墅是建在熙春园内的观点,圆明园研究专家张恩荫(1933—2018)先生早在1992年撰写的《清五帝御制诗文中的圆明园史料》[①]文中就提出过:"熙春园,创建于康熙年间,乾隆三十二年归入御园。位于长春园东南(今清华大学西部)……。嘉庆七年,增建省耕别墅,为几暇课农之所。……因熙春园当时亦称御园,近年有文章误称省耕别墅在圆明园北路。其实此别墅建在熙春园内。"也就是说,刘沫并不是最先提出"省耕别墅在熙春园内"观点的研究者,但她以更翔实的证据确定了省耕别墅的具体位置,从而让人对这个观点更加信服。

三、"变化"是熙春园历史发展的主线

从熙春园到清华园的历史演变,至今已经超过300年。研究这段复杂的历史,需要利用掌握的各种证据,把握"时间、空间、人物、社会"这几个维度,充分考虑"时代变化、归属变化、范围变化、建筑变化"的叠加作用,以及政治、经济、社会等外在因素对变化产生的影响,再加以符合逻辑的推断,才有可能得出接近真相的结论。

在以往的熙春园历史研究中,学者们对这处皇家园林由"赐园"到"御园"再到"赐园"的过程似乎已经研究得很透彻,对熙春园、近春园、清华园之间的传承关系也算基本理清,对康熙、雍正、乾隆、嘉庆、道光、咸丰、同治、光绪、宣统等九朝皇帝对这种演化的影响同样十分关注,但是唯独对熙春园"范围变化"细节对历史演变的影响没有特别在意。"始建于康熙四十六年(1707),乾隆三十二年(1767)收归御园,道光二年(1822)被分为两座园林"的笼统说法,给人的感觉好像熙春园的范围从来都没什么变化,只是"分分合合",

---

① 张恩荫.清五帝御制诗文中的圆明园史料[J].圆明园,1992,5:155—156.

产生或者更换不同的名称而已。

但是，真实的历史绝不是这么简单！读者在刘沫的文章中看到，她就是利用自己掌握的新证据，从熙春园范围的历史变化细节切入，得出了一系列新的结论。那么，她是如何发现熙春园范围变化的奥秘呢？原来，是一张名为《熙春园周围大墙地盘样》（样式雷图档117—0012）的皇家档案图样启发了她的思路。这张图样上有两道围墙，刘沫将外圈一道命名为"熙春园大墙"，内圈一道命名为"近春园大墙"，而这道内圈大墙与《熙春园近春园改建添房底样》中间部位用黑线标记的内圈大墙"如出一辙"，完全可以认为是同一道围墙。

刘沫针对两张图样反映出的情况提出了问题：熙春园、近春园这种园中有园的形式是怎么形成的呢？两道大墙的建造又是孰先孰后？她敏感地认为：这些问题将成为破解熙春园演变过程的"钥匙"。

也是由于图样没有标明建造围墙的时间和图样绘制时间，因此通过相关文档记载的时间判断熙春园和近春园围墙各自的建造时间仍然是首选方法。因为内务府乾隆三十四年（1769年）十二月呈《奏为修理熙春园房间用过银两数目事》中记录有相关内容：添砌总长度达五百多丈的"熙春园西北二面虎皮石大墙和夹墙二道"，再结合图样上标注的相关围墙长度，刘沫认为外圈围墙就是奏折中所说的"大墙"，建成时间应该是"乾隆三十二年（1767）"。

至于套在"熙春园大墙"内的"近春园大墙"建于何时，按照通常的正向思维方向，会直接认为"熙春园在先，近春园在后"。但如果逆向思维，有没有其他可能呢？恰恰在这一点上，刘沫利用掌握的清宫档案，包括：《熙春园永恩寺[地盘画样]》《近春园[地盘全样]》以及有关奏折等文件，经过一系列复杂的推理过程，最后得出令人意想不到的结论，其要点是：

1. 近春园大墙始建于康熙四十六年（1707），而熙春园大墙建成于乾隆三十二年（1767），比近春园大墙晚了约60年。

2. 在乾隆三十二年之前，原胤祉熙春园的范围仅限于近春园大墙内的约192亩大小。乾隆三十二年，乾隆皇帝扩建熙春园，将几百亩弄田纳入园中,此后的熙春园范围东抵万泉河,北抵长春园南墙,面积约750~800亩。

3. 最有可能将原胤祉熙春园更名为"近春园"的人是嘉庆皇帝,更名时间在嘉庆十四年(1809年)之前。更名原因是皇帝需要赐出一座园林,而原胤祉熙春园比较适合,因此将赐出部分起名"近春园",熙春园其余大部分仍保持原名。从此近春园和熙春园比邻而居。

这些结论明确强调,熙春园的范围(面积)不是一成不变的,而是经历了一个"小园"先建,再变"大园"的渐进过程,同时又伴随不断的分划、调整,在不同时期出现了不同的名称,由不同的主人使用,也衍生出诸多史话秘闻。虽然咸丰时期命名的清华园仅仅是熙春园最后的一部分遗存,但它却与熙春园的全部演变密不可分,一脉相承。因此,为了形象地说明熙春园在清朝200年间的演变过程,刘沫还特别在今天的清华园卫星地形图上绘制了四幅示意图,这一举措产生了"提纲挈领,事半功倍"的效果,令人印象深刻。

四、结语

刘沫的所有努力,其实都在说明一个理念:从1707年诞生至今,"变化"始终是熙春园历史发展的主线。这不仅符合一切事物发展的客观规律,也是继续深入研究必须秉持的基本着眼点。如果利用她得出的这些"颠覆性"论点,再去看待《熙春园·近春园考》等专著中无法解释的一些矛盾问题,或许就会找到破解问题的新思路。而这正是刘沫对熙春园历史研究做出的新贡献。

踏进浩瀚的历史森林,每个人都只是小学生,需要虔诚信念和敬畏之心。谁都可以从散落满地、杂乱纷呈的落叶中撷取几片加以剖析,但观点却可能大相径庭。争论"谁对谁错"没有太大意义,真理只有在"百花齐放,百家争鸣"中才能得以催生。厚重的人文历史宝藏,永远闪耀灿烂光芒,探寻——永远在路上。这正是:

圆明五园遭湮灭,省耕别墅幸遗存;

扑朔迷离藏旧事，大白天下惠后人。

（2021年7月初稿，2021年8月18日终稿）

* 本文为清华园工字厅建成约220年而作，曾发表于《北京晚报》2021年8月21日（五色土/人文栏目），并被清华大学校内媒体转载。

● 太空中翱翔的清华之星

茫茫宇宙，浩瀚星空，围绕太阳运行的八大行星和无数颗小行星构成了一个神秘莫测的天体系统。难以计数的小行星都是太阳系中体积相比"八大行星"要小的天体，大多集中在火星和木星的轨道之间，日夜不停地围绕着太阳运转，构成了太阳系中动态的炫丽风景！

人类作为地球上的旅客，不仅跟随着这颗伟大的星球在宇宙中遨游，同时也在不断尝试去探索宇宙的无穷奥秘。1801年，人类在宇宙中发现了第一颗小行星，从那之后，200多年来对于小行星的探索从未间断，并且从一开始就尝试着给这些宇宙"跑群"的"小伙伴"起名。

2022年8月15日，国际天文学联合会（International Astronomical Union，IAU）发布公告，将国际永久编号为192353号的小行星命名为"王大中星"。因为这一项命名，宇宙间又多了一颗以中国人（华人）姓名命名的小行星。

最新被命名的"王大中星"，是由国家天文台于1995年10月14日发现，经国际天文学联合会认证并赋予国际永久编号"192353"的。《小行星通报》中有这样的描述：王大中（生于1935年），中国核反应堆工程师、教育家、中国科学院院士。曾任清华大学校长，并获得2020年中国国家最高科学技术奖。在历任清华大学校长中，王大中是获得此项国际荣誉的第一人。与此同时，王大中也成为迄今为止被冠以小行星"星名"的第50位"清华人"。

一、小行星的命名

随着现代科学技术的发展，被人类发现的小行星也就越来越多。如何识别、区分它们本身就成为天文学的一个分支。给这些被发现的小行星"起名",既是一种科学管理需要,同时也成为天文学的"文化"特征。按照国际规定,漫天的恒星只能用星座及其数码表示,只有太阳系中的小行星才能由发现者提出命名。早年发现的小行星大多以希腊神话中神仙的名字命名,后来随着小行星发现数目增多,许多国家、城市和知名人士的名字成为小行星的"星名"。

为了统一规范,1919 年成立的国际天文学联合会专门组成了由国际著名科学家组成的"小天体命名委员会"(Committee on Small Body Nomenclature),负责制定命名规则,接受和审议全球新小行星的命名工作。小行星发现者提出的命名申报经该委员会审议通过后,国际小行星中心(IAU Minor Planet Center)将在《国际小行星通报》(Minor Planet Circulars)上正式发布,同时通知世界各国天文台,并列入每年出版的《国际小行星星历表》上,永载天文史册。小行星的命名具有严肃性、唯一性、稀有性和永久性,是一项崇高的国际荣誉,命名一旦获得批准,将为世界各国所公认。

小行星命名具有双重意义,对于被命名者固然是一种极为珍贵的纪念,对于小行星发现者也同样是一种特别褒奖。援引"小天体命名委员会"中国籍委员朱进博士的介绍:截至 2020 年 6 月 15 日,小行星永久编号已经按顺序排到了 546077 号,其中已经被命名的小行星却只有 22129 颗,也就是说,只有 4% 满足命名条件的小行星被命名[①]。

迄今为止,小行星的命名主要以人名、地名、机构名为主,也有重大历史事件等。这些名字构成了一个庞大纷杂的人类社会与历史信息库,其中以人物命名所占比例居高,包括世界各国科学家、艺术家、文学家和社会知名人士。但对近代和现代政治家、军事家的命名控制非常严格、慎重,必须在其逝世后 100 年才能加以考虑。这主要是为了避免复杂的政治因素对小行星命名产生干扰。

---

① 新华网 2020 年 8 月 31 日的报道《"吴汝康星"命名仪式举行》。

二、翱翔在宇宙中的"清华星"

在人类探索与发现小行星的历史进程中，中国人参与的最早记录定格在 1928 年，那是由中国现代天文学家张钰哲（1902—1986）发现的第"1125"号小行星，它被正式命名为"中华"（CHINA），这也开创了中国小行星研究事业的先河。从那之后的近百年来，已被命名的"中国"概念小行星数量达到约 500 颗。

非常难得的是，发现"中华星"的张钰哲是清华早期留美的学生，这似乎也预示着清华从此结下与小行星的缘分。迄今为止，在所有"中国星"中，有多少是与清华大学有关的"清华星"呢？这些清华之星都有着怎样的故事呢？带着这些问题，我们进行了一次有针对性的探寻。综合各种资料统计，截至 2022 年 8 月，在国际天文学联合会（IAU）批准的正式小行星命名中，已发现共有 50 余项与清华有关，也就是说，太空中有 50 余颗"清华星"在翱翔。其中，"张钰哲星"是国际永久编号、命名时间均排列最靠前的，这与张钰哲为中国天文事业所做贡献相互匹配，堪称实至名归。

清华大学星命名证书

在这些"清华星"中，有50颗是以曾在或正在清华大学学习、工作的人命名的，另有2颗是与清华大学有关。它们分别是：

序号	国际永久编号	国际命名	星名	命名时间	发现者
1	2051	Chang	张（钰哲）	1978.08	哈佛大学天文台
2	3797	Cheng-sung Yu	余青松	1989.04	哈佛大学天文台
3	3462	Zhouguangzhao	周光召	1996.03	紫金山天文台
4	3678	Mongmanwei	蒙民伟	1996	紫金山天文台
5	3421	Yangchenning	杨振宁	1997.05	紫金山天文台
6	3443	Leetsungdao	李政道	1997.05	紫金山天文台
7	3704	Gaoshiqi	高士其	1999.12	紫金山天文台
8	3763	Qianxuesen	钱学森	2001.12	紫金山天文台
9	11637	Yangjiachi	杨嘉墀	2001	国家天文台
10	3014	Huangsushu	黄授书	2001.08	紫金山天文台
11	64290	Yaushingtung	丘成桐	2001	香港天文台
12	17693	Wangdaheng	王大珩	2002.03	北京天文台
13	14558	Wangganchang	王淦昌	2003.09	北京天文台
14	25240	Qiansanqiang	钱三强	2003.10	北京天文台
15	56088	Wuheng	武衡	2004.03	北京天文台
16	29552	Chern	陈（省身）	2004.10	北京天文台
17	10388	Zhuguangya	朱光亚	2004.11	北京天文台
18	18550	Maoyisheng	茅以升	2006.01	北京天文台
19	48798	Penghuanwu	彭桓武	2006.06	北京天文台
20	21064	Yangliwei	杨利伟	2006.08	欧洲南方天文台
21	9512	Feijunlong	费俊龙	2007.03	紫金山天文台
22	9517	Niehaisheng	聂海胜	2007.03	紫金山天文台
23	5273	Peilisheng	裴丽生	2007.07	紫金山天文台
24	7811	Zhaojiuzhang	赵九章	2007.10	国家天文台
25	79694	Nanrendong	南仁东	2018.09	国家天文台
26	58605	Liutungsheng	刘东生	2008.11	国家天文台
27	27895	Yeduzheng	叶笃正	2010.05	国家天文台
28	46669	Wangyongzhi	王永志	2010.05	国家天文台
29	100434	Jinyilian	金怡濂	2010.05	国家天文台

续表

序号	国际永久编号	国际命名	星名	命名时间	发现者
30	10929	Chenfangyun	陈芳允	2010.06	北京天文台
31	48636	Huangkun	黄昆	2010.07	国家天文台
32	16982	Tsinghua	清华大学	2010.11	国家天文台
33	175718	Wuzhenyi	吴征镒	2011.12	国家天文台
34	224888	Cochingchu	竺可桢	2012.08	鹿林天文台（台湾）
35	210232	Zhangjinqiu	张锦秋	2015.01	紫金山天文台
36	102536	Luanenjie	栾恩杰	2015.02	国家天文台
37	9221	Wuliangyong	吴良镛	2016.01	国家天文台
38	12935	Zhengzhemin	郑哲敏	2016.01	国家天文台
39	204711	Luojialun	罗家伦	2018.05	鹿林天文台（台湾）
40	212796	Guoyonghuai	郭永怀	2018.07.11	紫金山天文台
41	212797	Lipei	李佩	2018.07.11	紫金山天文台
42	10410	Yangguanghua	杨光华	2018.10	国家天文台
43	216331	Panjunhua	潘君骅	2019.04	紫金山天文台
44	218914	Tangauchin	唐敖庆	2020.01	紫金山天文台
45	283279	Qianweichang	钱伟长	2020.02	紫金山天文台
46	325812	Zouchenglu	邹承鲁	2020.01.09	紫金山天文台
47	10911	Ziqiangbuxi	自强不息	2021.04.23	国家天文台
48	96612	Litipei	李惕碚	2023.02.17	国家天文台
49	236845	Houxianglin	侯祥麟	（暂不详）	
50	256892	Wudayou	吴大猷	（暂不详）	
51	189347	Qian	钱（钟书）	（暂不详）	
52	192353	Wangdazhong	王大中	2022.08.15	国家天文台

在这52颗"清华星"中，值得全体清华人特别关注的两颗小行星是"清华大学星"和"自强不息星"。这是迄今为止被命名的13颗"中国大学星"中，仅有的一对与同一所大学密切相关的"姐妹星"。

"清华大学星"是由国家天文台于1999年1月10日发现，2010年11月28日，经国际天文学联合会（IAU）批准冠名，国际永久编号为"第16982号"的小行星。《小行星通报》中有这样的描述：清华大学建于 1911 年，是中国最好的研究型大学之一。自建校以来，它培养了一大批中华民族引以为豪的学术大师、兴业英才和治国栋梁，为中国经济、科技、文化和社会的发展做出了突出贡献。在 2011 年"清华百年校庆"期间，清华大学为此专门制作了一座不锈钢雕塑，安放在清华天文台附近作为永久纪念。

2021 年 4 月 23 日，国际永久编号为"第 10911 号"的小行星被命名为"自强不息星"。在清华大学纪念建校 110 周年之际，能够获得包含清华校训的小行星命名，无疑具有特殊的纪念意义，这将激励清华人秉持"自强不息，厚德载物"的精神，继续为创建世界一流大学而加倍努力！

除了以上这 52 颗"清华星"以外，还有两颗同属于"清华星"谱系的小行星，一定不能被忽略，这就是"曹光彪星"和"徐遐生星"。

1. 曹光彪星

1998 年 10 月 5 日，根据中国科学院紫金山天文台的申报，国际天文学联合会（IAU）正式批准将该台于 1981 年 11 月 27 日发现、国际永久编号第 4566 号的小行星命名为"曹光彪星"。

曹光彪（1920—2021）是著名的香港爱国实业家，一生中创造了诸多商业奇迹，从 1978 年起就投资内地，为改革开放事业做出巨大贡献。曹光彪先生对清华大学有着特殊的感情，1996 年捐赠 1000 万元，设立"曹光彪高科技发展基金"，成为当时清华获得的最大一笔捐赠。从那时起，曹先生不遗余力地为清华大学不断提供各种类型的捐赠，清华"综合体育馆"也是由他在 2001 年清华大学 90 周年校庆时捐建。为感谢曹光彪对清华发展建设做出的突出贡献，2008 年 2 月，清华大学聘请曹光彪为名誉校董。

最令人感动的是，曹光彪先生在 2021 年 3 月 12 日离世前，嘱托家人将自己名下的财产全部捐赠清华，助力清华为"服务国家富强、民族复兴、人民幸福"贡献力量。清华大学决定将曹光彪遗赠的这笔资金，用于在清华教育基金会设立"清华大学曹光彪先生纪念基金"，支持清华重大的教育教学改革、科技创新以及延请世界知名学者来校任教等工作，助力清华向世界顶尖大学的目标奋进。无论何时，清华人仰望"曹光彪星"，都会缅怀他为清华发展做出的特殊贡献。

2. 徐遐生星

"徐遐生星"是由 C. J. van Houten 等多位美国天文学者于 1973 年 9 月 29 日发现，经国际天文学联合会（IAU）认证赋予国际永久编号"第 18238"号，并以徐遐生的英文名字命名为"Frank Shu"。

徐遐生祖籍浙江温州，1943 年出生于昆明，其学业虽然不是在清华完成，却是一位真正的"清二代"。他的父亲徐贤修（1912—2002）是清华大学算学系 1935 年的 3 位毕业生之一，以后留学美国成为应用数学博士。徐贤修 1961 年创立台湾"清华大学"数学系，并于 1970 年至 1975 年担任校长。徐遐生本人是闻名遐迩的国际著名天文物理学家，他在 1963 年从麻省理工学院物理系毕业后，转至哈佛大学继续攻读天文学，在导师林家翘（1916—2013）的指导下，发展了解释漩涡星系旋臂的"密度波理论"和"恒星形成理论"，受到国际天文界瞩目。1968 年获得天文学博士学位后，长期从事天文学研究，曾担任美国加州伯克莱大学天文系主任，还曾当选过美国天文学会（American Astronomical Society，AAS）会长。2002 年，徐遐生从美国到中国台湾，担任了四年的台湾"清华大学"校长。父子俩人先后成为同一所著名大学的校长，使得这颗"徐遐生星"闪现出独特的"清华之光"。

三、清华之星的启迪

那些被冠以"星名"的杰出清华人，绝大多数都是中国或外国国家科学院 / 工程院院士，专业涵盖了现代科学领域的各个主要学科，其中有 20 位获得了"两弹一星功勋奖章"或"国家最高科技奖"等国家级最高荣誉，集中代表了他们为中华民族的伟大复兴发挥的特殊作用。

这个特殊群体俨然就是一个满载国家崇高荣誉的特殊"星群"，彰显出这些"以身许国"英雄创造的励志传奇与无上荣光。他们正是凭借自己的深厚理论功底、科学钻研精神和拳拳报国之心，才能在横跨两个世纪的风云变幻的岁月中，以"行胜于言"的实干精神支撑起了中国庞大的科技体系，让曾经"一穷二白"的中国人挺起腰杆，自立于世界民族之林，为中国的持续发展奠定了十足的底气！

清华大学星纪念雕塑

在这50颗以"清华人"命名的小行星中，"星主"中有48位男性，仅有的两位女性是李佩、张锦秋。他们中有35人已经离世，他们的功绩值得我们永远怀念。其中，"两弹一星元勋"之一的郭永怀，在59岁时因飞机失事殉难，但他"在牺牲一刻仍紧抱装有核机密公文包"的事迹感人至深。李佩与郭永怀也是在同一时刻获得命名的一双"伉俪星"，夫妻二人为科学献身的功绩铸就了中国科学史上一段难以复制的传奇。

而目前仍健在的15人中，包括了3位中国宇航员杨利伟、费俊龙、聂海胜，他们实现了中国人千百年来的"航天梦"，并且成为中国军人中仅有的被冠以"星名"的3人。还有3位"寿星"特别令人尊敬，他们是杨振宁、吴良镛、李政道。这3位清华前辈都是已经或即将迎来自己百岁寿辰的科学巨擘，除了在各自领域内做出巨大贡献，又都在清华教坛努力耕耘，培养后学，老骥伏枥，令人称颂！

宇宙中的这些"清华星"浓缩了百年清华的历史，凝聚了"自强不息，厚德载物"的精神，体现了全体清华人为建立人类命运共同体所做的杰出贡献。毫无疑问，每一颗"清华星"背后都有与众不同的奋斗传奇和励志故事。对于清华大学而言，能够有这么多"清华人"被冠以"星名"，这是一件令人自豪的事情，也是值得珍视的宝贵精神财富和文化资源。

当然，对于清华人而言，能够被冠以"星名"的毕竟是极少数，但"清华大学星"和"自强不息星"却应被当作是所有清华人的光荣与责任！我们期盼有更多优秀的清华人被冠以"星名"，翱翔寰宇；只要每个清华人都将光荣作为动力去实现梦想，那么越来越多的"清华之星"就将与日月同辉，永远光耀长空！这正是：

浩瀚寰宇垂英名，太空遨翔小行星；
胸怀天穹凌云志，清华逐梦永不停！

（2021年4月30日初稿，2023年3月22日修订第四稿）

*1. 本文最初为清华大学建校110周年校庆而作，后经多次补充，现为截至2023年3月的资料更新稿。2. 文中所写的清华校友李政道博士，已于2024年8月4日在美国旧金山逝世，享年97周岁。谨以本文再次向李政道博士致敬！

● 捐赠情怀　收获胸怀

2018年是我的捐赠年。在这一年里，我进行了三次有意义的捐赠。"赠人玫瑰，手有余香"，这三次捐赠虽然让我手中的"玫瑰"离去，但却留下了永不消逝的余香。

一、"红双喜"捐赠记

"红双喜"，这是一个国人尽知，享誉世界的乒乓球民族品牌！"她"诞生在60年前的1959年的新中国成立10周年大庆，是由上海工人第一次生产出的国际标准乒乓球。两件事情加在一起，可谓"双喜临门、红旗飘飘"，故起名为"红双喜"。

捐赠证书和"红双喜"乒乓球

对于伴随中国乒乓球发展而成长的一代人而言，"红双喜"代表着民族复兴的精神，记录着我们的青春脚步，因此对"她"有着特殊的感情。

1974年，已经在海军部队服役4年的我，因为爱打乒乓球，又在群众体育活动中取得好成绩，得到了一盒"红双喜"乒乓球的奖励。在当时的那个年代打乒乓球，用的都是一二角钱左右的"连环""光荣"牌，而价值5角钱的"红双喜"是球迷心中的"公主"，轻易见不到、用不起的。因此完全可以想见我得到一盒5只"红双喜"乒乓球时的喜悦心情！

　　这盒"红双喜"乒乓球是直径38毫米的"小球"，5只乒乓球不是散装的，是被封装在一个塑料袋里后，再装进一个纸盒里。也正是因为这样，所以我从一开始就很珍惜，没舍得撕开塑料包装袋取用任何一只，就这样长此以往，让5个"红双喜"相依相靠，始终在一起。从那时起，这盒"红双喜"随我走南闯北，从部队到清华，从安徽到浙江，最后回到了它们的出生地"上海"。整整44年，我与这盒"红双喜"从未分离！

　　时间来到了2018年3月31日，"国际乒联博物馆和中国乒乓球博物馆"在上海正式开馆。作为一个乒乓球爱好者，我得知这一消息后，迫不及待地安排时间去参观。而当我在"乒乓球器材发展"部分参观时，却感到一丝"美中不足"。原来，"乒博馆"现在展出的"红双喜"乒乓球都是1980年代之后的产品，并没有完整地反映出中国乒乓球发展的历史。于是马上就想到了我的"红双喜"宝贝，它们的资格足以超出这里所有"红双喜"乒乓球展品！

　　于是，我马上找到乒乓球博物馆的办公室，博物馆顾郑军副馆长接待了我。我简要向他介绍了我的藏品，并表示了捐赠的意愿。顾副馆长表示非常欢迎我的捐赠，并具体安排了典藏部工作人员和我对接。

　　回到家里，我拿出这盒"红双喜"细细端详，突然产生出一种莫名的惆怅，也一下子明白了为什么有女儿的父母在即将"送女出嫁"时的那种难分难舍的感情。虽然这盒"红双喜"不是我的"女儿"，但毕竟我带着"她"长达40多年，"她"是我年轻时的最爱，印刻着我的青春印记。但一想到，将这盒"红双喜"送到乒博物馆，让更多人通过这件实物了解中国乒乓球运动以及乒乓球器材发展的历史，让"她"发挥更大的作用，这是为"她"找到的最好归宿！我的惆怅顿时烟消云散，心境一下子"万里晴空"！

2018年5月18日是第42个"世界博物馆日"。这一天，"国际乒联博物馆和中国乒乓球博物馆"成为上海第九个"市民终身学习体验基地"和第191个市级"学生社会实践基地"。为此专门举办了挂牌仪式和一系列主题活动。活动之一就是为我举办的"红双喜"乒乓球捐赠仪式。在仪式上，国际乒联副主席兼乒乓球博物馆馆长施之皓向我颁发了"捐赠证书"，并和我合影留念。之后，我接受了上海电视台的采访，讲述了我和"红双喜"乒乓球的故事。第二天，上海电视台的新闻中播发了这条消息。

作为集邮爱好者，我为这次捐赠"红双喜"乒乓球专门制作了一式两枚纪念封，上面用红墨水笔手绘了"红双喜"的LOGO图案。这两枚纪念封我分别邀请两位乒乓球世界冠军签名，一位就是施之皓馆长，另一位则是曾经18次夺得世界冠军，也曾经是"红双喜"品牌代言人的邓亚萍。跟随我44年的"红双喜"乒乓球虽然离开了我，但是我和"她"的故事却成为中国乒坛上的一段佳话，"她"的形象也印刻在纪念封上，永远陪伴我一路前行！

二、"清华史料"捐赠记

2018年国庆节，在微信圈里看到了一则清华校史馆的《关于"清华史料和名人档案"致广大校友的征集启事》（以下简称《启事》）。仔细读毕，有了一种怦然心动的感觉。何为"史料"？《启事》定义"清华发展历程中形成的具有保存价值的各类文字、音像、实物等原始资料"均可称为"史料"。对我而言，还真有这么几件可以拿得出手的"史料"。

1975年10月，我从海军部队被选入清华大学，从而开始了我人生中一段重要的"清华之旅"。在清华园的4年时间里，我和1975级的2200名学员经历并见证了一个重要的历史转折，同时也付出了艰苦的努力，挥洒了青春的汗水，收获了才干与能力。我个人在1979年毕业时也获得了入学时意想不到的荣誉，收获了清华大学颁发的"优秀毕业生"

奖章。在我们1975级迎来毕业40年的"秩年"大庆的时候，将当年我从清华园带走的那些"记忆"重新送回清华，还有什么能比这个举动更有纪念意义呢？

清华大学优秀毕业生奖章

于是，我很快整理出一批保存完好的"清华史料"，并与清华档案馆的李运峰主任取得了联系，明确表示了捐赠意愿。档案馆在看了我收藏的史料目录后，做出积极回应，欢迎我的捐赠。2018年10月17日下午，我乘坐高铁从上海回到北京，当我走进西门时，金黄色的银杏叶飘飘洒洒，天高气爽的满目秋色一下子让我有了一种似曾相识的感觉！是的，43年前头一次走进清华园也正是在这样的金秋时节。如今，连接这两段美丽时光的恰恰就是我随身带回来的这些属于清华的"史料"！

在大礼堂东边的清华档案馆里，我见到了范宝龙馆长，他还身兼校史馆馆长，今天特意过来参加我的捐赠仪式。当我将带来的39件史料逐一呈现时，范馆长以其"档案人"的专业眼光肯定了这些带有特定历史信息"实物"的价值，他特别对我捐献的这些史料总结了几个特点。

第一，见证了清华在40年前的历史转折。我捐赠的"优秀毕业生奖章""优良毕业生奖状""三好学生奖状"都是清华大学在中断了13年之后，重启颁发的首次，如此完整非常少见，是清华的教育事业拨乱反正、重新走向正轨的见证。

第二，史料之间具有清晰的关系链。我在捐赠"奖章"和"奖状"的同时，还捐赠了记载这些事件背景的清华老报纸，这些报纸虽历经40

年，但保存完好，是了解当年清华情况的第一手资料。

第三，为清华名人档案增添了具有唯一性的史料。我捐赠的清华体育前辈夏翔先生的亲笔书信、题词、纪念封等史料，都是记载清华名人生命轨迹的珍贵见证，不可多得。

在捐赠仪式上，李运峰主任与我共同签署了《清华大学档案资料捐赠协议书》，协议书中明确规定了清华将"妥善收藏和管理受赠的档案资料，可将受赠档案用于清华大学校史展览等相关展示"，协议还附有我捐赠的史料清单。如此规范的流程令我对清华档案管理的水平深感满意、放心，并对自己作出的正确决定感到庆幸。我珍藏40年的清华史料终于找到了最合适的"归宿"，还有什么比我这些"宝贝"回到自己的"老家"更好的选择吗？对此，我甚为欣慰！

随后，范宝龙馆长向我颁发了《捐赠证书》，上面写着："尊敬的袁帆校友：您捐赠的毕业论文、毕业证书、照片、奖章、奖状、信件、试题等实物，已由清华大学档案馆收藏。它们不仅是学校的宝贵财富，更将为教育师生和历史研究发挥重要作用。特发此证，谨致谢忱"。

袁帆校友捐赠优秀毕业生奖章和夏翔先生信札

2018年10月17日，袁帆校友（1975级建工）将清华在"文革"后首次恢复授予的优秀毕业生奖章以及著名体育教育家夏翔教授的亲笔信等珍贵史料捐赠给母校。档案馆馆长范宝龙代表学校接收捐赠，并向袁帆校友颁发了捐赠证书。

袁帆校友于1975年作为海军学员进入清华大学就读，所学专业为地下建筑。在校期间不仅品学兼优，还参加了体育代表队田径队，曾多次代表学校参加比赛并取得出色成绩。1979年，学校在中断13年之后首次恢复颁发优秀毕业生奖章，袁帆成为五名获奖者之一。

此次捐赠的档案史料共39件，除优秀毕业生奖章外，还包括夏翔先生给袁帆的回信、赠送的第五届全运会开幕式门票以及题字"勤稳厚益，动静乐寿"等。

（档案馆）

《清华校友通讯》刊登的捐赠信息

此后，清华档案馆在10月31日的微信公众号上发表了《袁帆校友捐赠优秀毕业生奖章和夏翔先生信札》的消息，记载了我的捐赠活动。12月4日，在公众号上又发表了专题报道《用最初的心，做最好的事——袁帆校友向母校捐赠史料》。这篇报道用了"穿水兵服的优秀毕业生"和"与夏翔先生的师生情缘"两个部分，分别介绍了我捐赠的史料以及背景故事。仅从这件事上，足见清华档案馆对我捐赠的重视。这说明，清华在"创建世界一流大学"的进程中，十分重视档案的价值，具有大视野、大格局。我捐赠的这些带有1975级印记的珍贵史料不仅仅属于我个人，也是那个时代的集体记忆，理应与清华共存。当年我从清华园把这些记忆带走，如今又全部送回，在毕业40年后能为母校再做些贡献，我的内心感到无比幸福！此生对清华有此贡献，足矣！

三、"六分仪"捐赠记

2018年10月17日的清华之行，我还有另外一项捐赠活动，那就是向正在筹建的"清华大学科学博物馆"捐赠我的收藏品。

清华大学正在创建"世界一流大学"，而世界一流大学的硬件指标中，"博物馆"必不可少。在清华大学建校100年的历史上是没有博物馆的，这与清华的地位极不相符。为了弥补这一缺憾，2013年决定首先建立"艺术博物馆"。经过几年建设，一座占地7815平方米，建筑面积29912平方米的艺术博物馆于2016年9月10日正式开馆。紧接着，清华大学又采取了一项重要举措，决定在人文学院设立"科学史系"，同时筹备建立一座"科学博物馆"。希望通过科学博物馆再现清华理工科学科群在中国近代科技史上的成就，促进科学传播、激励科技创新，进一步推动人文与理工的交叉融合。计划2026年建成展出的科学博物馆将与艺术博物馆并列出现在清华园中，成为清华两个新的标志性"科学与艺术"殿堂。

当我看到科学博物馆向全球清华校友发出的征集启事后，马上想起了我收藏的一件在世界科学发展史上具有一定地位的藏品，那是一架"六分仪"。六分仪属于最基本的航海定位仪器，由英国人发明于18世纪，是人类认识海洋、征服海洋的智慧结晶。这种仪器由于操作简单、受外界干扰小，不仅具有历史价值，更具有长久的实用价值，即使在科学技术高度发达的现代航海实践中，仍然具有不可替代的作用，是大中型舰船必须的配备。

我收藏的这架六分仪是由英国制造的，保存完好，十分精致。注册商标铭牌标明"HUSUN"，具体的制造时间无法考证，但从仪器包装箱中一张检测记录上记载的"1950.10.10"来看，肯定是在1950年代之前，因此其寿命至少应该有70年以上，是20世纪上半叶英国航海仪器制造水平的直接见证。

这架六分仪是我1990年代在海军上海基地司令部担任航海保证部门军官时收藏的，但是它究竟怎么从英国来到中国已经无法考证。据我推测，应该与人民海军的发展历程有关。"二战"结束后，美国和英国援助给国民党海军一批舰艇，成为国民党打"内战"的工具。1949年4月23日，人民海军正式成立。但那时中国根本没有现代化造船工业，建军初期的军舰来源大部分都是国民党海军"起义"后收编的。而这架六分仪就可能是某艘起义舰艇的装备。随着人民海军舰艇的不断更新，这些历经改朝换代，服役了几十年的外国造老旧舰艇逐步退役淘汰，配备的各种装备也就当作废品处理了。而这架六分仪幸运地遇到了爱好收藏的我，于是被我"截留"。更有意思的是，因为我的清华背景，它竟然能够有机会被科学博物馆永久收藏！

10月17日，在我完成了向清华档案馆捐赠史料以后，我马上赶到了位于清华"蒙民伟楼"的"科学史系"，参加了科学博物馆（筹）为我举行的捐赠仪式。科学史系系主任吴国盛教授认真地听我介绍了六分仪的工作原理和使用方法，充分肯定了这件实物藏品的价值以及我的捐赠行为，并向我颁发了《捐赠证书》。吴教授与我相约，在清华建校115周年，也就是清华大学科学博物馆落成的时候再来看看这架六分仪，这让我充满了期待。想想也真让人不可思议，一架六分仪，既从航海角度见证了人类科学发展的历史，又从海军的特定角度见证了中国近代历史的演变，兜兜转转，清华大学科学博物馆竟能成为它永久的归宿地，这其中的因缘际会是一个多么富有传奇色彩的故事呀！

在我完成捐赠的当天，科学史系的网站就发表了一篇新闻报道，题为《袁帆校友向科学博物馆捐赠六分仪》，介绍了这架六分仪的背景，记载了我的这次捐赠活动。我为自己的捐赠行为感到骄傲，并衷心希望清华科学博物馆早日顺利建成，在建设"世界一流大学"的过程中发挥独特的作用！

四、结语

"红双喜"乒乓球记载着"国球"的光彩，跟随我走南闯北，从安徽到浙江，再转到北京，在"清华"留驻了四年，最后回到诞生地上海；航海"六分仪"在英伦三岛诞生，漂洋过海来到中国，先后服务于不同阵营的海军；清华史料是清华历史的真实记录，更是1975级的集体记忆，每件收藏品都有故事，它们的价值不言而喻。我收藏它们，捐赠它们，出于一种珍视历史，敬畏历史的情怀；我为后人留下属于时代、属于集体的珍贵印记，收获的是"不要人夸颜色好，只留清气满乾坤"[①]的胸怀！这正是：

大千世界多精彩，独具慧眼乾坤在；
赠人玫瑰手余香，满目繁花大胸怀！

（2019年2月20日完稿于65周岁生日）

---

① 元代王冕有《墨梅》曰："我家洗砚池边树，朵朵花开淡墨痕。不要人夸颜色好，只留清气满乾坤。"

体育篇

行健不息

● 清华引来飞毛腿　奥运洋将传真经

在 2021 年 7 月举行的"2020 东京奥运会"上，清华大学在校学生杨倩、史梦瑶代表中国射击队出战，在强手如林的奥运赛场上奋勇拼搏，为国争光。最终杨倩一人夺得两枚金牌，又一次创造了奥运史上的"清华纪录"。

清华建校以来，素来重视体育在"教书育人"过程中的"迁移价值"。100 多年来，通过几代人的不断努力与磨合，逐渐形成"体魄与人格并重"的理念和"无体育，不清华"的传统，也为培养高水平学生运动员打下了良好基础。

在这中间，清华也与奥运会结下了不解之缘。除了人们已经熟知的，1936 年中国参加第 11 届奥运会的田径选拔集训是在清华园举行之外，其实还有一次更早引来"奥运洋将"传经送宝的史实应该被后人知晓。

一、罗家伦校长为什么宴请德国体育家

一个偶然的机会，我在查找清华史料的过程中，发现《清华体育大事记》有一则简要记载："1929 年 11 月 28 日，德国体育名家皮撒博士到清华体育馆作演讲。罗家伦校长设宴招待。"[①] 了解清华校史的人都知道，作为"国立清华大学"的首任校长，罗家伦（1897—1969）在任一年零八个月，虽然对清华大学早期发展颇有建树，但因治学理念与管理举措与清华师生多有矛盾，其中压缩体育部编制，将马约翰（1882—1966）从教授降为教员更是备受争议，及至最后被学生会"驱逐"离校。在这

---

① 叶宏开，等. 挺起胸来[M]. 北京：清华大学出版社，2009：423.

种背景下，罗家伦怎么会宴请德国体育界人士，这位"皮撒博士"又有何来历呢？我在心中有了强烈的探究冲动。

《国立清华大学校刊》登载的预告

细查那个时期的《国立清华大学校刊》，在1929年11月27日的一期上果然见到题为《著名运动家来校表演》的一条预告，"本星期四（28日）下午二时，著名运动家德人皮撒来校表演：闻体育部已赓邀北平中等以上各校派人参观"。由此可见，这位德国人"皮撒"在当时确实是个国际知名人士，竟然引得清华体育部早就发函邀请全北平的体育界人士来校观摩。这就进一步引起了我的好奇心。

然而，在清华体育史料中除了这些讯息之外，再没有更多的细节可供了解，甚至连"皮撒"的外文名也不得而知，这无疑增加了信息检索的难度。就在百寻不得其解时，互联网时代的"云搜索"功能却发挥了奇妙的作用。在我常去的"孔夫子旧书网"上，忽然推送给我一份旧画报，索引是"清华大学校长罗家伦"。原来，这是网站根据"大数据"分析用户偏好后自动给出的信息。立刻前去探寻，竟然在一份1929年12月15日出版的《大亚画报》上登载着我要找的相关讯息！这是一则《记德国体育家倍采博士》的图文报道，让我惊喜的是，居然还刊登了罗家伦与"倍采博士"的合影。

报道中这样说："北平清华学校，素以体育为重。德国著名体育家倍采博士抵北平时，曾临该校。清华校长罗家伦欣然导之入场。惟倍氏因稍有不适，未能亲自表演。故当场授众生以体育术，及竞走赛跑之姿势等。"这条讯息为《清华体育大事记》记载的"德人皮撒来校表演"一事提供了佐证。虽然"倍采"与"皮撒"不一致，但我相信应该说的是同一个德国人，只是由于对外国人名翻译的差异，出现了不同的表述，关键是要找到他的外文名。

二、"皮撒"和"倍采"是同一个人

再用"倍采"的关键字检索，果然讯息越来越多，离着真相也越来越近。在2016年11月10日的天津《今晚报》一篇文章中，回顾了1929年11月25日在天津举行过的一次"英德田径高手对决"。时在天津任教的英国人埃里克·亨利·利迪尔（Eric Henry Liddell，1902—1945），与来访的德国体育家倍采博士进行了一场个人赛跑比赛。文章中对参赛的两位"高手"做了介绍："倍采（Peltzer）博士为德国有名选手……其保持之世界纪录多至四、五项。""利迪尔（Liddell）在世界体育界亦有相当地位……惟其能于跑时始终一气，故四百米之赛，可操胜券……（1924年巴黎奥运会）以四十七秒五分之三造成四百米世界纪录……"

这场具有"奥运水平"的比赛结果是"平分秋色"：利迪尔（Liddell）以49秒12的成绩赢了400米跑，而倍采（Peltzer）则在800米跑中以2分2秒6取胜。有关这场比赛的报道中还特别提到，这场比赛后，倍采在天津停留三天，"然后应清华大学之邀前去表演""但由于天津的对抗赛用力过度，倍采未能与当地选手比赛，只为选手们讲解了一些技术知识。"这些表述与《大亚画报》的有关记述完全吻合。

知道了这些背景，确定了"皮撒""倍采"就是Peltzer一个人，接下去的事情就要顺畅得多。用"Peltzer"再上网搜索，最后得知，"皮撒"的全名是"Otto Peltzer"，通行的中译名应该是"奥托·佩尔策"。但在各种中文报道中，因为已经有"皮撒""倍采""帕尔际""费尔沙""佩尔采"等各种译名"先入为主",所以为了方便阅读起见,我们暂且还是采用最常见的"倍采"称呼 Otto Peltzer 先生吧。

奥托·倍采(Otto Peltzer,1900—1970),德国人,18岁就读慕尼黑大学,以后又毕业于美国加州大学伯克利分校,获得法学博士学位。在1920年代,他是世界田坛著名的中跑运动员,曾于1928年、1932年两次代表德国参加奥运会。他创造的世界纪录包括:

① 800米,1分51秒6(1926.7)

② 1000米,2分25秒8(1927.7)

③ 1500米,3分51秒(1926.9)

由此可知,远道而来的倍采博士,手握如此多的世界纪录,身披"体育家""奥运健将"的光环,难怪要引起当时中国观众的追捧。最重要的是,当年的清华能够邀请他莅临清华园,为清华学子进行跑步指导,一方面说明清华"慧眼独具",另一方面也说明清华的体育传统造成的影响力,足以吸引世界顶级田径高手光顾。

《大亚画报》登载的老照片(之一)

在难得一见的老照片上,罗家伦校长亲自迎接倍采的到来,与他一道进入活动场地。这既说明了主人好客的周到礼数,是否也可以将其看作是罗校长经过一年多的掌校实践与反思,对体育在清华教育体系中的重要性有了新的认识呢?

另外一张现场照片同样十分珍贵。画面上的倍采身高马大,在跑道上(应该是清华西操场)做跑步姿势的示范动作,而三位身穿短衣短裤的清华学生则在模仿他的跑步姿势,并认真地听他讲解。场外观众大有"里三层外三层"之势,想必是都要一睹"世界飞人"的风采。从观众"棉袍围巾"的穿着来看,11月底的北平气温已然很低,但时年29岁的倍采却脱去外套,只穿一件薄衫尽心教授清华学生运动经验,没有一点"耍大牌"的样子,绝对称得上是"奥运健将风范"!

三、《清华周刊》介绍了当时的盛况

根据我提供的这些线索，在清华大学校史馆的帮助下，从1929年出版的《清华周刊》第32卷第8期上，居然又找到一篇相关的文章，题目是《倍采博士来校志盛》，介绍了这次早期清华体育盛事的详细情况，让我们在今天仍有身临其境之感。全文如下：

◁魏守忠・倍氏当场教授清华学生各种跑步姿氏▷

《大亚画报》登载的老照片（之二）

造世界八百米新纪录的德国名选手兼法学博士的倍氏，要来清华表演的消息早已冲动一时了。不但清华的师生久在焦望之中，就是北平的人士也同样以早睹其风采绝技以为快！令人怀着万分好感的十一月二十八日终于姗姗地来，倍采博士也随着抵清华。是日下午，清华运动场上男女纷至，好不热闹！不用说他们都是为着倍采的表演而来。

表演系二时起，二时一刻观者睁眼瞭望，冀倍氏之莅场。不久，呜的一声，一辇汽车停在体育馆前；掌声与欢呼声，随之喧嚣尘上，盖倍氏驾临也。稍事改装，氏即至运动场中，时观者环绕之，咸争前恐后。时先由罗校长介绍，并说明是日倍氏体有不适，未能表演，只想给清华同学以一些运动上的贡献。次倍氏以英语答词，大意说他对于我们的热烈的欢迎，非常感激，并说明运动能促进国际的互相了解。

倍氏演说毕，当有本校新大一同学万稚周等七八人前请其教导。倍氏乃殷勤指示，先言两手应如何与两肩平行摆动；继说两足该怎样跑在一直线上；其次是跑时腿必如何用力高举，才能得到最高速率；再其次是两手如何向前直伸，如捉苍蝇而往回速拉，以求身力之集中的方式；还有是如何呼吸以求肺部之发展等等，受教者唯唯："世界运动家研究有素，故所言多独到之处，良可佩服！"

口授后，倍氏即引受教诸人至跑圈作四百米之赛，每次两人，跑完氏必详指其各别错处，闻者——包括受教人与参观——咸曰"言之有理！"

及后，倍氏带受教者跑一圈。跑时氏且跑且教，悠闲若无所事，受教者则尽力 Dash，尚不能跟上。足见某报所谓"争逐奔驰，目为之眩"的话不虚。

最后，氏于将退场时，又作一简短的演说，意谓他希望几年后，能看到中华健儿到世界运动会去夺锦标，那他此行也就算不负了。

"There Cheers For Dr 倍采……"这是马先生于氏表演后，要退场时引导一般人高呼的，聊当欢送的礼炮。

奥运健将倍采博士传授的跑步要点是：两手应与两肩平行摆动；两足应该跑在一直线上；跑时腿必须用力高举，才能得到最高速率；两手向前直伸，如捉苍蝇而往回速拉，以求身力之集中；掌握呼吸与肺部发展之关系。这些要领不仅使当时在场参加培训的学生深感收益，就是今天的清华学子在体育锻炼中仍然可以继续充分借鉴。

四、结语

屈指算来，清华大学邀请德国奥运健将倍采博士的往事已经过去了90余载，当年组织、参与这项活动的罗家伦、倍采（Otto Peltzer）、马约翰等几位主角也已作古多年。尽管如此，能够基本还原清华体育史上的一件轶事，了解清华与奥运会的渊源，特别联想到当年中外人士"看到中华健儿到世界运动会去夺锦标"的希望已经被实现，我们应该感到十分幸运与欣慰。

清华体育传统是一代一代清华人齐心打造、共同烘托，才得以逐渐形成，每一件与此有关的名人轶事都曾经闪耀过独有的光芒。史海钩沉，只为加深对体育迁移价值的不断理解；抚今追昔，更要表示对前人呕心沥血的充分尊重。这正是：

清华体育琢英才，奥运洋将慕名来；
罗翁躬身迎宾客，琼屑钩沉情犹在。

（2021 年 9 月 1 日修改于上海）

● 早期清华体育成绩记录牌考证

清华具有悠久的体育传统，尤其在田径运动的开展方面，更是始终将其作为培养学生运动能力的基础项目。清华早期四大建筑之一的"西体育馆"是最重要的体育建筑，1919年建成的百年以来，在一代代清华人心中留下了不可磨灭的印象。在许多早期清华学生的回忆中，都对体育馆念念不忘。

在1923年4月出版的"清华十二周年纪念刊"中有一篇《清华的园境》，作者是著名作家，1923级的梁实秋（1903—1987）。他在文中对体育馆有这样的描述："体育馆的前面有用十几根云母石柱建的一座洋台，台上可容百余人站立，上边伸着四个长大的旗杆。在云母石上刻着"纪念罗斯福体育馆"几个金字。洋台底下，中间是正门，两边是上洋台的楼梯。门的一边悬着罗斯福半面像的铜牌；一边悬着清华历来各项运动成绩最优者的名牌。"

这段记载具有非常重要的史料价值，它明确告诉后人，在体育馆建成后，在正门两侧的外墙上，除了曾安放有"罗斯福"纪念铭牌外，还设置有"清华运动成绩记录牌"。但这两块牌子的具体情况在可查的官方文件中却未见详细记载。为了弄清楚当年的实际情况，我查找了早期的《清华年报》与《清华年刊》等史料，从几张比较清晰的体育题材图片中找到了"蛛丝马迹"。通过综合判断，可以还原基本史实。

第一张：清华棒球队合影，拍摄地点在体育馆正门前的台阶上。大门左（南）侧墙上有一块写有英文字样的大型"记录牌"，依稀可见"RECORDS"的英文。右（北）侧墙上有一块小型的牌匾，应该是"罗斯福纪念牌"。这张图片刊于《1925—1926清华年报》上。说明在1925年时，这两块标示牌已经存在。梁实秋在1923年的相关记载在这里得到了印证。

清华棒球队合影

"ATHLETIC RECORDS"记录牌

第二张："ATHLETIC RECORDS"记录牌，这应该是与前面照片中的那块记录牌为同一物。上面清楚地记载了18个田径项目的成绩，这18项运动项目包括：（1）100码（100Yard）；（2）220码（220Yard）；（3）440码（440Yard）；（4）880码（880Yard）；（5）1英里（One Mile）；（6）2英里（Two Mile）；（7）5英里（Five Mile）；（8）低栏（Low Hurdle）；（9）高栏（High Hurdle）；（10）跳高（High Jump）；（11）立定跳远（Broad Jump）；（12）三级跳远（Hop Step Jump）；（13）撑杆跳高（Pole Vault）；（14）铅球（Shot Put）；（15）铁饼（Discus Throw）；（16）标枪（Javelin Throw）；（17）半英里接力（Half Mile Relay）；（18）一英里接力（One Mile Relay）。这张图片刊于1931年《国立清华大学廿周年纪念刊》。

这块"田径成绩记录牌"呈五边形，牌子顶端有 TSING HUA 的两个缩写英文字母 TH 的组合图案，并且被"插上一对飞翔的翅膀"，这与早期清华体育标示如出一辙，如在"清华荣誉绒衣"上就绣有 TH 组合图案。

第三张：1933 级女运动员吴靖（1911—2016）照片，她是国立清华大学第一批女生之一，也是当时最知名的女运动员之一，曾经身兼田径、篮球、排球等多个运动项目。这张照片是她在体育馆外柱廊内的留影，可以清楚地看到墙上的"记录牌"，也可以隐约看到她身后体育馆大门左侧的墙上有另外一块牌子，应该就是"罗斯福纪念牌"。这张图片刊于《1932 年清华大学年刊》。

第四张：1932 年清华棒球队照片，拍摄地点在体育馆柱廊的北端。从局部放大的部分可以清楚地看到这时体育馆外墙上有三块牌子，第一块是"田径成绩记录牌"，在体育馆门洞的左（南）侧；隔着门洞有两块牌子，靠近门洞的应是"罗斯福纪念牌"，另外还有一块牌子。这张图片也刊于《1932 年清华大学年刊》。

1933 级女运动员吴靖照片

1932 年清华棒球队照片

第五张：1933级田径队照片，拍摄地点在体育馆柱廊的正面。从这张照片上可以看到"田径成绩记录牌"的上端与柱廊横梁的下沿持平，而"罗斯福纪念牌"的上端只和体育馆的门洞上缘差不多高度。这张图片刊于《1933年清华大学年刊》。

1933级田径队照片

第六张：1933级女运动员合影照片，拍摄地点在体育馆柱廊内北端楼梯附近。左面站立的女生已经贴近体育馆外墙，可以看到"罗斯福纪念牌"的右下角，在她们身后可以清楚地看到还有一块牌子，而这块牌子显然不是写有"ATHLETIC RECORDS"的那块记录牌，因为那块牌子是在大门的另外一侧。

1933级女运动员合影照片

那么这块牌子应该是为何而设呢？我们知道在清华学校期间没有女生，所以最初的"记录牌"上只有男生的成绩。而到了1928年之后，清华开始招收女生，她们的运动成绩当然也要有一块"记录牌"，于是这另一块牌子就可以被推测为"女生田径成绩记录牌"。1933级女运动员站在自己创造的成绩前面合影留念，这样的推断从逻辑上是完全合情合理的。这张图片也刊于《1933年清华大学年刊》。

第七张：1933级知名运动员羡钟汾（芳）照片，拍摄地点在体育馆柱廊内的"田径成绩记录牌"旁边。照片上可以清楚地看到"记录牌"上面的"MAIL""JUMP"的字样。羡钟汾曾经创造的优异成绩肯定"榜上有名"，据清华史料记载，他在1931年以18秒的高栏成绩打破以往清华的纪录[①]；在1932年以12秒的100米成绩夺得当年全校第一名[②]。这张图片刊于《1933年清华大学年刊》。

综合上述分析，我们应该可以得出这样的推测结果：在清华体育馆建成之后，东面外墙上就设置了一块"田径成绩记录牌"，位置在大门的左（南）侧。而大门的右（北）侧起先只设置了"罗斯福纪念铜牌"，待到"国立清华大学"成立后，大约在1930年之后，又在这一侧添加了一块专为女生而设的"田径成绩记录牌"。至于两块记录牌的尺寸，可以根据照片上显示的外墙红砖模数大致推测。第一块"田径成绩记录牌"的高度约为1.5～1.8米，宽度约为3米，呈五边形；第二块"田径成绩记录牌"（女生）的高度约为1.5米，宽度约为3米，呈长方形。两块记录牌距离地面高度约0.9米。

早期清华将学生创造的各项田径成绩纪录详细标示，在体育馆设置

---

① 叶宏开，等.挺起胸来——清华大学百年体育回顾[M].北京：清华大学出版社，2009：75.
② 叶宏开，等.挺起胸来——清华大学百年体育回顾[M].北京：清华大学出版社，2009：74.

"成绩记录牌"对外公布的用意很明确，除了作为对优秀运动员的表彰手段，也希望对全体学生的体育锻炼发挥激励作用。至于这些记录牌究竟在什么时候被拆除，至今未见清华校史中有明确记载。最大的可能就是在清华园被日本侵略军占领之后，因为包括体育馆在内的建筑与设施当时均遭到损毁，"罗斯福纪念牌"以及"田径成绩记录牌"又怎能逃过这一劫难呢？在一些资料中说，"罗斯福纪念牌"是在1949年以后，"才被作为国耻的残迹彻底除去"[1]，对此说法笔者表示存疑。希望今后有明确史料加以证实。

在庆祝清华大学建校110周年之际，考证早期清华体育发展的史实，进一步弄清楚"田径成绩记录牌"的具体情况，对于发扬清华体育教育的优秀传统，发挥体育在创建世界一流大学进程中的作用具有非常积极的意义。如果在足够证据支撑的情况下，能够复原"田径成绩记录牌"，再现这一表彰优秀运动成绩的做法，对于保持与发扬清华体育传统，不失为一个意义重大的举措。这正是：

清华健儿勇夺标，置牌铭记尤自豪；
全面发展出栋梁，健全人格最重要！

（2021年5月7日撰稿，2023年3月22日修订）

---

[1] 黄延复，等. 清华园风物志[M]. 北京：清华大学出版社，2001：184.

● 马约翰与排球队解散风波

马约翰（1882—1966）在清华发展史上是一位不可或缺的著名人物，他从1914年进入清华开始其教育生涯，对清华体育发展以及对清华精神塑造的贡献已经成为耳熟能详的传奇，形容他为清华体育"教父"一点也不夸张。在人们的印象中，马约翰就是那个在清华运动场上常常挥着拳头对学生高呼"Fight, fight, fight! Fight to the finish, never give in."（拼！拼！拼！奋斗到底，决不放弃）[①]的严厉教授；就是那个曾经在早期清华一人指导棒球、足球、篮球、游泳、田径等几个代表队的体育专家；就是那个一年四季都身穿单衣薄裤坚持锻炼，满面红光的"全中国最健康的人"！

其实，马约翰成为最著名的中国体育教育家也有一个积累过程，是他经年累月成功进行体育教育实践的结果，这中间不可能一帆风顺，也会遇到学校、社会、个人等各种矛盾，甚至经受各式"风波"。而正因为他能妥善处理矛盾，无论遇到什么样的风波都坚持"体育育人"的理念，最终才有可能成为中国体育的一面旗帜。

一、罕见启事　事出有因

在1931年5月出版的《清华周刊》（副刊）第35卷第八、九合刊上，登载有一则《马约翰启事》，全文如下：

启者约翰，近月以来，为公义所迫，多次服务于华北及北平公共体育团体，以致对于本校校队练习，多所耽搁，而尤以队球队，自成立以

[①] 叶宏开，等. 挺起胸来[M]. 北京：清华大学出版社，2009：72.

来，在本年约翰指导之下，虽常为排表练习，但一月来终未得一次临场指导，负此大好练习辰光，殊为可惜！队员致有因感于爱校情殷，意表难免激昂之处，此系青年人上进精神，自然趋向，实有足多者。刻下约翰已由沪赶回，与诸队员会商之余，均认为应有彼此谅解之必要，更进而从事吾清华素来奋斗到底之体育精神，合作乃有济，功到自然成，约翰愿共勖勉焉，此启。

《马约翰启事》（1931年）

这则启事前所未见，隐约让人感觉必然有其前因后果。为此，我怀着极大兴趣开始在有限的资料里探寻，想知道这究竟是怎样一回事？启事中说到的"队球队"，其实就是"排球队"。经过考证，排球运动在刚传入中国时亦被称为"抵球""队球"，所以在早期清华相关资料中，经常可以看到"抵球""队球""排球"等不同字眼，但其实说的都是Volleyball这同一项球类运动。只是到了1930年之后，才慢慢统一称为"排球"。

在早期清华开展较好，影响较大的球类项目主要是足球、篮球、网球、棒球等，并一直有相应的学校代表队。而排球虽然也开展较早，但受重视程度却不如其他几项，代表队也是时有时无。这一点从1927年3月29日《清华校刊》一篇文章《虽败犹荣的排球战》中可以得到佐证。文中分析了3月26日清华与"民大"比赛排球的失利原因，其中第一条就是"组织不上二礼拜，练习过二次，和既有二年历史底的民大队比赛，怎能不败呢？"

　　针对这一次清华排球队重组后的首次失利，队员们显然还有话说，于是我们今天在一篇言辞犀利的"吐槽"文章《我提议解散抵球队》[①]里，看到了队员们积怨已久的情绪。这些"怨气"除了对当时同时执教田径队和排球队的郝更生（1899—1975）先生在时间分配上的"厚"田径"薄"排球大为不满之外，也把时任体育部主任的马约翰先生一起"捎带"了进来。说"他又不耻自卑，出来教练棒球。你看棒球练习的精神，多么可观！每次练习以前，都出个派位置的条告。便利队员不少！这一点不能不感谢他。但他为什么不多花一点时间，把我们抵球队的位置也派个清清楚楚？免得练习的时候，谁都不认定一个位置哦！哦！我知道了！马先生事务繁重，哪能兼顾及此？马主任既然这么忙，我所以提议把抵球队解散！"

　　从当年校刊的体育消息记载中，我们可以一窥清华各个代表队发展的详细情况，特别可以感受球队与教练之间磨合的真实情形。同时也可以了解到马约翰当年担任体育部主任时，既要花费精力在学生的一般体育锻炼，又要直接对代表队的训练负担教练责任，还要协调各个不同项目代表队的发展，确实是"事务繁重"！

　　至于这一次排球（抵球）队的"闹情绪"最后有何结果，在后续的报道中未见记载。但从几年后，也就是1931年的排球队解散"风波"中，我们可以推测出潜在矛盾并没有很好解决，直至矛盾彻底公开化。

二、风波再起　人心浮动

　　在1927年到1931年的这几年里，清华各方面都发生了很大变化。经历了1928年8月正式改制成为"国立清华大学"，体育部也经历了罗家伦校长执政后被缩减，马约翰被取消"教授"头衔的重大变故。马先生虽然被降职降薪，但初衷不变，矢志不渝秉承他的"体育迁移"价值

[①] 清华校刊. 第26期，1927年4月12日，第3版。

理念，坚持发展清华体育。最终于1929年底带领清华足球队克服困难，在华北第六届足球锦标赛上一举夺魁，不仅感动清华师生，也促成罗家伦校长改变对大学体育的偏执观念，重新授予他教授职位，使得清华体育再上新台阶。

虽然成绩给马约翰在中国体育界带来更大影响力，但这并不代表清华体育发展矛盾全无，该来的还得来，该负的责任还得负。转眼到了1931年3、4月间，就在当时北平"五大学体育联赛"①即将举行前夕，排球队与体育部当局之间再起"风波"，队长徐文祥"愤而辞职"，全体队员同意解散，引得校内舆论一片哗然。1931年第七期《清华周刊》（副刊）登载编辑部文章，题为《排球队即将解散？》，披露徐文祥辞职内幕。同时加编者提示曰：泄不尽的牢骚，说不出的苦衷——万难维持；马先生：闻之当作如何感想？奉劝：队员莫意气用事，体育当局须自省。得迁就且迁就，漫天风云齐散。

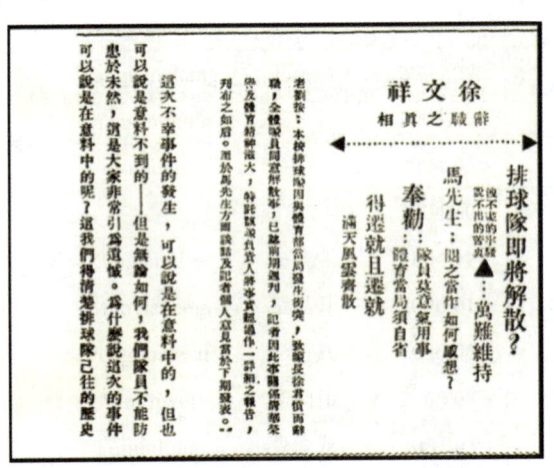

1931年第七期《清华周刊》（副刊）登载的文章

此篇文章梳理了事情的缘由，通过细读大概可以了解当时的主要情形如下。

（1）"体育部对各球队的待遇及态度向例是不平等的"②，表现在队服（Uniform）上最为明显。篮球、棒球及田径各队为 Major Sports（甲级

---

① 五校：清华、燕京、北大、师大、辅仁。
② 排球队即将解散？[J].清华周刊副刊，1931年第7期，第10页.

队）；网球、排球队为 Minor Sports（乙级队）。甲级队队服经费由学校全贴，乙级队学校只贴一半。这种规定的理由，"按马先生说，是因为'当初'排网球没有校际比赛；所以'现在'虽然有了校际比赛，要循守旧例"。这就为后来的"风波"埋下了一粒种子。

（2）排球队在组建时，"马先生当时表示今年要亲自训练排球队并且说'I will pay more attention to volley ball'。当时所有队员莫不眉飞色舞，以为今年的排球队一定有较大兴趣，功课不至于白牺牲了"。但是第一次训练时，马先生因为网球队没来，第二次又因为棒球队没有来，第三、第四次马先生又不知道因为何事没有来。这就让队员们非常失望与失落，情绪大受影响。于是"嬉笑者有之，缺席者有之，发脾气者有之"，队伍开始涣散。

（3）与此同时，马先生因为担任华北球会职务，终日在北平城里忙于社会体育事务，校中所任自然无暇顾及，长达三个星期之久。徐队长以为马先生有不得已的苦衷，球赛一俟结束，即会回来整顿一切，所以"努力敦劝，维持秩序"，才使得训练没有中断。

（4）终于等到华北球赛结束，马先生也回到清华，队员们都很高兴，徐队长也准备了整顿训练的意见拟向马先生建议。谁知突然又得到消息，说马先生即将带领华北足球队去上海参加比赛。这下子排球队彻底"炸了锅"，对马先生从没向大家提起此事感到惊讶与不解。于是徐队长"愤慨之余"，提笔给马先生写信一封，除了"不满"与"质问"外，表示"个人牺牲已达极点，实在无力继续维持"，因此向体育部提出辞职。

（5）马先生接信后，在第二天下午召集排球队全体开会，向大家解释"不得已的苦衷"，特别强调"他做事向来是重一诺的。答应了人家就不得不做到底，他说这是他的精神"。但是队员们对这个解释"不买账"，认为训练排球队也是马先生自己承诺过的，却为什么一次也没到过？他们表示，"如果马先生非走不可，徐君是一定辞职不干，如果徐君不干，则本队精神更无法维持。不如及早散伙"。话说到这个份儿上，双方已无缓和的余地。马先生只好答应当晚再考虑一下，决定后通知大家。

（6）但是第二天下午，体育部教师涂文先生又召集排球队开会，报告说"马先生已经启程赴上海了，临走时把一切交给涂文和赵逢珠两位先生，托他们向徐君和全队解释"。这下子等于"火上浇油"，全体队员当即宣告解散，当天训练无人到场。但事情到此并未结束。涂、赵两位先生自感球队这样解散，他们会辜负马先生的委托，于是竭力在全队中做工作，希望大家不要因为此事而使球队灭亡。于是全队又开会商讨，"一致认为这事的责任完全应该由马先生负"，但看在涂、赵两先生这样热心恳托的"面子"，不能让他们为难。于是最后决定"维持两星期"，其间仍由徐文祥勉力担任队长职务。之后等"马先生回了北平，他老人家一踏进清华园的大门，我们全体自动辞职，一切请他自己去想法！"

三、达成谅解　风云齐散

今天细读这篇纪实文章，读者仍能真切地感受到 90 年前那场"风波"的生动画面。这里面既有排球队学生不可避免的"冲动"，也有马先生百事缠身的"无奈"，还有老一辈人（如涂、赵两位先生）受人之托，尽力成事的"操守"。对于后人而言，评判当时的"对错"已毫无意义，我们最感兴趣的其实是真实的细节，立体的人物，令人信服的结果。

那么，这场不大不小的"风波"后来又是如何演变的呢？据后来一期的《清华周刊》（副刊）的跟踪文章记载，4 月 17 日，马先生由沪回校，当晚即召集排球队会议。由此可见，这段时间虽然他人不在清华，但排球队的所有动态他都了然在心。事关重大，顾不得"鞍马劳顿"，就在第一时间来亲自解决问题。在这次见面会上，想必双方进行了充分沟通。虽然各方究竟说了什么已经无从知晓，但结果是"队员一致要求马先生出一启事，解释一切"，即告"和解"。而马先生也欣然答应，并立刻撰写成文，交由校刊发表。于是，就有了本文一开始的那份《马约翰启事》。

了解事情的原委后，再来看这份《马约翰启事》，我分明看到的是一位民主的马先生，宽容的马先生，情商超高的马先生！

作为 1930 年代就已在中国体育界赫赫有名的清华体育部教授，马先生在矛盾暴露之时并没有逃避责任，而是承认，虽"为公义所迫"，但"对于本校校队练习，多所耽搁"是无可争辩的事实，尤其对排球队"一月来终未得一次临场指导，负此大好练习辰光，殊为可惜！"虽未明说，但歉意已为人所感知。如此开放的胸襟、坦然的态度怎不让人折服。至于排球队员表现出的激烈言辞与冲动之举，马先生并不计较，而认为他们"感于爱校情殷，意表难免激昂之处，此系青年人上进精神，自然趋向，实有足多者。"如此豁达的思维，宽容的眼界同样令人敬佩。最难能可贵的是，马先生在学生面前，没有摆出居高临下的"师道尊严"，反而以平等待人的姿态，因势利导，迅速使得学生的"火气"全消，使得双方"均认为应有彼此谅解之必要"，进而将大家的共识统一到"从事吾清华素来奋斗到底之体育精神"，最后以"合作乃有济，功到自然成"与学生共勉，激励大家为清华争得更多的荣誉。

总之，这场"风波"在马先生的努力下很快被化解，这不仅让马先生的担当精神体现得淋漓尽致，也让我们领教到他在成功进行一场"危机公关"中表现出的超高情商！难怪《清华周刊》也评论说，"漫天风云齐散，排球队从此青云直上矣"！

四、结语

发生在90年前的这场排球队解散"风波"，在百年清华体育史上或许只是一个小插曲，但它却为研究清华校园文化演变提供了一个生动的样本。特别是这篇已然尘封近90年的《马约翰启事》，不仅记载了马先生实践清华"育人至上，体魄与人格并重"体育教育理念的一个精彩案例，也为马约翰一生的高风亮节增添了"画龙点睛"的一笔，实属难得。

清华体育史是百年清华史的缩影，而百年清华是具体的，立体的。每一位名人或者凡人，每一个辉煌或者挫折，每一段平静或者风波，都有其独特的价值，不能因为某种好恶就"厚此薄彼"或者反之，因为缺了任何一部分的清华都不能称其为完整的清华。

不加掩饰的历史应该是这样的：有缺陷，有无奈，有冲突；有互动，有谅解，有退让。没有永远的神人，只有顺势而为的情商。一流的文化靠着"实事求是"铸就，一流的人才在解决矛盾中成长。"高大上"也需要接地气，"创一流"永远在路上！这正是：

风波来时不可挡，化解矛盾需情商；

胸襟宽广品自高，约翰先生是榜样！

（2020年9月29日初稿，2023年2月20日修订）

● 你不知道的清华特色体育：夺旗

早期清华除了开展正规的体育运动项目以外，还有几项体育竞赛也颇具特色，对学生"体魄与人格的同步塑造"产生很大影响。"斗牛"因参与范围较广，流传了许多佳话；"拖尸"（toss：摇荡）因包含着损害心理健康的因素，也留下不少争议。除此之外，还有一项"夺旗"，因为本身开展的条件所限，并且鲜有相关的照片资料，也少见参与者的亲身回忆，故而少为人知，成为清华体育史中的一个"盲点"。

早期清华大草坪是有几棵大树的

在一篇为纪念清华百年校庆而编纂的"清华体育史话"中，对"夺旗"活动有这样的介绍：

夺旗竞赛也是学校组织的活动。校庆前，学校在大礼堂前草坪里的一棵大树上挂起旗子一面，让各级组织代表队，一块上去夺旗，并设规则如下：

（1）每级必须有二十人参加；

（2）每人必须着本级级服；

（3）不准带有伤人之举；

（4）必须着橡皮鞋；

（5）夺旗时，各队距旗须俟于相等之距离；

（6）夺旗时必须待评判员发令后始能前进；

（7）夺旗时只须徒手不准持任何器物；

（8）夺旗时不准拳足踢打；

（9）夺旗时有人将旗抢得，评判员已发判决令时，其他人等即不得再夺；

（10）夺得此旗后，即可更换锦标旗，由得胜级保持一年；

（11）夺得此旗之级于每年一月一日必须持旗在校内绕行一周，其时间可保守秘密，其他各级有抢夺之权；

（12）夺得锦标旗之级，须严密保存之，其他各级于一年内可随时侦知其藏旗之所而夺取之。[①]

由此可知，"夺旗"是一项由学校组织的正规体育竞赛，与活动相关的"时间、地点、人物"是有条件限定的。首先是"时间"，大体是在每年四月举办校庆前后，亦即"一年一次"；活动"地点"是在大礼堂前的草坪上；参与的"人物"是以年级为单位，每个年级派出20人。如果以四个年级计算，就是一项同时有80人参加的大规模体育活动，场面颇为壮观。

简而言之，"夺旗"就是在一棵大树上挂一面旗帜，随着裁判一声令下，参赛的所有人同时从起跑地点冲向大树，看谁先爬上大树，能最后将旗帜抢到手中的为胜利者，学校就会换发一面锦标旗给获胜的年级，"由得胜级保持一年"，来年再战。

由于这是一项涉及"年级"集体荣誉的活动，同时又是一项贯穿"团队精神"和"个人能力"于其中的竞赛，因此激烈程度自然非同寻常！根据规则可以设想，为了能在众多竞争者中拔得头筹，除了要奋勇当先外，还要设法阻止其他竞争方接近目标，谁"冲锋"，谁"助攻"，

[①] 叶宏开，等.挺起胸来——清华大学百年体育回顾（上）[M].北京：清华大学出版社，2009：102.

谁"打援",都要事先有所部署。参赛各队必须制定战略战术才有获胜的可能,而最终的结果仍然存在极大的偶然性。

在这过程中间,冲锋者要努力使自己尽快靠近大树,这需要发挥短跑能力,争取用最快速度跑到树下。至于能不能率先爬上树去,那就不是一个人能做到的事情了,既需要同伴的"助攻"以帮助攀爬,又需要"打援",依靠同伴化解其他队的阻挠与破坏。总之,最后能在几十个人里脱颖而出,爬上大树夺得旗帜,肯定是要经历过一场"有我无他"的争夺才能办到!

冥冥之中,好像上天要向清华110周年校庆送一件"礼物"似的,我在前几天收到一位颇具传奇经历的朋友发来的一组老照片。原来这是他偶然收藏到的1934年清华土木系毕业生曹兴祖的遗物,他在研究过程中始终没搞清楚照片表现的是清华历史上的什么体育项目,希望我能协助解开谜团。从照片拍摄的场景看,可以确定就是清华大礼堂前的草坪,而上面的人物显然正在进行一项激烈的竞赛活动。其中动作特征最突出的就是一群人紧紧围向一棵大树,而有一个人正在拼命往上爬……

结合前面关于对清华"夺旗"竞赛的规则介绍,我突然意识到,这不就是传说中早年清华的"夺旗"吗?如果按照逻辑关系排列,这几张照片基本上完整地表现了这项特色体育项目的重要过程。

镜头一:礼堂前的大草坪靠近科学馆一侧围满了观众。随着一声哨响,夺旗竞赛开始!几路人马从不同方向冲向一棵大树。照片左面有一个运动员跑得飞快,好像是要绕到大树的后方去攀爬。

镜头二:在一棵大树下,聚拢着很多的学生,身着四种不同颜色搭配的衣服(全白、全黑、上白下黑、上黑下白),正好分属于四个不同的年级。树的一侧可以看到有一个队员在自己队友的保护下开始攀爬。而其他竞赛方队员还在拼命靠近,意欲做最后的争夺。

镜头三:在外围,激烈的"搏斗"还在进行,分属不同阵营的"助攻"队员抱在一起,拼命阻止对方靠近大树。

镜头四:可以确定是在大草坪上从东向西拍摄,背景是著名的清华科学馆。在这棵大树下,少说也有二三十人纠缠在一起。虽然照片无声,但各方人物以不同动作姿态所构成的现场气氛,却好像让我们听到了呐喊声、助威声,激烈程度跃然画面之上!最引人注目的是,一位穿全白色服装的队员已经成功突围,左手已经钩住一个大树杈,只要再一使劲,就可以攀爬上去,要夺取的旗帜应该就在上面。

"夺旗"规则中的要素在这几张照片中都能找到,但美中不足的是没有相应的文字证明,缺乏可靠的信息支撑,在说服力上就存在软肋,因此对照片的解读仍然属于"假设"的范畴。

表现"夺旗"全过程的老照片

于是我试图在清华史料中寻找答案,经过对清华早期校刊的进一步仔细筛查,终于在1934年版《清华年刊》的"校庆活动专栏"里发现了一张关键照片,上面赫然标注着"级际夺旗"四个字!虽然不能直接确定这与发现的四张老照片是否属于同一时间的活动,但画面上表现的场景如出一辙,证明同为"夺旗"竞赛可说是确凿无疑,无懈可击。这几张老照片真可以称得上是弥足珍贵,再现1930年代"夺旗"竞赛的真实场面,让后人能够直观地了解清华这项已经失传多年的体育活动。

结合这几张老照片,我们再来读下面这段同样出自"清华体育史话"中的描述文字,就好像穿越时空,重新回到近90年前每年校庆时热火朝天的"夺旗"竞赛现场：

爬树、夺旗看上去并不难，难的是各队都有人站在树下拉腿，只要不是自己年级的人，谁要上就要把谁拉下来，激烈的时候，甚至把人家的裤子也拉下来，造成莫大的笑话，也有把人家的衬衫撕破，变成了披风。当然没有人对此抱怨。1933年校庆那次夺旗比赛，是由大一获得冠军。他们级的几个人抬着准备上树拔旗的人从高个儿的背上一踩就蹿上树去，下面的人醒悟过来，赶忙去拉他的腿时，红旗已在他手中，按规则就算胜利了，据回忆夺得红旗的是地学系的张英骏（也有人认为是荣千祥，即荣高棠）。现在那棵挂旗的大树已无处可寻，据说已被砍掉了[①]。

除了一年一度的全校性"级际夺旗"比赛外，年级内部的"夺旗"也曾有之。根据1934级（十级）吴承明（1917—2011）的回忆，在1936年春天全校运动会之后，"十级"又单独组织了"年级运动会"。除了正规比赛项目外，还组织了"拔河""夺红旗"等几项特色比赛。关于"夺旗"，他的回忆如下：

红旗是事先挂在大礼堂前草坪中央的树上。文法方和理工方各有一百余人，分据草坪南北。一声令下，蜂拥而前，你推我挤，齐到树下。目的是把对方挤到圈外，本方占领里圈，抬着爬树者捷足先登。一方有人上树，对方就拼命把他拉下来，这就需要爬有爬的技巧，拉有拉的道道儿。前队失败，再换生力军上去。如此里圈外圈，几度易手；抬抬拉拉，几番上下。突然赵疯子（儒洵）踏上同伴肩膀，一跃而上，对方赶紧拉住他的腿，"疯子"连蹬带甩，缩身，收腿，竟爬上去。可是，正欢呼间，对方也爬上来一位猛将，想把"疯子"拉下去。惊叫，喝止，警告，鼓励，呼声四起。但见赵疯子矫若猿猴，敏捷上升，转眼间已红旗在手。[②]

从这段精彩的描述中，可以看到"夺旗"确实是一项突出个人能力又需要配合完成的集体项目，整个过程也基本符合我们对"夺旗"项目

[①] 叶宏开，等.挺起胸来——清华大学百年体育回顾（上）[M].北京：清华大学出版社，2009：102.
[②] 吴承明，等.十级体育运动史话[M]//清华十级毕业50周年纪念刊，1988：85.

的理解。略有区别的是,"级际"比赛是四个队,"年级"比赛只分两方,参赛人数也有些差别,其他主要规则是相同的。

"爬树""夺旗",完全颠覆了以往对民国时期大学里"斯文书生"的惯常印象,给我们带来"耳目一新"的感觉。原来当年的清华校园竟然是这样:"静"可文质彬彬,埋头读书;"动"则赳赳武夫,你争我夺。或许,正是这种教育理念和训练实践,才使得那一代清华学子在"一二·九"运动中面对反动武装军警,毫不退缩,敢于抢回被捕的同学;也使得他们在抗战的烽火中,不畏颠沛流离,千里跋涉,到"西南联大"去延续中华民族的教育薪火。可以肯定地说:他们能够迅速适应此前无法预见的环境巨变,清华体育在其中发挥的作用一定功不可没。

如今,"夺旗""斗牛""拖尸"这些颇具特色的体育游戏虽然早已在中国的大学中绝迹,但这些项目中倡导的文化和价值取向仍然值得今天的人们深思,其中蕴含的"提倡合作""敢于竞争""屡败屡战""绝处求生"的积极因素,明显与"自强不息,厚德载物"的精神具有契合之处,毫无疑问也存在发扬光大的历史价值。

清华悠久的体育传统如今早已是有口皆碑,"育人至上,体魄与人格并重"的体育教育观也是愈加深入人心。有鉴于此,清华早期几项带有游戏性质的体育活动就不能只是我们今天津津乐道的谈资,而应该将其视为清华宝贵的体育文化资源,有必要充分考虑并吸取其积极成分。如果能将其演变成为别具一格的辅助性体育活动,在建设世界一流大学的进程中发挥特殊的"育人"作用,或许更能成就一段有意思的佳话。在清华今天提倡的"自强成就卓越,创新塑造未来"的口号下,那何尝不是一种在传承清华精神中的创新,又何尝不是对清华百年文化精髓的尊敬?这正是:

围追堵截鏖战急,披荆斩棘夺锦旗;
静读动炼清华园,体魄人格塑一体!

(2021年5月25日撰于上海)

● 抵球之谜的完美破解

第一次知道"抵球"这个名词，是在 2020 年 7 月份查阅早期清华历史资料的过程中偶然看到。在我对体育运动的常识了解中，此前还从未有过"抵球"的概念，可谓"闻所未闻"。于是赶快上网去"百度"，竟然是信息全无，着实让我大感意外，极为好奇，立刻咨询了清华体育部的有关老师，得到的答复也是"一无所知"，这就让我更想搞清楚这抵球究竟是个什么"球"？

一、清华早期资料中的相关信息

我最初看到的信息，来自 1927 年 4 月 26 日《清华校刊》上的一则"抵球比赛"消息："本校抵球队将于本星期六与燕京抵球队作友谊比赛，地点在本校大操场，时间下午二时。"于是，我首先能确定的是这"抵球"是可以在户外进行的集体场地运动。从符合这个条件的已知运动项目中，以及清华早期开展的"足球、篮球、网球、棒球"等球类运动中，似乎没有能靠上边的。我也想到过"排球"，但知道排球有过"队球"的别称，于是"果断"将排球的可能性"排除在外"。

之所以不再考虑将"抵球"与排球等同起来，还因为就在上述消息发布前几天的 3 月 29 日《清华校刊》上有一则题为《虽败犹荣的排球战》的消息，详细报道了清华排球队和"民国大学"排球队进行的一场友谊赛。在相隔不长的时间内，又有"抵球队"，又有"排球队"的报道，按照一般人的习惯思维，这很自然地就使我认为抵球和排球是两码事。而事情后来的发展，证明我缺少"发散思维"的意识，掉进了"想当然"的陷阱。

《清华校刊》上关于抵球和排球的报道

这时候我隐约感觉"抵球"似乎成了清华体育史一个谜团，有了非要搞清楚不可的必要。于是，我进一步扩大搜寻范围，想从早期的清华名人回忆中找答案。在一本1923年4月28日出版的《清华十二周年纪念号》专刊中，有一篇由顾毓琇、梁治华（实秋）等撰写的文章《清华学生生活之面面观》，其中就写到"运动场上在四点以后人可就多了。足球场、篮球场、网球场、抵球场、手球场、棍球场，按着季节都有人玩。"这一来是说，在清华建校初期，体育运动就开展得十分活跃，"四点以后走上运动场"的传统早已有之，另外也告诉我们"抵球"在100年前的清华就已经是开展较好的球类项目之一，并且有着专门的场地。

除此之外，《清华校刊》还有清华拟参加1927年4月在天津举行的"华北球类运动会"的报道，说清华准备参加三项比赛，"一为棒球、二为抵球、三为网球"。这也更让人感到"抵球"在清华是一个重要体育项目。

在经过多方尝试仍不得其解，感到以一己之力不能破谜时，我想到了向清华体育代表队的队友们求助，希望借助集体的力量解决这一难题。当我将相关信息发到"TS体育DBD"微信群后，很快就得到了老队员们的积极反馈。

二、脑洞大开的代表队老队员

清华体育代表队微信群集中了一批1977年以后入学的老运动员，他们具有田径、球类、游泳、击剑等各个项目的丰富运动经验，见多识广，思路敏捷，总之都是"牛人"。我的"抵球是什么球"的题目一出，各种答案随之而来。

第一个解题的是陈建平（男短，无81），答案很直接"猜测可能是排球"。接下去有猜"橄榄球"的，有猜"棒球、垒球"的，有猜"曲棍球"的，甚至有猜"板球"（Cricket）的。除了凭感觉"瞎"猜的，也有一开始就"以字面推解"的。如贾海东（男短，力学77）就直接推测说："抵，就是用手怼，应该是排球。"持这种观点还有薛文黎（男乒，计83）、彭幼航（足球，无79）等。

这些猜测、推测各有道理，但始终没有像样的证据来说明，让人无法彻底信服。这时候宫力（篮球，计80）第一次提出了从运动技术推测的思路。他查到，在棒球运动技术中有一种握球方法叫"指节球"（Knuckle ball），共有三种握法，第三种叫"三指抵球法"。这是第一次在探究中直接找出与"抵球"概念有关的体育术语，但它只是棒球的一种技术动作，仍然不能以此就说"抵球"等于棒球。况且，棒球的别称有"棍球""野球"等，并在许多信息中与抵球并列。

从运动技术动作破解的路子不通，又有人开始从逻辑关系的思路考虑问题。潘军（长跑，工物78）在看到清华准备参加1927年华北球类运动会的信息后，从《南开大学体育大事记》中查到，这届运动会只有5个比赛项目：足球、篮球、排球、网球和棒球。而清华当时报名了除足、篮球以外的三个项目，排除非常明确的棒球和网球，只有排球一项能与"抵球"匹配。紧接着，宫力也提供了由台湾新竹"清华大学"校友提供的历史上"华北球类运动会"的现场平面布置图，与潘军提供的信息完全吻合。宫力又说，这位新竹"清华"校友本身是中文系出身，"他补充说'抵'和'排'两个字在文言文中属于同义字，都是用手推挤的意思。"至此，愈来愈多的信息都逐渐倾向于"抵球即排球"之说。

关键的证据还是潘军首先找到，他在网上一篇名为《文化势阱：清末我国体育发展的文化审读》的论文中，找到了"1905年，在广州、香港等一些教会学校里就开展排球运动（当时中国称之为'队球'或'抵球')"的明确结论。

与此同时，毕业后一直留校任教达30多年的丁青青（女乒，电82）发挥横向沟通优势，将我们希望破解"抵球"谜团的愿望通报了清华校史馆，引起他们的重视并给予大力支持。

三、一次集体智慧的完美展现

问题到了校史馆，在我们看来非常复杂的难题，对他们来说要相对容易得多。校史馆从馆长到研究员一起讨论，几位老师群策群力，很快通过强大的专业信息搜寻能力，在浩瀚的民国报刊资源平台上找到几篇与"抵球"有关的报道，最重要的是还找到了几张老照片。其中登载在《晨报星期画报》1926年第33期上的一张照片，更是清晰地显示了抵球比赛的情形，抵球使用的球网、赛球，以及球员隔网相对而立的情形和现代排球完全一样。至此，我们完全可以放心地说"抵球就是排球"了！

《晨报星期画报》1926年第33期的关于抵球的信息

将有关"抵球"概念梳理之后，简要归纳如下。

（1）"抵球"与"排球""队球"都是一回事，就是"volleyball"。而且"抵"和"排"都是用手向外推的意思，与英语volley（截击）的原义相近，都是以运动的典型动作为该项运动冠名的依据。"队球"则是将volleyball所特有的"队形"角度作为冠名的考量。

（2）据中国排球协会官网记载，volleyball 大约是 1905 年从西方传入中国，最初在广州、香港等华南地区开始流行，中国人称之为"队球"。但"抵球"的叫法起自何时，始于何地，没有明确资料。华北地区约从 1910 年前后开始在京津地区开展这项运动，主要集中在一些著名的大中学校。

（3）清华的 volleyball 运动始于何时并无明确记载，但在建校初期就开展此项运动应无问题，在清华学校时期是除了足球、篮球、棒球以外的主要球类项目则是不争的事实。由于这项运动的称呼开始是以"抵球"为主，也有"排球"的表述，这才造成了我们今天的"抵球是什么球"的困惑。至 1930 年前后，"抵球"的称呼逐渐消失，偶有"队球"的称呼，慢慢也被"排球"彻底取代。

回过头来看，从我最初发现"抵球"，苦思冥想破解无果，到 9 月 17 日在代表队群里公开求解，前后约有两个月，然而到 9 月 21 日最后完全"揭秘"不过四五天工夫，这又一次验证了那句老话，叫"三人行必有吾师"，或者就叫"三个臭皮匠，赛过诸葛亮"。更何况，代表队里有那么多"大牛""大神"，清华园里有那么多"大脑""大师"呢！一旦将他们的兴趣调动起来，何愁"抵球"谜团不破？

无论是陈建平直接猜"排球"，还是潘军逆向推理"抵球＝排球"，抑或是宫力借助新竹"清华"校友的力量解惑"抵球"的含义，以及那么多体育代表队兄弟姐妹从各个角度提供思路，寻求答案，无不透露出清华体育人"孜孜以求，永不停步"的进取精神和团队协作意识。毫不夸张地说，这是代表队老队员们又一次完美的集体智慧展现！要知道，他们是一群大多已经退休或者接近退休的老顽童，难怪"温叔"（牟文殊；短跑，77 自动化）直呼："这就是美好的养老院生活，群策群力泰山移！"这正是：

早年清华有抵球，困惑后人心生愁；
昔日健儿齐动脑，冲破谜团乐悠悠。

（2020 年 9 月 26 日初稿，2023 年 3 月 27 日修订）

● 新中国乒乓球发祥史新探

乒乓球，本是一项发端于英伦的"桌上网球"（Table Tennis）游戏，自20世纪初被引进中国，屈指算来已有近120年的历史。谁都没有想到，这项"小众"项目不仅能在中国扎下根来，在1949年新中国成立以后，更是成为广大人民群众喜闻乐见、热情参与的体育运动项目。最为传奇的是，在20世纪70年代，小小银球还意外地成为促进"中美建交"、迅速打开中国外交局面的利器。及至今日，乒乓球早已被誉为中国的"国球"，持续不断地创造世界乒乓球运动发展史上的一个个奇迹。

"国乒"辉煌，绝非一蹴而就。今天，当中国乒乓"梦之队"摘金夺银被普遍认为是理所当然时，人们更想知道的是通往巅峰之路始于何处，一路奋斗背后的诸多往事还有哪些不为人知？然而，由于年代久远，原始资料的缺失，当事人的逝去，很多细节后人已经很难了解。因此，更需要我们对相关史实加以认真探索，得出符合逻辑的结论，给历史一个负责任的完整交代。

一、1952年是新中国乒乓球运动发展元年

1952年，对于新中国体育事业的发展而言是一个重要年份。这一年的6月10日，毛泽东主席为中华全国体育总会成立大会题写了"发展体育运动，增强人民体质"的贺词。实际上，这一题词从根本上阐明了中国共产党为新中国体育事业制定的发展宗旨，极大地激发了人民群众参加体育运动的积极性。在此基础上，"全国乒乓球比赛大会"也于1952年10月正式举行。从某种意义上说，1952年就是新中国乒乓球运动发展的元年。

关于这次乒乓球比赛的更多详细情况，目前能找到的官方记载并不是很多。于是，从尘封的新闻报道中寻找线索就成为更好的途径。经过努力，笔者从1952年10月14日《新华日报》上找到了一则报道，题目是"今年全国乒乓球比赛大会在京开幕"。报道仿佛穿越时空，带领人们回到当年的开幕式现场，全文如下：

【新华社北京十二日电】一九五二年全国乒乓球比赛大会于十月十二日在北京开幕。参加这次大会的有各大行政区和中国火车头体育协会等七个单位的六十二名男女运动员，其中有工人、军人、学生、店员、教员、机关工作人员、家庭妇女、商人等。参加开幕式的有中央人民政府教育部部长、中华全国体育总会主席马叙伦、青年团中央委员会书记处书记、中华全国体育总会副主席荣高棠、中华全国体育总会代理秘书长黄中。此外，正在北京参加亚洲及太平洋区域和平会议的世界和平理事会书记、世界乒乓球协会主席蒙塔古也到会。

会上，中华全国体育总会主席马叙伦致开幕词。他说："举行全国性的单项乒乓球比赛大会，说明了共产党和人民政府对体育运动的重视。通过此次大会，必将促进我国乒乓球运动进一步的发展与提高。同时，要选拔出全国第一批乒乓球选手，代表我国参加将在今年十一月在新加坡举行的第一届亚洲乒乓球锦标赛。"他并指出："我国大规模的经济建设就要开始了，而美帝国主义仍占领着我国领土台湾，继续破坏朝鲜停战谈判，阴谋扩大侵略战争。为了加强国防建设，保卫祖国，建设祖国，让我们努力发展体育运动，锻炼身体，为祖国的建设事业，为亚洲与世界和平贡献我们最大的力量。"

蒙塔古接着讲话，他说：中国乒乓球技术是世界上最好的国家之一，解放后新中国人民的每件事情进步都很快，因此我相信新中国乒乓球运动的进步也会很快。最后他说，下次的世界乒乓球比赛将在布加勒斯特举行，我相信全世界的乒乓球运动员愿意和你们做朋友，和你们在一起比赛。欢迎你们的运动员能够参加。

开幕式完毕。在热烈的鼓掌声中，比赛开始。

二、首次全国乒乓球比赛地点在北京大学和清华大学

这次比赛的举办城市无疑是选择在了首都北京，那么具体的比赛地点又是在哪里呢？当时的这则新华社新闻通稿并没有载明。而据中国乒乓球协会官方网站记载："1952年，由中华全国体育总会主办的全国乒乓球锦标赛在北京大学举行"。中国乒协将举办地点说成在"北京大学"一定有其理由，但这个官方结论似乎并不全面。

一直到 2018 年之前，在所有关于这次比赛的历史信息中，人们对举办地点是"北大"的结论并没有疑虑。然而，当中国乒乓球博物馆在上海落成并对外展出之后，事情就发生了变化，原来结论存在的疏漏就此显露。而一切都是从两张展出的老照片引发的。

第一届全国乒乓球比赛在清华西体育馆举行（1952年）

原来，在展现中国乒乓球运动历史的"常青之基"展区，有两幅用120相机拍摄的泛黄老照片，表现的是一次未加具体说明的体育比赛大会开幕式。其中表现大会入场式的一张，可以清楚地看到"华北、西南、华东、火车头、东北、中南、西北"等参赛的七个地区代表队依次而列，一齐迈步走向主席台的场景。另外一张则表现了开幕式的全景：主席台是一张铺了白布的长条桌，背后是巨幅毛主席画像，两旁各悬挂了一面五星红旗，上方是一条写着"一九五二年全国乒乓球比赛大会"的横幅。运动员们排列整齐，聆听主席台上的一位领导在致辞，致辞人应该就是时任中央人民政府教育部部长、中华全国体育总会主席的马叙伦

（1885—1970）。而在主席台的右侧，摆放着几张学校特有的单边带扶手板的椅子，坐在其中的有一位穿西服、打领带的外籍人士，那应该就是时任世界乒乓球协会主席的蒙塔古先生。

这是前所未见的有关首次全国乒乓球比赛的纪实照片，其中传达的信息不仅与当年新华社的新闻报道内容完全契合，更重要的是可以被当作确定比赛举办地点的直接物证，其珍贵意义不言而喻。

那么，除了人物信息，照片上反映出的建筑环境特征有哪些呢？在"入场式"照片上让人印象深刻的是两扇巨大的半圆窗，支撑建筑物屋顶的钢铁桁架，以及沿着外墙设置的悬廊。按照建筑结构常识，可以肯定这是一座大型单层大跨度的公共建筑。在另外一张照片上，同样可以看到悬廊，由此可以推测这是沿着建筑内侧布置的连通廊道，还有从屋顶上方垂下来的吊环，以及靠墙安放的攀登架。所有这些都说明这是一座室内体育馆。

要知道，新中国成立后建造的第一座综合性体育馆是"北京体育馆"，它是在1954年才开工建设的。1952年在北京地区不要说没有专业的乒乓球馆，就是要找出能够举行大型乒乓球比赛的场馆也是非常困难的。由于特殊的历史条件，当时仅有地处西北郊的北京大学和清华大学能够找到室内体育馆。那么，符合老照片上建筑特征的究竟在哪座大学呢？

首先来看北京大学。1952年全国院系调整，北京大学由原来的"沙滩"校址迁至被裁撤的"燕京大学"校园，并于10月4日在燕园开学。历史上的"燕大"是一所著名的私立教会大学，于1919年在北京创办，校园是由美国建筑设计师亨利·墨菲进行总体规划，校园建筑大都采用"大屋顶""白墙红柱"的中国传统式样。燕大曾先后建造了两座体育馆，最初由男女生分开使用，其中男生使用的名为"华氏体育馆"（亦称"一体"），女生使用的名为"鲍氏体育馆"（亦称"二体"）。燕大体育馆的窗户都是长方形，没有悬挑廊道，建筑空间形态与老照片上反映出的环境特征具有明显差异。

排除了这次比赛开幕式在北大体育馆举办的可能，再来看清华。当年的清华大学只有一座体育馆，就是建成于1919年的"西体育馆"。这座体育馆的主体是一座单层的组合建筑群，分为"前馆"和"后馆"两个部分，建筑风格采用简洁明了的西方古典样式。前馆的主要功能是室内运动，铺设有木地板，安放了各种运动器械。东面外墙上的三扇巨大的圆弧形钢窗不仅显得十分突出，同时也为建筑内部带来良好的自然采光。其内部还有一项独特的设计，那就是环绕内墙一圈，长度为80码（约74米）、宽约2米的悬挑廊道。这条廊道具有多功能性，既可以在恶劣天气时作为室内跑道进行锻炼，也可以在举行室内球类比赛时当作观众看台。这样的廊道在当时中国体育馆建筑中极为罕见，是一项具有鲜明特征的体育设施。

在论证老照片拍摄地的同时，笔者还通过多方寻找，终于在刊登于1952年10月17日的上海《亦报》（现已停刊）上发现了关键性的一条新闻，标题为《全国乒乓球比赛大会——华东区选手都获得复赛权》。除了报道比赛的进行情况和华东地区选手的表现，其中更是明确记载，"一九五二年全国乒乓球比赛大会，十二日在北京开幕，比赛地点在北京大学和清华大学"。

结合所有资料与证据，关于1952年全国乒乓球比赛大会举办地点的问题，终于有了明确的答案：开幕式一定是在清华大学体育馆举行，而比赛则是在北大、清华两校的体育馆同时举行。

三、中国乒乓球队由此诞生

毫无疑问，1952年全国乒乓球比赛是新中国成立后举办的第一次全国比赛。比赛的另一项任务，是要选拔一批优秀男女选手组成"中国乒乓球队"，以便首先参加当年11月"在新加坡举行的第一届亚洲乒乓球锦标赛"，继而再参加1953年在罗马尼亚举办的第20届世界乒乓球锦标赛。

那么，这次比赛的结果是怎样的呢？根据1952年10月20日《人民日报》的报道：男子第一名姜永宁（中南），第二名冯国浩（中南），第三名杨开运（华东），第四名欧阳维（华东）。女子第一名孙梅英（华东），第二名李麟书（东北），第三名柳碧（华东），第四名邱宝云（东北）。

这次比赛只分别进行了男、女单打两个项目，随后根据这次比赛的运动员成绩，组建了第一支中国国家乒乓球队。名单如下：

男子正式选手八名

姜永宁（中南）、冯国浩（中南）、杨开运（华东）、欧阳维（华东）、王传耀（华东）、李宗沛（华东）、岑淮光（中南）、陆汉俊（华东）

男子候补选手三名

夏芝仪（中南）、李仁苏（中南）、王吉禄（东北）

女子正式选手六名

孙梅英（华东）、李麟书（东北）、柳碧（华东）、邱宝云（东北）、蔡秀娱（华东）方亚珍（华北）

女子候补选手三名

赵迺才（东北）、郭应伟（中南）、邱钟惠（西南）

继中国足球队、中国篮球队之后，中国乒乓球队是新中国组建的第三支单项球类国家运动队，而且男、女队齐备。虽然由于国际反华势力设置的障碍，中国乒乓球队最终未能参加第一届亚洲乒乓球锦标赛，但成功参加了1953年3月举行的第20届世界乒乓球锦标赛，首次代表新中国亮相，就取得了不错的成绩。由姜永宁、冯国浩、杨开运、王传耀、岑淮光组成的男队获得甲级第10名；由孙梅英、李麟书组成的女队获得乙级第3名。这个成绩比较客观地反映出乒乓球传入中国后，经过半个世纪的发展和积累所达到的运动水平，也为后来乒乓球运动在中国的蓬勃发展形成良好开端。

四、清华园见证了中国乒乓球运动的发祥

清华大学的体育教育具有悠久的历史传统，自1911年建校以来的

100余年来，逐渐形成了"育人至上，体魄与人格并重"的体育教育理念，对中国现代教育发展历史产生深远影响。著名的体育教育家马约翰（1882—1966）先生在清华从事体育教学长达52个年头，具有丰富的体育教学和体育比赛组织经验。1952年10月，他不仅是清华大学体育教研室主任，而且担任中华全国体育总会副主席。据当时的新闻报道记载，在全国比赛的闭幕式上，就是"马约翰给优秀运动员及各队颁发奖品和纪念品"。

显然，在当时的历史条件下，新中国成立后的第一次全国乒乓球比赛，无论是比赛的场馆，还是比赛的综合组织保障条件，选择在清华大学举办都是比较合适的。这次比赛从10月12日开始，共进行了5天，于16日闭幕。参赛运动员共62人，其中男38人，女24人，另加上领队等工作人员，估计有近百人参会。依照当年的交通、住宿条件，参赛人员在比赛期间极有可能是集中生活在清华园的。

这样一次体育盛会，必然会引起体育界和全社会的关注。根据赛后的新闻报道，"大会在十二日开幕后，连续举行了二百三十六场比赛，观众达七千多人。大会期间，蒙古人民共和国政府代表团团长、蒙古人民共和国总理泽登巴尔和正在北京参加亚洲及太平洋区域和平会议的世界和平理事会书记、世界乒乓球协会主席蒙塔古曾到会参观。"由此可见，这次比赛不仅是国内的体育盛事，也因为外国政府首脑和国际乒联主席的到场参观，令中国乒乓球选手有机会第一次在外国人士面前呈现崭新的面貌和不凡的球技，将其视为新中国乒乓球发展史上最早的"乒乓外交"活动也并不为过。

根据新中国外交史的有关记载，1952年9月28日至10月18日，蒙古人民共和国总理泽登巴尔（1916—1991）率领政府代表团访问中国。对于这次新中国成立以后外国政府首脑的首次正式访问，中国政府极为重视，周恩来总理亲自到机场迎送。访问期间，泽登巴尔不仅受到毛泽东主席的接见，也成为观看新中国国庆阅兵和群众游行的外国首脑第一人。在一系列正式外交活动之外，泽登巴尔还在北京、上海、南京、杭州等地进行参观访问。

关于泽登巴尔在北京的参观访问活动，也可以在《清华大学一百年》的"1952年大事记"中找到相关记载："10月14日，蒙古人民共和国总理泽登巴尔等来校参观。"依照常理，这条信息与全国乒乓球比赛新闻报道中的记载应该是相互吻合的同一件事情，同时也就证明了泽登巴尔是在10月14日在参观清华大学时，到体育馆观摩了新中国首次全国乒乓球比赛。

至于国际乒联（ITTF）首任主席伊沃·蒙塔古（Ivor Montagu，1905—1984），那更是一位对世界乒乓球运动发展作出重大贡献的社会活动家。蒙塔古对新中国一直秉持友好态度，他领导下的国际乒联早在1951年就邀请中国成为该组织成员，为打破国际反华势力对新中国施行的政治、经济和文化封锁起到了积极作用。在当时的国际政治背景下，要做到此举，不仅需要勇气，更需要智慧。

不知是巧合还是有意安排，蒙塔古在1952年10月来华参加"亚洲及太平洋区域和平会议"期间，专门于10月12日到访清华大学，出席了新中国首次举办的全国乒乓球比赛大会开幕式，发表了热情的讲话，并邀请中国参加乒乓球世界锦标赛。蒙塔古的这次历史之行，促使中国在几个月后派出刚组建的国家乒乓球队首次参加国际比赛，并于1953年4月被吸收为国际乒联正式成员。几年之后，蒙塔古又积极支持中国北京成功举办了1961年的第26届世界乒乓球锦标赛，从此开创了世界乒乓球运动的新纪元。

今天，我们完全有理由认为，清华大学有幸成为第一次全国乒乓球比赛的主要举办地点，是历史对清华的又一次眷顾，既是偶然，又属必然。"国球兴旺，由此发端"，这是一件值得中国体育运动史记载的重大事件，同时也给清华校史增添了不可忽视的历史人文信息。在纪念中国共产党建党100年的重要时段里，对70年前举行的全国乒乓球比赛史实进行新的考证，不仅让我们对围绕着这次重大比赛的"那些事、那些人"有了更加全面的了解，也对中国乒乓球运动，乃至新中国体育事业是如何在中国共产党领导下取得举世瞩目的成就，更多了一层新的感悟。

就在我写这篇文章的时候，几经波折、推迟一年的东京奥运会正在进行中。不出意外的话，中国乒乓军团将会囊括全部 5 枚金牌。或许人们早已对中国队在国际赛场上"升国旗、奏国歌"习以为常，但我还是想说，无论中国乒乓球运动未来怎样发展，都请不要忘记清华大学的西体育馆，因为这块中国乒乓球事业长久不衰的发祥之地，会告诉人们辉煌"国球"的"来时之路"。这正是：

国球兴旺数十年，发祥缘起清华园；
人民健康是根本，坚守初心天地宽！

（2021 年 7 月 26 日初稿，2023 年 2 月 19 日修订）

● 清华体育：1959

在新中国成立后的第一个十年里，清华大学发生了历史性的转变，中国共产党制定的教育路线和教育改革对清华后来60年的发展产生深刻影响。《清华画报》1959年第2期以图片报道的形式，从各个不同角度记录了清华在这十年中发生的一系列变化，为后人留下了珍贵的视觉记录。

一、"为祖国健康工作五十年"理念的集体实践

百年清华历来以倡导体育而蜚声海内外，"育人至上，体魄与人格并重"是清华体育追求的精髓所在。体育教育在清华有着悠久传统，在新中国成立后第一个十年里受到了充分的重视。时任清华大学校长蒋南翔在这期间倡导的"为祖国健康工作五十年"理念深入人心，极大地促进了清华的群众性体育锻炼，成为培养学生"德、智、体"全面发展的重要内容与坚实基础。1954年10月成立的清华大学体育代表队，培养出一批优秀学生运动员，不仅带动了清华整体运动水平的普及与提高，也对全国大学体育教育的发展起到了榜样和推动作用。

在这期《清华画报》中用三个整版的篇幅介绍了清华体育在1959年取得的主要成绩，《半年17个冠军》的醒目标题夺人眼球。原来，在1959年的上半年，清华体育代表队在北京市高校田径、球类、体操、游泳、国防体育等各个运动项目比赛中，一共取得了17个第一名。其中影响最大的是在北京市第五届高校田径运动会的12个单项比赛中取得冠军，10人次、3队次打破北京市高校纪录，以282.5分的成绩取得男女团体总分第一名，这一成绩竟超过第二名103分，充分体现清华当时体育运动管理和训练的高水平！除此之外还获得了当年的体操男子、女子

两个级别的 4 个第一，男女乒乓球比赛两个冠军，游泳男、女总分第一，冰球冠军和女子排球冠军。

半年 17 个冠军

在取得优异运动成绩的运动员中，当时在清华人气"爆棚"的几位体育明星是一定会在《清华画报》上亮相的。在他们中间有：蓬铁权，是清华著名中长跑运动员，1958 年取得马拉松国家"运动健将"称号，在 1959 年高校运动会上夺得 1500 米冠军；胡方纲，在高校运动会获得跳远、三级跳远两项第一名以后，又在这一年北京市运动会上分别以 7.03 米和 14.77 米的成绩夺得两项冠军；温以德、金祖芬、齐续纯，在高校运动会上分获一、二、三名；姚若萍，以 1.50 米的成绩获得高校运动会女子跳高冠军。还有温以德、金祖芬、齐续纯、章曼霓组成的女子 4×100 米接力队以 51 秒 5 的成绩打破 51 秒 7 的北京市纪录，并在此后的北京市运动会上再获该项目第一名，并打破北京市纪录。

（自左向右）前排：蓬铁权、胡方纲、温以德；
后排：女子 4×100 接力队

（自左向右）前排：姚若萍、解汶泰、刘应尘
后排：男子 4×100 接力队

清华体育群星谱（1959 年）

透过这些优异的运动成绩，我们自然感到了在运动员背后教练力量的强大气场。在 1950 年代的清华体育教师队伍中，集中了一批在中国体育界都有影响的优秀教练，其中最为著名的就是体育部主任马约翰教授，副主任夏翔、王英杰两位教授。马约翰（1882—1966）是清华无人不知的体育泰斗，曾被毛泽东主席称为"中国最健康的人"。他对清华体育事业的发展乃至清华大学的历史发展都作出了无可替代的贡献。1959 年，马约翰教授已经 77 岁，在清华服务已达 45 年，担任体育部主任也已近 40 年，但他依然活跃在清华的体育教育舞台上，以一年四季不变的"短裤、长袜、领结"标配装束和一丝不苟的教学态度出现在学生面前，以健康、乐观、向上的形象向学生传递着"勇往直前、拼搏奋进、追求纯真、合作互助、胸怀家国"的崇高体育精神，影响着一代代清华学子的体育观、人生观。而作为得力助手，1903 年出生的夏翔先生和 1913 年出生的王英杰先生在 1959 年时正值壮年，他们两位与马约翰先生配合默契，以稳固的"铁三角"撑起了清华体育教学的一片天地，带领全体清华体育老师形成合力，为清华体育教育的不断进步积累了宝贵的经验。他们三人的紧密合作，不仅创造了清华体育的一个"黄金年代"，也成为清华体育史上的一段佳话。

二、1949 年后清华体育成绩的集中体现

清华能够在新中国成立后第一个十年取得巨大的体育成就，除了悠久的体育传统之外，最根本的原因当然是以蒋南翔校长为代表的清华党委的坚强领导。蒋南翔从他 1952 年 12 月就任清华大学校长开始起，一贯重视学生的全面发展，始终将体育工作摆在贯彻党的教育方针的战略高度，明确提出："社会主义大学，除了要培养青年成为具有社会主义觉悟，掌握业务的人才外，还同时必须是体魄健全的能劳动的社会主义建设者"。在此基础上，蒋校长归纳总结出闻名遐迩的"争取至少为祖国健康地工作五十年"理念，更成为清华标志性的经典口号之一。

蒋南翔校长向蓬铁权传递火炬（1959年5月）

1959年5月3日，在纪念五四运动40周年篝火晚会开始之前，蒋校长和高沂副校长分别把火炬传递给优秀学生运动员蓬铁权和吴文虎，由他们用此火种点燃篝火，表达了清华学子继承和发扬中国青年革命传统，建设社会主义祖国的决心。火炬象征着体育精神，激励着清华体育代表队队员在今后的工作生活中奋发向上，永不言败。除了精神激励以外，蒋校长还建议成立"体育代表队工作组"，开办运动员食堂、宿舍，这些措施为培养"德智体"全面发展的学生运动员起到积极作用，也为中国大学进行体育教育提供了开创性的新思路。

清华50年代体育运动成绩在1959年得到了一次集中表现。为了庆祝新中国成立十周年，检阅新中国第一个十年取得的体育运动成就，1959年9月13日至10月3日，在北京举行了中华人民共和国第一届全国运动会。经过选拔，清华大学共有19名学生（其中5名女生）和1名工人入选北京市体育代表团，参加10个大项的比赛。其中，田径队三人：胡方纲（三级跳远）、温以德（女子短跑）、刘应尘（女子投掷）；足球：关仁卿；举重：李延龄；摩托车：甘小杰、张允恭、王兴发、孔宪清、何浩、吴弘；手球：郁维厚；体操：孙承龄；棒球：郑治余；垒球：陈丰、藏宜武、凌保珍；射击：郭九州、杨玉国；自行车：冯振江（工人）。[①]

在后来的比赛中，共有 19 人上场，11 人获得名次，13 人为北京代表团得分，共获得 6 枚金牌、1 枚银牌和 3 枚铜牌。其中，集体项目冠军有：陈丰、凌保珍（垒球）、郑洽余（棒球）、冯振江（自行车）。电机系三年级学生何浩一人获得摩托车全能和越野两项冠军，并获得 100 公里环行公路赛银牌。无线电系学生温以德参加女子 4×200 米接力赛获得第三名，水利系学生关仁卿参加足球队获得第三名，冯振江获 5 公里公路自行车赛铜牌。郁维厚获得男子手球第四名；机械系学生李延龄获得重量级举重第五名。[②] 对于这些参赛运动员而言，他们不仅代表了北京市的运动形象，而且还代表了当时中国大学生业余运动员的最高运动水平，为后来中国高校学生参加全国比赛、国际比赛，直至参加奥运会开创了历史先河，发挥了十分重要的示范作用，他们的名字必将永远载入清华体育运动史册。

三、向清华体育 1959 辉煌成绩致敬

今天，当我们在欢庆新中国成立 70 周年的时候，重新梳理 1959 年清华体育所取得的成就，重温 60 年前清华园的体育故事，不由得让人生出无限感慨！当年领导、推动清华体育全面发展，为形成今天"无体育、不清华"大好局面做出巨大贡献的老一代清华前辈们虽然已经离我们远去，但他们呕心沥血所形成的优良体育传统却显示出无限的生命力，激励一代代清华学子发扬光大！当年活跃在清华运动场上的体育代表队队员如今都已进入耄耋之年，但他们当年努力拼搏、奋勇向上的身影却永远闪现在清华体育的长卷里，他们创造的骄人成绩已经化为清华"体育之树"不朽的年轮，恒久绵长！

回看《清华画报》上的一幅幅生龙活虎的体育运动画面，我看到

[①] 叶宏开，等.体魄与人格并重[M].北京：清华大学出版社，2011：127.
[②] 叶宏开，等.体魄与人格并重[M].北京：清华大学出版社，2011：128.

了优秀的传统，我看到了信念的光芒，我看到了集体的智慧，我看到了青春的力量！在难以抑制的澎湃心情下成就此文，谨为：致敬清华体育1959 的辉煌；致敬生生不息的清华运动场！这正是：

清华学子挺胸膛，全面发展须健康；

为国奉献五十年，风华正茂代代强！

（2019 年 9 月 25 日撰于上海）

* 此文曾发表于《水木清华》2019 年第 11 期（总 99 期）。

● 从孤独求败到勇夺双冠

——我的清华体育之路

1975年10月，在特殊的时代背景下，我和2200名1975级学员一起，来到清华园，开始了一段跨越五个年头的不平凡学习生活。1975级作为清华大学历史上不可或缺的一环，虽然我们头上一直被冠以"工农兵学员"名号，曾在很长时间里被人另眼相看，但那是共和国历史上一系列社会演变造成的结果，也是清华历史上无须回避的历史阶段。关键是，身在风云变幻时代而无可选择的我们，却竭尽所能做出最好的自己，在关乎国家命运走向的巨变中得到了历练，为后来投身于中国改革开放伟大事业打下了坚实基础。

参加清华大学运动会（1978年5月）

我们入校时，是在"十年动乱"的末期，清华的教学科研都还处在动荡的"教育革命阶段"。学校的体育事业虽然也不可避免受到严重影响，但几十年间沉淀在清华园中的体育精神却像不可扑灭的火焰，依然迸发出顽强的生命力。入学不久举行了一次新生长跑选拔赛，作为海军学员的我，凭借在部队的锻炼基础，不知深浅地就报了个"5000米"，有生以来第一次在400米跑道上跑了12圈半，结果拿了个"第二名"，理所当然就被招进了学校长跑队。从此一发不可收，开始了我的清华体育之路。

一、孤独求败　首战受挫

当时的清华正处在"教育革命"的风口浪尖，我们从进校开始就是按照"一边劳动一边上课"的模式进行学习，不久又去远离学校的工厂进行"开门办学"。这样一来，不仅本身的专业学习不能有规律地进行，系统性的体育锻炼也不能完全保证，只有靠自己挤时间进行。好在长跑项目对场地的要求比较宽松，于是我就在工厂办学期间自己按照教练的要求进行训练。清晨别人还在睡觉，我就到大马路上去跑步，拉耐力；利用学习和劳动的空余时间，我就进行各种辅助身体训练；一有机会参加学校田径队的训练，就在教练指导下认真完成训练计划，决不偷懒。就这样，在入学7个月之后，我第一次代表清华参加了高校运动会的长跑比赛。

1976年5月，"第十五届北京高校运动会"在北师大举行。我和73级的吕化学和同为75级的于新华一起参加了23日下午的男子10000米角逐。头一次和来自北京各高校的选手同场竞技，我的心里的确有些紧张。于是，比赛一开始我就拼命往前跑，对体力调节与分配的要求都扔在了脑后。那天的气温超过了30℃，体力消耗很大，没过多久我已经感觉体力不支。到后来，我自己也记不得已经跑了多少圈，心里只有一个念头，一定要坚持跑下来。就这样跑着跑着，我忽然发觉，整个运动场上没有了喧嚣，在四周看台上的所有观众面前，只有我一个人还在跑道上。我自己觉得应该跑完了，可这时候终点裁判对我大喊："还有一圈！"我只有继续向前跑，但此时的我两腿好像灌了铅，多跑一步都困难。但我的心里在给自己打气，一定要跑下来，决不能给清华丢脸！就这样，我一步一步向前"跑"，不知用了多少时间，总算跑完全程过了终点！摇摇晃晃走到场边，身体已经虚脱的我，只觉得天旋地转，一头栽倒下来……

1976年在当代中国历史上是一个极其特殊的年份。就在那一次高校运动会之后，我们在清华经历了"7·28"唐山大地震，"9·9"毛主席逝世，直至粉碎"四人帮"等一系列载入史册的重大事变。十年"文革"虽然宣布结束，但造成的系统性混乱不可能马上得到解决，各项工作都亟待拨乱反正。

挣脱了极左政治路线的羁绊，清华园内百废待兴，我们除了要在学业上努力把失去的时间抢回来，也奋力将清华体育史翻开崭新的一页。代表队的训练开始步入正轨，教练们放开手脚地教，运动员不遗余力地练，运动场上重又呈现一派热火朝天。为了打好基础，在冬训中我们曾在呼啸的大风中，来回20公里到香山"跑拉力"；为了提高成绩，一堂训练课上，一口气跑十个400米变速（400米全速＋200米慢速）的"魔鬼跑"也是家常便饭。

二、战胜自我　初露锋芒

除了加强正常训练以外，我还有一个心理调整的问题。因为1976年高校运动会首战失利，我的情绪不可避免地产生波动。面对严重受挫，选择看似简单：要么从此一蹶不振，退出赛场；要么知耻后勇，从头再来。其实这中间并不是绝对的"非此即彼"，而是需要一个转变过程。在起初的一段时间里，一想到自己首次万米比赛跑最后一名的"狼狈样"，打内心里对长距离跑产生了抵触。后来在教练的帮助下，分析了造成首战失利的内在原因，主要是系统训练不够造成的专项基础不牢靠，还有就是缺乏比赛经验。最终的结论是：根据我的身体条件，只要科学训练，成绩就会有好转。

针对我的具体情况，教练为我调整了训练目标，先放弃对长距离的单纯追求，将提高速度耐力作为"突破口"，主攻5000米项目。这样做主要为了避免触及"心理阴影",减轻训练的心理压力,同时也可以补上我"速度耐力"不够的短板。除此之外,就要靠我个人的意志品质发挥积极作用。我是一名解放军学员,践行"胜不骄,败不馁"的理念是我的强项,我的内心也充满了对"战胜自我,重新再来"的渴望。

就是在这样的背景下,我们又迎来了1977年5月在北京航空学院召开的"第十六届北京市高校运动会"。此次比赛,队里安排我参加了5000米、3000米这两个项目比赛,比赛将在27日一天完成。上午的5000米比赛分两组进行。我在第二组的比赛里基本上一直领先,但在临近终点时被北航的选手王志良超过,最后我以16分20秒6的成绩取得这个项目的第二名。在下午的3000米比赛中,我在分组赛中跑了第一名(另一组的第一名还是王志良),最后我以9分24秒8获得这个项目第二名。

参加1977年高校运动会比赛

一天两场比赛,取得两个第二名的成绩,并且都是以微小差距输给了同一个对手,这应该是比较客观的真实水平。我为自己打了一个还算漂亮的"翻身仗"感到高兴,同时也更坚定了向更高目标冲击的决心。

清华代表队在这届高校运动会上取得男子总分第一和男女团体总分第一的好成绩。比赛归来,当时刚刚到任的刘达(1911—1994)校长亲切接见了全体运动员,并率领新一届清华大学党政领导班子和我们一起在大礼堂前的草坪上合影留念。校领导和参加大赛归来的代表队合影留念,既是对运动员的鼓励,也是清华重视"体育育人"的光荣传统。在十年"文革"期间,这一传统被抛在一边。而这一次校领导的接见活动,标志着全面"拨乱反正"的决心,清华体育发展史上的一个崭新时代就此开启。

这一年的9月3日至6日,被中断多年的北京市田径运动会恢复举行,北京高校也组团参加。在这个代表团里,清华有多名男女运动员被选中参加,其中1975级学员占了三个名额,一位是短跑队的陈希,他在当届高校运动会取得100米和200米两项第一;我们中长跑队有两个队员，一个是郑晖，一个就是我。这也成为我们续写清华体育运动史的光彩一笔，值得记录。

三、勇夺双冠　终身难忘

1977年是我运动成绩开始出现崛起之势的一年。随着训练水平的不断提高，比赛成绩明显好转，我对长跑项目的理解也逐渐深刻，信心越来越强。在这一年的北京市高校冬季越野赛中，我一鼓作气完成12000米的比赛，并拔得头筹。这是我代表清华参赛首次取得的第一名，给我带来的动力可想而知。

转过年来，很快就迎来了1978年的"北京市第十七届高校运动会"。那年的高校运动会是在北京大学举行，我报名了5000米和10000米两项长距离项目。相比两年前初战受挫的不堪回首，无论是能力还是信心，都不可同日而语。我对自己参赛的成绩预期是，只要将训练水平完美呈现，"前三名"自然就是水到渠成。

5月20日上午我首先参加的是男子10000米竞赛，凭借扎实的训练基础，我从第二圈就开始处在领先位置。这一天又是烈日当头，干渴难耐，但场边的队友们一直都在给我加油助威，泼水降温，让我信心倍增，很快克服了身体出现的极限，终于在25圈的赛程中一直将优势保持到了最后，以33分23秒4的成绩取得了B组（非体育院校组）第一名。同时这个成绩已经达到国家专业二级运动员标准。不过应了那句老话，叫"好事多磨"，一个出现的意外让所有关注我的人都平添了许多担心。原来我的跑鞋在比赛中不知何时掉了一个鞋钉，这就造成我的右脚掌被磨出了一个大泡，在激烈比赛的亢奋中可能不觉得，但是一停下来就感到钻心的疼痛。虽然做了紧急医疗处理，还能不能参加第二天的5000米比赛，我自己心里也没有底。

5月21日早晨，我迫不及待地赶到赛场做准备活动，希望能发生奇迹。但令我十分沮丧的是右脚根本不敢使劲沾地。就在我一筹莫展的时候，意想不到的转机却又出现了。在比赛前半小时，我的教练找到一种新型止痛药物，喷在伤口上短时间内就没有了疼痛感觉。这神奇的效果太令人兴奋了！在接下去的5000米比赛中，我以绝处逢生后迸发出的力量，再次狂奔在跑道上，一鼓作气领先冲过终点，以16分43秒的成绩夺冠，创造了在两天两项长距离跑中独得"双冠"的骄人成绩。这不仅为清华在此次运动会取得男子团体总分第一名贡献了力量，也终于"一雪前耻"，再没留下任何遗憾！在5月24日《北京日报》关于高校运动会的报道中，还特别用我"勇夺双冠"的事迹为范例，作为对"德、智、体全面发展"理念的倡导。

《北京日报》报道（1978年5月24日）

1978年北京高校冬季越野赛是我最后一次代表清华出战。虽因腿有伤痛我个人只取得第五名，但依靠我们全队的集体拼搏，清华代表队仍然获得了男女团体总分第一名的好成绩。就在这一年的12月31日下午，以刘达校长为首的清华党政领导班子共11人，于工字厅接见了在1978年取得优异成绩的各个代表队，我们长跑队也位列其中。这次活动也为我的清华体育之路画上一个圆满的句号，留下的珍贵合影伴随我至今。

四、人生长跑　永不停步

长跑是一项艰苦而又枯燥的耐力项目，要在众多对手中脱颖而出，绝不是一蹴而就的易事。这中间不仅需要经历刻苦的训练、失败的打击，更重要的是要领悟出其中的哲理，以至于达到精神的升华。运动激发了我们身体蕴含的潜能，助力我们以强壮的体魄奔赴人生的战场。我们对运动的理解，对生命的理解，又反过来影响着赛场的表现，运动的质量。

作为清华人，我们不是普通的跑者，不是冷冰冰的运动机器，我们是有温度的、有思想的体育实践者。能在一个特殊的历史时代跑在清华的跑道上，代表清华在体育舞台上争金夺银，以我们的努力续写清华体育史，这是我一生的荣耀！作为清华学子，我曾用脚步与无数前辈在操场上留下的坚实脚印进行交流，汲取到不可泯灭的活力和能量！更幸运的是，我们还接受过包括夏翔（1903—1991）、王英杰（1913—2001）等一众清华体育前辈的直接教诲，得到胡贵增（1936—2016）老师这样的优秀教练的长期悉心指导，这些都是人生可遇不可求的经历！

人生如长跑，生命之路就像是永无尽头的跑道！在人生的长跑中需要毅力，而毅力来自于艰苦的磨炼；在人生的长跑中既要能做到耐受默默无闻的寂寞，也要能做到不因鲜花和荣誉而停下脚步……正是因为长跑与人生在理念上有高度契合之处，所以我选择主动经受一次次的"折磨"，锻炼出百炼成钢的坚强意志，也有了运动场上奋勇夺标的辉煌！

时光飞逝，在清华园求学的那段经历一晃已过去了40余年，但当年清华园留给我的回忆与快乐，特别是长跑带给我的感悟与启迪却成为我一生的财富，让我永生难忘！就在我写这篇文章的时候，电视里正在直播"2019上海国际马拉松赛"的实况，跑手们的英姿让我热血沸腾，好像重回运动场！当年能在北京高校运动会上为清华争得荣誉，能为自己留下用汗水争得的夺标纪录，任何时候都会感到心情舒畅。

银屏上的一句赛会口号让我眼睛一亮，"跑到忘记时间，就能被时间记住！"是的，当年我们在清华的运动场上奔跑，究竟跑了多少圈，用了多少时间早已忘记，但那一个个凝结着"自强不息"精神的运动成绩，却像是一个个音符，构成了百年清华体育历史交响诗连续的辉煌乐章，永不中断，永远奏响！这正是：

人生犹如长跑路，自强不息克险阻；
清华精神哺育我，披荆斩棘不停步！

（2019年11月初稿，2020年4月30日修订）

● 一次意义特殊的校领导接见

2014年5月31日，第四届清华校友乒乓球联谊赛在清华西体育馆举行，来自全国各地的清华乒乓球队老队员欢聚一堂，曾经也是清华体育代表队队员的清华大学党委书记陈旭特意前来看望大家。当年的校乒乓球队教练黄文杰老师郑重地向陈旭书记赠送了一幅放大了的老照片，她非常高兴地代表学校接受了这件珍贵礼物。

这究竟是一幅怎样的照片？照片传达的信息又有什么重要意义呢？原来，这张照片记录的是一次校领导的集体接见。这次活动发生在1979年元旦的前一天，当时的清华大学领导班子集体接见了在1978年北京高校体育比赛中取得了优异成绩的各个运动项目代表队。清华乒乓球队在这一年的北京高校乒乓球比赛中，力压群芳，取得了男、女团体第一名的好成绩，因此也名列其中。

"无体育，不清华"，体育运动在清华历来被当作培养学生的科学与人文精神，实现"体魄与人格并重"的重要途径。特别是在1954年10月23日成立学校体育代表队以后，清华的体育运动水平更是提高到一个新阶段。在蒋南翔担任校长期间的1957年，提出了"为祖国健康工作五十年"的著名口号，学校领导经常接见清华体育代表队，给予学生运动员们极大的鼓励，代表队在各个项目上创造了许多好成绩，成为推动学校开展体育锻炼的主力军。

然而，在十年"文革"内乱期间，清华的体育运动发展也受到极大损害，虽然代表队仍然存在，但无论是组织形式还是训练水平都与以前不能相提并论。不过即使这样，学生运动员们在清华体育老师的带领下，仍然克服困难，积极锻炼、努力拼搏，在当时北京高校的各个运动项目比赛中照样名列前茅。最重要的是，在那个特殊历史时期里保存了清华体育精神代代相传的不灭薪火！

　　在1976年10月发生的历史转折之后，党中央为清华大学重新配备了领导班子。新任校领导成员基本上都在教育领域工作多年，他们忠诚于党的教育事业，为"拨乱反正"，全面恢复清华优秀传统做出极大努力。清华新的领导集体曾经在1977年5月、1978年5月两次接见参加高校运动会的清华运动员。最重要的是，又在1978年12月31日下午再次集体接见各单项运动代表队（乒乓球、长跑、男女篮等），当时学校的主要领导悉数到场，充分表达出对恢复清华体育运动发展的极大关注与坚强决心。1978年在中国历史上本身就是极其不平凡的一年，因此说这次接见活动具有"划时代"意义毫不夸张。

清华校领导集体接见体育代表队（1978年12月31日）

　　这次接见是在校领导办公地"工字厅"进行。当时，校领导除了祝贺代表队在1978年取得的优异成绩以外，还分别与各个代表队合影留念。在这张与乒乓球队的合影中，总共有35人。我们可以看到，出席的校领导包括：刘达、林克、何东昌、井田、张健、汪家鏐（女）、张维、高景德、张光斗、方惠坚、贾春旺等11人。参加接见的学校体育部领导和老师有：夏翔、杨道崇、翟家钧、关仁卿、黄文杰、何介平等6人。被接见的乒乓球运动员共计18位，分别是：郭小平、阎新凤、张玲承、张瑞峰、侯建群、袁帆（75级）、路星、刘文驹、马天颖、郭举（76级）、谢劲红、赵琪华、刘颖刚、张开显、陈焕倬、胡其明、徐蜀忠、张敏清（77、78级）。

那时候，我在清华体育代表队中先后参加了两个项目的训练，一个是长跑，另一个是乒乓球，两个代表队在1978年都取得了优异成绩。因此，在当天的领导接见活动中，我也十分幸运地成为唯一参加了两次合影的运动员，两张合影照同时成为我的珍贵记忆。

如今，距那次接见整整过去了40年。当年接见我们的许多老领导和老师都已经离我们远去，但他们的音容笑貌和历史功绩却随这张老照片永远留存在我们的记忆中，留存在清华的历史中。这正是：

拨乱反正挽狂澜，清华体育再发展；
前辈嘱托永不忘，健康工作五十年！

（2019年4月19日初稿，2023年3月27日修订）

附注：

参加接见的领导和老师：

1. 刘达（1911—1994），著名教育家，清华大学历史上唯一的"名誉校长"，时任清华大学党委书记兼校长。

2. 林克（1923—2011），时任清华大学党委副书记，后曾任清华大学党委书记、复旦大学党委书记。

3. 何东昌（1923—2014），时任清华大学党委副书记、副校长，后曾任教育部部长。

4. 井田（1919—2006），时任清华大学副校长。

5. 张健（1919—2011），时任清华大学党委副书记、副校长。

6. 汪家镠（女，1929—），时任清华大学党委副书记，后曾任中央党校副校长。

7. 张维（1913—2001），著名科学家，时任清华大学副校长。

8. 高景德（1922—1996），著名科学家，时任清华大学副校长，后曾任清华大学校长。

9. 方惠坚（1933— ），时任清华大学党委学生工作部部长，后曾担任清华大学党委书记。

10. 张光斗（1912—2013），著名科学家，时任清华大学副校长。

11. 贾春旺（1938—   ），时任清华大学团委书记，后曾任最高人民检察院检察长。

12. 夏翔（1903—1991），著名教育家，时任清华大学体育部主任。

13. 杨道崇（1912—2009），时任清华大学体育部教师。

14. 翟家钧（1923—2002），时任清华大学体育部教师。

15. 黄文杰（1940—2018），时任清华大学体育部教师，乒乓球队教练。

16. 何介平（1941—   ），时任清华大学乒乓球队教练。

17. 关仁卿（1936—   ），清华著名学生运动员，时任清华大学体育部党支部书记。

18. 胡贵增（1936—2016），时任清华大学体育部教师，田径队教练。

19. 陈兆康（1937—   ），时任清华大学体育部教师，田径队教练。

20. 孙建国（1953—   ），时任清华大学体育部教师，田径队教练。

21. 曹宝源（1930—2010），时任清华大学体育部教师，男子篮球队教练。

22. 郭秀荣（女），时任清华大学体育部教师，女子篮球队教练。

● 我与夏翔先生的集邮佳话
——朱建华跳高世界纪录纪念封诞生记

在回顾新中国 70 年光辉体育历程时，我始终忘不了在当代中国体育运动史上曾经出现过一位十分耀眼的"明星"，他就是出生在上海的田径运动员朱建华。在 1983 年 6 月至 1984 年 6 月，当时只有 20 岁的朱建华创造了一年之内三次打破世界纪录的"奇迹"，令国人精神振奋、令世界体坛震惊！对于我而言，除了有幸亲眼见证朱建华第二次打破世界纪录的一瞬间，最令人难忘之处还在于：围绕这个历史时刻，发生在我与体育教育家夏翔先生之间的一段集邮佳话。

1983 年 9 月 22 日朱建华打破男子跳高纪录的历史镜头

1983 年 6 月 11 日，朱建华在北京举行的第五届全运会田径预赛中以有力的一跳，达到了 2.37 米的高度，首次成功打破 2.36 米的世界纪录。他成为继倪志钦在1970年11月8日以2.29米的成绩第一次创男子跳高世界纪录之后，第二位打破世界纪录的中国跳高运动员。更令人惊喜的是，朱建华的破纪录旋风仅仅才开始！时隔102天后的9月22日，他在上海举行的第五届全运会跳高决赛中又越过了2.38米，把自己保持的世界纪录又提高了宝贵的1厘米。又过9个月后，在1984年6月10日的德国埃伯斯塔特（Eberstadt）国际跳高比赛中，朱建华再次以2.39米的成绩第三次成功刷新世界纪录，成为一年之内"三破"男子跳高世界纪录的风云人物！

在我的集邮珍藏中，有一枚特别为朱建华第二次打破男子世界跳高纪录制作的纪念封。这枚纪念封的构成是这样的，左下角是第五届全运会会徽图案，右侧贴着第五届全运会纪念邮票中的"会徽"和"跳高"双联票，中间位置横贴着比赛所在地"上海市虹口体育场"当天的入场券。纪念封上部中间位置不仅有朱建华的亲笔签名，同时还有他的教练员胡鸿飞[1]和时任国家田径队总教练黄健[2]的签名。在入场券的下方位置上有"第五届全运会田径总裁判夏翔[3]"签名和钤印。信封的左上角有一段用标准仿宋体写下的文字"朱建华，1983年9月22日17时15分在第五届全运会跳高决赛中，以2.38米的成绩打破他本人创造的2.37米的世界纪录，成为目前世界上跳得最高的'飞人'。"

按照集邮界的通行规则，这枚纪念封具有能够证明重要事件"时间、地点、人物、主题"的所有信息，称得上是不可多得的珍贵邮品！其中最难得的是，签名的人物包括了事件的主角朱建华，对他影响最大的教练员胡鸿飞和国家田径队的总教练黄健，还有就是见证朱建华打破跳高世界纪录的田径总裁判夏翔。毋庸置疑，能将这样四位关键人物同时集中在一起，共同签名见证一个重要事件，这样的纪念封异常珍贵！那么，

---

[1] 胡鸿飞（1925—2001），著名跳高教练，为培养朱建华付出巨大努力，曾荣获"国家体育运动荣誉奖章"。
[2] 黄健（1927—2010），著名田径教练，曾担任中国国家田径队总教练，曾荣获"国家体育运动荣誉奖章"。
[3] 夏翔（1903—1991），中国著名体育教育家，曾任中华全国体育总会副主席、中国奥委会副主席、北京市政协副主席等职务，曾荣获"国家体育运动荣誉奖章"。

这枚具有唯一性的"文物级"纪念封是如何诞生的呢？

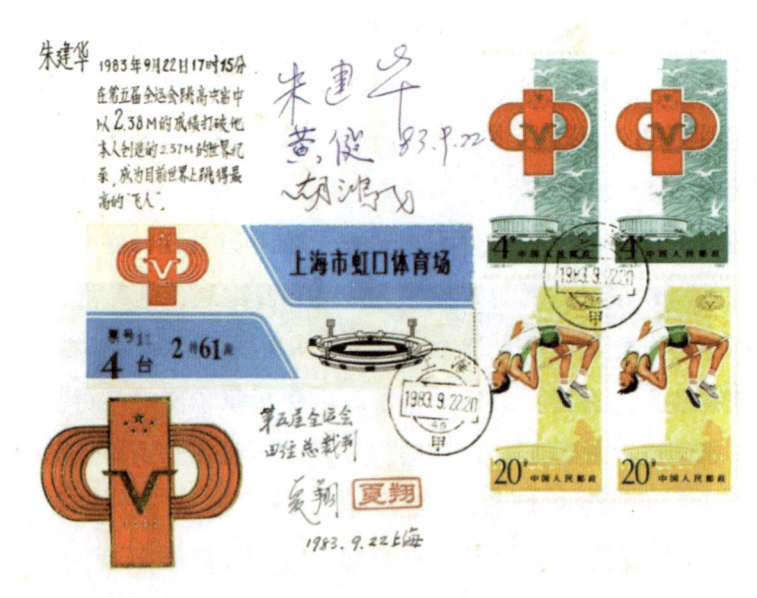

1983年9月22日朱建华打破男子跳高世界纪录纪念封

  时间要回到36年前在上海举行的第五届全运会，那时我已从清华大学毕业来到上海工作。当我得知清华大学体育教授夏翔先生担任全运会田径总裁判，就很快与他取得了联系。早在当年清华大学体育代表队训练时，我与夏老建立了很深的师生情谊，因此这次他来上海执裁全运会，特意准备了重要田径比赛场次的门票让我去现场观摩。当时因为朱建华正处在最佳运动状态，所以大家在赛前就预测他有再次破纪录的可能，对即将到来的跳高决赛充满期待。作为一个集邮爱好者，我也在考虑如何制作一枚纪念封来记录可能出现的重要历史时刻。于是我首先用铜版纸裁剪制作了一枚190mm×150mm的大号信封，构思了邮票、入场券、签名、说明等各项要素的布局，提前做好了必要的所有准备，真可谓"万事俱备，只欠东风"了！

  1983年9月22日，星期四，农历八月十六，天气晴朗，气温适中，容纳4万人的虹口体育场内座无虚席，大家都在等待一个重要时刻。下午五时许，跳高决赛已经开始，当身穿"173"号背心的朱建华上场时，全场掌声四起，一起为他加油。朱建华从2.22米轻松起跳，之后一次起跳越过2.26米、2.30米两个高度。此时赛场上只剩他一人，在两次试跳

"飞"过 2.34 米之后，最后的横杆高度直接升至了 2.38 米，这比他在三个月前创造的 2.37 米世界纪录又提高了 1 厘米。第一次试跳，起跑、加速、跃起！可惜身体重心稍低，擦落横杆。稍事调整之后，朱建华又站在了起跑线上，随着一连串干净利落的动作之后，只见他高高跃起，以背越式的标准动作"飞"过了横杆，一个新的世界纪录诞生了！顿时，全场欢声雷动。

而我除了和全场观众一起为朱建华欢呼之外，这时候的全部心思都放在了如何将我准备的纪念封全部完成的目标上。接下来的第一步，我必须立刻去邮局为邮票加盖当天的邮戳。而这时候已是傍晚六点钟，附近的邮局都下班了，全市只有位于四川北路桥的邮政总局还在营业。于是我立刻赶到距离体育场约 3 公里的总局营业厅，在信封上的邮票旁加贴当天的比赛入场券。当我把这枚纪念封交给邮局职工，并与他分享朱建华刚刚打破世界纪录的消息。这位邮局职工听闻后也非常高兴，按照我的要求认真、仔细地盖好了两枚带有"上海、甲"字样的"1983.9.22.20"日戳，使这枚纪念封具备了最权威的邮政时间要素！

接下来就是请朱建华签名这个"重头戏"了。我迅即赶到位于天潼路的新亚饭店，找到刚从体育场回到住处的夏翔先生，拿出了我的这枚自制封。同样还沉浸在喜悦中的夏老明白我的意图后连声说"好"，一口答应了我请他去找朱建华签名的请求。说实话，当时我心里也没有把握，不知道最后能否顺利地如愿以偿？在忐忑中度过了两天后，接到了夏老传来的好消息，说"事情办好了"，要我去他住处拿。当我迫不及待地再次赶到"新亚"，从夏老手中接过我的自制封时，简直惊呆了！原来，在信封上不仅朱建华签了自己的名字和破纪录的时间，胡鸿飞教练和黄健总教练两位重要人物也一起在信封上签名。照夏老的话来说，就是"超额完成了任务"！接着，我请夏老也在封上签名，他欣然应允。除了签名，还特意拿出了他随身携带的工作名章，就像在"朱建华比赛成绩纪录"上盖章签证一样，在自己的名字后面郑重钤印，这就进一步加重了这枚纪念封的史料价值！

此时，这枚纪念封还有最后一道工序没有完成，那就是在信封的左上角书写朱建华打破世界纪录的简要说明。当我拿起墨水笔，面对已经有4位重要当事人签名的纪念封，心情既激动又紧张，"激动"是因为纪念封的珍贵，"紧张"是因为每一个字都只能一次过，没有写坏重来的可能！在反复演练了几遍之后，我静下心来，拿出在清华练就的"建筑字"看家本领，一气呵成写下了70个字的说明，一枚珍贵的纪念封终于完美呈现！

在那段佳话之后的几十年里，每当我看到这枚纪念封，就会想起朱建华打破世界纪录时激动人心的精彩画面，就会回想起夏翔先生对我制作这枚纪念封的全力支持。没有夏老的善意理解，没有夏老的亲力亲为，就不可能有这枚纪念封的诞生。要知道，身为中国奥委会副主席的夏翔先生当时已经年届八十，却为满足晚辈的心愿不遗余力，一丝不苟。此情此景，怎能不让人心生感动！这枚纪念封蕴含着丰富的历史信息和人文精神，既是对中国体育史上一个历史时刻的真实记录，也是体现一位著名体育教育家高尚品格德行的生动载体。正是因为如此，我在2018年10月17日毅然将这枚珍贵的纪念封捐赠给了清华大学档案馆①永久收藏，让它成为夏老为中国体育事业贡献一生的佐证，同时寄托我们对夏老的永远怀念！这正是：

建功立业跳高场，华夏振奋凯歌响；
鸿惊健儿创奇迹，飞人翔空多辉煌！②

（2019年8月19日初撰，2023年3月18日修订）

---

① 袁帆校友捐赠优秀毕业生奖章和夏翔先生信札[J].清华校友通讯，复79辑，第188页。
② 藏名诗，内含"建华""鸿飞""健""翔"等四位当事人的"名"。

● 承上启下　永不停步

——为体育代表队 1975 级队友而作

　　2019 年 4 月 28 日，清华大学第 62 届"马约翰杯"学生田径运动会在东大操场隆重举行。在盛大的入场式上，当适值毕业 40 周年的 1975 级 100 名校友排着整齐的队伍，喊着嘹亮的口号出现在观众面前时，受到了全场热烈的欢迎。此时，主席台上传出了这样一段入场解说词，响彻全场：

　　1975 级的校友们，他们离开母校已经整整 40 年了。在校期间，他们刻苦学习，积极上进。在"争取为祖国健康工作 50 年而奋斗"口号的感召下，75 级的群众体育活动开展得生龙活虎，很有特色。许多同学成为了学校体育代表队的主力队员，在北京市高校以及全国的各种体育比赛中，为母校争得了许多令人骄傲的荣誉。

1978 年 5 月，校领导集体与参加高校运动会的运动员合影

　　在这个方阵中，我和李彬彬、秦培仙、张伏玲、曾修慧、钱秋星、李娜、于新华、王德裕、谷清林、刘援朝、郑晖、毕亚军、胡忠祥等共

14人听到这段话，激动的心情就像奔腾的海浪！因为我们都是当年的清华体育代表队队员，此时此刻，我们的心好像又飞回40多年前的清华运动场，胸中不由得涌动起奔跑的欲望，身心重又沉浸在赛场上夺标的荣光……

在1970—1976年的中国高等教育史上，曾经出现过"工农兵上大学"的特殊概念，清华前后共招收过六届学员，这是由一系列社会演变造成的结果，也是不可回避与跨越的历史阶段。而1975级在校期间恰恰处在风云激荡的关键岁月，因而经历了一次关乎国家命运走向的历史巨变。身处历史洪流，勇敢搏击奋斗，清华1975级代表队员作为一个特殊群体，以自己的坚韧与顽强，在体育平台上接受挑战，历史性地承担起"承上启下"的责任！翻开那个阶段的北京高校运动会的成绩记录册，清华与北大、钢院一直上演"三强争雄"的大戏，在获得前八名的运动员名单中，"清华"二字频频闪现。在1976、1977、1978这三届高校运动会上，清华始终没有让"男子总分第一"的桂冠旁落，并且始终处在男女团体总分"前三"的位置上。除了田径以外，在其他运动项目的竞赛中，清华同样有着不俗的表现，从来都是夺标的热门，始终让其他院校刮目相看。历史已经证明，清华体育的接力棒在我们的手上曾经完美接传，75级代表队员永远可以欣慰地说："我们来过，我们拼过，我们赢过；我们没有遗憾，我们笑对未来！"

水木清华，荷塘月色，美丽的清华园是令莘莘学子向往的中国最高学府。在这里，清华的每个学生除了感受到强烈的严格治学氛围外，还特别受到了"无体育，不清华"的清华体育精神熏陶。清华的体育运动水平在中国的高等学校里历来名列前茅，并且在建校100多年来，不论在哪个历史时期，经历怎样的世事变故，坚持体育锻炼的优良传统始终像接力跑一样，一代一代地传承下来，从没有断线。尽管我们在1975年秋季入校时，清华还处在"十年浩劫"的最后时期，教学及各项工作不可避免地受到政治运动的影响，但即使如此，我们仍然深深地被清华强烈的体育氛围所感染。开学不久，学校的各运动项目代表队都进行了新生选拔，也就是从那时起，一批具有体育运动基础的1975级同学进入了代表队，为清华体育精神在特殊年代的传承开启新的一篇。

在1975—1979年的四年里，学校体育代表队中的1975级同学曾经多达70人以上，其中在田径队中数量最多。据不完全统计，田径队有：李彬彬、秦培仙、王玉荣、乔茹芳、杨琳娜、田淑萍、李英沛、佟淑珍、黄倩、许星全、邢淑珍、张伏玲、师二兰、马建英、李聪聪、尹建新、邹爱华、翟淑萍、杜文惠、韩秀丽、陈何云、吕华（以上为女队员）；陈希、欧文生、张庆元、石泓然、王长滨、李石生、胡忠祥、周连仲、于新华、王彪、王德袆、谷清林、郑晖、蔡长杰、蔡福广、袁帆、刘援朝、陈同洲、杨敬东、林克旺、耿大中、林汉通、韩明、毕亚军、张华忠、山拓、刘信波等。此外，在篮、排、足、乒乓等球类和游泳、举重代表队中有：曾修慧、迪里巴尔、方胜利、郭红力、钱秋星、谢滨、李娜、刘印芝、刘岚、阎新凤、郭小平（以上为女队员）；黄洪耀、林岳贤、林松辉、叶周和、孙燕明、王建、施建、张玲承、许定宝、张瑞锋、侯建群等。另外，还有留学生迪埃梅（塞内加尔）、阿尔丹（阿尔巴尼亚）、姆伲亚尼（坦桑尼亚）、伯特绍（多哥）等。

当年的1975级代表队员都没有体育专业背景，只是普通的"工农兵"。他们一方面要克服因为文化基础较差带来的专业学习困难；一方面又要努力提高运动成绩。特别是在第一学年里，1975级各个专业基本都进行了"开门办学"，于是代表队队员就要在工厂、工地等校外环境里利用各种条件进行锻炼，因此付出了超出一般同学许多倍的体力和精力。在四年清华园的学习生活中，除了教室、宿舍、图书馆，大家的足迹留下最多的地方莫过于各个运动场馆。忘不了每天下午两节课后那龙腾虎跃、热闹非凡的大操场；忘不了在学校代表队里你追我赶，一同训练的队友；忘不了呕心沥血，悉心执教的清华体育老师；更忘不了清华各个代表队在北京高校运动赛场上一次次摘金夺银，享誉赛场的荣耀辉煌……

特别要说的一份幸运是，1975级代表队遇到了难得一遇的优秀教练团队。当年执教过我们的体育老师中，有在彼时已在清华执教30年以上的夏翔、王英杰、杨道崇、翟家钧、林伯榕等老一辈体育教育家，也有经马约翰先生亲自指导过的曹宝源、苏应惠、王毅、陈蒂侨（女）、王惠希、郑继圣、于洪淼、胡贵增、陈兆康、周钦霖、詹世霖、苏毓辉、黄文杰、刘津珍（女）等资深教师，还有郝锁柱、尹嘉瑞、王斐力、齐坤莹（女）、张荣国、马俊英（女）、孙燕（女）、孙建国、康德周等年富力强的中青年教师。在这支队伍中，既有大名鼎鼎的体育前辈，又有经验丰富的专项教练，他们秉承高尚的师德，专业的能力，不仅关心我们的锻炼，更注重教我们如何做人。他们视我们为自己的晚辈，为了让我们健康成长、提高成绩，他们真正做到了兢兢业业、身体力行，有时甚至达到了勤勤恳恳、呕心沥血的忘我程度！他们带给我们的不仅是运动技能，更多的是人生的体悟与感动。

"一分耕耘，一分收获"，1975级代表队员在各队教练的悉心培育下，经过勤奋训练，很快就在比赛中崭露头角。以田径为例，在1976年的第15届北京市高校运动会上，短跑队头一次参赛的陈希，就在400米比赛中以52秒7的成绩取得第一名，以11秒1的成绩取得100米第二名，为1975级代表队员首开纪录。陈希在1977年的第16届北京市高校运动会上，又创下一人独得100米、200米两项第一名的佳绩；在1978年的第17届北京市高校运动会上，再一次拿下100米、200米两项第二名的好成绩，他也因此成为75级唯一的连续三届参加高校运动会，连续三届进入前两名的优秀短跑选手。陈希1979年毕业以后，又于当年考上研究生，继续一边读书，一边训练，不但保持了良好的竞技状态，还进一步提高了比赛成绩。在1981年第20届高校运动会上以10秒9打破个人最好成绩，再次取得男子100米竞赛第一名！更重要的是，他在清华学习、工作30多年之后，逐步担任了党和国家的一系列更重要职务，担当起治国理政的重任。陈希不仅成为清华体育运动史上的杰出代表之一，也是75级代表队值得引以为豪的最优秀队友。

1975年，我作为海军学员进入建工系学习，入学不久就被选拔进了长跑队，曾经三次参加北京高校冬季越野赛，三次参加北京高校田径运动会，两次参加北京市田径运动会。给我留下印象最深的是1976年5月第一次参加高校田径运动会，在1万米比赛中由于比赛经验不足和高温造成的体力透支，造成最后剩我只身跑完最后一圈的场面，也感受了首次亮相却"孤独求败"的痛苦过程。在这之后，经过教练的"挫折教育"和"知耻而后勇"的刻苦训练，我逐步摆脱了"首战失利"造成的心理阴影，在重大比赛中的成绩逐年上升。在1978年5月的高校运动会上，克服伤痛带来的困扰，一举夺得10000米和5000米两项长距离比赛的第一名，以优异成绩完成了"由惨败到完胜"的艰难蜕变，获得了宝贵的人生经历。在1978年5月24日的《北京日报》刊登的高校运动会报道中，特别提到了我取得的成绩，并以此作为对新时期大学生"德智体全面发展"理念的倡导。

1975级运动员陈希、王长滨、姆伲亚尼、袁帆在1978年高校运动会合影（从左至右）

每一种体育运动项目都有不同的专业侧重，但都是达到"体魄与人格并重"目标的锻炼手段。长跑是一项艰苦而又枯燥的耐力项目，要在众多对手中脱颖而出，绝不是一蹴而就的易事。这中间不仅需要经历刻苦的训练、失败的打击，更重要的是要领悟出其中的哲理，以至于达到精神的升华。曾记得，长跑队在大风呼啸的严冬，来回20公里跑香山的"拉力赛"；曾记得，一堂训练课上，所有人都要一口气跑十个被称为"魔鬼跑"的400米变速（400米全速 + 200米慢速）……然而正是经受了这一次次的"折磨"，才让我们练就了百炼成钢的坚强意志，才会有克服任何艰难险阻而奋勇夺标的辉煌！

人生如长跑，生命之路就像是永无尽头的跑道！在人生的长跑中需要毅力，而毅力来自于艰苦的磨炼；在人生的长跑中既要具有耐受默默无闻之寂寞的定力，也要能做到不因鲜花和荣誉而停下脚步……当年能在北京高校运动赛场上为清华争得荣誉，能为自己留下用汗水争得的夺标纪录，这是一件永远都令我们全体1975级代表队员感到骄傲的事情。直到今天，每当想起那激烈的比赛场面就像又听到了起跑的发令枪，激励着我们在人生的跑道上永不停步，奋勇向前！

　　时光飞逝，我们1975级代表队员当年的清华体育经历一晃已过去了40多年，尽管大家已经进入生命的夕阳旅途，但当年运动场留给我们快乐的回忆，珍贵的友情却与日月同在，与时间共存。而长跑带给我的特殊感悟与深刻启迪也成为我最大的精神财富，让我受益终生！这正是：

　　人生犹如长跑路，自强不息克险阻；
　　清华精神激励我，锲而不舍迈大步！

（2019年7月14日初稿，2019年11月21日修订）

*此文系《清华园的大学集体》征文投稿，2021年6月发表于清华大学校庆110周年系列出版物之《像阳光一样温暖》（下篇：多彩的第二课堂）。

● 乒乓博物馆中的清华元素

乒乓博物馆（中国上海）

国际乒联博物馆原址设在瑞士洛桑。国际乒联于2014年8月决定将博物馆搬迁至中国上海，并与中国乒乓球博物馆两馆合一。经过三年多的筹备与建设，博物馆已于2018年3月31日正式开展。在这座总建筑面积10389平方米的乒乓球殿堂中，收藏着成千上万件珍贵的实物、图片、史料，向人们展示着乒乓球运动100多年来在全世界发展的历程。

乒乓球博物馆里的各种展品琳琅满目，让人目不暇接，但作为一个乒乓球迷，一个曾经的清华体育代表队队员，我本能地辨别出了许多带有"清华"元素的展品。这些展品以及它们背后的故事，也为"无体育，不清华"的清华精神又一次提供了新的注解。

在展现中国乒乓球运动历史的"常青之基"展区，有两幅用120相机拍摄的泛黄老照片，表现的是"一九五二年全国乒乓球比赛大会"的开幕式。照片背景中体育馆的半圆形大窗户和悬廊让人眼前一亮，这不就是清华西体育馆的前馆嘛！1952年6月10日，毛主席发出了"发展体育运动，增强人民体质"的号召，群众性体育运动蓬勃发展起来。在这一年的10月12日，全国乒乓球比赛大会开幕，比赛地点就设在当时北京最好的运动场馆，被誉为清华"四大建筑"之一的西体育馆。这次比赛也成为全国第一届乒乓球比赛，而且通过比赛选拔了一批男女优秀运动员，组建了中国国家乒乓球队，国球兴旺，由此发端。西体育馆不仅锻炼了一代代清华学子的体魄，也成为乒乓球运动在中国不断发展的见证者。

1959年，容国团在第25届乒乓球世锦赛上夺得男子单打第一名的奖杯，成为中国体育运动历史上取得世界冠军"第一人"。从此，乒乓球运动在中国大地上普遍开展起来，并随中国运动员在世界大赛上的不断夺冠成为经久不衰的"国球"。乒乓球在清华同样是广大师生热爱的运动项目之一，有着广泛的群众基础，同时也涌现出一批批"高手"，在历届北京高校比赛，及至全国高校比赛中都一直有着优异的表现。

1981年4月，中国乒乓球队横扫所有对手，在第36届乒乓球世锦赛上夺得全部七项冠军。消息传来，清华的乒乓球迷们同样欢欣鼓舞。国家队凯旋后，特意由代表团的李富荣总教练带队来到清华大学，在大礼堂前广场举行报告会，向清华师生汇报比赛的盛况。国手们创造历史的事迹，让所有在场的清华人听得群情激奋，感觉过瘾！虽然已经37年过去，但在博物馆中的那幅记录报告会场景的照片前，似乎仍然可以感受到当年的热烈气氛，令人倍感振奋！

另外的一幅照片同样印证了乒乓球运动在清华园的开展。照片上的女运动员可以清楚地看出是著名国手乔红，而与她对阵的男选手是谁呢？图片上并没有说明，只说是"清华大学一名学生自告奋勇向世界冠军挑战"。疑惑最终被清华大学体育部副教授王欣老师解开。原来，这次比赛发生在1996年5月3日，当时正值首届中国乒乓球俱乐部联赛期间。为了宣传和推动中国乒乓球体制改革，特意将部分比赛安排在一些基层单位，清华大学也在其中，比赛地点设在清华西大饭厅。比赛中间还特意安排了与球迷的互动，和乔红对阵的就是当时的清华乒乓球代表队队员，1991级电子系学生刘立恺。

世界冠军乔红与清华学生运动员比赛（1996年）

根据多方回忆，著名体育解说人宋世雄主持了比赛，中央电视台进行了实况转播。而作为乒乓球国际级裁判，王欣老师执裁了这场比赛。辗转联系上了当年的挑战者刘立恺，时隔多年，虽然许多细节已经模糊，只有一个"小插曲"让他至今记忆犹新。原来在比赛前，宋世雄宣布组委会预设的规则，要世界冠军乔红先让3分，但被他这位清华乒乓球高手当场"婉拒"了，表示不需要"照顾"！最后组委会认可了刘立恺的意见，比赛仍从0∶0开始。虽然这只是一场带有娱乐色彩的比赛，采用的是一局7分制，但一名在校大学生，敢向世界冠军发起挑战，除了勇气，还必须具备相当高的球技。刘立恺两样都做到了。最终的比赛结果是3∶7，刘立恺"光荣"告负并不意外，但他的这次挑战却成为清华乒乓球运动史上让人津津乐道的经典之战，被永久地定格在中国乒乓球博物馆。

在现代乒乓球运动发展的近百年来，涌现出许多著名人物。"国际乒联名人堂"就是国际乒联为表彰技艺超群的乒乓球运动员和为推动世界乒乓球运动发展做出杰出贡献的人士而设立。从1991年开设至今，共有66人进入名人堂。自1999年庄则栋、林慧卿、李富荣等3位中国运动员最先成为名人堂的一员后，先后共有32位中国运动员位列其中，约占总人数的一半。而在他们中间，也有清华人的身影，她就是被我们引为骄傲的邓亚萍校友。

邓亚萍在其乒乓球运动生涯中，共先后获得过18次世界大赛的冠军，这也成为激励优秀后来者努力超越的标杆。她退役之后，于1996年进入清华外语系学习，从零开始，凭借世界冠军的勤奋和毅力，经过11年的不辍努力，不仅从清华顺利毕业，而且最终取得剑桥大学的博士学位。作为有着乒坛传奇经历的清华校友，邓亚萍刚刚当选为清华校友乒乓球协会的新一届会长，她必将为推动清华乒乓运动的继续发展发挥无可替代的作用。

在博物馆里，有多件展品记录了邓亚萍为国争光，勇夺佳绩的光荣历程。其中包括展现她在国际大赛中搏击英姿的照片，还有她夺得冠军时所穿的"战袍"、用过的球拍，等等。特别令人印象深刻的是在一幅美术作品中，再现了邓亚萍在1996年亚特兰大奥运会上夺冠之后，时任国际奥委会主席的萨马兰奇先生亲自为她颁奖，并在全世界亿万双眼睛的注视下，像对待自己的小孙女一样轻拍她的脸颊表示祝贺的感人一幕。

我们这一代人亲身见证了中国乒乓球运动兴衰起伏的过程，对国球有着深厚的感情。当我看到博物馆展出的乒乓球中缺少早期的国产"红双喜"产品时，忽然萌发了捐赠的想法。作为一个资深球迷，我有一盒1970年代初的38毫米"红双喜"球。这盒球保存完好，跟随我已经有44个年头，并曾陪伴我度过清华四年的学习生活。经过馆方的鉴定，很快决定收藏我的"宝贝"。当我的想法真要落实的那一刻，不舍之情油然而生，但想到在这座世界级的乒乓球殿堂中，今后又将多了一个带有与清华有关的展品，我还是欣然于2018年5月18日正式向博物馆进行了捐赠，完成了我"让更多人分享红双喜"的美好愿望。

清华建校百余年来，用体育锻炼强健学生体魄，用体育精神培养学生自强不息的意志，光荣传统早已蔚然成风，并与清华精神融为一体。带着清华故事的展品一再出现在世界乒乓球殿堂里，既是偶然，更是必然；既是乒乓球运动在清华发展的写照，更在激励清华学子继续发扬"人生能有几回搏"的国球精神，努力研学，为国争光！这正是：

乒乓殿堂落浦江，清华故事传久广；
为国立功需拼搏，国球精神永发扬！

（2020年7月6日初稿，2023年3月27日修订）

* 此文2021年被收录于清华大学110周年校庆出版物《小球大世界/清华乒乓故事》一书中。

溯源篇

史海钩沉

● 解读清华历史的珍稀化石

化石的原意是指"石化了的生物遗体、遗迹"。因为化石保留了那些原始生物的形态与结构，因此成为人们了解生物从古到今变化过程的物证。在社会生活中，一旦将某种物品形容为化石，一定是由于它的稀有存在和保存完好，可以对研究某种对象的演化过程起到不可多得的作用。

2020年的初夏，我意外地收获到一块"化石"！这是一份完整的早期清华大学新生录取资料，包括《录取通知书》《入学证》《入学志愿书》《入学保证书》《入学报到程序》和《新同学须知》等，连带当时邮寄的信封一共七件。我将这些资料形容为"化石"，一是因为它的年龄已有近90岁；二是因为它的完好品相；三是因为它的稀缺性。

由清华的校史可以知道，建立于1911年的清华学校于1925年成立大学部，开始由留美预备学校向"完全大学"的演变。1928年8月，国立清华大学正式成立，至1938年"西南联大"建立之前，在清华园共录取了12届学生，共计3126人。2021年是清华建校110周年，如以1925年为"第一级"起算，截至2020年已经可以排到"第九十六级"，而我得到的是1931年清华入学资料，原属于一位清华大学第七级录取的新生。90年前的入学资料完整保存至今，可谓"绝无仅有"，它对于再现清华历史演化过程，研究清华发展历史的重要性不言自明。正是由于它包含了大量的清华历史信息，将它形容为清华历史的"化石"并非夸大其词。

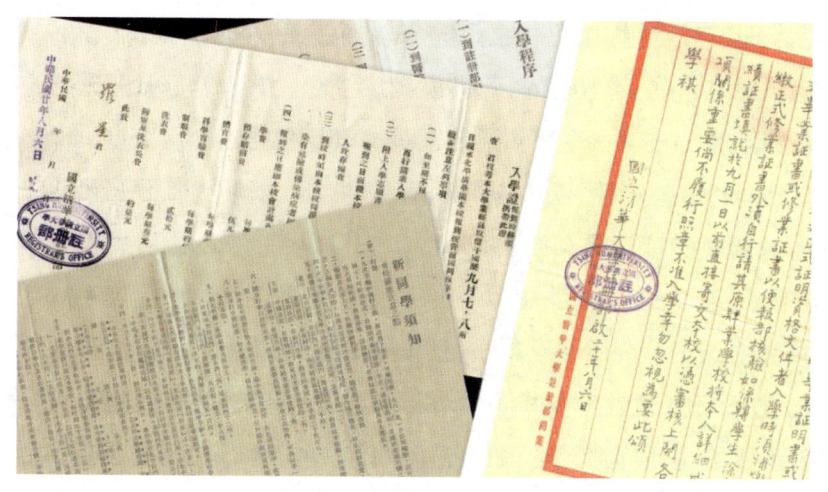

1931年清华新生录取资料

一、资料来源与真伪辨析

这件资料是通过在网上拍卖市场获得的拍品，最初的来源应该是一位名叫"罗星"的教授故去后，从他的家人手中再流到市场上。其最大的风险在于如何辨别真伪，且风险程度与"年代、价格、珍稀度"成正比。那么，这件拍品的真伪该如何判断呢？

（一）内容的真实性

内容是否属实决定了拍品的存在价值，是最基本的要求。

1. 主人是否存在

这份入学通知资料原本的主人应该是"罗星"，这个名字在信封和"入学证明书"上两次出现。那么，1931年的清华大学新生中有无此人成为关键。经过查找，在这年清华录取的新生名单中，罗星名列184名新生的第42位。

2. 报到日期与入学甄别试验是否确切

在《入学证明书》中有"望于国历九月七、八两日，亲来北平清华园本校报到"的内容；在《新同学须知》的第十条中有"入学后有甄别试验一项，……甄别试验在报到后二三日内举行。当时在注册部有详细通告"内容，这些核心要素也非常重要。查《国立清华大学校刊》第210期（1931年9月10日），在第一版醒目位置登载了注册部于9月7日、8日连续发布的《注册部通告》第一号至第七号，公布了录取新生的学号、入学甄别考试办法以及其他有关事宜。证明"报到日期"和"入学甄别试验"等信息完全属实。

（二）"保证规则"是否存在

在这份资料中，有《国立清华大学入学保证书》正、副本各一张，上面详列"保证规则"十一条。到清华读书需要有保证人作保，这件事情是真的吗？通过查阅《清华大学史料选编》，在1937年的《清华大学一览》中可以看到确有"保证规则"存在，文字略有差别，但基本内容完全一样。

（三）相关人物是否真实

在《新同学须知》中有："北平清华大学新同学招待委员会孙增爵君，傅永汉君，或王香毓君"的信息，这些人是谁？经查阅《清华大学史料选编》，证实三人都是当时在校生，其中的孙增爵为三年级化学系，时年19岁；傅永汉为四年级经济系，时年24岁；王香毓为四年级中国文学系，时年25岁。

（四）细节的鉴定

在核心内容无误后，就要考察载体的细节是否真实。

1. 文体风格

对于文字类拍品，文体风格是否与拍品的年代相符合十分重要。1930年代初，公文类的行文风格虽然已经开始倾向于白话文，但仍带有明显的文言文痕迹。文章的起承转合也带有明显的时代烙印。并且全部行文都采用竖版书写，以及"如左"等相应的用语。

如《入学通知书》的开头，"迳启者本大学本届招考新生"一句，"迳启者"就是老式社交函件的起头语，接着便向"招考新生"直接陈述若干事项。再有，《入学通知书》《入学志愿书》《入学保证书》等文件均无标点符号，完全以旧式行文风格书写，而《新同学须知》则基本以白话文形式，使用标点符号。这种新旧形式混杂出现的情况，也是1930年代语言文化发展的真实反映。后人如要娴熟模仿，做到不露马脚绝不是容易之事。

2. 纸张的质地

这份资料使用了不同种类的纸张。《录取通知书》使用的是印制在毛边纸上的十行专用信笺（273mm×200mm）；《入学证》使用的是白卡纸（258.3mm×123mm）；《入学志愿书》和《入学保证书》使用的道林纸（310.2mm×210.2mm）；《新同学须知》使用的是普通纸（530mm×255mm）。不同的纸质既保证了不同的使用要求，又给仿冒增加了极大的困难。

3. 呈现方式

在这份资料中，不同的内容采用了不同的呈现方式，信封上的收信地址和收信人使用毛笔手书，《入学证》上的被录取者姓名用墨水钢笔手写；《录取通知书》是刻蜡版后油印在信笺上；《入学志愿书》和《入学保证书》采用紫色油墨铅字印刷；《入学证》采用黑色油墨双面铅字印刷；《新同学须知》采用黑色油墨单面印刷。铅字印刷会因为铅字模的磨损等原因，出现字迹的缺损和油墨不均匀等现象，这与现代胶版印刷的效果会有很大区别，同时也不易造假。

4. 注册章

在这份资料中，《录取通知书》和《入学证》等两份文件上加盖了"国立清华大学注册部"（TSING HUA UNIVERSITY REGISTRAR'S OFFICE）的椭圆形中英文印章（44mm×28mm）。这两枚印章的款式完全一样，但在字形的细节上存在微小的不同，属于"同款不同体"的两枚图章。同时说明当时清华大学注册部的印章不止一枚，这或许本身就是为"防伪"而设计的细节，如果有人伪造一枚印章加盖两处，自然就会被识破。

5. 邮资凭证

这份入学资料是通过邮路寄给被录取者的。信封使用的是印有"国立清华大学注册部缄"字样的竖式专用信封（210 mm×105 mm），在左上方贴有一枚面值一角三分的普通邮票。由于邮政业务中使用的邮票、邮戳具有的"规范性、严肃性、可靠性和资料性"，因此不仅为后来查证某项业务的踪迹留下了可靠的证据，甚至在法律范畴中也具有"物证"的价值与作用。邮资使用是否正确，邮票的真伪，邮戳的真伪，这些也都可以成为鉴别真伪的关键点。

根据笔者长期对中国邮政史的关注与研究，贴在信封上的这枚邮票属于"中华民国邮政"于1913年发行一套编号为普8的普通邮票，起初为共19枚。1919年增加1分半，一角三分和20元三种面值，全套最后变为22枚。而增加的这枚"一角三分"的邮票，图案为一收获的农民，背景为天坛，寓意"发展农业"，通称"农获票"，适用于挂号信函。而邮寄这份入学通知书的就应该是一封挂号信，贴付一角三分邮资，这一点完全吻合。另外在这枚信封的背面，有明显被撕去的纸张痕迹，从残留部分可发现"Sign"（签名）和"年月日"的字样痕迹。这很可能是挂号信的回执，经收件人签收后由邮递员撕去存档备查。

此外，在邮票上加盖了"北平（PEIPING）20.8.7.18"的交寄邮戳，这就证明这封挂号信是民国二十年（1931）公历8月7日18时发出。此外在邮票的右面略偏下的位置，又加盖了一枚同样为30毫米直径的圆形邮戳，这就为这封信件的真实性大大增添了砝码。这封信的"落地戳"标有"天津 E（TIENTSIN）"字样，可惜的是"落地时间"由于加盖原因非常模糊，无法辨认，这就给确认此信的投递时间增加了难度。但这在总体上并不影响对信件真伪的整体判断。

（五）物理性质判断

除去以上各项判断指标外，这份拍品的物理性质变化也是重要的判断内容。

1. 纸张变色

纸质品长期保存的过程中，在空气的暴露中会产生褪色、重色等各种变色情形，但由于折叠或相互叠合的原因，这种变色并不均匀。这份资料在多处明显存在这种情况。这种自然形成的变色是经年累月形成，因此难以复制。

2. 油墨渍黏痕

不同印刷品叠合在一起，由于油墨的附着力或纸张的质量等关系，可能会产生字迹或颜色的相互黏痕，而这种黏痕是最难人为制造的。在这份拍品中，《入学志愿书》的背面就存有可依稀辨认的《录取通知书》整体痕迹。这是因为《录取通知书》是刻蜡版后油印的，油墨的稳定性不佳，在长期叠压的作用下，就会在相邻纸张上产生油墨渍黏痕。这也说明了这些纸张当初的叠放关系。

《入学程序》上的折痕与变色

3. 折痕

由于这份资料的六页纸张是折叠在一起放进信封，产生的折痕形状是否匹配就很重要。目前的所有文件的折痕都很自然，匹配关系明确，可以完全还原成初始状态。

综上所述，这份资料的真实性确定无疑，属于博物馆级的清华珍贵文物。结合后续的大量信息解读与历史考证，人们将会发现：这个结论经得起任何考验。

二、信息解读与历史考证

既然是社会发展的"化石"，它所包含的所有信息都为后人了解资料生成时期的社会发展状态提供了鲜活的证据。这份资料涉及清华史、经济史、民俗史、邮政史等多个中国近代史的分支，反映出1930年代的社会发展状态，在了解中国从传统社会向近代社会的转型过程具有一定的样本意义。

（一）清华史

1. 对新生价值追求的引导

早在1911年《清华学堂章程》颁布之初，就明确规定："本学堂以进德修业，自强不息为教育之方针。"当梁启超在1914年11月5日在清华学校的演讲中，进一步阐明了清华学生应以"自强不息，厚德载物"作为"君子"的追求后，得到了广大师生的高度认同。并逐渐将其演化为清华校训。而这一情况在这份资料中得到了充分印证。

标有校训的《新生须知》（局部）

在《新同学须知》中的"到校后应注意之点"部分，第一条就告知新生：本校校训为"自强不息，厚德载物"，从而使学生在入校之初，就能够以"言简意赅"的形式对他们的价值追求形成正面引导。另外，倡导学生"衣服贵朴素整洁轻便，相处贵诚实而有礼节""注意体育及学生精神，在校步行，亦须挺胸正步，勿作萎靡不振之怠惰形态""本校同学，多不吸纸烟。来校时能戒绝最好"。这些都说明早期清华已将"立德立言"作为对学生价值追求的明确倡导，并施行具体指导。

除了积极引导之外，清华还以规章制度的形式对学生的行为加以规范。在入学手续中，就设置了一个必须完成的程序，就是由新生本人签署《国立清华大学入学志愿书》，保证"入学后愿遵守学校一切章程及临时校令，专心循序修业；在校外愿束身自爱，誓不玷污校誉"。最后还要家长签名盖章担保。

启发自觉与严格要求相结合，历来是学校教育的基本要求，对于培养学生建立正确的价值观和良好的行为操守具有重要意义。早期清华在这方面的实践对于建立学校良好校风起到的作用，已被历史证明具有极为积极的意义。

2. 清华的新生管理制度

早期清华对新生入学管理非常严格，对录取的新生采取多种手段加以甄别和审核。为了确保新生不被"顶包"，并能胜任大学学习的任务，顺利完成学业，采取了一套组合手段，这些从资料中得到充分体现。

（1）对学生入学资格的甄别

在《新生入学通知》中规定："报名时仅缴临时毕业证明书或修业证明书及其他各类非正式证明资格文件者，入学时须补缴正式毕业证书或修业证书，以便报部核验。""如系转学生，除应缴正式修业证书外，须自行请其原肄业学校将本人详细成绩证书填就，……直接寄交本校，以凭审核。"

在《新生报到程序》中，第一条就是"到注册部对照片"，这其实就是要达到"验明正身"目的。实施这些措施，意在甄别新生的入学资格是否属实。只要是认真实行，对保证新生质量的效果一定是非常明显的，至少是增加了造假的成本，最大程度上防止新生被冒名顶替的可能。一直以来，还未听说早期清华学生有被"顶包"的丑闻，这或许也说明当时采取的措施是有积极作用的。

（2）对学生学习能力的甄别

虽然新生已经被录取，但对其学习能力并不是简单地以高考成绩作为唯一衡量标准，而是在入学报到后就迅速进行甄别试验。在《新同学须知》中的"到校后应注意之点"部分，明确告知："入学后有甄别试验一项""甄别试验在报到后二三日内举行。当时在注册部有详细通告，自然明白。"

从这些规定中可以看出，早期清华对新生学习方面的负责态度，除了高考成绩以外，还要根据入学甄别成绩来评定每个新生的学习能力，然后决定每个人之后具体的学习方式。

（3）对学生行为能力的担保

在对学生入学后的管理方面，早期清华采用了一项现行教育体制下已然不存在的制度，那就是"上学需要担保"制度。这项制度首先对能够承担责任的担保人设定资格要求；其次对担保事项进行了具体规定。

担保人的资格锁定为三种人：政界官员、教育界人士、商人。官员必须是"委任官以上"；教育界人士必须是"现在学校教员或学监以上职员"，而且不能是清华本校的；商人必须是"纳六等以上铺捐之商铺铺长"。这样的制度颇具时代特色，也算得上是非常严格的。

担保的事项包括：学生非假日以外的请假出校门；学生不能在校医院医治的重病需要外出就医；学生因故身亡的后事料理；学生退学时与学校的财务清理；学生在校内外发生的一切重大不规则举动，等等。总之，在关乎学生的行为能力的主要方面都需要担保，可谓"面面俱到，一丝不苟"。

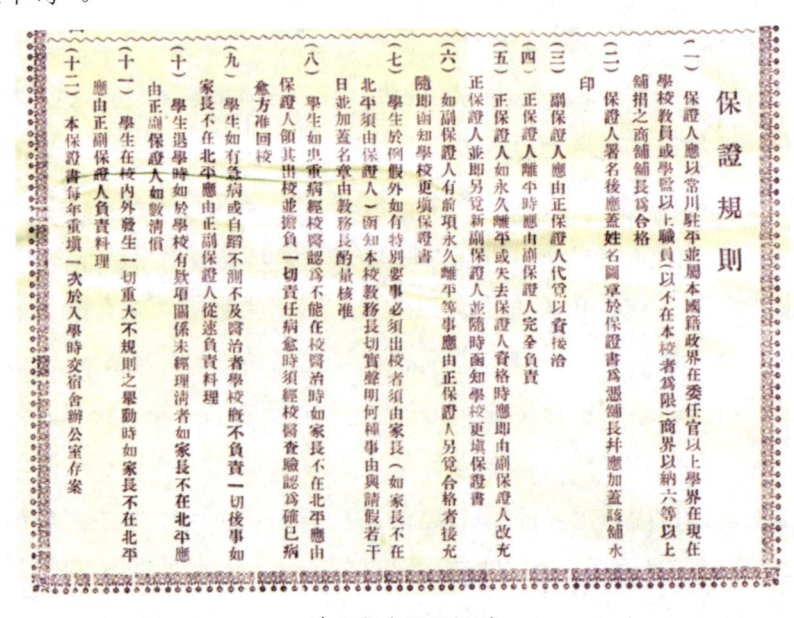

清华新生保证规则

3. 学生会的作用

清华大学学生会最早叫"学生自治会",于1919年12月23日成立,下设理事会、学生代表及其常驻会三个机构,其组织宗旨就是学生自治于服务学生。清华大学学生会诞生于五四运动"爱国、民主"洪流之中,承国家之希望、担民族之重托。成立100年来,学生会始终引风气之先、领思想之潮,在清华历史上不可或缺。

在这份新生录取资料中,《新同学须知》就是由"国立清华大学学生会新同学招待委员会"发布。同时可以发现,这个组织的骨干成员以在校的三、四年级同学为主,他们承担了接待新生的具体工作,是清华早期的"志愿者"团队。除了在报到的几天里,学生会组织老同学为新同学提供各种周到服务外,"上课后,新同学对于校内一切疑问,可随时向本会接洽,无不竭诚帮助"。由老带新,尊老爱新,清华的这一优良传统延续至今,学生会的作用历久弥新,功劳有口皆碑。

(二)经济史

1. 货币

在1930年代上清华需要什么样的经济实力?从这份资料中也可以找到与学杂费有关的一些数据。在《入学证》上明确标明,注册时所需要缴纳的费用包括两部分。一部分为每学期缴纳的:包括学费在内有四项费用,共二十五元;另一部分为入学时一次性缴纳的,即有:体育费、制服费和预存赔偿费,共二十七元。注册时总共需要缴纳五十二元。如以一年二学期计算,每年的学杂费为五十元。除去这部分学费开销,衣食住行等生活开销暂时没有看到具体数据。

此外,在《新同学须知》中也透露出当时的货币使用情况。1930年代初,民国实行三种形式的货币,一种是"金币"(铜元),以"枚"为单位;一种是"大洋",以"角"为单位;还有一种俗称"毛钱",也叫"毛票"或"毛钱票",毛票通常分一角及两角两种,以"农工银行"发行的纸币者为通行,十毛合大洋一元。铜元和大洋两种货币也有钞票(纸币),铜元有"铜元票",通常有二十枚、四十枚、五十枚、六十枚、一百枚等多种；大洋钞票以天津银行及北平银行发行的为通行，上海银行发行的钞票须略贴水。1931年时，"市价大洋一角合铜元四十枚"。

这就是1930年代中国经济发展的实际情况，民国已经建立了20年，但连货币都没有做到统一。看到这么复杂的货币关系，这么复杂的"汇率"，就会体会到早期清华学生读书时面对的状况，有没有钱读书是一回事，就是有钱读书，会不会理财又是一回事。

2. 交通

从《新同学须知》中，可以了解到当时中国的公共交通发展状况。从外地来北平清华上学，可供选择的交通方式，主要是轮船和火车。沿海的新生可以到上海乘坐轮船到天津后，再转乘火车到北平，而当时经营这条航线的轮船公司主要有中国的招商局轮船公司，以及英商的太古轮船公司。内陆的新生则要乘坐火车，可选择的路线包括"平津浦、平汉，或北宁路车"。

到达北平后，要去清华园，就一定要到西直门。没有大件行李的可以乘坐"铛铛车"（有轨电车），车费比较便宜，但人多拥挤；但一般都要坐"洋车"（人力车），因为外地新生都会有行李。当年北京是有城墙的，出了西直门就是城外，也就没有公共交通了，只能坐洋车。不过洋车很方便，"到西直门时即有洋车夫上前招呼，告以去清华园即可"。

因为缺少公共交通十分不便，清华当年也开通了从清华园到"城里"的自备"长途车"，车费为"大洋"四角五分，合铜元180枚。但长途车开通的班次有限，车少人多，虽然便捷，但想来也乘坐不易。

（三）民俗史

1. 铺保

在《入学保证书》中，对担保人的资格进行了严格限定。其中的政界、教育界担保人资格容易理解，而商界担保人则涉及一个民俗法概念"铺保"。清华对商界担保人的要求是"商界以纳六等以上铺捐之商铺铺长""铺长并应加盖该铺水印"。

所谓商业铺保，通常是以商号名义出具证明所做的担保，从法律角度讲，是人身担保和物质担保相结合的契约。在清华这个具体案例中，"商铺铺长"即为人身担保，"纳六等以上铺捐之商铺"即为物质担保。

"铺保"是中国在传统的社会发展中长期存在的特有现象，曾广泛存在于法律诉讼、商业管理、宗教管理和市民经济交往中，而用于教育管理不算普遍，在中国早期高等教育管理中产生的作用也有待考察，而清华的这份《入学保证书》则可作为一个实例。从具体的担保规则分析，商业保证人的担保责任主要体现在对学生的行为责任和偿付责任两方面，当"规则"描述的事件出现时，保证人则要履行承诺，对学生负起应有责任。这也说明，早期清华在学生管理方面并未承担大包大揽的无限责任，而是利用铺保这一民俗法概念，采取对校方有利的方式，减轻校方在学生管理方面的责任。这也成为考察清华大学管理观念在不同时代中演变过程的一个重要视角。

2. 民俗

清华新生初次离家，远赴京城读书，对各地民俗是一定要有所了解，否则就会吃亏上当。在《新同学须知》中，就有民俗方面的内容的告知，譬如：

（1）旅途中"轮船及火车上下，均须留神扒手"；

（2）火车或轮船到达时，要保持镇定，不要急于搬行李，遇到旅馆拉生意的或者搬行李的脚夫，千万别随意应承，以免上当。特别提醒，行李若由脚夫搬运，"每件自站内至站外，以铜元十枚为限"；

（3）入乡随俗，"唤洋车在沪呼'黄包车'，在天津呼为'胶皮'或'洋车'，北平多呼'洋车'"。

（四）邮政史

在现代通信技术还不发达的年代，邮政功能发挥的作用对于人们的日常生活产生极大的影响。从这份早期清华的史料中也可以看到邮政的影子，成为研究近代邮政史的佐证。

1. 邮资凭证

从保存基本完好的信封上，可以看到邮资为一角三分的邮票一枚，那是为集邮界熟知的"普八"加印票，棕色的"农获票"，而与这个邮资对应的则是挂号信函。但当年的挂号信没有加盖特殊标记，从信封上残存的纸张痕迹分析，应该是加贴了"挂号回执"，在收件人签收后由投递员撕去存档备查。

当年的邮戳统一为直径30毫米的钢戳，用中英文分别刻制地名。仔细观察后发现，寄发戳和落地戳的格式有所区别，前者是中文在上，英文在下，而后者则刚好相反。

2. 清华的邮政电信信息

在"国立清华大学注册部"的专用信封背面，印有两行字"本校在平西平绥路西清华园，由北平来函邮资须照外埠例"，这就告诉我们，当年清华园和北平的邮政关系竟然是"外埠"，须按照寄往外地的邮资贴邮票。那么当时外埠邮资是多少呢？在《新同学须知》中可以找到答案，若要与学校联系"来函请附邮票四分"。原来当年的外埠邮资仅需要"四分钱"（合16枚铜元）。

此外在信封后面还印着清华当时的电话号码：东局三千九百号（3900），西苑分局八十五号（西苑85）。很显然，这是1930年代初期清华的两条电话中继线号码。但当时是否还有其他专线，例如校长办公室的电话，现在还不得而知。不过，偌大的清华，仅有两条电话中继线路，放在今天是根本无法想象的。

三、主人身世与谜团解开

这份早期清华新生录取资料的主人叫"罗星"，1931年清华录取新生名单中确有其人。但在四年后这一届学生毕业名单中却不见其人。再根据资料的完整性判断，罗星当年考上清华但没有报到，属于自动放弃入学资格。

问题来了，这位罗星究竟是谁？为什么录取通知书是寄到南开大学的？他的身世如何，在后来的岁月里他都干了什么？这一系列问题都等待回答。

就在我试图通过各种途径破解谜团时，突然接到了这份资料的出售方给我的电话，说是在他掌握的罗星资料中，还有一个笔记本，里面是罗星在解放后自己撰写的一些材料。因为觉得我像是真正"研究学问"的，所以愿意无偿奉送。听到这个消息，我真是觉得一切都那么神奇！冥冥之中好像我与这位"罗星"有着一种约定，注定要在这个时候，由我来还原90年前一位学子与清华擦肩而过的故事！

根据"罗星笔记"，可以大致还原出他的简历。罗星，生于1911年5月20日，福建人，家境富裕。1919年上小学；1925年春开始在厦门集美中学和厦门大学预科读书。1930年秋考入天津南开大学数学系；1934年毕业。就在他读大一年级时，他又在1931年报考了清华大学，并被录取。这也就是为什么录取通知书被寄到南开大学的合理解释。至于是何原因让他最终没去报到，还有待于进一步发现新的证据。

（四）报到之日应缴本校会计处各费如左
学费　　　每学期拾元
预存赔偿费　伍元
体育费　　　每学期贰元
科学实验费　每学期约伍元
制服费　　　贰拾元
褥单及洗衣袋费　每学期叁元
洗衣费　　　约柒元
此致
罗星君
国立清华大学

罗星的入学缴费清单

罗星从南开大学毕业后，被厦门大学聘为助教，担任两门课程的主讲教师。两年后的1936年，罗星赴美留学，具体学习的院校与专业不详。1938年秋归国后就被抗战后迁移到贵阳的大夏大学聘为教授，之后又曾在四川大学、铭贤学院、成华大学、重庆大学、西南学院、西南师范学院、求精商学院等多所西南地区的大专院校任教。新中国成立后他被西南贸易专科学校聘为教授兼统计系主任，再后来应该是随着1952年的"院系调整"又在四川财经学院任教，而这一推测在今天的四川财经大学档案馆得到了证实。从他的经历中可以看出，因为他是数学专业毕业生，又是一位统计学专家，在数理统计学方面具有很深的造诣。

罗星的人生脉络基本上可以理出一个头绪，属于一生"读书、留学、教书"的典型知识分子。虽然他与清华失之交臂，但也算是"术业有专攻"的统计学专家，为中国的教育事业发展做出过自己的贡献。

难能可贵的是，这份清华新生的录取资料被它的主人精心地保存了下来，说明了它在主人心目中的位置。最终的事实告诉我们：不管在几十年间经历念书、留洋、归国、教书，还是经历青年、中年、老年，罗星先生都将这份资料带在身边，哪怕是战争环境的动荡、哪怕是政权更迭的变局、哪怕是十年动乱的冲击。是什么力量支撑他能如此执着，也许这里包含了一份遗憾，或是代表了一种对清华永久的眷恋……虽然不得而知，但也可以想象。

总而言之，这份资料历经近90年的辗转，最终落入一位清华人的手中！带着十分复杂的心绪，我抄录了资料的全部文字。这个过程令人兴奋，就如身临其境，跟着90年前的清华新生走了一趟报到之路：体会接到录取通知的兴奋，旅途的颠沛不易，初到古城北京的第一印象，乘上校车开进清华园的那钟新奇，完成报到流程的懵懂，开始新生活的憧憬……

我要感谢罗星先生，这位虽然没有到清华注册的"老学长"！是您为我们留下了一份不可多得的珍稀"化石"，为清华校史增添了一份珍贵史料。这份入学通知书本应在90年前回到清华园报到，却因为不知道的原因而被搁置。2020年11月8日，我将"化石"完整无缺地带回了清华园，捐给了清华大学档案馆。从那一刻起，"罗星"永远地回到清华园，虽然迟到，但终归没有缺席！2021年4月22日，在"清华大学建校110周年校史展览"上，这件历史文物呈现在观众面前，引起极大关注。这是多么富有诗意的传奇呀！这正是：

人生贵在有信念，必然存在偶然间；
颠沛游离九十载，归心终落清华园。

（2021年1月撰文，2023年2月18日修订）

● 早期清华公益慈善轶事钩沉

慈善是人类社会发展到一定阶段后产生的文明行为，现代慈善事业发达与否是衡量一个国家社会文明程度的重要指标。中国具有悠久的慈善历史，在几千年的文明演进过程中，逐步形成了独特的慈善文化。"讲信修睦，守望相助，出入相支，疾病相持"的慈善思想早在战国时期就已逐步形成。

大学作为培育文明、教书育人的平台，是传播与践行慈善文化的重要基地。清华的慈善事业究竟是从何时起步，虽然还有待进一步探讨与确认，但追溯清华历史就会发现，清华人早在建校初期就逐步形成公益慈善传统，并与清华精神的培育与完善相辅相成。有明确资料显示，在1937年之前的早期清华历史上曾进行过多次公益募捐活动，研讨这些清华慈善实践的史实，感悟蕴含其中的思想精华，对于清华大学的发展，仍然具有十分重要的现实意义。

早期清华所处的社会环境极其复杂，可以说，是在近代中国社会矛盾重重、内忧外患频仍的艰难时代中"搞教育，做学问"，蹒跚前行，步步惊心。在不断发生的天灾人祸面前，清华人一方面以坚持大学教育的发展为己任，一方面也以各种形式为"赈灾扶贫，抗敌劳军"竭尽"匹夫报国"的绵薄之力。这些慈善行动为百年清华的历史留下了深刻的印记和宝贵的精神财富。

一、清华的两次大规模赈灾募捐

（一）1928年组织旱灾捐助

根据史料记载，从1928年开始，中国北方发生过一场持续三年的罕见大灾荒。这场以旱为主，蝗、雹、水、疫和风雪并发的巨灾，以陕西、甘肃为中心，遍及山西、绥远、河北、察哈尔、热河、河南等八省，并波及山东、苏北、皖北、湖北、湖南、四川、广西的一部分或大部分，形成了一个地域广大的灾区。这场灾荒史称"民国十八年年馑"，并被历史学家列为"中国近代十大灾荒"之一。

在灾情被媒体持续曝光之后，清华师生也被这场灾难的严重程度所震惊，并迅速采取募捐赈灾行动。1928年12月20日，刚刚正式成立不久的国立清华大学设立"筹备赈灾委员会"，委员会由清华秘书长冯友兰（芝生）、教务长杨振声（金甫）、外文系主任王文显（力山）教授、庶务科主任张仲鲁、体育部主任马约翰、学生评议部主席高琦、干事部主席张企泰以及学生代表李健吾、苏宗固、容启东、朱丽琛（女）共11人组成，冯友兰任主席。时任校长罗家伦（1897—1969）参加了赈灾委员会第一次会议。会议对有关赈灾事宜进行决议，希望教职员捐出每月薪金的十分之一。罗家伦校长和王文显主任当场允诺捐出月薪金的十分之二，以为表率。①

1928年12月26日在《国立清华大学校刊》登载的募捐启事

赈灾委员会于12月26日在《国立清华大学校刊》第一次登载了募捐启事②，其中写道："吾国不幸，灾诊迭臻，全国皆然，北方尤甚。……初餐木叶，继食草根，流离状况，不但为民六所未经，抑且为百年所未

---

① 国立清华大学校刊.第25期第一版.1928年12月24日.
② 国立清华大学校刊.第26期第一版.1928年12月26日.

有……征人道,既极可悲;揆之明时,宁不为耻?况哀鸿遍野,麇挺为虞,孰非同胞,忍弗援手。伏乞仁人君子,悯此奇灾,慷慨解囊,尽力资助!倘视薪俸之额,略以什一为率,尤所拱祝。掬此告哀。待至集腋既多,成裘有望,便交华洋义赈会迅速散放,扇扬仁风,俾宏大惠。"情真意切,跃然纸上!

在发出赈灾募捐启事之后,赈灾委员会又于12月28日、31日连续在校刊上登载有关灾情的报道和募捐办法,同时于12月29日晚间在大礼堂组织了一场"赈灾游艺大会",清华铜管乐队参演,并请来一些当时著名的昆曲名家、魔术师、演奏家献艺。所得门票价款悉数转为赈灾款。这种募捐形式也可以看作发展至今的各类"赈灾义演"的雏形。

在90年前的这次巨大灾情中,中国华洋义赈会、中国红十字会、世界红卍字会、中国济生会等社会救助团体在赈灾工作中扮演着重要角色,发挥了举足轻重的作用。这些社会救助团体主要通过募集与发放赈款、衣物,开办粥厂,开设灾民收容所,发放贷款、种子等措施开展救济工作。当年清华的赈灾善款主要是通过华洋义赈会转赈。经过三个月的募捐,清华全校师生员工募集的善款超过贰千元。

1929年4月1日,校刊登载中国华洋义赈救灾总会来函,告知收到清华全校师生员工募集的2225.58元善款,并已"归入急赈专款项下购粮汇放"[1]。在大规模募捐之后,在校刊上仍可以发现有师生陆续捐款的报道,如外国语文系教授翟孟生(美籍)一次捐款30大洋,旧大一学生捐款22元等[2]。

(二) 1931年组织水灾捐助

在中国近代史上,1931年发生过一次迄今为止最严重的水灾。据史料称,这一年中国气候反常,大面积降雨。从5月下旬开始,长江、黄河、淮河、松花江、辽河、鸭绿江流域都持续降雨,时间竟长达三个月

---

[1] 国立清华大学校刊.第53期第一版.1929年4月1日.
[2] 国立清华大学校刊.第54期第一版.1928年4月3日.

之久。水灾区域南到珠江流域，北至长城关外，东起江苏北部，西至四川盆地，范围之广前所未有，造成的灾民数量起码达到1亿人，死亡人数约400万，经济损失不计其数。饥饿、寒冷、传染病的肆意侵袭，更多的人死于洪灾之后的饥荒与疾病，可谓"生灵涂炭、满目疮痍"。由此，这次灾害被列为世界十大最严重的自然灾害之一。

面对这场让处于多事之秋的中华民族几近于"九死之绝境"的天灾，清华人再次表现出"仁者之心"，慷慨解囊。清华全体在册教职员按照国民政府教育部统一部署，从九月、十月、十一月这三个月的薪金中按比例扣除水灾赈捐款。其中九月为2981元[1]，十月为3021元[2]，十一月为2886.75元[3]，三个月合计捐款为8888.75元。

二、清华的两次抗日募捐活动

20世纪中国遭受的最大灾难，是来自日本军国主义发动的侵略战争。而这种战争威胁早在1920年代就已经凸显，身处京津地区的清华师生对这种威胁早有切肤之痛，抗敌救亡热情高涨，对中国军队抗击日寇的所有正义行动均坚决支持。

据校史记载，清华最早的抗日募捐活动是在1929年12月6日举行，由清华学生会组织募捐慰问东北抗敌将士。至1930年1月9日，全校共募集捐款922.05元[4]。在此之后，清华人还进行过两次大型抗日募捐，但校史上未见详细记载，在此加以追述，以免被后人遗忘。

（一）1931年组织为东北抗战捐款

1931年9月18日，日本关东军在沈阳悍然进攻中国军队，由于"不抵抗政策"造成的妥协退让，最终导致东三省沦陷，中国人民从此开

---

[1] 国立清华大学校刊. 第343期第二版. 1931年12月9日.
[2] 国立清华大学校刊. 第343期第二版. 1931年12月9日.
[3] 国立清华大学校刊. 第354期第一版. 1932年1月6日.
[4] 清华大学一百年[M]. 北京：清华大学出版社，2011：62.

始进入 14 年异常艰苦的战争状态。就在这一年 11 月 4 日，时任黑龙江省代理主席的马占山（1885—1950），毅然率领东北地方武装发起抗击日寇进占黑龙江的战斗，打响中国军队有组织、有领导抗击日本帝国主义侵略者的第一枪，史称"江桥抗战"，马占山遂成蜚声中外的抗日名将。

对于马占山发起的黑龙江抗日，当时全国各地群众自动组织慰问团、后援会，捐钱捐物，全力支持，众多青年学生投笔从戎，加入抗日义勇军。清华人为支持此次抗敌英勇行动也表现出高涨热情，首先由"清华教职员工会对日委员会"于 11 月 16 日作出决议，其中之一是"以清华教职员工会名义致电马占山将军，慰劳拒敌守土之功，并汇款壹千元犒劳战士"[1]。紧接着，由学生自治会迅速组织全校募捐活动。而当时正是梅贻琦（1889—1962）刚刚担任清华校长之时，他带头捐款 20 元，为全校最多者。

1931 年 12 月 25 日《国立清华大学校刊》公布"慰问黑省前方将士捐款清册"[2]，其中详细列出了所有捐款师生员工的姓名和捐款额。在这份清册中，我们可以发现一个个为后人熟悉的教授名字：杨武之、叶企孙、陈岱孙、冯友兰、陶葆楷、刘文典，不一而足。除此之外，华罗庚的名字也名列其中，而此时他刚在是年 8 月被破格录用为清华算学系的助理[3]，这也足以反映出这位数学天才的爱国热情。

这次募捐活动共募得 925 元[4]，全数汇往前方，同时"致电海伦马将军请其派员前往领取，代为发给为国效命之忠勇将士，藉资慰劳之意"。1932 年 1 月 4 日，《校刊》登载马占山将军给清华大学的复电，称："承惠巨款，益励初衷。谨率部曲遥致谢忱"[5]。这也成就了一段"清华师生支援马占山抗战"的历史佳话。

有资料证明，在此之后，清华师生对东北抗日将士的捐款活动并未

---

[1] 国立清华大学校刊．第 26 期第一版．1928 年 12 月 26 日．
[2] 国立清华大学校刊．第 350 期第一版．1931 年 12 月 25 日．
[3] 清华大学一百年[M]．北京：清华大学出版社．2011 年 4 月第一版，第 69 页．
[4] 国立清华大学校刊．第 351 期第二版．1931 年 12 月 28 日．
[5] 国立清华大学校刊．第 353 期第二版．1932 年 1 月 4 日．

停止，而是继续以不同方式进行，其中尤以清华教职员工会对日委员会的态度和行动最为积极。

《慰问黑省前方将士捐款清册》（部分）

（二）1932年组织为淞沪抗战捐款

日本军国主义势力在中国东北发动"九一八"事变后仅仅四个月，又在当时中国最大的城市上海发动了1932年"一·二八"事变，中国军队被迫奋起抵抗，史称"一·二八淞沪抗战"。

面对日寇的侵略暴行，清华人再次将义愤填膺转化为支援前线将士抗敌的行动，学生自治会率先组织"慰问沪军捐款"，共募得630.56元。在捐款名册中，我特别注意到一个名字，他就是在1937年"八一三淞沪抗战"中与日机血战，驾驶受伤飞机撞向日本军舰的沈崇诲（1911—1937）[①]。时年21岁的四年级学生沈崇诲这次捐出三元，与学生一般捐款一元左右相比，他明显为多。或许他此时就想用这样的义举表达对日本侵略者暴行的愤慨。虽然这种猜想已然无法验证，但确定无疑的是，五年后他将爱国精神变为直接与日寇进行拼死搏斗、血洒长空的壮举！

清华教职员这次的募捐行动则规模更大，态度更加坚决，组织更有

---

① 国立清华大学校刊．第382期第一版．1932年3月16日．

特色，办法更加科学。1932年3月1日，清华教职员工会发出启事，称：

> 查此次日兵入寇淞沪，我前敌将士振奋抵拒，屡歼丑虏，致令顽敌胆寒，举世震惊；保我疆土，扬我武威，丰功伟烈，薄海同钦。惟我忠勇之将士，以血肉之躯，抗彼无情炮火，伤亡之惨何堪想像！我辈安居后方，分痛有心，驰救无术，苟能稍捐俸给，充彼救护，亦正情之所安，而理之所当者也。

为此，工会首先作出决议："由本大学教职员工会每月捐薪五千元，暂以三个月为限，专作救护淞沪伤兵医药费。"[1] 但因为这项决议带有一定的强制性，并涉及上至校长、下至一般职员的所有人切身利益，为体现民主性，遂决定于3月2日在生物学馆大讲堂召开全体会员大会，集体讨论。

从事后公布的会议纪要来看，当天的大会进展顺利，颇有成效。首先，出席会议的50多位会员一致同意工会做出的集体捐助"淞沪伤兵医药费"的决定，表现出清华人在民族大义问题上"识大体、顾大局"的高尚精神。其次，在如何确定每人捐款数目问题上，也表现出了知识分子的科学态度。因为每个人的薪俸不一样，采取"一刀切"的方法显然不尽合理，因此如何确定捐款数额分配就成为了一个必须解决的技术问题。会议讨论了叶企孙、陈岱孙、萧叔玉三先生预先筹划的"捐款分配办法"。

这个办法的实质是，采用"累进数率"确定每人捐款数额。具体方法为，以100元为级差基本单位，第一级为5%；第二级为15%；第三级为25%；第四级为35%；第五级及以上为45%。这个方法体现了"捐款数与薪俸成正比，薪金高者多捐"的原则，既公平合理，又体现出学校资深教职员的高风亮节。因此一经推出，即获得全体会员支持。

按照这个原则，工会执行了两个月，实际募得10441.23元，并委托协和医院中国籍教职员组织的战场救护队作为救护淞沪伤兵之用[2]。以后由于淞沪抗战形势发生变化，捐款没有按照原计划继续进行。但即使如此，

---

[1] 国立清华大学校刊.第376期第一版.1932年3月2日.
[2] 国立清华大学校刊.第396期第一版.1932年4月22日.

这也是现在能查到的早期清华师生数额最大一笔公益性慈善捐款。

三、一次为病故校工进行的慈善义捐

每一位曾在清华园学习、工作过的清华人，都会对工作在学校各种辅助服务岗位上的校工们留有印象。从清华建校开始，一代代的校工就伴随着清华园的每一天默默地辛勤工作。这些校工与清华师生之间的关系，可以说是须臾不可分开，称他们是百年清华发展史上的"无名英雄"也毫不为过！

在1933年7月17日的《国立清华大学校刊》上，刊登了一则由清华校工发布的特殊启事[1]，这不由得引起了我极大兴趣。仔细看过，竟然从中发现了一件值得记载的慈善义捐轶事。《启事》是这样写的：

敬启者：管理教职员浴室校工王德厚不幸于六月十六日病故，上有父母下有妻子，身后萧条。幸蒙诸位教职员先生怜悯为怀，慷慨资助，受惠实多，存没俱感。谨登校刊代为鸣谢！

代募校工金玉等仝启 六月二十八日

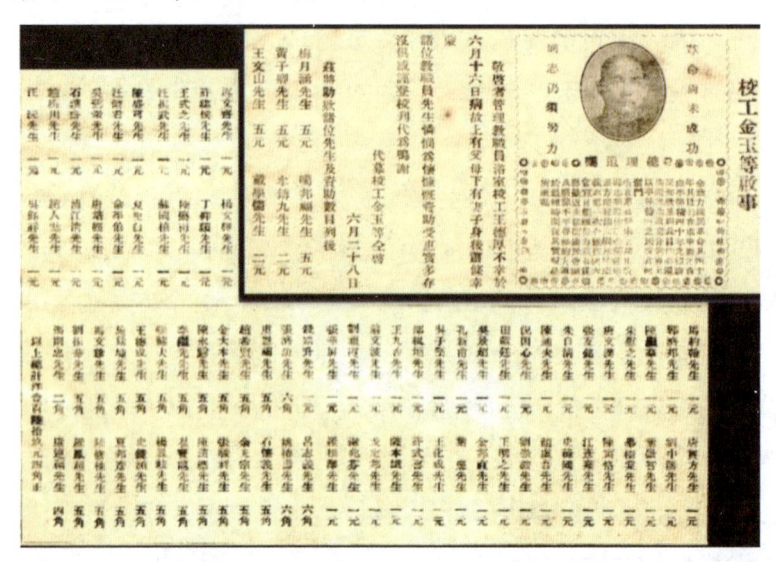

1933年6月28日清华校工发布的启事

---

[1] 国立清华大学校刊. 第512期第四版. 1933年7月17日

原来，是有一位名叫王德厚的校工病故，遗下父母妻儿。因他司职清华教职员浴室管理，故而上至梅贻琦校长，再到诸位教授，及至每一位学校职员，都会与他有"点头之交"。大家对他的突然故去，一定会产生诸多感怀，对其家人生怜悯之心。于是，纷纷解囊相助。从校工病故，到《启事》发布之日，不过12天时间，共有132人捐款，总共募集善款169.4元。今天的人们也许会觉得这只是一个小数字，但按照1930年代初北平的购买力水平，这些钱足够一个四口之家一年的基本生活开销。

在众多捐助者中，捐助最多的，是梅月涵（贻琦）、黄子卿、王文显（历山）等三人，他们各自捐助了5元。在捐助者名单上，还可以看到一众如雷贯耳的名字，诸如：张子高、闻一多、吴宓、俞平伯、周培源、马约翰、朱自清、陈寅恪，等等。看到这里，我真为这位名不见经传的校工王德厚感到骄傲，因为他得到这么多中国近代教育名人的集体认可，这可不是随便什么人都可以做到的事情，真可谓"身后尽享哀荣"。同时，这也绝对是一件值得后人铭记的慈善义事，并可以当作观察早期清华人际关系的一个经典案例。

四、结语

早期清华人在国难当头、世运不济的艰难环境中，不抱怨、不等待、不放弃，竭尽所能"赈灾扶贫，抗日劳军"，在中国慈善史上留下珍贵的一页，充分体现了一代爱国知识分子的家国情怀、大义仁心！我能与清华前辈在历史的烟云中不期而遇，能将他们的事迹挖掘出来，提供给后人分享，感到非常幸运。我想任何一个有社会责任感的清华人，在这种慈善义举面前都会有所感悟，甚至会为之动容。

早期清华进行的公益募捐，是以"扶贫济倾"为特征的自发型"单向"慈善活动，虽然募集资金不多，活动范围有限，但其对形成清华精神的积极意义和深远影响不可忽视。这些史实既说明，自1911年建校开始，清华的发展从来就没有与社会绝缘，而是与20世纪以来中国社会的变迁紧密相连；又证明，"自强不息"的清华人从来不以在"象牙塔"中苟且为追求，而是志在投身社会变革当中实现"厚德载物"的无限价值。

与旧中国"国力孱弱，民不聊生"的惨状相比，今日中国，今日清华已经发生翻天覆地的巨变。以清华大学教育基金会为骨干的各类慈善机构在学校发展中举足轻重，历年来接受各级校友和社会各界捐赠资金数以十亿计，并与日俱增；同时以捐款用于各类软硬件项目建设和发放的各类奖学金增长迅速，且影响巨大。除此之外，每当国内外发生重大灾情，清华师生和全球校友踊跃捐款捐物更是成为首选的自觉行动。这种"双向"互动式的清华慈善事业正在朝着"系统化、规模化、常态化"方向发展，成为学校发展的重要基础性工作。

世界一流大学必须具备与之相适应的"慈善体系"，这是建立现代社会文明的必然要求，清华自然不会例外。清华建校以来所有的慈善义举都应该镌刻在清华历史的丰碑上，"慈善教育"应该成为清华教育内容系统的一部分，"慈善意识"应该成为清华精神的基本构成，"慈善行为"应该成为清华人一生的自觉行动。

2021年，清华建校110周年了，这是个应该纪念的伟大日子。之所以值得纪念，是因为这漫长的过程造就了太多值得后人铭记的人物，留下了太多值得后人深思的事情。早期清华的公益慈善义举就是历史风云中的一粒粒珍珠，拂去掩盖其上的烟尘，它所蕴含的光芒将永照后人。这正是：

百年清华似宝藏，厚德隐忍铸辉煌；
慈善文明惠众生，自强精神永弘扬！

（2020年8月7日初稿，2023年3月24日修订）

● 春田学院官网马约翰史料述评

在清华建校 110 年历史上，有一位教学时间超过半个世纪，几代学子深受其惠，对中国现代体育事业产生深远影响的教授，他就是马约翰（1882—1966）。可以说，"马约翰"的名字在清华校史上几乎就是"体育"的同义词。

因为要了解马约翰的生平，我第一次知道了他曾经两次到美国的 Springfield College 进修，也知道了这所创办于 1885 年的国际基督教青年会学院（International Y.M.C.A. College，国际 YMCA 学院），竟然是以体育特色闻名于世的公益教育机构。不仅如此，它还有个非常富有诗意，并最终声名远播的校名——春田学院。

在春田学院近 150 年的办学历史上，曾经接受过一代代中国体育人前去学习，包括马约翰在内的最早一批中国留学生，受到该学院的特别重视。与他们有关的史料都被尽可能完整地保存，伴随着数字化技术的发展，被不断加以整理，陆续公诸于学院官方网站。因为对其中的马约翰史料有着特别的兴趣，因此我将其集中加以整理，试图通过介绍与评析，对马约翰研究提供更多的参考资料和思路。

一、马约翰的第一次入学申请文件

（一）咨询信件

TSING HUA COLLEGE

PEKING

Department of Physical Education

February 12, 1918

To,

The Dean of the College,

International Y.M.C.A. College,

Springfield, Mass.,

U. S. A..

Dear Sir:

I am quite interested in Physical Education, and have been learning it for many years. China now needs Physical training men more than any thing else. As I have the good chance to be assistant to one of your graduates, Dr. Arthur Shoemaker, the Physical Director of Tsing Hua College, so I determined to persuade a higher course of Physical Education in your College next year.

Will you kindly give me the following information? First, what are the requirements for entering the College of Physical Education? Second, how much will the estimate expenses for one year be?

Now let me write you a few points about myself. I received my B.A. degree in St. John's University of Shanghai in 1911. I am a Christian, and member of the Baptist church. I am a member of the Chinese Y.M.C.A. in Peking.

During my school years, I was the goal-keeper and later the right-forward of the Varsity Soccer team for six years, the distant runner of the Varsity Track team for six years, and the third-baseman of the Varsity Nine. I have been playing tennis for 12 years, Basket-ball for 3 years, and skating and ice-hockey for 3 years.

As to gymnastics, I have learned some exercises on the Side-horse, Cross-bar, Parallel-bar, wand and Indian Clubs. I had learned how to swim for only one and a half months, and was able to swim 120 feet with the racing stroke.

As to my experience, I had been the assistant of Physical Education in

Tsing Hua College for three years, and I was made the Associate Director this year. So as a physical trainer I have the opportunity to acquaint myself with and practice the rules and the techniques of different games and athletic sports.

Kindly let me know as quickly as possible could I be admitted with the above mentioned experience to the Senior Year? If can not, then how many extra units have I to make up?

With kindest regards.

Sincerely yours,
John Mo

（译文）

北京清华学校体育部致：
美国马萨诸塞州斯普林菲尔德，
国际基督教青年会学院院长
1918年2月12日

尊敬的先生：

我对体育教育很感兴趣，并且已经学习了多年。中国现在比任何时候都更需要从事体能训练的人才。因为我将要担任清华学校体育部主任Arthur Shoemaker博士的助手，而他是贵院毕业生之一，所以我决定向贵院申请进修明年的高级体育课程。

烦请您向我提供以下信息：第一，进入贵院学习体育教育需要什么条件？第二，预估一年的学习费用是多少？

请允许我简要介绍自己。我于1911年在上海圣约翰大学获得学士学位。我是基督徒，是浸信会的成员。我还是北京的中国基督教青年会的成员。

在校期间，我担任了6年的校足球队守门员和右前锋，6年校田径队的长跑者，以及校队的三垒手。我已经打网球 12 年，篮球 3 年，滑冰和冰球也是 3 年。

至于体操，我学习并练习过鞍马、单杠、双杠等项目。我只学了一个半月的游泳，用比赛泳姿可以游 120 英尺。

就我的经历而言，我曾在清华学校做过三年体育助教，今年被任命为副主任。因此，作为一名体能教练，我有机会熟悉并练习不同比赛和竞技运动的规则与技巧。

请尽快告诉我，我可以通过上述经验被录取到四年级吗？如果不能，那我要补足多少额外的要求？

致以最亲切的问候。

您忠诚的，约翰·马

（二）有关解读

从以上内容可知，这是一封马约翰向春田学院提出高级课程进修申请的咨询信，写信时间是 1918 年 2 月。按照清华学校的惯例，教师每 5 年可获得一次外出进修的机会。马约翰是 1914 年秋天到清华任教，1919 年正好 5 年，所以他提前一年半就开始进行相关咨询工作。

马约翰对于春田学院的了解，应该与清华学校第一任体育部主任，毕业于春田学院的美国人 Dr. Arthur Shoemaker（休梅克）有关。马约翰在向春田咨询时已经在清华学校体育部担任了三年体育部助理，并开始其体育部副主任的工作。

根据有关史料，马约翰曾在始建于 1879 年的著名教会学校——圣约翰大学（Saint John's University）学习过 7 年（1904—1911），在那里他就是学校体育代表队的主要成员。他在这封申请信的自述中，充分展现出他的运动能力：足球队的门将和右边锋，田径队的长跑选手。此外，他还有 12 年的网球训练经历；3 年的篮球经历；3 年的冰上运动经历；鞍马、单杠、双杠等多项体操技能，以及游泳技能。

此外，马约翰是基督教徒，这一点对于当时还是"国际基督教青年会学院"的春田学院来说，无疑也是加分项目。

（三）正式填写的入学申请表

在马约翰向春田学院进行进修咨询后，他的条件显然达到了学校方面的基本要求，因此他在1919年6月3日填写了正式的入学申请表。这份申请表采用填写问答题的形式，一共设有39个问题。

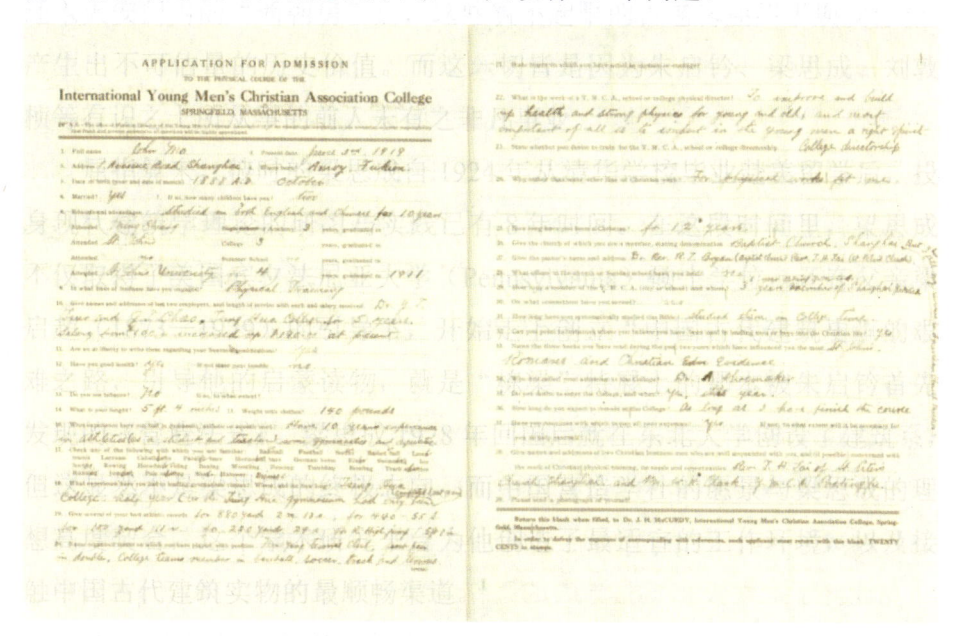

申请表（影印件）

前8个问题是一般履历，包括：姓名、出生地、出生年月、婚姻状况、学习经历。马约翰的英文名是John Mo，而非"John Ma"，那是因为早年按照韦氏音标翻译的结果，并没有问题。其出生地填写为福建厦门，填表时已经结婚，并有两个子女（应该是马懿伦、马启华）。他的最后学历是1911年毕业于圣约翰大学。

但有一处令人感到疑惑，那就是"出生年月"项，这里马约翰填写的是"1888 A.D.10"，即1888年10月。而我们一直以来都知道，他的出生年月是1882年10月10日[①]。这里显然不是他的笔误。两个出生年月，有着"6年"的差距，这并不是一个可以忽略的数字。从逻辑上讲，我更愿意相信"1888"之说，因为照此推算，马约翰"16岁入圣约翰预

---

① 体坛宗师[M].北京：清华大学出版社，2013：402.

科，23岁从圣约翰毕业"似乎更加合理。但为什么在所有"正史"中却将其出生年月说成"1882"（还有"1883"说），现在已经无法得知个中原因，只能当作一件历史"悬案"搁置。

第9至15个问题中，涉及收入、个人习惯（是否吸烟）、身高、体重等。马约翰填写的身高是5ft. 4 inches（162.56厘米），体重140磅（63.5千克），不抽烟。当时的月收入是190美元。

第16至22项是与体育运动有关的问题。马约翰填写的是已经有10年的田径训练经历（包括学生和教师两种身份），以及一些体操和水上运动经验。在熟悉的运动项目选项中，他选择的是：棒球、足球、篮球、网球、健身操、双杠、单杠、吊环、游泳、冰球、骑马、径赛、跑步、跳跃、撑杆跳、投掷、铁饼等，共计17项之多。占可供选项26项的65%。

在运动成绩一项中，他填写的个人纪录（PB）是：880码，2m13s；440码，55s；110码，11s；220码，24s；跳高，5ft. 1 in.（155厘米）。这样的成绩即使放在今天，依然是要具有很高运动水平才能达到的。

而对于"学校体育指导者的工作是什么"这样的提问，马约翰的回答集中体现了他对于体育教育的基本理念：为人们改善健康和增强体魄，最重要的是要传授给年轻人正确的精神。（To improve and build up health and strongphysic for young and old, and most important off all is to impart in the young men a night spirit.）

第23至33项是与基督教有关的问题。因为当时的 Springfield College（春田学院）的正式名称是"国际基督教青年会学院"（International Y.M.C.A. College），所以会向申请入学者了解与基督教有关的问题。马约翰在申请入学时已经是12年的"基督教徒"，因此他在这方面完全具备相应的条件。

第34项至39项问题中，有一项"是谁让你注意到这所学院"，马约翰填写的就是清华学校首任体育部主任 A. Shoemaker（休梅克）。关于希望何时入校与离校的问题，马约翰表示希望1919年入学，完成必要的进修课程即离校。

从春田学院保存的《学生入学资料简目》记载来看，马约翰的入学资料是1919年9月4日收到的，于1919年秋季进入"国际基督教青年会学院"（International Y.M.C.A. College）学习。从后来实际情况来看，马约翰于1920年完成学业回国。

二、有关1925年再次赴美进修的信件

这是一封马约翰致McCurdy博士的信，全文如下：

Dear Dr. McCurdy:

I am coming back to Old Springfield in September. It is exactly five years since I left the old Alma Mater. I come to try for my M.P. E. degree if possible, and specially to investigate the principal methods adopted by the Universities in carrying out their physical education program.

Look forward for the great pleasure of meeting you in September.

Yours faithfully

J. Mo

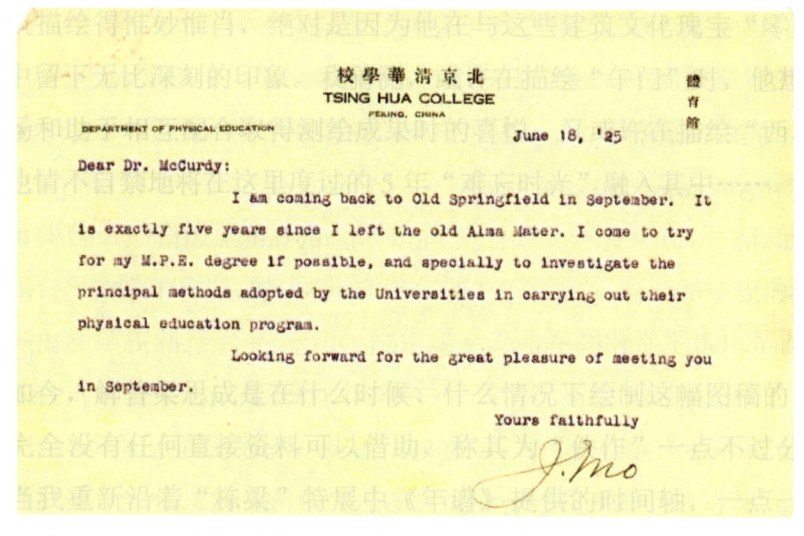

马约翰致麦柯迪信的影印件（1925年6月18日）

在这封信中，马约翰明确表达了时隔5年后再次回到春田学院的目的，主要是在可能的情况下取得体育硕士学位。与此同时，希望调查了

解国际上的各所大学在实施体育课程时采用的主要方法。

根据春田学院的记载,马约翰在第二次回到春田学院期间,完成了相关的课程,特别是完成了他的一篇重要论文《论体育的迁移价值》(*The Transfer Value of Athletics*),并以此获得了体育硕士学位。

三、1920 年在春田学院的外国学生合影

9 名外国留学生在春田学院的合影(马约翰,后排左一)

在春田学院官网中有一张老照片,原图说明如下:

This photograph depicts students from foreign countries who attended the International YMCA College, now Springfield College, in 1920. The students are [top row, L to R]: John Mo [China, Class of 1920], Dr. Regino R. Ylanan, M.D. [Philippines, Class of 1920], Serafin Aquino [Philippines, Class of 1922], and Wan-Lin Wang [sic] [China, Class of 1921]. Those on the bottom row [left to right] are: Shih Ching Wang [China, Class of 1921], Ernesto M. de Sousa from Portugal, Henry A. Brandt [Switzerland, Class of 1922], unknown, and Geronimi Suva [Philippines, Class of 1921].

拍摄于 1920 年的这张照片,共留下 9 名来自不同国家留学生的清晰影像,其中有 3 名中国学生,分别是:John Mo、Wan-Lin Wang、Shih

Ching Wang；还有 3 名来自菲律宾、1 名来自瑞士、1 名来自葡萄牙，另有 1 名未知。

马约翰（John Mo）位于后排左一的位置，后排右一是 Wan-Lin Wang，中文名王万林（音译），前排左一是 Shih Ching Wang，中文名王世庆（音译）。这两名中国留学生，他们的真实姓名是否如此，以及他们后来的去向并不清楚。经多方查询，在中国体育史上也未见有相近似的人名，因此有关情况还有待进一步查证。

四、1933 年在中国的春田学院校友合影

1933 年春田学院同学聚会

在春田学院官网中还发现一张老照片，照片上原标注是"二十二年全国运动大会春田大学同学会"，而网站上对照片的说明如下：

This photograph shows nine Springfield College international alumni who served in China after graduation. They are all wearing award ribbons and posed in front of a stadium full of people. The men shown, left to right, are [first row] Sik Wai Ko ('24), Sing-fu Chang ('23), John Ma (Yuehan Ma, '20), Man F. Hui ('24), Gunsun Hoh ('23), [second row] Snowpine Liu ('31), Chin Foh Song ('22), Yuan-Ying Chang ('24), and W. L. Wang ('20). After

Springfield College, all of these alumni went on to have successful careers in physical education.

其中核心的信息是,"这张照片显示了9名毕业后在中国工作的春田学院国际校友。毕业后,所有这些校友都在体育教育领域取得了成功"。至于这9位人物具体都是谁,说明中给出的英文人名除了John Ma 很明确是马约翰以外,其他的名字都很难直接辨认,而这又是我们最想知道的关键信息。经过对各种相关资料的综合比对、分析,现在可以确认其中的七位,他们是:高锡威、张信孚、马约翰、许民辉、郝更生(前排:自左向右);刘青松、宋君复(后排:自左向右)。后排右一、右二,这两位春田校友的具体姓名暂时没有能被确认。

图中所说的"二十二年全国运动大会",其实是指1933年10月10日至20日在南京中央体育场举行的民国时期"第五届全国运动会"。根据有关史料分析,春田学院校友有7人参加了大会组织工作。他们是:大会总干事张信孚;竞赛委员会和审判委员会的委员中,郝史生、马约翰、董守义、许民辉、宋君复、高锡威6人在列。但遗憾的是,董守义不知什么原因,没有出现在照片中。

参加这届全国运动会的春田校友在近现代中国体育史上都是"有故事"之人,也是民国时期体育家群体中的著名人士。其中年龄最大的,最早就读春田学院的是马约翰,照相时他被推坐于C位顺理成章。其他几位的简要事迹如下。

1. 董守义

董守义(1895—1978),河北蠡县人。早年毕业于河北通州协和书院。学生时代即爱好体育,尤其擅长篮球运动。1917年曾以篮球队队长的身份代表中国赴日本参加第三届远东运动会。1923年董守义赴美国春田学院体育系进修,1925年回国后曾在北师大、浙大、西北联大等多所大学任体育教授,是民国时期颇有影响的体育界人士。1936年,董守义以篮球队教练员身份参加第十一届柏林奥运会。1947年被选为国际奥委会委员,是当时中国3位奥委会委员中唯一的体育家。1948年,任中国参加第十四届伦敦奥运会代表团总干事。新中国成立后,董守义历任中国篮球协会主席、中华全国体育总会第四届委员会副主席、国家体委技术委员会主任、中国奥委会副主席等重要体育专业领导职务。

2. 郝更生

郝更生（1899—1975），江苏淮安人。早年赴美国哥伦比亚大学学习土木工程，后转读于美国春田学院专攻体育。学成回国后，先后在清华大学、东北及山东等地大学担任体育教授。曾负责主办民国时期的第三届、第六届和第七届全国运动会。1932年任国民政府教育部体育督学，同时兼国民体育委员会主任委员，掌管全国体育行政，是著名的体育教育家、活动家。郝更生于1949年去台湾，继续从事台湾地区体育行政管理工作。由于政治立场原因，对恢复新中国在国际奥委会的合法地位的原则问题上极力抵制，未起积极作用[1]，成为历史遗憾。

3. 许民辉

许民辉，（1890—1961），广东开平人。年轻时酷爱体育活动，擅长田径、足球，1913年入选国家队，以田径和足球运动员身份参加了在菲律宾马尼拉举行的第一届远东运动会，并获440码跑第三名，和1英里接力跑第二名；同时参加足球赛和排球表演，成为我国的足球和排球界元老。后曾官费赴美留学，分别获得美国芝加哥青年会大学体育学士、春田学院体育硕士学位。1924年回国后历任东吴大学体育科主任，北平师大、清华大学和东南大学体育教授。1933年，任广东省教育厅体育督学，创办广东体育专科学校，并任校长。1936年他作为中国体育考察团成员考察柏林奥运会。1944年赴重庆，任教育部国民体育委员会专任委员等体育行政职务。1948年，以中国游泳队教练身份参加了第十四届伦敦奥运会。1954年后，他曾连续被选为第一至第三届全国人大代表。

4. 宋君复

宋君复（1897—1977），浙江绍兴人。1916年，以优异成绩考取公费留学美国，先在柯培大学学物理，毕业后又进春田学院专攻体育。1922年回国后，起先执教中学体育，从1926年起，在沪、沈、鲁、川

---

[1] 清华大学百年体育纪略[M].北京：清华大学出版社，2011：17.

等地大学任体育教授。在山东大学任教期间，他被认为是"与老舍、梁实秋等名师托起了山大的辉煌"。宋君复是民国时期唯一代表中国参加过三届奥运会的传奇人物，见证了奥运在中国发展的艰难历程。新中国成立后，他曾担任北京师范大学体育系教授，北京体育学院体育系主任、副院长。

5. 张信孚

张信孚，籍贯与生卒年份均不详。据有关资料显示，他曾先后在东吴大学和南洋公学求学，并于1915年和1917年两次随中国队参加"远东运动会"，而且都获得120码高栏第二名。大学毕业后，张信孚被南京的东南大学聘用。之后赴美留学，1923年毕业于春田学院。回国后担任东南大学、中央大学体育科教授。1932年10月，民国教育部成立体育委员会，他是18名委员之一。1933年10月，他在民国第五届全运会上担任总干事，说明他在当时的中国体育界具有一定影响力。1949年之后，张信孚参加了南京体育学校的筹建，并担任教学领导职务。

6. 刘雪松

刘雪松，四川人，生卒年份不详。据民国时期的体育期刊记载：曾获苏州东吴大学体育科学士，1929年赴美留学，先在春田学院获得体育硕士学位，后又转至南加州大学获得教育硕士。回国后历任杭州之江大学和上海沪江大学体育部主任。抗战前担任广东省立体育专科学校教务长。1932年，刘雪松在美留学期间，曾作为中国代表团6名成员之一，出席第十届奥运会开幕式，在中国奥运史上留下了名字。抗战开始之后，刘雪松的公开信息不详，有待进一步考证。

7. 高锡威

高锡威，籍贯与生卒年份均不详，有资料称其为"香港籍"，可作参考。但高锡威在美国春田学院学习的经历是有记载的，并有一张"许民辉、高锡威、董守义"在一起的著名照片，证明他们都是1920年代早期在春田学院学习的中国留学生。1932年10月，民国教育部成立体育委员会，他是18名委员之一。在1933年"第五届全国运动会"审查委员会的委员名单中也有"高锡威"的名字。抗战开始后有关于他的信息，有待进一步考证。

特别让人感兴趣的是，其中好几位人物都与清华大学的体育发展产生过联系。曾经直接服务于清华的有马约翰、郝更生、许民辉。其中马约翰服务清华52年，最长者非其莫属。再有就是郝更生，从1925年秋天应聘清华后，一直到1929年离开，前后与马约翰一起共事也有4年之久。

任教时间最短的是许民辉，他是1932年2月从北师大应聘到清华，他对各项运动都很了解，尤擅长于游泳和排球。本来胜任教学任务并无难处，但却因为在指导学校篮球队时沟通方式简单，"每因细事责备队员目无指导"，被学生认为"好自尊大"，要求体育部撤掉其篮球指导之职。尽管体育部作了大量调解工作，到底也未解决师生矛盾，最终许民辉于1933年寒假离校后辞职未归[①]，前后只在清华工作了一年。

在这些春田校友中，还有董守义和高锡威两人，虽未在清华长期任过教职，但在1928年7月15日至8月15日，清华举办的第一届"暑期体育学校"中，两人却都在被邀请前去授课讲学的国内众多名家之列。被邀之人构成了当时国内最强的体育教育阵容，包括：王壮飞、沈嗣良、李剑秋、周学章、金宝善、吴蕴瑞、孟继懋、高梓（女）、袁敦礼、高锡威、许民辉、章辑五、郭毓彬、富博思、董守义、严家麟、顾谷若、张汇兰（女）等[②]。

了解这些背景后，我的疑问是：将这张拍摄于1933年10月的老照片赠送给母校的是哪一位毕业生呢？虽然春田学院档案也未说明，但这丝毫不影响其珍贵程度。岁月列车渐行渐远，但这些早期中国体育专科留学生的形象却如此清晰地呈现在后人眼前，实在非常难得，我们至今尚未发现春田中国校友聚集在一起的其他类似资料。这些人物其实本身就构成了一部浓缩版的近代中国体育史，尽管他们的人生经历不尽相同，宗教信仰有所区别，甚至政治立场迥然有异，但就一个群体而言，他们

---

① 清华大学百年体育纪略[M].北京：清华大学出版社，2011：47.
② 清华大学百年体育纪略[M].北京：清华大学出版社，2011：66.

作为促进中西体育文化交流的先驱者，为近现代中国体育事业发展做出了特殊历史贡献，这一点毋庸置疑，值得充分肯定。

五、结语

春田学院是现代篮球的发源地，为此于1968年专门设立了一座纪念篮球发明人的"奈史密斯篮球名人堂"。根据来自春田学院官网的报道，就在2021年10月2日，春田学院又增添了一处"少数族裔校友名人堂"，而"马约翰"位居首次进入该"名人堂"的6位校友之首。马约翰在毕业百年之后，仍然得到他的美国母校隆重表彰，说明了他对中国体育事业发展做出的历史性贡献被国际体育界充分认可。这是马约翰之幸，也是清华之幸。

2021年是马约翰离开他曾经为之奋斗终身的中国体育事业55周年。在这个时间节点上，发掘、研究与其有关的春田学院相关史料，自然有着一层特殊意义。我愿以这些资料的解读，再次表达对这位"清华体育之父"的深深敬意。但愿先生在天之灵有知，并为此感到由衷的欣慰……

（2021年10月23日撰于上海，2021年11月4日修订）

● 故园魂牵　同窗梦绕

——1947年的上海清华同学会

2020年的夏季，在检索有关资料时无意中获得了一份《上海清华同学会会刊》的电子文档，原始刊物于1947年12月底出版，系当年第7、第8期的合刊。这本刊物的发现令我感到十分意外，不仅因为以往从未听说过有此刊物的存在，而且刊头竟然还是由梅贻琦校长亲自题写。循着这份会刊的线索一路探寻，上海清华同学会在70多年前的诸多史实透过历史烟云，立体呈现在我们的面前。

一、一则报道引出的清华人抗战往事

在这一期《上海清华同学会会刊》的第一版，一则题为《欢迎孙立人校友义卖手册五亿元》的报道最为吸引我的眼球。报道全文如下：

十二月十五日下午四时半，在本会会所举行冬季全体大会，欢迎校友孙立人将军，并为孙校友所办之东北清华中学筹募基金。由会长王祖廉同学主席。在风雪载途中，到会者仍有二百余人。孙同学戎装莅会，英姿焕发，和蔼可观。当报告校友齐学启殉国经过及身后安排，悲壮义烈，听者动容。孙同学并将战利品日军宝刀一柄，赠与同学会，由王会长郑重接受。

王会长报告清华手册经一月余之惨淡经营，即将出版，内容精美。为收一举二得之效，拟将此册义卖，得款捐助孙同学所办东北清中。并谓前日已有一部分同学热烈赞助，如唐星海同学以二亿元买二册，其他同学亦至少以百万元购一册云。当场各级热烈响应，最高者出至

一千二百万元一册，一九一九及一九二〇均成绩极佳，结果总数逾五亿元。末有音乐茶点助兴，全体均尽兴而散。

这则不长的报道却蕴含了很大的信息量。首先是1923级校友孙立人（1900—1990）到沪参加上海清华同学会活动，前所未闻。孙立人是著名爱国将领，抗战中率领中国远征军进入缅甸打击日寇，取得"仁安羌大捷"等一系列胜利，彪炳史册。文中提到"校友齐学启殉国"，则涉及抗日战争中清华人的另一重大事迹。

在美学习军事时的孙立人、齐学启（自左向右）

齐学启（1900—1945）也是1923级校友，与孙立人清华同窗9年，又都在毕业后赴美留学，学习军事，以图报国。在抗战中他担任孙立人将军的副手，一起赴缅甸作战，功勋卓著。1942年在战斗中不幸负重伤后落入敌手，被囚于日军战俘监狱达3年之久，坚贞不屈，最后惨遭变节者刺杀，于1945年3月13日牺牲。1947年秋归葬于长沙岳麓山，孙立人亲撰《祭齐故副师长长文》，文中有"呜呼旧事历历，思之凄梗，山岳可移，沧海可塞，余之哀君者，其无时而已也"之句，足见孙、齐二人同学加战友的生死相交之情义！孙立人在清华上海同学会的这次活动中想必详细讲述了齐学启事迹的"悲壮义烈"，方令"听者动容"。再则是孙立人还将一柄在抗战中缴获的日本军刀赠与清华上海同学会作为纪念，这也是意义非凡！

至于文中说到的"为孙校友所办之东北清华中学筹募基金"，这又涉及了另外一段史实。抗战胜利后，孙立人在东北鞍山驻军时，决定利用一所旧校址创办一所"清华中学"，以纪念母校清华。为了筹办这所学校,孙立人迅速联系一些清华校友组成董事会,他自己则亲自任董事长,并利用各种机会为这所学校募捐。在他与清华校友的努力下,这所学校声名遐迩,后来演变为"鞍山市第一中学",至今仍是一所名校。上海清华同学会在这次聚会中,出于对孙立人将军英勇抗战事迹的崇敬,以及对他兴办教育回馈母校的支持,也组织了义卖,所筹款项尽数捐给了"东北清华中学"。

二、一本"手册"记载清华上海同学会历史

这则报道中说到当天同学会"义卖手册五亿元",乍一听,这个数字很吓人,但这却是1947年中国社会经济状况的反映,是当时恶性通货膨胀的真实记录。根据有关研究文献,以1937年为基准,当时的通胀率高达2.62万倍。照此推算,这5亿元的购买力只相当于抗战爆发时的1.9万元。但即使如此,也还是一笔不小的数目,仍可证明清华同学对孙立人将军办学义举的大力支持之情。

那么,这里提到的"手册"又是怎么一回事呢?恰在此时,我通过拍卖渠道获得一本上海清华同学会编辑印刷的1948年《清华手册》,仔细一看,竟然就是报道中义卖的那本"手册"。

上海清华同学会编印的《清华手册》(1948)

这本手册64开大小,布面精装,深蓝色封面上烫金印刷有"清华手册"的图案和"1948"字样。内页共200余页,分为"资料、记事、广

告"等三个部分。其中最有历史价值的是"资料"部分，简直就是抗战复员后的"清华一览"。包括"国立清华大学校史概略""清华大学规程""清华大学教职员录""清华大学历任校长一览""清华校友创办各地清华中学一览"等内容。在最后一项中，明确记载了"东北清华中学"是由孙立人担任董事长，建立于1946年的有关信息。

还有一部分内容是我过去从未见过，也是我特别想了解的上海清华同学会的专门资料。包括"上海清华同学会沿革""清华大学上海同学会章程""上海清华同学会大事记"等基本情况。更为珍贵的还有"上海清华同学录"，记录了从1909年至1947年共39届当时在上海的毕业生，以及"庚款"津贴生总计886人的名字、服务场所、住址等信息。在一届届清华校友中，我看到了蒋廷黻、黎照寰、茅以升、关颂声、钱瑞升、吴国桢、董大酉、罗隆基、顾毓琇、冀朝鼎、王造时、王炳南、李健吾、徐铸成、钱钟书、乔冠华、吴宗济、季羡林、陈省身、许国璋等众多在中国近现代史上赫赫有名的人物，也就是说，他们在1947年前后都曾在上海清华同学会注册为会员。

清华同学会的历史最早可追溯到1913年6月29日，由留美同学在美国组织成立，1920年后由于归国毕业生逐年增多，始在国内设立分设组织，称为"支会"或"支部"。而国内各地支会的建立有先后之分，最早设立的是华北支会和上海支会。校史上有记载的清华同学会"上海支会"活动记录是1924年9月19日[1]，而成立日期还更早些，但应不会晚于1921年[2]（详细日期待考）。直至1933年10月29日，清华同学会总会在北平成立，各地分设组织根据规模称"分会""支会""支部"[3]。

通过"上海清华同学会沿革"，可以了解到上海同学会的组织，盖因"历届毕业同学散布全国，上海一地，人数尤多"，于是大约在1930年在"北四川路北京路转角中国信托公司四楼"觅得部分房间作为会所

---

[1] 孙哲，等.清华校友总会史料选编[M].北京：清华校友总会，2013：23.
[2] 1922年2月《清华周刊》（加刊）中有记载："现在支会已设立的，有华北支会，上海支会。"
[3] 孙哲，等.清华校友总会史料选编[M].北京：清华校友总会，2013：51.

和招待所，这就是上海同学会有固定活动场所之肇始。之后到1933年迁入大陆商场新厦三楼，重新设计装潢，成为"当时最理想之会所"。可惜好景不长，1937年"八一三淞沪战争"爆发，日寇占领上海。同学会再次转移至法租界内"静安寺路金城别墅沿马路的二楼"。到了1941年12月"太平洋战争"爆发之后，日寇占领全上海，同学聚会已无可能，清华上海同学会遂决定"将房屋出租，会所取消，会务暂时停顿"。

1945年抗战胜利之后，来上海的清华同学日益增多，于是同学会恢复活动，急需要一处会所作为平台。在"中区房屋租价奇昂，且不易获得"的情况下，幸得1915级钟可成同学的协助，才租得九江路花旗银行大厦二楼，作为新会址。同时得到"唐星海、钟可成二同学及其他同学之经济上协助，会所得以蒸蒸日上"。同学会组织也日趋健全，会务由理事会、监事会负责，每年改选一次。这也说明在70多年前，上海的清华同学就已经按照现代企业管理的方式管理同学会事务。最难能可贵的是，"每届改选之时，同学莫不互相谦让。但遇有推进会务事宜，则又莫不争先以赴"。清华同学"不慕虚名，行胜于言"的优良作风尽显，围绕这本《清华手册》的问世，以及"义卖"就是一次典型例证。

上海清华同学会在1947年底编辑印刷"清华手册"，主编是中国语音学家，1934年毕业的吴宗济（1909—2010）。这一举动不仅在上海同学会历史上是第一次，就是在全国各地的清华同学会历史上也是首开先例。然而由于当时政治局势激变，经济形势恶化，通货膨胀迅速，"纸价狂涨，生活指数激增"，任何一项活动策划无不因为经费无法控制而头疼不已，举步维艰。按照当时预算，手册制作所需费用最少也要超过"一个亿"（折合1937年的5000元），而同学会并无此积蓄。于是向在沪同学公布制作"手册"的募捐意向，得到大家积极支持，"数日之内巨款立集，精美之册遂得出版"。

不仅如此，在1947年12月15日的聚会上，全体与会同学还踊跃参与义卖，筹得"五亿元"支援孙立人将军的"东北清华中学"，充分体现了清华同学"急公好义，相习成风"的优良传统！

三、一位建筑大师曾为"手册"绘画装帧

浏览这本"手册"后留下的第一感觉是"内容翔实,图文并茂",73年前的策划、设计与装帧水平一点儿不输当下。尤其是穿插在其中的四幅版画插页,因为描绘的是当年清华园内的著名建筑,尤令清华人倍感亲切。

戴念慈创作的清华版画

这四幅版画分别是清华的"二校门""大礼堂""体育馆"和"气象台",画家的视角独特,透视准确,描绘细致,效果极佳,绝对是表现早期清华园景色的美术佳作。第一幅画面上的"二校门"没有采用正面视图,而是将一棵严冬中覆盖白雪的枯树置于显要地位,使人不禁联想到抗战时期清华园惨遭日寇肆意涂炭,百废待兴;而标有"清华园"的二校门依然巍然矗立,更象征着清华人百折不挠,自强不息的精神气质。第二幅"大礼堂"则显得静谧恬适,在树影的婆娑中,大门前四根挺拔的"爱奥尼"立柱在夏日余晖中散发着独特的人文气息,令每一个清华人流连忘返,心驰神往。还有象征清华人体育传统的"体育馆",既表现了"爬山虎"覆盖外墙的经典画面,又采用一个由南向北的"非常规"视角,将体育馆前的检阅台摆放在画面中央,使人对18根罗马"塔斯干柱"形成的柱廊建筑之美叹为观止,加上四根旗杆斜指蓝天,让体育馆在晴空之下散发出昂扬向上的体育精神魅力!

如果说"大礼堂""体育馆"作为清华早期"四大建筑"已为人熟知,那么不在此列的"气象台"出现在美术作品上则十分罕见。清华气象台建成于1931年,1932年正式发布天气预报,为当时中国大学中唯

一符合国际标准的气象台，在清华科学发展史上占有重要位置。气象台的建筑设计由1921级清华校友，著名建筑师杨廷宝担纲，在他众多经典作品中属于一个特殊的"建筑小品"。画面上的气象台五层塔楼耸立在一个小山坡上，八角形的外观，垂直的线条，错落的窗户，别致的小阳台，楼顶的侧风仪器，完美地统一在十分别致的建筑中，极好地诠释出气象台的科学属性，令人过目不忘。

那么，是谁能够创作出这样既彰显绘画艺术水平，又有建筑特色的版画作品呢？一般的画家肯定不行，单纯的建筑师也做不到，一定是具有很高绘画造诣，精通建筑艺术的建筑师才能胜任。而在这些画作的角落里，都留有"念慈"两个字，按照常规，我猜想这就应该是画者的名字。果然，在《清华手册》最后一页的"编后赘言"的鸣谢内容中，出现了一句"戴念慈君代为绘图装帧"，这就明确了四幅版画作品的创作者是戴念慈先生。

说到戴念慈（1920—1991），熟悉中国近现代建筑发展史的人都知道，他是继梁思成（1901—1972）、杨廷宝（1901—1982）等建筑设计元老之后我国第二代建筑设计师中的杰出代表。在他近50年的建筑设计创作生涯中，由他主持设计的重大建筑有100多项，其中著名重点工程有北京饭店新楼、北京展览馆、中国美术馆、杭州西湖国宾馆、曲阜孔子阙里宾舍、锦州辽沈战役纪念馆及纪念碑、斯里兰卡国际会议大厦等，都达到了当时国内建筑的最高水平。他也是1990年第一批被授予中国建筑"设计大师"称号的20人之一。

戴念慈并不是清华培养的建筑师，那他为什么对清华情有独钟呢？这里面肯定与清华有着某种特殊关联。原来这一切都源于他在"国立中央大学"建筑系求学的四年中，清华出身的杨廷宝曾是他的恩师，他也是杨廷宝的"得意门生"之一。虽然我们不知道杨廷宝是如何向学生们详细介绍自己的母校，但他对清华的感情，以及1930年重新为清华进行校园规划，亲自设计图书馆新楼、生物馆、学生宿舍（明斋），以及气象台等大小项目的事迹却一定为学生们所熟知。也许正是因为老师的清华情结深深影响了学生，所以当戴念慈1947年在上海兴业建筑事务所服务时，会与在上海的清华同学互为相知，并欣然为《清华手册》绘图装帧。而他选择的绘图内容，就是清华的四座经典建筑。其中的"气象台"，虽然没有大礼堂、体育馆的名气大，但因为它是由杨廷宝设计，戴念慈仍选择将其精心绘出。我相信，这绝不是一时冲动或者巧合，而是他经过深思熟虑之后的行为，蕴含着他向恩师致以的敬意。只要你了解中国传统知识分子"知恩图报"的秉性，就会认同对戴念慈的这种推测，并且不会感到牵强。

在明白戴念慈创作清华建筑版画的背景和善意之后，你一定会为他73年前的这几幅佳作所折服。这些作品出现在清华抗战复员后的特殊时期，既是以艺术形式对日本军国主义侵略中国，毁灭中华文化的"反人类"罪行进行声讨，也是对清华园人文魅力的尽情讴歌，反映出戴念慈先生深厚的艺术功底和博爱情怀。这些在《清华手册》中出现的珍贵画作是留给清华文化史的一份宝贵精神遗产，同时也为研究戴念慈的学术人生增添了新的内容。

四、结语

《清华手册》登载的1930年代"国立清华大学"校名匾

从 73 年前的《上海清华同学会会刊》和《清华手册》中，我深深感受到清华同学会"联系校友，相互支持"的优良传统，了解到上海清华同学会的历史沿革，重温了一段清华校友英勇抗战、为国捐躯的英雄事迹，认识了一位以画"致敬清华"的建筑大师。这在极为不平凡的 2020 年中，又是一件值得记住的经历。

清华校友资源是一个巨大的历史、人文宝藏，在这座"金矿"中，无穷无尽"感人的事迹、独特的传奇、深邃的思想"可能在不起眼的地方被神秘隐藏，但在岁月的长河中总会发出熠熠之光。只要心存对百年清华的感恩，满怀对全球校友的尊敬，你一定能随时在清华文化无穷魅力中受益，从中汲取无尽的力量！我手中这本《清华手册》最初的主人应该是一位清华老学长，他当年肯定也参加了为"东北清华中学"举办的义卖，并将这本手册长期珍藏，伴随他走过几十年不平静的岁月。今天虽然已经无法得知他的姓名，但我能通过这本《清华手册》与他"握手"，并能让这段几乎不为人知的上海清华同学会历史重见天日，则是我的莫大荣幸。就让我以此文对这位未曾谋面的老学长，以及老一辈清华人表达深深的敬意吧！这正是：

故园魂牵游子心，同窗梦绕手足情；
申城从来多义举，轶事钩沉赞精英！

（2020 年 8 月 28 日初撰，2023 年 3 月 22 日修订）

● 九二受降仪式中的清华人

《九二受降图》

  1931年9月18日，日本侵略军在中国沈阳悍然发动进攻，中国人民长达14年的抗日战争由此拉开序幕。90年后，由著名艺术家李斌历经16年创作的油画《九二受降图》圆满完成，并于2021年"九一八"纪念日入藏上海淞沪抗战纪念馆，面向公众展出。"无尽的战争苦难，英勇的决死抗争，正义的伟大胜利"统统被收入这历史的画卷中……

  置身于这幅宽12米、高3.05米的巨型油画前，仿佛来到1945年9月2日在美国"密苏里号"战列舰上举行的"受降仪式"现场，耳边响起胜利者的巨大欢呼声。透过无声的画面，历史镜头不断与眼前的艺术画面交织在一起，让人浮想联翩，感慨万千："九一八"东北沦陷，"卢沟桥事变"将整个中国推入战争，正面战场浴血奋战，共产党在全面抗战中成为中流砥柱，《论持久战》指引抗日军民不断夺取胜利……

  在画家描绘的逼真场景中穿越时空，每一位观众心灵都会受到极大的震动。人们的目光首先被聚焦于画面中心，在两页英文《降书》的背景映衬下，中国代表徐永昌将军签字的庄严一刻被永远定格在历史的画卷中。这样的艺术处理旨在强调中国在抗日战争中做出的巨大牺牲与贡献，既显示出强烈的艺术震撼力，又表现出对历史的极大尊重。

其实，这件画作对于清华人而言还有一层特殊意义，因为在参加受降仪式的中国代表团6位成员中，竟有两位是"清华人"：一位是陆军中将朱世明，毕业于1922年（壬戌级）；另一位是陆军少将王之，毕业于1926年（丙寅级）。在这个庄严的历史时刻，同时有两位清华人身负殊荣在列，这一特殊现象绝非偶然，在其背后就隐藏着一段清华校史上曾经鲜为人知的故事。

徐永昌将军签字（油画局部／站立者：王之）

根据清华大学校史研究室于2020年编纂出版的《扫荡丑虏 播我荣光》一书披露，在1912年至1928年清华学校时期，共有35位清华学子在赴美留学时先后选择进入西点军校、维吉尼亚军校等几所美国著名军校学习军事。这其中既包括了孙立人、齐学启、梁思忠、李忍涛等广为人知的校友，还有朱世明、王之等一批学长同样应该被铭记。他们在大多数留学生所学的科技、人文等专业之外，主动选择学习军事，从此走上了一条艰难的从军之路。其中毕业回国者适逢关系民族存亡的抗日战争爆发，于是毅然投入那场血与火的英勇战斗，与特殊方式体现出中国知识分子以天下为己任的使命感和担当精神。

朱世明（Chu Shih Ming, 1902—1965），湖南湘乡人。出身于仕宦世家，家教良好，其二哥朱彬元和三哥朱世昀同为清华学校1916年毕业生。他于1920年考入清华学校高等科，两年后毕业赴美留学。先在麻省理工学院攻读机械工程，在1926年获得硕士学位。同年进入诺维基大学（Norwich）学习军事理论，1927年毕业回国。朱世明通晓数国语言，很快成为国民政府中少有的儒将，曾长期在美、苏等国担任驻外武官，有着丰富的外交经验。在1943年的中美英三国首脑"开罗会议"期间，朱世明是16人随员团之一，负责军事和外交事务，充分显示出他的实力与作用。1946年2月他被委派为盟国对日委员会中国代表，代表中国政府驻日交涉战争善后事宜。在争取中国检察官向哲浚与法官梅汝璈（清华1924级）查阅被封存的日本内阁及陆军省档案，在远东军事法庭检控日本主谋战犯，维护中国合法权益的艰难过程中发挥重要作用。

王之（Wong Chih，1906—2001），湖南善化人。因其父王达与辛亥革命领袖黄兴为莫逆之交，故自幼受先辈影响，立志于救国救民。他于1918年考入清华学校，在校八年期间十分活跃，经历过五四运动，担任过北京学联的清华代表，当过学校篮球队队长，等等。1926年毕业留美，先入威斯康星大学攻读政治与历史，很快又转入诺维基大学学习军事，与朱世明成为校友。1928年获得学士后毕业，旋接奉中国政府指令，赴西点军校（West Point）从一年级读起。1932年6月，以第12名的成绩从266人中脱颖而出。回国后进入军界，1937年后曾随孙立人将军在贵州都匀重建税警总团，1941年起长期担任外军联络工作，1945年9月后担任中国驻日盟军总部首席联络官，在接收日本战败被分配的舰船飞机，讨还被掠夺之中国文物等重要资源的复杂过程中具有突出功绩。

朱世明（左）、王之（右）在诺维基大学毕业照

显而易见，朱世明和王之这两位清华毕业生都曾为抗战胜利做出过特殊贡献。在伟大的抗日战争中，广大清华人同样表现出不屈不挠的英勇精神，以各种方式投入与侵略者的较量当中。除了在校师生辗转数千里，于西南联大艰难办学，薪火不灭，粉碎日寇灭绝中华文化的罪恶企

图之外，更有众多清华勇士走上前线，与敌人进行殊死搏斗。今天镌刻在"清华英烈碑"上的65个英名中，大多数都是牺牲于抗日战场，就是明证。

由此完全可以认为，参加受降仪式的朱世明、王之二人实际上也代表着在抗战中做出巨大牺牲的清华师生，见证了一个伟大的历史时刻，并告慰所有为取得胜利而捐躯的清华勇士。

作为受降仪式的另外一方，日本代表团成员的集体画像被布放在画面的右侧。人们可以看到，在强大的反法西斯同盟国对手面前，这些昔日的侵略者虽然将"不可一世的骄横"暂时收敛，但是"他们忍辱受屈的脸上表现出凶残仇恨的神情"（引自《史迪威回忆录》语），仍然让人不寒而栗，时刻警醒。

1926年《清华年刊》登载的清华篮球队合影，队长王之手持篮球（前排右三）

《九二受降图》是一件传世的文献艺术品，画家以高超的手笔再现1945年9月2日"密苏里号"受降仪式的历史场景，无情鞭挞侵略者的战争罪行，热情颂扬反法西斯军民英勇无畏的精神，特别警示莫忘战争狂人的罪恶行径。画作以艺术语言再次表明：正义的力量终将战胜一切反人类的邪恶势力。以发展促进和平，以实力遏制战争，人类前途仍将一片光明！这正是：

涮雪旧耻东京湾，人类发展史为鉴；
正义终究胜邪恶，世界和平路崎远。

（2021年10月初稿，2023年3月23日修订）

● 清华西体育馆：四大建筑中唯它曾被冠名

在清华早期历史上，"图书馆、体育馆、科学馆、大礼堂"的建设是一件影响久远的大事。这闻名遐迩的"四大建筑"相继开建并落成于1916年至1921年之间，从此，"活泼舒适的体育馆，精致优雅的图书馆，宏伟壮观的大礼堂，严肃坚固的科学馆"（王淦昌语）就成为清华校园文化的重要载体，在一代代清华学子心中留下不可磨灭的印象。

清华自建校以后，体育传统一以贯之，逐步形成了"育人至上，体魄与人格并重"的鲜明教育特色。当年北京的学界曾流行一句话，"北大有胡适之，清华有体育馆"，足见清华体育馆的影响之大。可以肯定的是，现在被称为"西体育馆"的这座经典建筑，为获得"清华体育好"的美誉，曾经发挥的作用无可替代。

1920年代的清华体育馆

一、体育馆落成时已被冠名

在有关清华历史研究的许多文献中，都曾隐约透露过一个史实：体育馆是早期四大建筑中唯一有"名字"的建筑。这件事在清华早期校方档案中又是如何反映的呢？

得益于清华大学档案馆的帮助，找到了一件存档于1919年的珍贵史料，那是一份时任清华学校校长张煜全写给北洋政府外交部的呈文，题名为《呈准制造体育馆纪念铜碑》。其中，明确记有"本年五月三日敦请部长暨芮公使莅校行'纪念罗斯福体育馆'开幕礼"。这句话透露出三点重要信息，一是体育馆落成时就已被冠名为"纪念罗斯福体育馆"；二是体育馆落成开幕礼的举行时间是1919年5月3日；三是时任北洋政府外交部长陈籙和美国驻华公使芮恩施出席了落成典礼。

这位"罗斯福"是谁？为什么清华体育馆要冠以其名以示纪念呢？原来，这里的罗氏就是曾连任两届的美国第26届总统西奥多·罗斯福（Theodore Roosevelt，1858—1919）。为了和后来曾连任四届的第32届总统富兰克林·德拉诺·罗斯福（Franklin Delano Roosevelt，1882—1945）区分开来，他也被后人称为"老罗斯福"。

西奥多·罗斯福

撇开中外史学家对其所有评价，我关心的是他曾在任内做出的一件影响至今的决策，那就是承认美国"多收"了中国的庚子赔款，并决定退还"多余"部分专门用于中国的文化教育事业。正是由于这一举措的实施，直接催生出一所留美预备学校，历经岁月更迭，时代演进，无数中国人为之付出，一代代师生勠力同心，促成今日之"清华"成为中国高等教育的一面旗帜。

至于为什么四大建筑中唯独体育馆被冠名的问题，其中一种推测是：当罗斯福于1919年1月去世时，当年清华人诚心向罗斯福表达敬意，于是将刚好建成行将投入使用的体育馆冠名为"纪念罗斯福体育馆"，而其他三座建筑的落成时间都不甚匹配。就这样，体育馆除了负有运动功能

外，还承担起了一项具有"纪念"含义的文化使命。

《新闻报》（1919年3月25日）

  这样的推测从一则当年的新闻报道中可以得到支持。1919年3月25日《新闻报》曾有预告，清华学校将于5月3日举行"新建之罗斯福体育馆纪念碑揭幕式"，同时特别说道，"闻该校以退款兴学，前大总统罗斯福氏实与有功。兹该馆告成，适值罗氏薨逝，即拟于馆中勒碑为永久纪念，以示尊崇"。

  在体育馆落成之初，这项冠名是被镌刻在体育馆检阅台上的。这一点从梁实秋在1923年写下的《清华的园境》一文中，可以了解到相关的历史信息：

  体育馆前面有用十几根石柱建的一座洋台，台上可容百余人站立，上边伸着四个长大的旗杆。在云母石上刻着"纪念罗斯福体育馆"几个金字。洋台底下，中间是正门，两边是上洋台的楼梯。门的一边悬着罗斯福半面像的铜牌；另一边悬着清华历来各项运动成绩最优者的名牌。

  这里所说的洋台就是检阅台，至于"纪念罗斯福体育馆"几个金字究竟是中文还是英文，又究竟是刻在哪里呢？虽然梁实秋没有明确告知，但经现场考证，这几个字其实是用繁体中文书写的，位于正中间一跨的横梁上，此外还有两组英文字母分别镌刻于中文馆名两边。这样说的依据是"眼见为实"。如今，细心的人们若是站在体育馆检阅台下向上看，还是能够清楚地辨认出个别汉字和大部分英文字母的痕迹。

体育馆检阅台横梁上"体育馆"残留字迹（摄于 2023 年 11 月 11 日）

经过仔细辨认，可以推测出体育馆检阅台横梁上，当年应该有两组英文和一组中文繁体字：ROOSEVELT/ 館育體福斯羅念紀 /MEMORIAL（实际排列顺序）。

另外，从美国著名摄影家甘博（Sidney David Gamble）拍摄于 1919 年 4 月初的体育馆照片上，可以发现在"洋台"前搭有临时脚手架，而横梁上有一段跨越 7 个柱间距的局部白色。按照逻辑推测，"纪念罗斯福体育馆"（中英文）就是镌刻在这段白色的位置上，而脚手架就是为了刻字作业而临时搭建。

纪念罗斯福体育馆的原始文字示意图

另外，梁实秋的文章还告诉我们：除了"纪念罗斯福体育馆"几个金字，体育馆正门外还"悬着罗斯福半面像的铜牌"。他说的"铜牌"其实就是清华官方文档中所称的"铜碑"(Bronze Tablet)。虽然文中没有描述更多细节，但却明确告诉我们曾有这样一块铜牌的存在。

二、纪念铜牌究竟是怎样的？

关于体育馆的那块"罗斯福半面像的铜牌"，在迄今为止的各类清华校史资料中，虽然曾有只言片语提起，但一概语焉不详，无法让人了解其详情。被引用最多的表述也只有一句话，出现在《清华园风物志》中："体育馆初建时，……馆外柱廊内还曾嵌有'老罗斯福'的头像和纪念碑文。"[①]虽然这与梁实秋的叙述如出一辙，但它究竟是什么样子，记录了什么内容，却同样没有更多的图像与文字信息，成为一个令人费解的历史之谜。

带着强烈的好奇心，我在力所能及的范围内展开针对性的搜寻，试图找到更多线索。

首先，从各种文字资料中，可以找到一些相关信息。1934年入学的徐煜坚（1913—1992）就有过这样的回忆，"我记得在（体育馆）东墙上的一块铜牌，它提醒我们要记住庚子赔款的国耻纪念"。[②] 其次，当年被固定在体育馆大门外的北（右）侧外墙上的纪念铜牌，确实从很多早期清华体育老照片上可以看到其大致形象。

纪念铜牌位置示意图（1925年棒球队合影）

---

① 黄延复，贾金悦. 清华园风物志[M]. 北京：清华大学出版社，2001：184.
② 徐煜坚. 念旧[J]. 清华十级纪念刊，1988：149.

这块纪念牌的尺寸推测为：约 1.5 米高，0.8 米宽。离地高度在 1.0 米左右。至于纪念牌的具体样式，目前从清华史料中仅见的影像存在于《清华年刊》（1935 年版）上，但因图像清晰度不高，无法辨认全部字迹。幸得一位清华老校友提供另外一份珍贵图像资料，才使我们能够一睹铜牌真容，并还原纪念碑文的全部信息。

两幅不同来源的罗斯福纪念牌图像

从照片中可见，罗斯福的半身（左）侧面像位于纪念牌上端，下面是一段英文，按照原文整理为：Theodore Roosevelt. President of the United States of America (1901—1909). During whose administration, the founding of this college was made possible. And to whose memory this Gymnasium is dedicated.

在英文下面有 6 列 6 行共 36 个中文字，整理后的原文为：本校成立，深荷美国前大总统罗斯福赞助，缅怀盛德，亟宜表彰，爰以体育馆为罗斯福纪念。

三、罗斯福纪念铜牌的档案记载

还是回到清华档案馆的那份《呈准制造体育馆纪念铜碑》珍贵档案，里面究竟记载了哪些信息呢？经辨认，原来这是一份当年清华学校给外交部的呈文，汇报了有关体育馆纪念铜牌制作的理由和筹备过程，最终诉求是呈请外交部批准有关制作款项。

这份呈文的上报时间的1919年9月18日，晚于5月3日的落成典礼足足4个月有余。这就告诉我们，体育馆落成时"纪念铜碑"还没制作完成，所以原定举行的"撤幕仪式"（"撤幕"与"揭幕"同义）并未实现，好在"纪念罗斯福体育馆"的中英文字样已经镌刻在体育馆检阅台上，虽不圆满，但也算是一个交代。

究竟是什么原因让这块铜牌没有准时出现在落成典礼上呢？其实很简单，就是时间太紧张。从"老罗斯福"1月6日去世，到5月3日体育馆的落成典礼，之间不足4个月的时间，要完成提出动议，通过设计，落实制作等一系列程序，时间确实非常紧张，任何环节的拖延都会使计划落空。

从呈文中的描述，"长英尺五尺二寸长，宽英尺二尺九寸，四周花边，中有罗斯福总统相片暨汉英纪文，均镌浮凸形状"，我们可以基本了解铜牌的大致样式。换算为公制，原来铜牌的设计尺寸是"长1.52米，宽0.84米"，上面的人物图像和中英文字均为浮雕形式，四周雕饰有花纹，是一件"须术精工方能雕刻"的精美艺术纪念物。

因为制作有难度，清华学校一开始就与"财政部印刷局"（官方印钞机构）联系制造，对方无能力承接；又与"印铸局勋章制造所"联络，起先对方已经接单，后来可能因为图像与文字的雕刻难度太大，自觉不能胜任又退回图样。这样两个来回就把时间都耽误了。

虽然没能在体育馆落成典礼时实现纪念铜牌的揭幕，但清华学校并未放弃这一计划，官方机构不能制作，就把眼光转向民间。先是有"北京前门外裕昌店"表示可以"承刻铜碑中西文字及四周花边"，但"刻罗斯福像则该店仍不能措手"。由于"求之别处恐亦无此纯技"，最终清华学校只能放弃在国内制作的计划，决定"往美国定刻像处制造方臻完美"。但这样一来，就牵扯到许多涉外事宜，自然就要呈请外交部的批准，于是就有了这份《呈准制造体育馆纪念铜碑》的呈文。

呈文中还列出了铜牌的经费预算，总计需"洋五百六十元"。清华档案馆保存的另一份文件显示，呈文上报后仅一周，外交部就予以批复：

"本校体育馆内拟刻罗斯福肖像，约需洋五百六十元。请示遵由呈悉，自可照准。为此，令行该校长遵照办理，可也。"

1919年9月25日《外交部指令》（清华大学档案馆）

真是应了那句老话"好事多磨"，关于"罗斯福纪念铜碑"到美国去制作的报批程序终于完成。至于后续究竟在美国何地完成制作，何时运回清华安装等细节，目前尚未发现相关信息。尽管如此，这块铜牌最终制作完成，嵌挂在了体育馆正门一侧的外墙上，却是确定无疑的。

四、悬疑与启示

相对于纪念铜牌最初嵌挂时间的不能确定，最终它消失于何时显得更加扑朔迷离。我们今天看到的是：镶有罗斯福总统半身像的铜牌在后来的岁月中不知去向。至于镌刻在检阅台上的馆名金字，也被人用水泥涂抹掩盖。

关于这件事是何人，在何时所为，至今也没有确凿的信息加以佐证，成为一桩悬疑。对这个问题，有两种说法。一说是在1949年以后，纪念铜牌"才被作为国耻的残迹彻底除去"，但此说法目前并无可靠证据支撑。另一种猜测，是在1937年至1945年期间，被日本军队毁坏而失踪。

如果第一种说法成立，那么在1946年抗战复员后，铜牌就应该还在原处。在这个时期内求学的清华学生仍然能看到它的存在。循着这个思路，笔者曾经向几位老校友求证，回答均为"没有印象"。特别是1947年考入清华机械系的方志豪学长明确说，"我在校期间从没在体育馆看到有这个铜牌。如果当时铜牌还在，那么多同学不可能没有人说起过"。

那么，第二种猜测是否符合逻辑呢？众所周知，清华校园被日本侵略者霸占期间，包括体育馆在内的所有建筑设施都被严重损毁。特别是在太平洋战争爆发之后，凶残的日寇甚至将清华铜钟等各类金属器物都劫掠一空，他们又岂能对"美国总统纪念铜碑"网开一面？要知道，这块铜牌的重量至少有上百斤呢！

当然，执拗于细节的考证对于历史研究有其必要，但两种说法都无法改变一个残酷事实：这座包含清华重要历史信息的经典纪念物是被人为毁灭的！若是日本侵略者所为，以其本性毁灭人类文明，犯下滔天罪行自不必说；但若是由于国人因意识形态差异产生的极端行为，则是需要认真反思的。

100多年来，关于庚款"退赔"事件引发的争论从未止息，无论是单纯推崇罗斯福的"良心发现"，抑或是盲目痛批美国的"文化侵略"，其实都隐含了以"非黑即白"思维对待复杂历史问题带来的局限性。"否定一切，唯我独尊"，或是"崇洋媚外，妄自菲薄"都与内心缺乏自信有关；反之，"兼容并蓄，美美与共"才符合世界一流大学"尊重历史，尊重文明"的应有格局。

其实，对于清华当年以"罗斯福"命名体育馆的举动，若将其视为中西方文明交流产生的一种善意又何乐而不为呢？而今天清华的一切，不正是以这种"文明善意"为起点转圜而来吗？

笔者认为：如能在多方努力下，搞清楚"纪念罗斯福体育馆"的历史悬疑当然最好；若能采取充分的包容态度，恢复体育馆的最初命名，那更是一件尊重清华历史，表现文化自信的大好事。无论怎样，通过对历史的追寻与反思，得到有益的思想启迪，努力保存、维护、利用古今中外各类文明成果，这无疑都是包含在创建"人类命运共同体"的应有之意之中。

（2023年11月21日修订）

● 1948：梅贻琦校长的宁沪之行

一份《上海清华同学会会刊（三十七周校庆纪念特刊）》在上海的图书馆里沉睡了 73 年，终于在 2021 年新年钟声敲响之际被唤醒。这份历史资料不仅让我们看到了 1948 年上海清华校友活动的真实记录，也成为了解清华大学在那个特殊历史阶段真实情形的重要佐证。最为珍贵的是，这份特刊还披露了梅贻琦校长当时在上海活动的史实，为"梅贻琦研究"增添了不可多得的证据。

1948 年，在中国现代史上是一个重要的年份。彼时，中国历史上规模最大的内战已经进行到第三年，国共两党的生死搏斗已到决出胜负的紧要关头，形势的发展愈趋明朗，旧政权的崩塌已成定局，"新世界"的曙光开始呈现，人民民主革命潮流势不可挡。政局的剧烈变化无一例外地影响了社会生活的方方面面，清华自然不可能置身事外，从这份《特刊》中同样可以感受到这一点。尽管这份《特刊》提供的历史信息非常丰富，但我最关注的还是记录梅贻琦校长的部分。

一、梅贻琦校长到上海的主要活动

1. 4 月 3 日参加清华同学游园大会

这份《特刊》共有 8 个版面，其中用两个整版的图文记录了梅校长的活动。第五版的标题是《游园大会》，报道了上海清华同学会"于四月三日假海格路虞家花园，举行春季游园大会以资联欢"的情况。这次活动借用的"海格路虞家花园"，亦即现在位于华山路上的"华山医院花园"。这处景致具有悠久历史，当年属于"海上闻人"虞洽卿的私人花园，占地 23 亩，"园中有山有池，奇花异木，五步一阁，十步一桥。一池绿水，扁舟荡漾，尤属胜景"。

1948年4月《上海清华同学会会刊（三十七周校庆纪念特刊）》

梅贻琦校长是4月2日（周五）晚冒雨到达上海的，第二天（周六）下午也到"虞家花园"参加了清华同学的园会，当他出现在活动现场，"频频与同学笑语握手"，这让全体参加活动的校友感到惊喜。特别是身在一处与北京清华园有异曲同工之妙的景致中，"不禁使人回想工字厅……各同学均有回到园子里的感觉"。

梅校长对在沪清华同学发表了即席讲话。从报道中可以看出，他在讲话中着重强调了"信心"。针对大家十分关心的局势发展以及对清华的影响问题，他说"校中同人信心很坚强，谣传搬家绝非事实"。同时，他也披露了当时学校师生面临的生活困难，因为经济衰退，通货膨胀，"一位月薪三百元的教授才拿到一千万元，而开销却要二千万元"；因为内战爆发，社会动荡，"学生也很困难，公费数目不多，自费者因家乡不安宁，接济也时常中断"。针对局势发展的不确定和面临的困难，他也谈到了对清华未来教育方针的设想，"故今后教育方针是重质不重量，并希望增加图书仪器设备，以求在学术研究上有更多贡献"。

看过了梅校长讲述的这些情况，再回头看他的开场白，"今日本下雨，但现在却放晴，同学们未入园时，似乎已知此时会晴，这或者可归功于同学们的信心"，不禁令人对他"借景抒情"的良苦用心感同身受，对他虽身处变局，但教育理念始终如一的坚定信念留下深刻印象。

2. 4月4日出席清华同学会虹桥聚餐

4月4日（周日），天气晴朗。上海清华同学会又举行了一次小范围活动，《特刊》中的记载是："会长孙瑞璜先生于是日中午假座虹桥俱乐部欢宴梅校长，上海市长吴国桢同学，杭州市长周象贤同学，暨全体理监事。"

70年前的虹桥地区还是上海的西郊，分布着许多沪上最早的度假别墅，建有一座军用飞机场，今天"上海动物园"的位置就在当年的"虹桥高尔夫俱乐部"范围内。上海清华同学会组织的这次欢宴应该就是在这里举行。聚会的主题自然是欢迎梅贻琦校长莅临上海，以及两位身居"要职"的同学，一位是时任"上海市长"的吴国桢（1903—1984）；另一位是时任"杭州市长"的周象贤（1885—1960）。"校长及两市长同时与会，尤为难得之机会"（《特刊》语）。

从《特刊》的报道中可以得知，梅贻琦校长在席间发表了谈话，一来谈了此次自北平南来之行的主要目的；二来与大家交流"校友楼事"。关于南行之目的需要专门探讨，至于"校友楼"，应该是说在清华园内建设由校友捐款的楼宇问题。

众所周知，在1937年之前的清华发展初期，曾经有过三次大规模校园建设，1912年前建造了清华学堂、同方部等；1919—1925年建造了大礼堂、科学馆、体育馆、图书馆（局部）等；1931—1933年建造了生物馆、化学馆、图书馆（扩建部分）、气象台、西校门、机械馆、电机馆以及"明、善、静、平、新"等五"斋"（学生宿舍）。但是，经过抗战期间日寇的破坏，加之1946年复员后"学生人数较战前多一倍"，经费缺少，学校的校舍矛盾突出，"因校舍不够用，故校友楼很有需要"。由此可以推测，当时上海校友应该是产生了捐款给母校新建校舍的动议，所以梅校长在谈话中提及"校友楼事"，并希望"能早日成功"。

梅校长还谈到了"校友楼"的冠名问题，"至于校友楼纪念生者，不如纪念死于抗战者。如杨光泩、齐学启、陈三才几位同学，都是轰轰烈烈的为国捐躯，实在应该有所纪念"。看到这里，联想起梅校长在抗战胜利后的多次演讲中，都有提及抗日战争中牺牲的清华校友，并明确表示"在抗战期中，本校校友以身殉国，死事之烈，若沪上之陈三才，赣北之姚名达，缅甸之齐学启，皆足名垂清华史，实亦母校之光，将来拟于清华水木之间勒碑纪念，或更编印纪念册，以资流传。"此次在上海之行中，梅校长再次谈及此事，足见他对清华同学为国捐躯的事迹深为悲痛，倍感自豪，铭记在心。作为清华一校之长对学生的爱惜之情，体现得淋漓尽致，怎不令人印象深刻，敬佩有加！

梅贻琦、吴国桢、周象贤、王祖廉、陆梅僧题词手迹

在这次小型聚会上，还有一件事情值得记载，那就是梅校长以及几位来宾在席间挥毫题词，留下墨宝。至于题词内容，梅贻琦校长依然是清华校训中的"自强不息"。无独有偶，就在此前不久，他为1947年毕业同学的题词也是"自强不息"。吴国桢题词用到的是校训中的另一句"厚德载物"。这再一次印证了清华人早已将"自强不息，厚德载物"视为永远的励志动力。而周象贤的题词则是"自力更生"，这同样是一句时时鼓舞中华儿女绝境求生、不断奋斗的至理名言。此外，王祖廉的题词是"同舟共济"，陆梅僧的题词是"前途光明"。在那个时局动荡，前途未卜的历史结点，这些题词的内容无疑反映出人们心中的忧虑与期冀。

二、梅贻琦校长到上海的背景

1948年的春天，梅校长怎么会决定到上海，这是人们都会想到与提出的问题。这里面就要涉及一个重要的民国历史事件，那就是"国民大会"（国大）。

原来，梅贻琦校长此次南方之行，主要是到南京参加1948年"第一届国民大会"（国大）的。根据历史记载，这次"国大"召开的时间是1948年3月29日至5月1日，大会主要议题是选举"总统和副总统"。当时的"国大代表"共有3045人，梅贻琦校长是"大学及独立学院教员团体"选出的北方区代表之一。按照时间推算，他应该是在参加了3月29日的"国大"开幕式以及最初两天的预备会议后，于4月2日由南京到上海，参加了上海清华同学会的活动。

至于梅校长参加"国大"的主要目的是什么？根据《特刊》报道，在4月3日的校友聚会中，"校长谈及此次出席国大，说起来也算有两个目的。一是开开眼界，二是找机会为学校经费想点办法"。一句轻描淡写的"开开眼界"，足可见出席"国大"并不是梅校长的兴趣所在。作为一位真正有作为的教育家，他的心思其实还是想利用一切机会，在乱世中也要给清华争取一些发展资源。联系到梅校长在同学聚会中几次谈到清华发展所遇到的"经费"短缺等实际问题，说明"清华"的兴衰才是他心目中的第一要务。虽然在当时那种"大厦将倾"的局势下，最终效果不尽人意，但所谓"用心良苦"莫过于此。

三、结语

历史发展是连续的，相互关联的。70多年的时间并不遥远，在人类历史的长河中更只是一瞬间。所以当我们今天从一份旧存的清华校友刊物中看到20世纪中叶的人物、场景、文字，一种似曾相识的感觉油然而生，好像一切就发生在眼前。尤其是看到力透纸背的"自强不息，厚德载物"校训，更是让人怦然心动，顿感真理穿透时空的巨大力量！

然而，时间又是极为残酷的。在刊物上闪现于我们眼前的那一个个清华前辈，梅贻琦（1909级）、周象贤（1910级）、王祖廉（1917级）、陆梅僧（1920级）、吴国桢（1921级）、孙瑞璜（1921级）……他们虽然都在清华110年的发展中"人过留名"，但也都已经在20世纪的中国社会大舞台上完成了各自的精彩表演而先后"谢幕"，无论得到的是掌声、鲜花、赞誉，还是唾骂、声讨、"板儿砖"。对于我们这些后人，能够透过历史的烟云，一睹他们当年的风采，领略他们的才智，承蒙他们的启迪，其实已经十分幸运。

以此类推，21世纪的清华人能否继续完成各自的使命，能否也让后人感受到"自强不息，厚德载物"精神在这一代清华人身上曾经的体现，这才是我们今天探究历史、追忆前人的落脚点。这正是：

史海钩沉觅风霜，青史垂名梦未央；
蛛丝马迹存文明，雪泥鸿爪显脊梁。
沧桑巨变无可挡，世事绵延本无常；
自强不息铸恒心，厚德载物再启航。

（2021年1月12日三稿修订）

● 松堂牧场的清华记忆

　　清华大学历史上，最早曾在 1930 年代租用"实业部中央种畜场北平分场"，就是那处在香山附近"几百亩广阔的松堂牧场"，用作农业研究所的实验农牧场。抗战胜利后，又在此基础上，建立了清华农学院。虽然发生在近百年前的这段历史早已远去，但通过对散落在史料中的珍闻逸事悉心梳理，已然不复存在的松堂牧场还是透过文字和影像，显露出其特有的风采。

一、由朱自清的散文说起

　　1935 年 5 月 15 日，朱自清（1898—1948）在《清华周刊》上以其字"佩弦"发表了一篇散文《松堂游记》。他用 1200 余字的篇幅记述了此前一年夏天，与友人 S 君夫妇到清华西山牧场小住三日的一些见闻。

　　清华的这处校外"飞地"究竟有多大？根据 1948 年 7 月《全校水旱地亩面积表》等清华历史档案记载，西山的松堂牧场共有土地 720 亩，其中可耕地 133 亩 1 分（内有已建房屋用地 48 亩 6 分）。这里的"已建房屋"显然就包括朱自清游记中的松堂，从他"两扇大红门紧闭着，门额是国立清华大学西山牧场"的第一印象来看，围墙里面的牧场地标建筑也一定是松堂。

　　从旁门进入到院内，"过了两道小门，真是豁然开朗，别有天地"。朱自清从第一眼看见"亭亭直上，又刚健又婀娜的白皮松""你挤着我挤着你"就开始称好，继而又赞叹"这儿就是院子大得好，就是四方八面都来得好"，欣赏之情溢于言表。接着，他描述道，院子"中间便是松堂，原是一座石亭子改造的，这座亭子高大轩敞，对得起那四围的松树，

大理石柱，大理石栏杆，都还好好的，白，滑，冷"。

来远斋（松堂石屋）现状

关于这个院子里的情形，他还告诉我们，"堂后一座假山，石头并不好，堆叠得还不算傻瓜。里头藏着个小洞，有神龛，石桌，石凳之类。可是外边看，不仔细看不出。得费点心去发现"。

朱自清的目光穿越满院的白皮松，看到西面不远处的"后山有座无梁殿，红墙，各色琉璃砖瓦，屋脊上三个瓶子，太阳里古艳照人。殿在半山，岿然独立，有俯视八极气象"。这座无梁殿其实就是始建于乾隆二十七年（1762年）的寺庙"宝相寺"主殿，名为"旭华之阁"，大殿采用重檐歇山顶，建筑主体采用砖石拱券结构，不设一柱一梁，凸显皇家建筑气派。其形制与规模在现存的中国各朝代同类建筑中独树一帜，梁思成（1901—1972）描绘它为"外观无柱，仿佛藏在厚重的墙内"，并将其视为清代无梁殿的典型案例而记录于著名的《图像中国建筑史》中。

在历史上，松堂其实是建于清乾隆十四年（1749年）的"焚香寺"中一座大"敞厅"，原名为"来远斋"，因周围遍植百余棵白皮松而得此雅名。虽然它与无梁殿毗邻，但却分属于两个不同寺庙。

此外，朱自清在游记中还写道："山上还残留着些旧碉堡，是乾隆打金川时在西山练健锐云梯营用的，在阴雨天或斜阳中看最有味。又有座白玉石牌坊，和碧云寺塔院前那一座一般，不知怎样，前年春天倒下了，看着怪不好过的。"

朱自清不是梁思成，自然不会从建筑史学角度对松堂周边的这些古迹遗址详加说明，但他以文学家的视角和笔触描绘出的种种场景与感想，却将那些令他难忘的情景永久鲜活地传输到后人的眼前，何时读来都是栩栩如生！

二、西山牧场的来龙去脉

《松堂游记》只是记录了朱自清对松堂等几处古迹的印象，对西山松堂牧场的整体情况并未涉及，但对引出清华历史上关于农学院的一段分支而言，却是不可多得的楔子。

朱自清这次到松堂的时间是 1934 年夏天，与清华农业研究所正式成立的时间几乎同步。而在此前的 1933 年 6 月，清华在接到国民政府教育部关于开设农学院的指令后，根据实际情况决定先开办农业研究所。在农研所筹建过程中，恰好位于北平西山门头村的"实业部中央种畜场北平分场"奉令停办，有意将该场畜种转让给清华。清华认为"该场场址为西山名胜，松堂古迹弥足珍贵"，于是设想请教育部与实业部商议，能否"将该场拨给本校"。经与实业部方面反复磋商，最后双方达成一致，"议定该场址及建筑树木等，由本校长期租用。原有畜种及农具等物，亦由校廉价收买"。在租赁合同中规定：租期三十年（后因与租期不得超过二十年的规定冲突而更改），租金每年二十元，缴纳租金以十年为一期，每期开始时一次缴纳 200 元。

平心而论，这个租金真就是象征性的"友情价"，与无偿划拨资产的唯一区别是清华没有取得产权。就这样，清华在签约缴纳租金，并用 4000 元廉价收购原有畜种和农具等物后，于 1933 年 11 月底接收，"交由本校庶务科农事股负责经管……暂定名为'国立清华大学庶务科农事股西山牧场'"。

清华除了取得一处经济牧场外，还有一个考虑，就是将此处作为"本校师生游息之处"。为此，庶务科专门拟定了《清华大学松堂牧场设备招待室暂行规则》，经校长核定后于 1934 年 6 月起执行。这份规则共有8个条款，从中可以了解到，当年的招待室共有三个房间，其中石亭（松堂）北间有三个床位，办公室西院两间各两个床位，总的接待能力仅为7个床位。每位游客最多可住三晚，每晚收费五角，统一提供卧具。同时提供餐食供应，每人每餐两角。校内师生需要事先向庶务科预订，预订后若自行取消则须照常付费。

由此可以推测，朱自清当年的松堂三日之游就是按照这个规则执行的，并且时间不会在这年的6月之前。

然而，时局发展出乎意料，就在松堂牧场正常运作了三年之后，日本发动了全面侵华战争。卢沟桥事变后日寇占领北平，清华南迁，清华园也陷入敌手，松堂牧场同遭厄运。抗战胜利后，清华很快就于1945年12月20日派员前往接收并驻守，发现"原有羊群及设备已全部损失，房屋亦多拆毁，不堪应用"。然而，彼时距离原定租期规定的1953年11月已经临近，于是清华向当时的国民政府农林部发电请示，希望"拨给或续租松堂牧场"，以便做好相应发展规划。

1947年4月9日，时任农林部部长周诒春复函，同意清华续租已由该部管辖的松堂牧场资产。同时还充分考虑了"北平沦陷期间该场为敌伪占据"的事实，将租期延长到1963年11月29日。周诒春（1883—1958）此举对清华而言实在是非常照顾的，没有丝毫政府大员"公事公办"的架子，这或许也体现出作为清华老校长对清华一贯的殷殷之情与最后贡献。

但不久之后发生的政权更迭彻底改变了一切，这份租约也因为一方当事人的法律地位丧失而失去存在意义。随着1949年1月北平和平解放，清华大学迎来了历史性的变革。先是1949年10月清华农学院被合并进新成立的"北京农业学院"，农学院在颐和园附近的校址移交给马列主义学院；再是北京市人民政府致函清华大学，要求将西山松堂等移交给北京市有关部门管理。1951年7月3日，经当时的清华大学校务委员会决议，同意移交该处资产。至此，松堂牧场彻底完成其使命，成为清华历史上的一个特定名词。

在这里，还有一件与松堂牧场有关联的事件有必要一并交代，那就是历史上的"清华公墓"。在1934年10月18日的《国立清华大学校刊》上刊登了一则消息，题为《本校在松堂附近设清华公墓》。从文中可知，在当时清华北墙外的一个叫作"花洞"的地方，原来有一座清华墓地，葬有棺木38口。因当时学校计划在那里建一座新的校医院，需要将墓地迁移。为此，清华就出资另购土地，重新在"西山松堂牧场之南云雾山南（侧）方召下基地设置清华公墓，墓场面积六亩，分砌两层，每层可容葬百口"。

这座清华公墓到底在哪里？当年报道中的表述有些拗口，无法让人一目了然。其实这个墓地的位置就应该是在现在"西山国家森林公园"范围内的"方召"附近，这里就位于松堂遗址的西南面不远处。如今这里恰恰还有一处"西山骨灰林"，想来可能就与当年的清华公墓有关联。

三、松堂牧场的珍闻遗影

无论松堂牧场抑或是西山牧场，都是极富诗意的一个名称，让人联想到草地、牛羊，蓝天白云。不过，清华管理松堂牧场的时间跨度前后只有18个年头，除去抗战8年，实际使用也没到10年，而其中最好的时期大概只有抗战爆发前的那三四年间。

诚然，松堂牧场的设立在清华百年发展中不是主流事件，在清华人记忆中鲜为人知也就不足为怪。若不是《松堂游记》为它在中国现代文学领域立下的"纪念碑"，让后辈偶尔念及时能生出几分类似"西山牧场是怎么回事"的疑惑，恐怕没有几个人会去关注清华故纸中有关它的只言片语。

也正因为如此，即便在松堂牧场续存期间到过的人、住过的人不在少数，但在清华人中所占比例仍不会太高，能够因为各种机缘留存至今的文字、影像自然是弥足珍贵。

最早描写松堂的文章要算刊登于1934年《清华暑期周刊》上的《松堂一夜》，作者"叶宜"。文中说道，"松堂里面的设置自然非常之好，可是我们舍不得离去的倒还是院里的景致。白皮松长得真够瞧的，树下面青草丛生，完全是乡野的风味"。他还写道，"由屋前（是的，我该说明白，松堂也叫石屋）绕到屋后面，树依旧很多，而且又多了用石叠起的假山。索性给他爬到假山上去，看，看个够。石屋在假山上看更美了，完全灰白色，单单在檐下有一个鲜红色的横条，那个红色不多不少，北京话，'正在斤劲儿上'"。

刊登在1935年《清华校友通讯》的松堂旧影

从另一篇写于同时期的《松堂雨记》中，作者"莎褐"说道，"松堂是被高大的白皮松包围着的。成行的松外是朱红漆栏门，栏门外又是高大的松树，其外，又是一道朱红漆的门。门门，门，无奈门挡不住雨，雨是从天上下来的"。他还道出雨中的心境，"那一所由大理石亭改作的厅堂，那素色的家具，那淡黄色丝绸的窗帘，像都不再是我们的了。因为它已不再为我们所爱好，因为雨永远不断地下着"。

还是说回朱自清的《松堂游记》，文中的S君夫妇究竟是谁？他们究竟是什么时候去的？是何原因让作者在时隔近一年后才写"回忆"？写作的时间究竟是何时？找出这一连串问题答案的过程颇费周折，却是很有意思。

在《清华大学学报（哲学社会科学版）》2021年第3期中，有一篇学术文章《朱自清日记之王瑶译本与全集本比勘举例》（作者：徐强），其中有一小节涉及了《松堂游记》，透露出几个重要史实，特述释于下。

（1）朱自清在1935年5月7日用英文写下的日记中有一句："为周

刊写一篇关于松堂的短文。"而几天之后的5月15日发行的《清华周刊》第43卷第1期就刊登了他的《松堂游记》。在当期"编辑后记"中，编者南翔（蒋南翔）说，"本期承五位教授抽空为周刊写文章，特在此提出，表示感谢之忱"。这其实间接证明了朱自清的游记是特为周刊写作，文章写作时间也可以确定为5月7日。

（2）朱自清文中所说的"我们"，是说他和夫人陈竹隐（1904—1990），而S君夫妇则是叶石荪夫妇，他们到松堂游憩的时间是1934年6月30日至7月3日。这样说的证明，同样来自朱自清1934年6月30日的日记，"昨夜大雷雨，颇怅怅，因定今日往西山松堂也。幸早间放晴……石荪夫妇同来。石荪谓少年时兴致好，一来必携棍游山，今不能矣，余以为然"。（王瑶：《朱自清日记选录》）朱自清与叶石荪（1893—1977）的相识开始于北京大学哲学系求学之际，但因非同级，当时彼此并不熟稔。朱自清1925年到清华学校大学部任国文教授，叶石荪则在1930年留法回国后就聘清华大学理学院教授，就此二人才有了近距离交集，并在清华园五年间的谈论文艺、商讨学术等诸多交往中逐渐成为挚友。松堂之行只是他们颇多共同活动中的一次。

（3）朱自清与叶石荪同游松堂后，又于同年10月21日，再携陈竹隐与清华教职工一起游览松堂、八大处等西山名胜。由此可以想见，松堂在朱自清的印象中极好，所以乐此不疲，在过后的《松堂游记》中仍不吝赞美之词亦在情理之中。

现在看来，在与清华松堂牧场有关的文字中，朱自清的这篇散文以其名望、文韵铸就顶峰，再无人可以超越。相比之下，为牧场留下的影像资料却更为罕见。虽说这看上去是个遗憾，但也留下了可能出现惊喜的空间，为此我到处寻觅。在1935年《清华校友通讯》上刊登的一组四幅"母校松堂牧场风光"，是目前发现最集中，最清晰的老照片。除此之外，还有几张松堂和无梁殿的影像散见于同时期的各类刊物上。

至于直接记录牧场的影像，却很难见到。就在我寻觅而不得之时，一位重庆的朋友在看到我介绍清华农学院的文章之后，给我发来了他收藏的清华老照片中几张标有"农学院"相关字样的旧影。

这几张老照片背后标注的字迹有：农学院风景、横跨农学院之小溪、蔬菜园艺试验区、植物标本区、牧场等。略显不足的是，照片上没有注明拍摄时间，但与其他可以确定为1930年代的清华老照片比较，无论从相纸的质地，还是标注字体的书写风格、褪色程度来看，都别无二致。

这些照片是否真是清华松堂牧场的遗影呢？从照片中土地的广阔、平整来看，基本符合牧场基本资料中原为种畜场、"720亩"等记载，但因为至今没有发现当年松堂牧场的总平面图等原始资料可以比较，所以也就无法最终确认。但从感情上讲，起码在没有更加明确的证据推翻这一推测之前，我还是认为这就是那位不能确知其名的摄影者专门留下的牧场写真，像是冥冥之中在帮助我们弥补影像佐证的缺失遗憾。

牧场旧影

四、结语

松堂牧场在厚重博大的清华历史上并不起眼，但也称得上是"惊鸿一现"。毫无疑问，它与清华农学院一起，是清华历史不可分割的一部分。朋友们如果读过脍炙人口的《荷塘月色》，并为朱自清寄托在清华园美丽景色的情怀所感动，那么我建议您再跟随文学大师在《松堂游记》中的脚步，于领略西山名胜风采的同时，了解松堂古迹与清华之间的这段历史缘分吧，或许您又会产生新的感悟。而我，更期待去观瞻这座曾让朱自清留下美文的松堂和那满院的白皮松……

（2023 年 3 月 21 日修订）

*附1:《松堂游记》(佩弦)

去年夏天，我们和S君夫妇在松堂住了三日。难得这三日的闲，我们约好了什么事不管，只玩儿，也带了两本书，却只是预备闲得真没办法时消消遣的。

出发的前夜，忽然雷雨大作。枕上颇为怅怅，难道天公这么不作美吗！第二天清早，一看却是个大晴天。上了车，一路树木带着宿雨，绿得发亮，地下只有一些水塘，没有一点尘土，行人也不多。又静，又干净。

想着到还早呢，过了红山头不远，车却停下了。两扇大红门紧闭着，门额是国立清华大学西山牧场。拍了一会门，没人出来，我们正在没奈何，一个过路的孩子说这门上了锁，得走旁门。旁门上挂着牌子，"内有恶犬"。小时候最怕狗，有点赵趄。门里有人出来，保护着进去，一面吆喝着汪汪的群犬，一面只是说，"不碍不碍"。

过了两道小门，真是豁然开朗，别有天地。一眼先是亭亭直上，又刚健又婀娜的白皮松。白皮松不算奇，多得好，你挤着我我挤着你也不算奇，疏得好，要像住宅的院子里，四角上各来上一棵，疏不是？谁爱看？这儿就是院子大得好，就是四方八面都来得好。中间便是松堂，原是一座石亭子改造的，这座亭子高大轩敞，对得起那四围的松树，大理石柱，大理石栏杆，都还好好的，白，滑，冷。白皮松没有多少影子，堂中明窗净几，坐下来清清楚楚觉得自己真太小，在这样高的屋顶下。树影子少，可不热，廊下端详那些松树灵秀的姿态，洁白的皮肤，隐隐的一丝儿凉意便袭上心头。

堂后一座假山，石头并不好，堆叠得还不算傻瓜。里头藏着个小洞，有神龛，石桌，石凳之类。可是外边看，不仔细看不出。得费点心去发现。假山上满可以爬过去，不顶容易，也不顶难。后山有座无梁殿，红墙，各色琉璃砖瓦，屋脊上三个瓶子，太阳里古艳照人。殿在半山，岿然独立，有俯视八极气象。天坛的无梁殿太小，南京灵谷寺的太黯淡，又都在平地上。山上还残留着些旧碉堡，是乾隆打金川时在西山练健锐云梯营用的，在阴雨天或斜阳中看最有味。又有座白玉石牌坊，和碧云寺塔院前那一座一般，不知怎样，前年春天倒下了，看着怪不好过的。

可惜我们来的还不是时候，晚饭后在廊下黑暗里等月亮，月亮老不上，我们什么都谈，又赌背诗词，有时也沉默一会儿。黑暗也有黑暗的好处，松树的长影子阴森森的有点像鬼物孥人。但是这么看的话，松堂的院子还差得远，白皮松也太秀气，我想起郭沫若君《夜步十里松原》那首诗，那才够阴森森的味儿——而且得独自一个人。好了，月亮上来了，却又让云遮去了一半，老远的躲在树缝里，像个乡下姑娘，羞答答的。从前人说："千呼万唤始出来，犹抱琵琶半遮面。"真有点儿！云越来越厚，由他罢，懒得去管了。可是想，若是一个秋夜，刮点西风也好。虽不是真松树，但那奔腾澎湃的"涛"声也该得听吧。

西风自然是不会来的。临睡时，我们在堂中点上了两三支洋蜡。怯怯的焰子让大屋顶压着，喘不出气来。我们隔着烛光彼此相看，也像蒙着一层烟雾。外面是连天漫地一片黑，海似的。只有远近几声犬吠，教我们知道还在人间世里。

（原载1935年5月15日《清华周刊》第43卷第1期）

附2：本文最初刊登于2023年3月21日《北京晚报》（五色土/人文专栏），此次发表作者略有修改。

● 一代栋梁的故宫情结
——梁思成佚作解读

2021年注定是"梁思成年",由清华大学主办的"栋梁——梁思成诞辰一百二十周年文献展"(以下简称"栋梁"特展)吸引了无数人的目光。从362件反映梁思成生平的照片、手稿、模型、书籍、信件、影像等各类展品中,人们对这位在中国建筑史上曾经书写了不朽篇章的大师有了更加细致的系统化了解,对他的敬意也自然又加深了几分。展会中让我特别难忘的展品,是梁思成的那些手绘图稿,图幅或大或小,却都是一笔一画描绘出的精品,工整、精致、准确、详细……,总之,用所有想象得出的赞美语句来形容都显得毫不过分。任凭是谁看过一眼,留在脑海中"烙印"都再也挥之不去!

一、梁思成故宫佚作惊现于世

仿佛是冥冥之中的一种响应,就在我参观了"栋梁"特展之后,一本出版于1950年代初期的《北京》,将一幅大师的佚作带到了我的案头,让我激动万分!原来,这是一本介绍首都北京的简明文史读物,在阐述"故宫"时,选用了一幅"从天安门到午门"的手绘图稿,上面的注解是:"图内第一重门是天安门;第二重门是端门;左面是劳动人民文化宫,右面是中山公园;第三重门是午门。午门内是故宫三大殿。"最重要的是,图稿明确标注是"梁思成稿"。

从天安门到午门　图内第一重门是天安门；第二重门是端门；左面是劳动人民文化宫，右面是中山公园；第三重门是午门。午门内是故宫三大殿。　　（梁思成稿）

梁思成佚作《从天安门到午门》

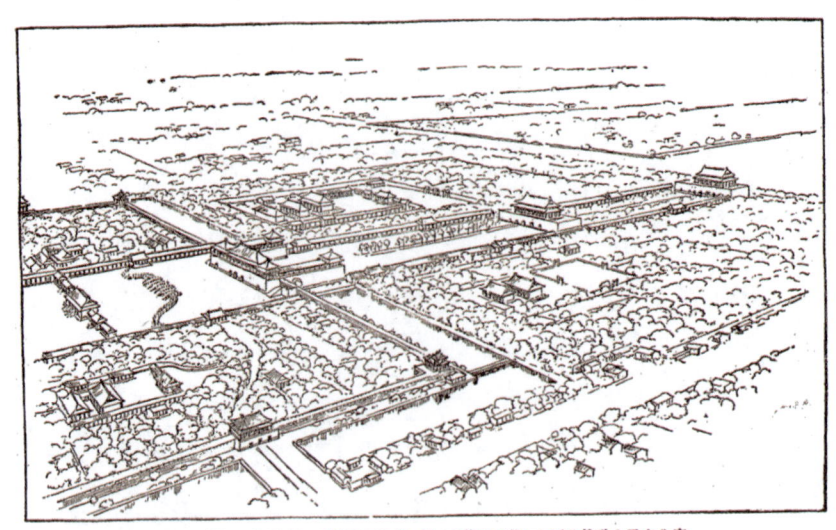

　　对着这幅图片，我久久凝视。这虽然只是一幅手绘故宫鸟瞰图的印刷版，但却通过简洁的笔触，勾勒出北京"中轴线"上最重要、最精彩的一段。学过建筑学的人都知道，"鸟瞰图"是建筑规划设计的基本概念图，鸟瞰图的视角、表现手法在一定程度上反映的是建筑师对项目的规划理解和设计水平。而眼前的这幅图稿，就是画者根据对故宫的认识程度，将自己认为最精彩的部分用鸟瞰的方式加以表现。画者选取的视角是由"西北"向"东南"，与南北中轴线的水平夹角大约330度，垂直夹角大约30度。从鸟瞰图效果来看，采取这样相对平缓的"小视角"，可以将"天安门、端门、午门、太和殿广场"尽收眼底，同时最大限度地将这一范围内所有重要建筑之间的空间关系表现清楚。

　　这幅图稿的绘画风格，用笔的特点，与梁思成留存于世的诸多素描手稿如出一辙，我毫不怀疑画者就是大师本人。在这幅图稿上，除了有天安门、端门、午门以外，还可以清楚地看到故宫东侧的劳动人民文化宫（太庙）、西侧的中山公园（社稷坛）、西路的武英殿、西华门、西南角楼、东南角楼、天安门内的东西两侧朝房等建筑（群）。最令人折服的是，图稿中对所有建筑物的交代，既有主要形体特征的描绘，准确位置的布放，又符合构图的透视原理，建筑物之间的比例关系也把握得十分恰当。能够达到这样高标准要求的图稿，即使放在今天掌握了计算机制图设计功能的建筑师面前，也不是一件轻易就能完成的任务，而70年前的画者，除了一支墨线笔，其余就靠他装满古代建筑元素的大脑和一只具备娴熟表现力的"神手"。

很显然，画者在对故宫中那么多重要建筑的呈现中，把握了"有取有舍""有主有次"的原则。从取景范围上看，他并没有选取故宫的全部，也没有选取"三大殿"（太和殿、中和殿、保和殿）区域，而只为人们揭开了"故宫"这出大戏的精彩"序幕"——从天安门开始一路向北，经过端门，进入午门，再穿过太和门，来到太和殿前的广场。戛然而止后，留给观众的是无限遐想。

而在图中描绘"天安门、端门、午门"这三座城门楼时，画者是将"午门"当作重点。一方面，这是其作为紫禁城的"正门"地位所决定，午门本身就是皇权威严的建筑体现；另一方面，午门在紫禁城城垣的四座城门中，又是形状最特别，体量最大，高度最高的一座。午门墩台平面为"凹"形，并且突出于南面城垣之外，墩台高13米，门楼连台通高近37.95米，墩台上共建有5座楼阁。画者用细腻的笔法将午门的建筑特征表现得淋漓尽致，既对面阔九间，进深五间，有着重檐庑殿顶的"主门楼"有所表达，又将4座具有重檐攒尖顶的"阙楼"交代清楚。最不容易的是，克服了由北向南的视向局限性，将午门南侧"凹"形广场的宏大、庄严气氛也尽可能地表现出来。

还有一处重要的建筑细节，那就是午门墩台北面两侧用于登上门楼的"马道"。"马道"在城台造型上也起到了装饰作用，把墩台陪衬得既有起伏，又有层次感，使城楼气势显得更加雄伟。而画者在表现午门"马道"时，看得出丝毫没有懈怠，还是尽可能地将南北向"起坡"，东西向"折返"的关系交代得很清楚。这一切都充分说明他对于午门的建筑结构体系掌握得非常透彻，再加上其高超的建筑细节表现能力，才能在那么小的绘制范围里，将午门如此复杂的建筑空间关系描绘得"纤毫毕现"，令人叹服！

此外，画者对天安门两侧的太庙、社稷坛，故宫西路上的武英殿等建筑群落，不仅用寥寥数笔勾勒出建筑的大致形状，而且在将这些建筑群落单独提取出来时，也像是一个个精致的建筑小品。经过画者如此精心的处理，不仅完整地再现了各座建筑物的真实布局，也使得整个图稿显得更加丰满。

二、佚作记载了中国营造学社的历史贡献

通过对这幅佚作的解读，我想说：如果没有对中国建筑历史文化的稔熟于心，没有对建筑规划理论的深刻理解，没有对建筑艺术手法的熟练把握，要想画出如此精彩的故宫鸟瞰图，简直就是"天方夜谭"！而能够选取这样的视角表现如此宏大的场景，能够用如此娴熟、精准的笔触勾画出眼前这幅佳作的画者，非"梁思成"莫属！

这样的结论并非口说无凭，在梁思成的建筑生涯中其实早就与故宫有着深厚的渊源，而缘起则是他在"中国营造学社"的重要工作经历。中

梁思成在西朝房前留影
（约1932年冬）

国营造学社是由中国近代历史名人朱启钤（1872—1964）创立的一个专业学术团体，建立于1930年前后，专注于研究中国古代建筑历史。在其续存的17年间，以一个民间组织的架构，一二十余人的规模，竟然完成了2000余座中国古建筑的调查，奠定了中国古代建筑史和建筑理论的研究范式，独力开创了一个学科，这不能不说是世界建筑学术史上的一个传奇！

中国营造学社起初设在北京东城的宝珠子胡同7号，1932年7月，因工作人员增加至20余人，原有社址不敷应用，经"商得中山公园董事会同意，迁至天安门内西朝房为社址"，由此与故宫建筑保护结下不解之缘。也就是在这个时间节点的前后，学社聘请梁思成（1901—1972）担任法式组主任，刘敦桢（1897—1968）担任文献组主任。通俗地讲，"法式"就是"图解"，"文献"就是"史料"，两者有区分，也有联系。以"西朝房"为起点，用"图解"的方式研究中国古代建筑成了梁思成的

"本职工作",而且这个工作他一干就是 15 年。

"朝房"在紫禁城建筑中,就是御路左右两侧东西相向的平房,在梁思成佚作图稿上的位置就是天安门和端门之间,以及午门广场两侧的联排状房屋,当初主要为朝廷命官上朝前休息之用。直到中国营造学社迁入天安门内的"西朝房"后,这些貌不起眼的古老房屋终于焕发青春,产生出不可估量的历史价值。而这一切皆是因为朱启钤、梁思成、刘敦桢等有识之士所从事的前人未有之非凡事业。

屈指算来,彼时的梁思成自 1924 年从清华学校毕业赴美留学后,投身现代建筑学理论的研习与实践已有 8 年时间。在这段时间里,梁思成不仅取得了美国宾夕法尼亚大学(Pennsylvania)硕士学位,还在父亲梁启超(1873—1929)的引导下,开始走上创立"中国古代建筑史"的艰难之路,引导他的启蒙读物,就是"栋梁"特展上的那本被朱启钤首先发现的《营造法式》。梁思成 1928 年回国后就在东北大学创设了建筑系,但这显然不是梁思成的终极志向。而中国营造学社的愿景与梁思成的理想高度契合,这个学术研究平台为他创造了最适宜的工作环境,以及接触中国古代建筑实物的最顺畅渠道。

从 1932 年起到 1937 年日寇全面侵华之前,梁思成、林徽因及其营造学社的同仁们,风餐露宿,艰苦跋涉,在华北地区进行古代建筑的田野调查,发现独乐寺、佛光寺、赵州桥、应县木塔、嵩岳寺塔等宝贵文物,基本摸清楚中国建筑的发展脉络。在"栋梁"特展中,这一部分的展陈内容给观众留下非常深刻的印象。

然而,鲜为人知的是,在这 5 年时间里,中国营造学社在北平还干了一件"大事",那就是他们首次用现代建筑理论与方法调查测绘了举世闻名的故宫,为保护这处"世界文化遗产"作出不可多得的历史贡献。也是得益于此,梁思成才能在他的英文版《图像中国建筑史》中以亲身经验阐述清代建筑的特征与细节,令世界刮目相看。

众所周知,始建于 1420 年的北京故宫在现存的明清两代官式建筑实例中,是最规范也最具代表性的,对故宫建筑群进行调查研究,无疑是解读中国古代皇家建筑做法的绝佳路径。中国营造学社迁至"天安门内西朝房"后，就一直盼望能对近在咫尺的故宫进行实地调查。

1932年10月，故宫博物院第一次允许营造学社进入故宫，勘察文渊阁楼面凹陷状况，朱启钤、刘敦桢、梁思成三人亲自前往进行工作，并由蔡方荫（1901—1963）、刘敦桢、梁思成拟成《文渊阁楼面修理计划》，交由故宫进行修缮。1934年2月，又为故宫对景山的"万春、辑芳、周赏、观妙、富览"五亭作修缮设计。由邵力工（1904—1991）、麦俨曾（生卒年份不详）负责测绘，梁思成、刘敦桢负责拟定修葺计划大纲。经过这两次实际考验，或许是看到了营造学社的实际能力，故宫博物院遂委托他们对紫禁城进行大规模调查研究。

"栋梁"特展中《梁思成年谱简编》（以下简称《年谱》）"1934年"部分中这样记载，"是年，开始详测北平故宫"。而在《中国营造学社学术活动年表考略》中则有更为详尽的说明："本年内，营造学社得到中央研究院拨专款委托，对故宫建筑进行全面测绘，留存资料，以防战乱或灾害损毁。测绘工作由梁思成负责，邵力工协助。当时有一批东北大学建筑系学生因'九一八'事变流亡到北平，梁思成设法安排他们在学社工作维持生计，其中一些学生也参与了故宫测绘。自1934年始，至1937年，营造学社陆续测绘了天安门、端门、午门、太和门、太和殿、中和殿、保和殿、角楼等共计60余处建筑。"

这段史实在以往介绍梁思成生平事迹时，虽有人提及但并不作为重点，在"栋梁"特展中也只是一笔带过，其中的原因非常复杂，最关键的是：能证明这项"故宫测绘工程"存在的成果，包括数以千计的测绘数据，整理后的测绘图稿，都没有被完整地保留下来。而造成这种局面的根源还是1930年代那场由日本侵略者发动的罪恶战争。

在《中国营造学社学术活动年表考略》中"1937年8月"部分有这样的记载："营造学社经费来源断绝，暂时解散。为保存贵重资料，将重要图籍、文物、仪器及历年工作成果运存天津英资麦加利银行。梁思成、林徽因一家离开北平。"在"1939年8月"部分又有这样的记载："天津水患，营造学社存放在天津英资麦加利银行地下室的资料全部遭水淹。"这就告诉我们，中国营造学社从1930年到1937年间的所有艰辛付出换得的宝贵资料，最终都因为日本侵华战争以及水患这些"天灾人祸"而蒙受巨大损失。

在深入了解中国营造学社的这段历史后，我也就完全能够理解梁思成为什么在昆明听到这个消息后，竟"痛哭失声"！那是因为他深知这些资料的无比宝贵，亲身体会获得这些资料所付出之"无以言说"的甘苦。抑或是这段经历给他的刺激太大，也因为当年的一手资料的损失，使得他在后来的岁月里也缄口不提此事，以至于这段"测绘故宫"的详情竟然长时间被掩盖在历史烟尘之中。

好在这段历史的影响并未完全消失。如今，"中国营造学社纪念馆"的年轻学者在残存的历史碎片中努力拼接，终于将梁思成和他的同仁们当年为保护故宫建筑所做的工作基本还原，让后人有机会对中国营造学社的这段重要历史加以了解，也让我在解读梁思成佚作时有了不一样的"灵感"。

我忽然领悟到，大师之所以要绘制这幅图稿，肯定是他与故宫挥之不去的"情结"使然，因为故宫于他而言，就像一位带他实际认识古代建筑的"启蒙"老师，念念不忘自在情理之中。我相信，能将那么多不同的古代建筑描绘得惟妙惟肖，绝对是因为他在与这些建筑文化瑰宝"零距离"接触中留下无比深刻的印象。我猜测，或许在描绘"午门"时，他想起了在现场和助手相互配合取得测绘成果时的喜悦；又或许在描绘"西朝房"时，他情不自禁地将在这里度过的 5 年"难忘时光"融入其中……

三、佚作寄托着梁思成的理想

如今，解答梁思成是在什么时候、什么情况下绘制这幅图稿的问题，似乎完全没有任何直接资料可以借助，称其为"佚作"一点不过分。然而，当我重新沿着"栋梁"特展中《年谱》提供的时间轴，一点一点去解析时，我似乎感觉到离可能的答案越来越接近。

1949 年以后，梁思成迅速融入了建设新中国、新北京的洪流之中，他在建筑学领域的广泛影响与深厚的学术造诣被新生的人民政权高度认可。《年谱》中记载："1950年1月，被任命为北京市都市计划委员会副主任。"这就是说，梁思成生平头一次进入了"理政"的高级别层次。在这个位置上，梁思成以他的学识和理想主动地去"规划"北京这座古城的未来。这一点被接下来的一系列记载所证实："2月，与陈占祥共同提出《关于中央人民政府行政中心区位置的建议》，建议完整保存北京古城"；"5月，在《新建设》杂志发表《关于北京城墙存废问题的讨论》，反对拆除北京城墙"；"6月，领导清华大学营建系设计的国徽图案在全国政协会议被通过"。

这些文献记载充分表明，处在新中国成立初期的梁思成热情高涨，积极建言献策，充分表明自己对北京城市规划的态度与立场，其中的《关于中央人民政府行政中心区位置的建议》（史称"梁陈方案"）更是成为载入史册的文献。他以一位对中国建筑历史有深刻理解的著名学者身份，以一位对东西方文明都有亲身了解的世界级专家之学养，认为自己的建议一定可以被国家最高决策层重视并采纳（由他主导设计的国徽图案被通过，应该是他信心增强的原因）。因此在短短半年时间里，梁思成就提出了一系列明确的观点和具体的建议，无论从信息强度，还是从学术价值，都是可圈可点，亮点频频。

在没有人为压抑的心情支配下，在相对宽松的学术环境中，可以想见梁思成的工作激情可以达到何种程度。由此，我认为这幅以故宫为背景的图稿，很有可能就是在这个阶段创作完成。"整体构思的理性，局部勾绘的清晰，白描线条的流畅"，无不反映出画者心情的轻松与头脑的清醒。有过艺术创作经验的人都知道：佳作只有在这种状态下才可能产生！

以我的感觉，这幅图稿或许就是梁思成"理想"中北京的缩影。从1948年解放军请他在地图上标明必须保护的古迹位置这一亲身经历中，梁思成对新政权一定会保护好北京古城的态度深信不疑，因此他在参与新中国成立后北京的城市规划时，毫无保留地阐明自己"完整保存北京古城"的立场和观点。然而，对于没有从政经验的梁思成而言，他可能完全没有想到，在"政治、经济、外交、文化、社会"等多维因素构成的复杂系统中，知识分子理想这个"砝码"实在太轻，在最高领导层决策的"天平"上被忽略的结果是大概率的事情。

后来发生的一切已经众所周知,梁思成的美好理想没有实现。北京城没有在改朝换代时被焚毁,没有在天翻地覆的人民革命中被损伤,却在"彻底推翻一个旧世界"的"豪情壮志"驱使下,被拆解得面目全非……

换个心情再来观赏梁思成的这幅佚作,我还是感到一丝丝庆幸。毕竟大师给我们留下这幅佳作,让后人有机会透过满纸"云淡风轻"的古城风韵,感慨先生当年的理想是多么纯真!然而庆幸终究无法代替惋惜:如果古都风貌能够按大师所愿被完整地保留至今,对这个世界来说,那将会是何等的震惊!

四、结语

历史没有"如果",有的只是反思!当我沉浸在梁思成的这幅佚作之中,其实并不只是将其看作一件单纯的美术作品,而是将图稿视作一个特殊时代在大师头脑中的集中反映。在和那些"人物、背景、故事、情感"对话的同时,自然也就多了对历史的几分反思,以及对大师心路历程的更深刻理解。

事实上,梁思成的独特人生经历"前无古人、后无来者",纪念这位"栋梁"的终极目的并不只是"发思古之幽情"。愿天下有志成为栋梁的人们,能够把握好手中的画笔,以自己的能力去绘制"振兴中华"理想蓝图的每一笔、每一画。这,才是对大师最好的纪念与尊重。这正是:

筚路蓝缕筑理想,矢志不渝成栋梁;
大师佚作再惊现,不朽精神永传扬!

(2021年9月24日撰于上海)

* 本文是为纪念梁思成先生120周年诞辰而作,2021年10月7日发表于《北京晚报》。

● 清华土木人：1959

在迎接新中国成立 70 周年之际，我收藏了一本 60 年前的《清华画报》(1959 年第 2 期) 和一本《清华画刊》(1960 年第一期)。仔细阅读，我仿佛穿过时光隧道，回到 1959 年的清华园。1959 年，新中国刚刚经过初建的第一个十年，清华也就像一个 48 岁的壮年人，与共和国一起经历脱胎换骨的十年历练。

从这两本画报里，我们可以感受到清华园的生命韵律随着新中国第一个十年的脉动一起起伏，感受到那个"火红年代"轰轰烈烈的气息。在《清华十年》这篇编者文章中，简要地记述了十年间清华的变化：

1959 年第 2 期《清华画报》封面

清华大学在 1952 年为适应全国社会主义建设和革命发展的需要，进行了院系调整，成为了一所多科性的工业大学。紧接着在党的领导下，在苏联专家的帮助下，开始了学习苏联先进经验，结合中国实际的教育改革，从根本上改变了过去资产阶级大学教育为资产阶级政治服务、理论和实际脱离的特点。为此，开设了系统的马列主义理论课；建立了各种教研组；订立了教研计划和教学大纲，加强了生产实习、毕业设计的工作；扩建了校舍，增设了实验室；延长了学制；贯彻了向工农开门的方针；等等。这样就从根本上克服了过去资产阶级教育中的盲目性，使学校能够按照社会主义建设的需要，有目的、有计划、有步骤地培养为社会主义建设服务的又红又专的工程师。但现在，全校共有 11 个系，学生发展到 11,300 多人，校舍 33 万多平方米，实验室 95 个。从 1949—1959 年培养出毕业生 7890 人，为解放前毕业生总和的 2 倍多。清华大学已成为全国最大的工业大学之一。

根据清华校史记载，1925 年清华学校开始建立大学部，1926 年大学部成立工程系，含"土木、机械、电机"三科，之后无论怎样更改系名，"土木工程"学科肇始于此则成为不变的历史。在 1928 年清华大学正式成立之后，又于 1932 年设立"工学院"，含有"土木工程学系、机械工程学系、电机工程学系"三个系，土木学科从此在清华工科中的骨干地位无可撼动。在 1952 年的"院系调整中"，清华只剩下原来"工学院"的架构，保留了 8 个系，其中"土木工程系"排在第二。之后又经过一些变动，增加了"工程物理、自动化、工程化学"等系科，到 1959 年时也只有 11 个系。"土木系"是清华历史最悠久的系科之一，实至名归。

一、土木系的科研"大跃进"——300 号黏土水泥

1959 年处于清华"纯工科"时代的最初阶段，被定位于"工业大学"性质的清华如何坚持党的领导，坚定贯彻党的教育方针，成为当年清华要解决的首要问题。当时各个系都在根据自己的学科属性探寻解决问题的答案。在《科学研究的跃进》的文章中，可以发现土木工程系当时所做的工作以及取得的主要成果。文中说：

1958 年，在"鼓足干劲，力争上游，多、快、好、省地建设社会主义"总路线的照耀下，全国工农业出现了大跃进的形势，接着学校贯彻了"教育为无产阶级政治服务，教育与生产劳动相结合"的方针，使科学研究工作也发生了飞跃的发展，无论速度、规模、质量都远远超过了往年。……这一年全校完成了 902 项科学研究和新产品试制工作，编写了科学论文、技术资料和教学参考书 207 种。……如电子模拟计算机，电子感应加速器，半导体硅，聚四氟乙烯，高标号黏土水泥……的研究试制，……以及过水土坝、天然铺盖、首都重点建筑工程等的研究及设

计，这些项目都具有重要的国民经济意义和科学价值。

在1958年的基础上，1959年的科学研究工作进行得更有计划、有步骤、更加系统和深入。因此，规模扩大了、水平提高了。例如1958年初步试验成功的一台电子计算机程序控制铣床，今年进一步加以调整，……又如去年试制成功的高标号黏土水泥，今年已走出了实验室阶段，克服了工艺上的困难，成功地进行了大窑试生产，适用于承重结构，建成黏土水泥试验楼进行观察，并进入了系统研究硬化理论的阶段。

这里多次提到的"黏土水泥"是一种什么建筑材料呢？它在60年前清华的教育科研工作中，抑或在当年的教育改革中扮演什么角色呢？在《清华画刊》里专门有一篇关于"300号石灰烧黏土水泥"的图文报道。文章说：

石灰烧黏土水泥是一种地方性的建筑材料。它的成本低，制造工艺简单，原料到处都有。但是，过去的生产标号太低（150号），在适用范围上受很大限制。1958年，土木系师生在党的领导和有关单位的协助下，从实验室到小土窑，从低标号到高标号，对石灰烧黏土水泥进行了系统的研究，目前已在大窑中稳定地生产了300号石灰烧黏土水泥，并制出了各种结构构件。同时，他们和北京市第二建筑公司合作，盖起了一座1000平方米的石灰烧黏土水泥试验楼，对使用情况进行观测和研究。在苏联专家雷比也夫的指导下，他们对石灰烧黏土水泥的水化和硬化理论进行了初步探讨，写出了生产工艺规程草案。1959年12月中旬，建筑工程部等单位在我校召开了技术鉴定会议，一致认为能够大量生产300号石灰烧黏土水泥，在国民经济上有很大价值，建议推广使用。

在这篇报道中，附有5幅照片。其中一幅"教师、学生和工人在大窑中大量生产300号石灰烧黏土水泥"的照片介绍的是当年参与这项研制的主角；另一幅"在石灰烧黏土水泥技术鉴定会上，建筑工程部水泥科学研究院吴仲伟副院长在进行检查"的照片说明了此项研制得到了业界的高度关注。此外，在《科学研究剪影》的图文报道中，也有一幅照片，说明是"土木系黏土水泥研究小组的同学正在用X射线研究黏土水泥的微观结构"。

> 搞了一年多，石灰烧黏土水泥空心楼板仍然完好无损。这是在石灰烧黏土水泥技术鉴定会上，建筑工程部水泥科学研究院吴仲伟副院长在进行检查

吴仲伟副院长在进行检查

这些图片给了我们今天了解1959年清华土木人的工作状态与精神面貌的难得机会和直观的影像，显得异常珍贵。图文中传达出的信息告诉我们：在60年前工农业生产"大跃进"的背景下，清华的教育科研在"大跃进"，土木系同样也在寻找适合"大跃进"的科研项目，而"300号石灰烧黏土水泥"的研制成功就是土木系科研"大跃进"获得的重要成果之首。

众所周知，衣食住行是人类生存的基本需求，人类从穴居到屋居的漫长过程就是人类文明诞生、发展历程的缩影，经过数以千年的演进，建筑（盖房子）已经是人类最原始、最基本的技能。建筑材料的发明、发展是关乎建筑技术发展的主要因素，建筑技术发展是生产力发展的重要组成，总之，基于这样的逻辑关系，必然会得出认识：建筑材料很重要，研究建材是土木学科的天然使命之一，发明、发展新型建材也自然成为清华土木学科义不容辞的责任。

"水泥"作为人类经过长期生产实践而发明的一种重要的建筑材料，与国民经济发展和人民生活水平提高有着密切关系。对中国人来说，水泥是舶来品，最早被称为"洋灰"，在清末洋务运动中兴建的唐山洋灰公司是中国水泥制造的鼻祖，而1906年就成为中国水泥发展的元年。在此后40多年的社会动荡大环境中，中国水泥工业发展缓慢，到1949年全国的年产量只有66万吨，可谓微乎其微。新中国成立后，水泥工业经过恢复生产、引进国外先进技术、建设新厂等几个阶段，到1957年全国水泥产量达到685万吨，比1952年增加了400万吨，是1949年的10倍。然而，这样的产量还是不能满足新中国日益发展的建设需求。正因为如此，当黏土水泥这种"无熟料水泥"一经问世，就因为它在生产过程中不经过"生料制备"和"熟料烧成"两道工序，原料取材方便、工艺简单的特点引起了建筑界的广泛重视，特别是因为它符合"大干快上"的时代要求，在强调"教育为无产阶级政治服务，教育与生产劳动相结合"教育方针的思想指导下，被当年的清华土木系列为教育改革的突破口和研究重点就不难被理解。

虽然展现在我们眼前的这些图文并不够详细，不足以了解当年土木系研制黏土水泥的决策和实施具体过程，但在简单回顾中国水泥发展历史和建国初期水泥发展实际水平后，对当年土木系研制成功"300号石灰烧黏土水泥"的意义仍然能够有所感受。今天，中国已经成为世界水泥生产的第一大国，2018年中国水泥产量是21亿吨的天文数字，这里应该也有清华土木系1959年的贡献！

但是，随着时代的进步，从环境保护和可持续发展的立场出发，人们已经深刻认识到黏土是人类赖以生存的宝贵资源。水泥生产过程中要耗费巨量的黏土资源显然不可持续，当年水泥研制中取得的革命性成果必将被新时代发展来一次新的"革命"，这完全符合唯物辩证论和历史唯物主义的观点。当然，这并不妨碍我们向60年前的清华土木系前辈的努力探索以及取得的成果致敬，通过对这段历史的回顾，反而激励今天的清华土木人懂得自己的历史责任，继续发扬前辈们的进取精神，为时代的进步，为可持续发展的大局做出新贡献。

二、《清华画报》封面人物——来晋炎

在1959年第2期《清华画报》的封面上，是两位年轻人的工作照片。照片的说明文字是："土木系教师来晋炎和学生谢满若在进行某歌舞

剧院的眺台模型试验。"根据常识，能出现在封面上的人物，一定是有故事的。那么，这位"来晋炎"老师是什么来历，是什么事迹能让他成为封面人物呢？

从网上搜寻，首先发现一本由建筑工程出版社于1958年发行的《发扬独创精神——记清华大学学生"来晋炎"设计无线电桅杆塔新结构方案》的书，这说明他曾是清华的学生。再按照这个线索搜寻，又发现一本1958年《清华大学学报》第5卷第1期，标注是《1958年毕业生专号》，其中有一篇署名"来晋炎"的毕业论文《双斜杆轻型无线电桅杆塔的设计与结构试验》，表明作者是"工业与民用建筑专业五年级"。在文章中，来晋炎说明这个项目是他为中央广播事业局"无线电桅杆塔"项目作的毕业设计。来晋炎属于1958届毕业生确定无疑。

他的这个毕业设计主要内容是：针对原国外设计的三角形腹杆体系的轻型塔，设计出双斜拉杆的新方案。这个方案经过9个结构方案和20余种结点方案的比较，并先后经过建工部金属制造安装局、中央广播事业局、双桥预制厂、清华大学及冶金设计院等有关单位专家的审核鉴定，一致认为在技术上符合使用要求；之后又在华北金属结构制造厂制造构件，在清华大学进行试验，证明构件的实际承载能力完全超过设计中的理论分析。更重要的是，按照这个方案比国外设计的轻型塔节省钢材40%左右，每座塔只用11.4吨钢材，并且具有制造简单，可广泛推广等优点。

从这篇来晋炎的毕业论文中，可以看到项目指导老师是李少甫和孙元，并得到了钢木结构教研组、结构力学教研组、土建基地结构实验室等单位的大力协助与指导。应该说这是土木系贯彻党的教育方针，按照让毕业生"真刀真枪"进行毕业设计的蒋南翔式教育构想，在党组织的支持和工人师傅的热心帮助下，在各方协作下圆满完成的毕业设计项目，是"教学、科研、生产三结合"模式的成功范例。可以想见，因为来晋炎的设计方案完全符合当时以"多、快、好、省"为核心的建设社会主义总路线，并且产生很高的经济价值，所以一经推出，立刻在清华乃至全社会引起轰动！

在一篇有关清华1958届的回忆文章中说，清华在1958年8月13日举行了一次"本届毕业生红专跃进展览会"。来晋炎设计的"无线电桅杆塔",成为当年展览上的一个相当走红的作品。连周恩来总理来参观时都大感兴趣。当年校报《新清华》的记者实录了这一幕:来晋炎讲述了资本主义国家的桅杆塔要用七十多吨钢,而他的设计只用十一吨多,总理又仔细看了看模型说:"啊,差这么多!怎么省的?"来晋炎讲解了他的设计的特点后,总理又问:专家肯定了吗?来晋炎回答说:"肯定了,产业部门也已经采用。"看到这里,我的所有疑问都有了答案。原来,来晋炎老师曾经是清华1958年历史上的一个"风云人物",毕业时获得"优秀毕业生奖章",留校当老师那是顺理成章,成为《清华画报》的封面人物也就毫不为怪。

在1958年第18期《科学通报》杂志上,还刊登了来晋炎的另一篇文章《一个轻型桅杆塔的新设计——要敢想,敢做,敢同迷信、保守思想作斗争》。今天看来,这个标题有点长,也有点怪,但却是60年前清华校园学术氛围和政治生态的真实反映,也折射出知识分子努力在"红"与"专"之间寻求平衡的微妙心理。1958届是院系调整后清华实行五年学制的第一批毕业生,也是在"又红又专"理念要求下培养出的第一批"红色工程师"。根据清华校史记载,8月28日在西大饭厅举行了1958届毕业典礼,共有1432名学生毕业(1953年入学的本科生为1703人)。其中有20人获得了"优秀毕业生奖章";有148人获得了"优良毕业生奖状"。据有关回忆,在获奖的毕业生中,土木系有27人。时任校长蒋南翔对这届毕业生寄予厚望,要求他们:"不管你们到什么地方,都要成为共产主义的播种者!"

在后来的岁月里,1958届毕业生与共和国一起经受了政治运动的磨难,"文革"十年内乱,也迎来了改革开放的滔天巨浪,社会巨大变革与经济腾飞发展。在他们中走出了4位工程院院士、3位科学院院士,但是更多的是总工程师一级的技术专业带头人,以自己的实际行动实现了蒋校长的希望。据了解,来晋炎老师1958年留校任教后,一直在清华大学从事教学与科研工作,直至退休。如今屈指算来,他已经毕业61年,虽然已经接近90岁高龄,但身体健康,热爱生活,喜好摄影。

三、《清华画报》之外的土木系大师

1959年的《清华画报》用不少篇幅反映了清华土木人在那个"火红的年代"的风貌,这也让我想起当年曾经撑起土木系教学与科研"一片天"的那些"土木大师"。我在拿到《清华画报》时,同样希望看看上面有没有他们在60年前的信息。很可惜,前后翻遍,也没有找到一位土木系教授的身影和只言片语。虽然这个结果让我略感失望,但这种情况也激发了我希望了解那个时期土木系大师们进行教学、科研工作和精神状态的欲望。

陶葆楷(1906—1992)

要说清华土木系元老,知名度最高的非"陶葆楷"莫属。根据清华土木系的历史资料分析,陶葆楷(1906—1992)先生是担任土木系主任时间最长的一位。陶先生是清华学校1926年(丙寅级)毕业生,后赴美留学,先后获得麻省理工学院土木工程学士学位和哈佛大学卫生工程硕士学位。1931年回国,受聘于清华大学,25岁即担任土木工程学系教授。此后在1940年担任西南联大土木工程学系系主任,1946年担任清华大学土木系主任。1952年院系调整后又回清华,先后担任给排水教研室主任、土木系主任和土木建筑工程系主任,主持了土木系内工业与民用建筑、工业与民用建筑结构、给水排水与采暖通风等专业的建设,对各项教学环节的完善和实验的建设倾注了大量心血。

那么,在1959年前后的那个时期,43岁的陶先生在干什么,在想什么?这是我最想知道的。通过大量检索,我找到了刊登在1959年《清华大学学报》上的两篇学术论文。第一篇《沼气池中粪便消化效能的研究》[1],第二篇《利用污水培养绿藻并处理污水》。这两篇论文都是陶葆楷先生在那个时期参加科研活动的佐证。这两个研究项目听起来都不那么

---

[1] 建科院市政工程研究所、清华大学给排水教研室,参加者有陶葆楷、顾夏声、许泽美等,《清华大学学报》第6卷第2期,1959年4月,97—113页。

"高、大、上"，与那个时代的主题词"大跃进"似乎毫不沾边，一般人根本没有任何概念，自然也不会引起领导和舆论的重视。

但仔细阅读后，我发现这两篇论文都是努力尝试"变废为宝""消除污染"的真实记录，没有任何功利因素在内。以今天的认识和立场来看，我们会发现陶先生其实具有异常敏锐的洞察力，在所有人都不知道"环保"概念的时代，就已经注意到环境污染问题，并开始默默地进行基础性研究工作。能在那个"以政治标准衡量一切"的年代做到不随波逐流，不趋炎附势，扎扎实实去干"出力不讨好"的基础工作，这需要多么强的信念定力，多么大的钻研决心，由此可想而知！难怪在1977年，他就能倡导并亲手在清华创立了国内第一个环境工程专业，这绝不是一时冲动就能办到的！陶先生从事教育工作61年，用一生的心血为中国土木与环境工程教育事业的创建、发展做出了重要贡献，成为公认的中国卫生工程、环境工程教育事业的创始人之一，值得清华土木人、环保人永远纪念！

四、结语

从1959年开始的60年，世界和中国发生的巨大变化是人类历史上任何一个时期都无法比拟的。同样，清华土木系也发生了巨大的变化。所有的细微变化都有前因后果，所有的高楼大厦都是聚沙成塔。由此可以认为，1959年清华发生的一切都会在历史上继续发生潜移默化的作用，回忆那段岁月的点点滴滴都会对后人有所启发。能够与60年前的《清华画报》邂逅，既有传奇色彩，也是缘分使然。能够通过解读清华土木人的历史信息，认识来晋炎老师这样当年的"红专典型"，了解300号黏土水泥的来龙去脉，致敬一代宗师陶葆楷，这是我的荣幸！愿我的善意能够为清华精神的传承发挥些许积极作用，为清华土木系的持续发展助力加油！这正是：

人类生存食为天，绿色建筑亦关键；
自强不息无功利，厚德载物永流传！

（2019年8月25日初撰，2023年3月27日修订）

● 1960年代清华研究生的历史剪影

清华园中"二校门"是一处承载着百年风云际会的历史地标。这座中西合璧的白色大门曾经留在无数人的记忆当中，而保存记忆最便捷的方式当然是与其合影。于是，百余年来不知有多少影像曾在这里产生，其中尤以那些在1966年8月24日之前拍摄的老照片更显珍贵，因为那上面的"二校门"才是原物。

因为这一缘故，我对与二校门有关的老照片格外关注。不过，当我看到一张拍摄于1963年12月28日的"清华大学土木建筑系研究生合影"时，目光除了立刻投向挂着"庆祝元旦"标语的二校门之外，更是被画面上的那些青年才俊所吸引。

我在清华时所学的专业也属"土木建筑"范畴，对这张罕见的"研究生"题材老照片的关注自在情理之中，我急切地想知道照片背后究竟承载着怎样的历史信息。

一、为什么是"土木建筑系"？

在当今清华大学的院系学科设置中，建筑学院中有"建筑、城市规划、建筑技术科学、景观学"等4个系别，土木水利学院中有"土木工程、水利水电工程、建设管理"等3个系别，单独的"土木建筑系"称谓在清华校史上已经是"过去时"概念。

清华土木工程学科的设置可以追溯到1926年，距今已近百年。当时的清华开始从"留美预备学校"向完全大学过渡，首次成立的"工程学系"，内设"土木工程、机械工程、电机工程"三科，此为清华土木工程学科的肇始。而清华建筑学科的设置，最早于1945年10月在西南联大临解散前即开始筹备，1946年10月抗战复员后，在清华设置的"文、法、理、工、农"五大学院中，正式组建的"建筑工程学系"（建筑系）与"土木工程学系"（土木系）同属于"工学院"系列。1949年下半年，在建筑系首任主任梁思成提议下，建筑系改称为"营建学系"（营建系）。

1952年，在新中国成立后进行的全国高校"院系调整"中，清华由原来的综合性大学改为"多科性工业大学"。调整后的"建筑系"和"土木工程系"都被列于清华的学科系列中。

1960年6月3日，清华大学校务会议决定将"建筑系"与"土木系"合并，成立"土木建筑系"，下设"建筑学、工业与民用建筑、给水排水、供热通风、建筑材料与制品"等5个专业。而在"建筑学"专业中，原来设置的"工业建筑设计、民用建筑设计、建筑构造、美术、城市规划、建筑历史及理论"等六学科的教研体系继续保留。

由于"土木建筑系"的特殊性，该系的系主任分别由梁思成（1901—1972）和陶葆楷（1906—1992）共同担任，这种特殊的领导模式在清华历史上并不多见。在1970年之后，虽然"土木建筑系"被改称为"建筑工程系"，但这种"二系合一"的学科设置与管理模式一直续存了20余年，直到1980年代初期才被彻底改变。

在回顾了这一历史过程之后，再来看这张老照片上端题签中的"土木建筑系"几个字，感觉就会大不一样。原来，清华学科设置的一段演变轨迹就包含其中，这份见证物的历史价值不言而喻。

二、清华研究生教育的历史缩影

清华的研究生教育始于1925年成立的"国学研究院"，在1928年"国立清华大学"之后的各个阶段经历不同程度的发展，但在相当长的阶段内，并未成为学生培养的主流。根据有关校史资料，1949年以前，清华共培养研究生357名。新中国成立后的1953年，开始少量招收研究生，1959年起规模扩大，至1966年共招收培养987人。在那之后基本停滞，直至1978年才重新开始进行研究生的系统培养。

"土木系"和"建筑系"是有着内在学科关联的不同学术体系，在清华历史上两大体系曾经的分分合合，体现出不同时期人们对"建筑工程学"系统整体认识的不断变化。但在当下，清华"土木"与"建筑"已分家了近40年，因此关于1960年之后曾经存在的清华"土木建筑系"的综合发展史很难独立呈现，除去"管理模式沿革"这部分有共同点之外，涉及两大体系的招生、教学等主要情况其实是由两家分别完成。如此一来，关于"土木建筑系"在1959年成批培养研究生之后的几年内究竟培养了多少研究生的问题，也只能分别去找答案。

（1）根据2021年出版的《清华时间简史：土木工程系》，土建类各专业自1959年至1965年，共招收65名研究生，其中1959年14人；1961年36人；1962年2人；1963年6人。而同时期招收的土建类本科生为1192人，研究生占比约为5.2%。

（2）根据建筑学院公布的资料，建筑类各专业自1959年至1965年，共招收23名研究生，其中1959年4人；1961年11人；1962年2人。而同时期招收的建筑类本科生为353人，研究生占比为6.1%。

综合两部分数据，可以知道"土木建筑系"自1959年至1965年间，共招收研究生88人，而同时期招收的本科生为1545人，研究生平均占比约为5.4%。

总体而言，1966年以前的清华研究生在学生总数中占比很小，能够取得研究生资格的学生都是各个专业或学科的佼佼者，培养目标是"高等学校师资和少量科学研究人才"。

根据有关资料，这个时期研究生的学制曾经有过变化，1959年是4年制，1960年后缩短为3年制。基于这一特点进行推测，1963年12月时在读研究生有三届，最早应该是1961年入学的，那时已是"研三"的学生。从历史数据看，在1961年招收的研究生也确实是最多的。这也决定了参加这次合影的大部分在读研究生是1961年入学，而且"土建类"各专业的要多于"建筑类"。

三、这些土木建筑系研究生都是谁？

在这张老照片上共有50人（男34人，女16人），他们看上去比一般大学生要显得成熟许多，符合研究生的年龄与形象特征。参加合影者分为三排，第一排15人"蹲"，第二排15人"坐"，第三排20人"立"。因为是在北京的冬天，"画中人"都身着厚厚的冬装，不少人还戴着帽子，围着围巾。但即使如此，仍然难掩这些青年才俊脸上洋溢着的青春气质。

1. 后排：周闻一、汪训昌、甘伟林、苏则民、邓元庆、王炳麟、（不详）、杨士萱、胡泊、林龙、张坤民、崔京浩、吴秀水、王鑠、姜学诗、江见鲸、李国泮、徐培福、徐坚如、何玉如（自左向右，共20人，其中有1人不详）

2. 中排：黄聚琛、张耀曾、吴光祖、李晋奎、龚绍熙、许宏庄、陈芮、何健丽、丁慧英、张歧宣、张澍曾、黄振国、沈琨、曹崇厚、刘先喆（自左向右，共15人）

3. 前排：吕振瀛、陈宗琦、赵文鸢、张锦秋、李孝美、周逢、汪心洌、金惠祺、葛惠珍、臧宣武、孙慧中、杨增鄂、（不详）、刘益蓉、龙腾锐（自左向右，共15人，其中有1人不详）

他们都是谁？叫什么名字？当时学什么专业？后来又有什么经历？这次合影活动的背景是什么？这些都是我所关心的问题。为了尽可能找出答案，我得到了清华档案馆、校友总会和相关院系校友会的协助，并先后在北京和上海幸运地找到了当年参加合影的3位研究生：汪心洌、何玉如、吴光祖。在他们以及许多热心校友的帮助下，基本上搞清楚了照片上研究生们的名字和位置。

照片中姓名与人物都能对上号的研究生共48位，还有2人姓名仍然无法确认。在已经确定姓名的48人中，如果按照建筑、土木两个专业划分，其结果如下：

（1）建筑类：张耀曾、李晋奎、许宏庄、吴光祖、甘伟林、邓元庆、王炳麟、杨士萱、吕振瀛、张锦秋、李孝美、刘益蓉、苏则民、何玉如、周逢（15人）

（2）土木类：周闻一、汪训昌、苏刘民、林龙、张坤民、崔京浩、吴秀水、王镔、姜学诗、江见鲸、李国泮、徐培福、徐坚如、黄聚琛、龚绍熙、陈芮、何健丽、丁慧英、张歧宣、张澍曾、黄振国、沈琨、曹崇厚、赵文鸾、汪心洌、金惠祺、葛惠珍、臧宣武、孙慧中、龙腾锐、胡泊、陈宗琦、刘先喆（33人）

在16位女生中，有15位能够被确认，她们是：（建筑）张锦秋、李孝美、刘益蓉、周逢；（土建）陈芮、何健丽、丁慧英、陈宗琦、杨增鄂、赵文鸾、汪心洌、金惠祺、葛惠珍、臧宣武、孙慧中。

根据前述"土木建筑系"在1959年到1965年研究生招生人数统计，在1963年12月时在读研究生是超过50人的，也就是说，拍摄这张照片时还有十几人因为各种原因未到场。

在清华大学档案馆的帮助下，我得到了这一时期土木建筑系部分研究生的注册资料。从中发现，这些研究生中绝大多数人的本科学历都是在清华取得的，只有个别的来自同济大学等其他工科院校。从他们的本科与研究生入学时间分析，除少数人在中间有短时工作经历外，大部分同学都是在本科毕业后继续研究生学习的。

此外经过比对，发现有十几位1959年入学的研究生也出现在这张合影照片中，如果按四年学制推算，这些同学按说已在1963年秋季毕业，怎么会在1963年底仍然集中在清华出现呢？

经过查询1964年1月14日《清华公报》，原来这批研究生的毕业时间是有些变化，尽管具体原因未知，但确实是延迟到了1964年1月。这就为推测合影的主题与背景找到了依据，应该是为欢送1959级研究生特意举行的"跨年级"活动。沿着这个思路再来看合影中的人物排列，就发现在中间一排就座的15人，恰好都是能够被确认的1959级同学。将这些即将毕业的研究生安排在"坐席"，既合乎活动主题，也符合清华"尊重学长"的文化传统。唯一令人不解和留下悬念的是，为什么当时土建系的系领导都没有参加合影？

四、时代的幸运儿与开拓者

在清华历史上，1953年到1966年是新中国成立后的一个特殊年代。在时任校长蒋南翔（1913—1988）主导下进行的"探索适合中国国情的社会主义办学道路"过程中，每一位学生都不可能置身事外。能够经受形势不断变化带来的磨炼与考验，顺利完成学业，而且还能在众多毕业生中脱颖而出，成为只有少量名额的研究生之一，可以说照片上的每一位都是"幸运儿"，同时伴随时代变迁，他们也注定是新时代的"开拓者"。

随着这张研究生照片蕴含的"大名单"逐渐被破解之后，我先是被其中的几个熟悉的人名所"亮眼"，继而对更多名字背后的故事所深深吸引。

1. 闪亮的"张锦秋星"

首先要说的是张锦秋，就是位列合影中前排左四的女同学。因为我曾经统计整理过以清华人命名的"小行星"，"张锦秋"的名字是我早就熟悉的。截至目前，在太空中翱翔的50余颗"清华星"中，只有两颗是以女性清华人命名的，而"张锦秋星"（国际永久编号210232）就是其中之一。

张锦秋

张锦秋于1954至1960年在清华大学建筑系学习。1961又考取研究生，继续攻读"建筑历史及理论"，曾师从建筑学家梁思成和莫宗江（1916—1999）。梁思成在1965年12月23日的一封信中写道："张锦秋、苏则民各交来一篇论文稿，要我看，这就是这几天的主要工作。"1966年2月27日又特别提道："昨天下午张锦秋来辞行。她分配到西安西北工业设计院，今天下午就走了。"虽然是寥寥数语，却见一代建筑大师与学生之间的师生情谊之深。

张锦秋从毕业起就扎根中国西部，一直从事建筑设计工作。在50余年的建筑设计实践中，她坚持探索"建筑传统与现代相结合"的中国思路与模式，领衔设计出多个具有鲜明地域特色，并注重将规划、建筑、园林融为一体的经典项目。她也由此于1994年被遴选为首批中国工程院院士，并于2010年成为何梁何利基金"科学与技术成就奖"的第一位女性获奖者。

张锦秋出生于1936年，现在年龄虽已超过86岁，但她依然继续忙碌着。就在前不久的2022年7月，由她领衔设计的国家重点工程"中国国家版本馆"西安分馆落成开放，成为又一个体现"山水相融、天人合一、汉唐气象、中国精神"的标志性项目。

2. 为清华大学校名碑题写校训的何玉如

何玉如于1956年考取清华大学建筑系，1962年毕业后继续攻读研究生。毕业后长期在建筑设计领域工作，成为中国当代著名建筑师之一，获得"全国工程勘察设计大师"称号，并曾长期担任北京市建筑设计研究院总建筑师。

1939年出生于浙江的何玉如不仅是资深建筑设计大师，设计出许多知名度很高的建筑作品，而且长期坚持书法练习，具有很高的艺术造诣，他的字体别具一格，变化自如，让人过目不忘。鲜为人知的是，2019年4月重新设计建造的清华大学东南门外"清华大学"校名碑，背面镌刻的"自强不息　厚德载物"书法字样就是由何玉如挥毫写就。作为清华培养的优秀学子，能够用书法题写清华校训为母校留下深深的印记，这份殊荣足以令何玉如这一代研究生们感到骄傲！

何玉如

在这张合影老照片中，何玉如是站在后排右一的位置，非常明显。特别要说的是，他也是我在这些"画中人"中难得唯一接触过的老学长。2021年4月25日，在建筑学院为纪念清华建校110周年举行的校友座谈会上，我有幸与何玉如等建筑界前辈合影留念，并请他在校庆纪念封上亲笔题写"自强不息 厚德载物"的校训，成为我一件不可多得的珍贵收藏。

3. 甘为人梯的建筑结构专家徐培福

在合影照片中后排右三的是徐培福。在中国当代建筑结构领域中，徐培福是知名度很高的专家。尽管出生于1936年的徐培福如今已经从中国建筑科学研究院院长的一线岗位上退下多年，但他至今仍担任顾问总工程师、学术委员会主任委员、博士生指导教师。同时他还是中国建筑学会建筑结构分会名誉主任委员。

徐培福

徐培福于1955年考入清华大学土木工程系学习，本科毕业后又继续攻读工程结构研究生。从1970年代初开始，长期从事高层建筑结构研究，取得多项重要研究成果。他能够从1986年起担任建研院院长共12年，这本身就是对他在中国建筑结构科研领域中专业地位的一种肯定。

徐培福曾被推选为"中国工程院院士"候选人，尽管他最终并未获得这一殊荣，但他悉心培养的很多学生却都取得了很高的专业成就。例如，1995年毕业到建研院工作的清华大学博士肖从真，当他获得"全国工程勘察设计大师"称号后，仍然清楚记得徐培福院长告诫他们的一句话："你们在学校的时候，是有考试的，是有一百分的，但工作以后是没有一百分的。"正是这句话，时时刻刻提醒和激励着肖从真，让他在毕业后的20多年时间里一步步磨炼成长，成为"大师"。而在他的身后，始终站着一位培养大师的"大师"。

4. 在地下建筑领域有突出贡献的崔京浩教授

崔京浩也是清华大学土木工程系1955级本科生，1961年继续攻读研究生，1964年毕业留校后长期从事教学与科研工作，先后受聘为讲师、副教授、教授，曾担任过土木建筑系副系主任。

崔京浩为中国地下工程领域的发展作出过突出贡献。早在1970年代中期，他就参加了我国第一座"地下水封油库"的研究工作，担任结构设计与力学分析主要负责人，该项目在1978年第一届全国科技大会上获"填补国家空白奖"。我在清华求学时，恰好是在地下建筑工程专业，当时虽无机会接受崔京浩的亲自传授，但对他进行的这项开拓性研究工作早有认识，印象深刻。今天，当我进一步知道了这段研究生的历史，对他能够凭借扎实的理论功底和敢于实践的勇气，在前人从未涉足的地下岩土工程领域作出创新性贡献，也就感到顺理成章了。

崔京浩

在合影中，崔京浩位列后排右九的位置。算下来，那时的他不到30岁。在此后的30多年中，他共发表了100多篇论文，组织编写包括《中国土木工程指南》《土木工程新技术丛书》等多部在土木工程领域具有长久影响力的著作，并长期主持《工程力学》杂志的编辑出版工作。他也成为享受国务院颁发的政府特殊津贴专家。

5. 难以依次细说的一代研究生

除了这几位有代表性的人物之外，合影中的其他所有研究生也都有着各自的故事。限于篇幅，难以依次细说。但就是略述一二，也足以让我们对这一代清华研究生尊重有加。

吴光祖

位于中排左三的吴光祖，于1953年考入清华建筑系，1959年继续攻读研究生，是目前仍然健在的梁思成学生之一。他在清华前后学习10年，1964年毕业后一直从事教学科研工作。他曾担任过同济大学建筑系主任，教书育人，著书立说几十年。首版于1896年的《弗莱彻建筑史》是一部享誉世界的建筑通史参考书，在最新的1996年第20版中，两位清华大学培养的中国教授吴光祖和郭黛姮（1936—2022）成为新的编写者，他们将中国建筑史首次写入这部世界级教科书中。其中，吴光祖编写了第 38 章和第 53 章，郭黛姮编写了第 24 章。这无疑也是对吴光祖在建筑史学领域学术地位的高度认可。

位于前排左五的李孝美，当年在清华可是"明星"级人物。她于 1954 年入学，原先是学校舞蹈队队员，后来清华开展国防体育运动，成立"摩托车队"，她竟跨界成为清华历史上空前绝后的"女摩托车手"之一，在北京市的摩托车越野比赛中多次夺得过第一名。即使如此，这位历经艰苦锤炼的"铁姑娘"在学业上也名列前茅，本科毕业后成为建筑学研究生。之后她一直在清华大学建筑系的教学岗位上培养一代代建筑学新人。

李孝美

位于前排右一的龙腾锐，是给水排水工程专业研究生，师从中国水工业首倡先驱许保玖（1918—2021）教授。1965 年 7 月研究生毕业后，长期从事给排水专业的教学与科研，曾任重庆大学城市建设学院院长、教授、博士生导师，获得过"国家级有突出贡献的中青年专家（1995 年）""全国优秀教师（1998 年）"等荣誉称号，是国内外知名的水业专家。

龙腾锐

位于前排右七的葛惠珍，也是土建系给排水专业 1957 级本科生，1962 年继续攻读研究生。毕业后在贵阳的"三线"工厂一干就是 25 年，先后干过钣金工、木工、机床工，又从统计员、技术员、工程师一路干到贵州省建设厅副厅长、上海市环保局副局长。无论干什么，她都没有忘记当年蒋南翔校长"清华园是培养为共产主义奋斗终身的'又红又专'工程师摇篮"的殷切话语，用实际行动践行了"又红又专"的理念。

葛惠珍

何玉如题写的清华校训"自强不息 厚德载物"

五、结语

随着社会发展的不断进步，研究生教育在创建世界一流大学进程中的地位与作用愈发重要。如今，清华大学的研究生教育早已成为学校的重点培养方向。截至目前，在校生总数约5.7万人，其中硕博研究生数量竟高达4.1万人（其中硕士生2.2万人，博士生1.9万人），占比为72%；研究生与本科生之比高达2.6。

今天，在透过一张老照片走进60年前清华研究生教育的历史后，再来看如今的数据，人们一定会无比惊讶地发现历史发生了多么巨大的变化！研究生占比从当初低于5%上升到现在的72%，这本身既是对"有中国特色社会主义教育"发展的一个独特注解，更是几代清华人的艰难探索和努力奋斗的结果。

屈指算来，照片上这些风华正茂的青年才俊如今都已经是80岁以上的耄耋老将，其中的汪训昌、王炳麟、崔京浩、江见鲸、李国泮、张耀曾、陈芮、黄振国、李孝美、周逢、臧宣武、龙腾锐等十几位老学长已经先后离世。当我们对健在者送上祝福，对逝去者深表怀念时，也深感岁月脚步之匆匆，任谁都无法挽留。

然而，自然规律虽不可抗拒，但那一代清华研究生在特定的历史环境下"曾经的理想、曾经的奋斗，曾经的风采"却已被定格在历史的画面中，与不断跨越向前的新时代同进共存，并永远被后辈深切缅怀与敬仰。

（2022年10月初稿，2023年1月8日修订）

* 本文写作时得到多方协助，特向所有提供信息的人士深表谢意。由于文中涉及的研究生人数较多，加之时间久远，原始资料缺失，虽经多方辨认，反复核对，仍难免存在差错。若有此类情况存在，作者在此先行致歉，并希望知情者能提供更多证据，以便修订时加以更正，使得历史能够被进一步还原。